DIGITAL ECONOMY

INDUSTRY HISTORY, FUTURE DIRECTION AND OPPORTUNITIES IN CHINA

数字经济

产业历史、未来方向与中国机会

周　伟◎著

中国经济出版社
CHINA ECONOMIC PUBLISHING HOUSE
北　京

图书在版编目（CIP）数据

数字经济：产业历史、未来方向与中国机会 / 周伟著. —北京：中国经济出版社，2024.2

ISBN 978-7-5136-7647-2

Ⅰ.①数…　Ⅱ.①周…　Ⅲ.①信息经济-研究-中国
Ⅳ.①F492

中国国家版本馆 CIP 数据核字（2024）第 009572 号

责任编辑　燕丽丽
责任印制　马小宾
封面设计　久品轩

出版发行　中国经济出版社
印 刷 者　北京富泰印刷有限责任公司
经 销 者　各地新华书店
开　　本　710mm × 1000mm　1/16
印　　张　34.25
字　　数　350千字
版　　次　2024年2月第1版
印　　次　2024年2月第1次
定　　价　128.00元
广告经营许可证　京西工商广字第8179号

中国经济出版社　**网址** www.economyph.com　**社址** 北京市东城区安定门外大街58号　**邮编** 100011
本版图书如存在印装质量问题，请与本社销售中心联系调换（联系电话：010-57512564）

模糊的正确远胜于精确的错误。任何事情想清楚 80% 就应该下注，等到 100% 搞清楚时，最大的机会已然过去。

——献给希望在时代浪潮中抓住中国机会的朋友们

推　荐

站在国家“十四五”规划提出的“把科技自立自强作为国家发展的战略支撑”的高度，我们更加需要一批具有原始创新能力、集成创新能力和引进消化吸收再创新能力的科技企业的崛起。本书不仅为我们展示了数字经济在推动经济社会发展中的重要作用，更提供了把握这一战略机遇的思路和途径。

白春礼 第十九届中央委员

中国科学院原院长、中国科学院院士

进入新时代，中国经济面临着转型升级和高质量发展的历史使命。国有企业作为中国特色社会主义的重要物质基础和政治基础，必须勇于担当，在全面建设社会主义现代化国家新征程中做出应有的贡献。数字经济已经成为产业升级和转型的重要方向。周伟先生的新著从数字化基建、消费数字化、商业数字化和工业数字化等四大方向出发，详细介绍了数字经济的产业历史、未来方向和中国机会，值得关心数字经济领域的研究者读一读。

朱碧新 中国诚通控股集团党委书记、董事长

中国国有企业结构调整基金董事长

技术发展日新月异，技术进步是驱动金融发展的根本力量。不从技术与金融融合发展的历史来回溯金融，难以了解金融历史；不从技术与金融未来发展的进程回看今天，难以掌握未来。周伟先生从历史和全球的视野，深入剖析了这一发展趋势，为我们展示了数字经济对各行各业格局的影响和未来趋势。我相信这本书将为我们把握科技脉搏、探索金融创新和业务模式提供很好的思路。

霍学文　北京银行股份有限公司党委书记、董事长

在创新驱动发展战略的引领下，中国互联网行业正迈向新的阶段。我们需要以科技自立自强为战略支撑，推动全面创新，解决关键技术"卡脖子"问题，提高互联网行业的核心竞争力。周伟先生的新著从"三化一基"的角度分析了数字经济时代互联网技术在各行业的创新与应用，带领我们一起探索互联网行业的未来，共同推动中国数字经济的发展。

黄澄清　国家计算机网络与信息安全中心原主任
中国互联网协会副理事长

计算机和人工智能技术的快速发展，正在引领全球数字经济的浪潮，重塑全球经济的产业结构，引领人类社会向数字化、智能化时代迈进。本书不仅深入浅出地介绍了数字经济的发展历程和趋势，而且结合人工智能等前沿技术进行了全面的探讨。我相信这本书能够帮助读者更加深入地理解数字科技在经济发展中的作用，并激发读者的创新思维。无论你是计算机领域的专家还是数字经济方面的研究者，都值得读一读这本书。

孙富春　清华大学计算机系长聘教授
中国人工智能学会副理事长

周伟先生为我们描绘了一幅数字化赋能的未来蓝图。从数字化基建到消费数字化，再到工业数字化、企业运营管理数字化，“三化一基”为我们揭示了数字科技如何深度融合并推动各产业的发展。这本书为我们提供了宝贵的经验和见解，让我们更加清晰地认识到数字经济为中国带来的巨大发展动能。

王文京 用友网络科技股份有限公司董事长兼 CEO

在当下数字化日益深入的时代，如何把握数字化基建、消费数字化、商业数字化和工业数字化等数字经济四大领域的发展历史、产业规律以及未来趋势，对于推动科技创新与网络安全的发展至关重要。本书是非常有价值的参考书籍，不仅能够帮助我们从宏观上理解数字经济的整体情况，还能够让我们深入了解各个领域的细节和特点，为我们提供了独特的思考角度和启示。

周鸿祎 360 集团董事长兼 CEO

第十四届全国政协委员

在全球经济发展的历程中，科技创新始终是推动行业进步的重要力量。站在“两个一百年”奋斗目标的历史交汇点，新一批高科技企业亟待崛起，助力中国从经济大国迈向经济强国。数字科技与实体经济的紧密结合将成为推动中国经济升级换代的重要动能，本书正是从数字经济的视角出发，提炼产业规律，研判产业方向，为中国实体经济的创新发展提供有益的参考。

王一鸣 北京大学经济学院金融系主任

金融创新与发展研究中心主任

数字科技作为当前科技创新的重点领域，已成为世界大国竞争的焦点，中国亟须洞察全球数字科技产业发展的历史规律以及未来发展方向，以此引领产业转型的浪潮。本书对数字经济的产业发展方向进行了独到研判，并结合中国资本市场的特点，分析数字经济领域的投资机会。相信本书将激发资本市场与科技领域从业者的创新思维。

王金桥 武汉人工智能研究院院长

中国科学院自动化所副总工程师

在这个瞬息万变的时代，科技自立自强已上升至国家战略层面。国家“十四五”规划明确概述了科技在推动国家发展中的关键角色，并鼓励各企业加大自主创新的力度。这些企业将以新的技术、新的装备、新的产品，助力中国实现从经济大国向经济强国的历史性转变。本书以丰富的产业投资经验为基础，深入剖析中国在全球数字经济中的独特机遇。无论你是产业研究者，还是希望在数字经济中寻找机会的投资者，这本书都将为你提供无价的见解和启示。

翟季冬 清华大学计算机系长聘教授

国家杰出青年基金获得者

在资本市场高度动荡和科技创新迅猛发展之际，我们特别关注如何把握数字经济领域的投资机会。周伟先生的新著以数字化基建、消费数字化、商业数字化和工业数字化为核心，详细探讨了这些领域的历史、现状和未来。从半导体产业的前世与今生、云计算的变革之路，到物联网的发展脉络以及人工智能的商业化实践，这是通向未来世界的路径指南，也是连接历史与未来的重要著作，值得一读。

陆垠 中金资本运营有限公司董事总经理

当今时代，数字经济正以前所未有的速度和规模改变着世界。5G、云计算、大数据、人工智能等技术不断发展，数字经济的崛起已成为全球经济发展的重要趋势。通过深入探讨数字经济的内涵、特点和发展趋势，我们可以更好地把握未来经济发展的新机遇和新挑战。

季昕华 优刻得科技股份有限公司创始人兼董事长

国务院《"十四五"数字经济发展规划》中开宗明义地指出，"数字经济是继农业经济、工业经济之后的主要经济形态"。本书以一位资深投资人及产业前沿亲历者的独特视角，系统梳理了数字经济广袤的产业蓝图，为读者全面理解数字经济的发展脉络和未来趋势提供了非常有价值的指引。

徐辉 创新奇智科技集团创始人兼首席执行官

数字经济是我国经济社会持续健康发展的强大动力来源。本书以深入浅出的方式探讨了数字经济各个分支领域的核心概念与关键趋势，其中凝结了周伟先生十余年投资生涯的宝贵经验与深刻见解。无论是企业家、投资人还是政策制定者，相信都会在研读本书的过程中受到启发。

赵国庆 马上消费金融股份有限公司创始人兼董事长

京东集团原副董事长兼首席战略官

这是一本站在数字经济发展浪潮前沿的力作，周伟先生以敏锐的洞察力和条理清晰的写作风格，引导读者层层剖析数字经济相关产业发展现状之下的底层运行规律，洞悉数字经济的本质和变革方向，从而把握数字经济发展潮流的历史性机遇。

肖建宏　芯翼信息科技创始人兼董事长

当前时代背景之下，数字经济的发达程度已成为一国综合实力的重要体现，如何在我国更快、更好地发展数字经济已上升到国家战略的高度，其中蕴含的投资及创业机会之广不言而喻。周伟先生在本书中毫无保留地分享了他对于数字经济的系统思考，为读者打造了一本快速打开视野、洞悉行业规律的好书。

肖伟　云仓优品创始人兼董事长

前　言

下一个“中国”，还是中国

站在人类历史的长河中，我们回首科技与经济的激荡岁月。从农业革命的男耕女织，到工业革命的机器轰鸣，再到信息革命的蓬勃发展，人类社会在不断追求文明和发展的道路上砥砺前行。如今，随着数字科技的飞速发展，数字经济正在全球范围内引领新的产业革命，以前所未有的速度和广度改变世界的运行方式，成为推动世界经济、社会发展的核心动力。

数字经济的崛起，是伴随着数字科技的飞速发展而来的。从最初的计算机和互联网的出现，到后来的大数据、云计算、物联网、人工智能等技术的广泛应用，数字经济已经逐渐渗透到我们生活的方方面面。在这个过程中，数字经济经历了从无到有、从小到大的飞速发展，不仅推动了经济的增长和社会的进步，也改变了我们的生活方式和思维方式。

数字经济的重要性在于它打破了传统经济的局限性和束缚，为经济发展注入了新的动力和活力。在数字经济时代，信息和数据成为最重要的生产要素和资源，它们不仅可以被无限复制和传播，还可以通过分析和挖掘产生巨大的价值。数字经济的出现，使传统经济的边界变得越来越模糊，各种产业之间的融合和交叉成为可能。同时，数字经济也带来了许多新的商业模式和商业生态，为创新创业提供了更加广阔的空间和机会。

中国作为全球最大的数字经济体之一，拥有庞大的用户基础、领先的 IT 基础设施和丰富的应用场景。在数字经济的舞台上，中国展现出了强大的实力和潜力，其数字经济占整体 GDP 的比重超过 40%。虽然面对全球竞争的加剧和数字科技的快速迭代，中国还需要在科技创新、人才培养、政策制定等方面不断努力，但是，最大的隐忧并不在此，而是三年大疫之后，2023 年的中国并没有迎来经济的强劲复苏，这让很多人丧失了信心，甚至开始向外寻找下一个“中国”。

我们始终坚信，中国只要坚持市场和法治，解放思想，放开手脚，勤劳、聪明、富有韧劲的中国人民就会创造中国经济的伟大奇迹。党的二十大报告指出：2035 年的经济总量或人均 GDP 相比 2020 年将实现翻番。基于此，我们有足够的理由相信未来 10 年中国的 GDP 总量依然可以保持 5% 左右的增速，新的增量相当于今天印度、日本和印度尼西亚三大经济体的总和。因此，中国的潜力依然很大，下一个“中国”还是中国。这也正是本书以“中国机会”点题的原因所在。

本书站在国家战略的高度，从数字科技赋能消费、商业和工业场景的视角出发，深入剖析数字经济的产业历史、未来方向和中国机会。我们试图通过本书，让读者深入了解数字经济的内涵和特点，认识其发展的规律和方向，把握住扑面而来的中国机会。

在成书过程中，我们广泛收集和研究了国内外相关文献和资料，与众多业界专家进行了深入的交流和探讨。同时，我们也进行了许多次的修改和完善，力求使本书的内容更加准确、全面和深入。我们希望通过本书，能够全面、客观、深入地展现数字经济的全貌，为读者提供有益的启示和参考。

最后，在这个瞬息万变的数字经济时代，我们每个人都被深深卷入其中。无论是政策制定者、企业家还是普通消费者，都需要理解数字经济、把握数字经济。只有这样，我们才能在这个新时代中找到自己的位置和方向，才能更好地迎接数字经济的挑战和机遇。希望本书能够成为您探索数字经济、把握中国机会、重仓中国的引路之灯。

周　伟

2023 年 12 月 20 日深夜于北京

目　录

第一部分　数字化基建：数字革命“新基建”

第二部分 消费数字化：让生活更美好

第四部分 工业数字化：让工厂更智能

|第一部分|

数字化基建：数字革命“新基建”

第一章

半导体：新基建“皇冠上的明珠”

第一节　半导体产业的前世与今生

今天，我们这个世界几乎找不到与半导体无关的领域，人们每时每刻的生活都离不开它。早晨唤醒我们的是闹钟或智能手表，它们的核心部件是一个半导体集成电路芯片；然后我们用微波炉热早餐，微波炉也是由集成电路控制；紧接着我们开车去上班，汽车的控制系统以及大大小小上百个传感器和控制单元、核心部件也是半导体传感器和芯片；到了公司，门禁卡、电梯、电脑以及每天不离身的手机，都有很多集成电路芯片。可以说，我们的生活已经离不开半导体。

信息化革命将人类社会从工业社会引领至信息社会，人类文明达到前所未有的高度。而信息化革命的本质是人类掌握了对信息进行生产、处理、传输、应用的各项技术，从而拓展了人类的生产资料、改变了生产关系，而这一切的实现都基于底层的半导体材料。可以说整个信息化革命是建立在半导体之上的革命。半导体对于人类文明的重要程度堪比电力、化石能源和青霉素，是人类历史上最伟大的发现之一，也是构建整个数字世界的基石。

认识半导体：数字世界的基石

导体是指电阻率[①]很小且易于传导电流的物质，如铜、银、铁等金属材料；绝缘体是指电阻率很大且难于传导电流的物质，如陶瓷、橡胶等非金属材料；而半导体是常温下导电性介于导体和绝缘体之间的一类物质，兼具二者的一些特性，比如硅、镓、砷等。与导体和绝缘体相比，人类发现半导体的时间是最晚的，因为自然界中半导体种类较少。直到 20 世纪 30 年代，当材料的提纯技术改进之后，半导体的价值才真正开始被学术界重视。

半导体在特定条件下呈现出导体的特性，在其他条件下呈现出绝缘体的特性，其导电与否可以按照人的意志转变。通过对半导体导电性的控制实现了对信号的控制，为人类打开了数字世界的大门；而利用半导体这种特殊属性所产生的“0”和“1”信号，则是构建数字世界最底层的基石。

为我们打开数字世界大门的是英国科学家迈克尔·法拉第（Michael Faraday）。他在 1833 年发现了一种半导体材料——硫化银，

① 描述物质中电荷流动难易程度的参数。

该物质的电阻会随着温度上升而降低——这是半导体的主要特性之一。当时法拉第只是觉得这件事有些蹊跷，并没有太放在心上，而这却是历史上半导体现象首次被发现。不久之后，1839 年，法国科学家亚历山大·埃德蒙·贝克勒（Alexandre-Edmond Becquerel）发现半导体和电解质接触所形成的结，在光照下会产生电压，即人们熟知的光生伏特效应，这也是被发现的半导体的第二大特性。1873 年，英国科学家威勒毕·史密斯（Willoughby Smith）发现硒晶体材料在光照下电导增加的光电导效应，这是半导体的第三大特性。1874 年，德国科学家卡尔·费迪南德·布劳恩（Karl Ferdinand Braun）发现某些硫化物的导电性与所加电场的方向有关，即导电具有方向性，在两端加正向电压，它是导通的；反之，它是不导通的，这就是半导体的整流效应，也是半导体的第四大特性。半导体四大特性虽在 1880 年以前就先后被发现，但“半导体”这个名词直到 1911 年才被约翰·考尼白格（Johan Konigsberger）和约瑟夫·维斯（Josef Weiss）首次提出。

虽然半导体 200 多年前就已经被发现，但早期人们对半导体认识较少，半导体在相当长一段时间内并没有得到规模化的应用。直到 1947 年，威廉·肖克利（William Shockley）在贝尔实验室发现了半导体 PN 结[①] 的单向导电特性，并利用这一原理发明了晶体管。晶体管具备体积小、功耗低的优势，特别适合代替体积大、功耗高

---

① PN 结，即 PN junction，将 P 型半导体与 N 型半导体制作在同一块半导体（通常是硅或锗）基片上，在它们的交界面就形成空间电荷区，称为 PN 结。PN 结具有单向导电性，这一特性被电子技术中许多器件所利用。

的电子管。晶体管的发明也为后来集成电路的诞生奠定了基础。肖克利也因发明晶体管而荣获诺贝尔物理学奖。

如今，超过 95% 的芯片是由硅制成的。硅成为最重要的半导体材料主要是因为其相对低廉的成本和取之不尽的原材料。自然界的沙子中含有大量的硅，随着提纯技术的成熟，材料的供给基本不会成为瓶颈。自此，半导体产业的规模化发展拉开序幕。

半导体经过几十年的发展，已形成全球销售额接近 5000 亿美元的市场，各行各业都离不开半导体。按照基板材料、应用场景、产品功能、信号类型、制程工艺的不同，半导体产业存在众多分类方式。常见的分类方式如下：

按照产品种类可以分为集成电路、光电器件、分立器件、传感器。由于集成电路占据其中 80% 以上的份额，因此人们通常将半导体和集成电路同等看待。集成电路按照产品种类又主要分为三大类：存储器、逻辑器件和模拟器件，通常我们统称它们为芯片。众所周知，芯片是中国的“卡脖子”领域，它的难度在于将几百亿个晶体管集成到一颗小小的芯片上，这里面的复杂度非常高，就好比将整个北京市建造在指甲盖大小的面积里。

按照半导体处理信号类型可以分为模拟芯片、数字芯片和数模混合芯片。模拟数据一般采用模拟信号，例如用一系列连续变化的电磁波或电压信号来表示；数字数据则采用数字信号，例如用一系列断续变化的电压脉冲[①]或光脉冲[②]来表示。模拟信号特点是时间连续、幅值连续，而数字信号特点是时间离散、幅值离散。在自然界中，声音、压力、温度、湿度、磁场、时间等均属于模拟信号。由于数字信号是用两种物理状态来表示 0 和 1 的信号，故其抵抗材料本身干扰和外部环境干扰的能力比模拟信号要强，所以数字信号更容易进行信号的处理和计算。

半导体产业的历史变迁

半导体是典型的赋能型产业。赋能型产业的经济模式可以概括为：原有产业 + 集成电路 = 新产业。过去几十年经济的发展也印证了这一点，无数产业在半导体的加持下，迸发出新的活力，并且半导体本身也已成长为支柱产业。这一支柱产业的发展也伴随技术进步的脚步经历了四个阶段，并且涌现出一批批代表性人物和公司。

第一阶段（20 世纪 50—70 年代）：美国独步天下

1947 年，美国贝尔实验室发明了晶体管。60 年代，仙童半导体公司开发了世界上第一款商用集成电路（IC），此后集成电路产业迎来爆发。作为集成电路的发源地，美国在全球半导体市场占尽先机，包括仙童半导体、德州仪器和英特尔在内的一批半导体企业应运而生。英特尔创始人之一的戈登·摩尔（Gordon Moore）提出

---

① 电压脉冲，指电压或者电流的短暂突变。

② 光脉冲，指光源按照一定时间间隔时断时续地发光，影响因素是中间的介质。

了著名的“摩尔定律”，即当价格不变时，单位面积的集成电路上可容纳的晶体管数目约每隔 18 个月便会增加一倍，同时性能还将提升一倍。摩尔定律的提出为半导体产业的发展指明了方向。

第二阶段（20 世纪 70—80 年代）：日本异军突起

从 20 世纪 70 年代起，美国开始将半导体系统的装配、封装测试等利润率较低的环节转移到日本等其他地区。日本借助家用电子产品市场爆发、模拟器件的需求与日俱增，不断提升半导体技术、扩张产能、完善产业链，尤其是在“工艺为王”的模拟器件市场推动了半导体产业模式逐渐转变为 IDM（Integrated Design and Manufacture）模式，即由同一家厂商完成芯片或器件的设计、生产制造、封装测试和销售，形成闭环商业模式，将全部的核心技术掌握在自己的手里，并成就了日本电气、东芝、索尼等知名企业。彼时，全球前 5 名的半导体企业中有 3 家来自日本，一时间风头无两。

第三阶段（20 世纪 80 年代—21 世纪 10 年代）：中国台湾和韩国乘势起飞

20 世纪 80 年代至 90 年代，随着日本经济泡沫破灭、投资乏力以及新应用场景出现等，日本的半导体产业开始没落。以中国台湾的台积电和联电两家晶圆厂的诞生为标志，半导体产业的分工由 IDM 模式逐渐转变为 Fabless① 模式，即将芯片的设计、制造和封装

① 是指“没有制造业务、只专注于设计”的集成电路设计的一种运作模式，也用来指代未拥有芯片制造工厂的 IC 设计公司，经常被简称为“无晶圆厂”。

环节进行产业链的专业分工。同时，半导体应用场景开始从家电演变为个人计算机（Personal Computer，PC）和移动互联网，催生了数字芯片和存储芯片市场的爆发，而数字芯片与存储芯片对制程的要求极高，产业链各个环节的技术都被推向极致，要求各家企业聚焦各自擅长领域进行研发，需要相互合作才能打造最优质的产品，这使 Fabless 模式变成行业主流。

中国台湾和韩国抓住本轮产业链变迁和新应用场景出现的机会，着重发展半导体制造技术和存储技术，在半导体产业链中占据了关键地位，由此产生了半导体产业的第二次转移。该次转移在芯片制造领域成就了中国台湾的台积电和联电，以及韩国的三星（Samsung）、SK（SK HOLDINGS）等企业，同时也带动了当地 Fabless 模式的芯片设计公司的发展。

第四阶段（21 世纪 10 年代至今）：中国大陆的崛起

进入 21 世纪，随着 PC 产业向手机产业迈进，终端产品更加复杂多样，中国大陆的半导体产业在经历了低端组装和制造的承接、长期的技术引进和消化吸收、高端人才培育等原始积累后，以国家战略及政策为驱动力，并依托丰富的下游场景应用，实现了全产业链的高速发展。

在 5G、人工智能、大数据、云计算、物联网的时代，中国已成为世界电子产业的中心。在需求爆发和技术进步的双重驱动下，产业分工进一步细化，Fabless、Foundry[①]、EDA[②]、材料、设备领域的公司体量不断增长，全球范围内已有超过20家半导体公司收入超过百亿美元。中国半导体产业开始崛起，出现了华为海思、中芯国际、长电科技等公司。更多应用加速涌现的趋势正在推动中国半导体产业的进一步崛起。

产业发展和转移自有其内在逻辑，短期来看影响因素纷繁复杂，但长期来看中国占据了半导体产业发展的核心驱动要素：人才和市场。虽然目前可能受到地缘政治、技术封锁等因素的打击，但不影响发展的底层逻辑。中国半导体产业的崛起是大势所趋。

日本半导体的崛起和陨落

支柱型产业的崛起道路通常不会一帆风顺，以史为鉴，我们能从日本半导体产业的兴衰中总结其经验与教训，避免重蹈覆辙。

20世纪90年代初，海湾战争期间，美国对伊拉克实施了全方位的精准打击，被媒体称为“硅对钢的胜利”。索尼创始人胜田昭夫曾公开宣称：“如果没有日本的芯片，美国就打不赢这场战争。”日本半导体产业的“江湖地位”可见一斑。1986年，世界半导体产业销售额居前三位的分别是日本电气、东芝和日立。昔日芯片霸主英特尔在日本厂商的价格打压下，一度深陷财务危机。芯片之争

① 指专门负责生产、制造芯片的厂家。

② EDA即Electronic Design Automation，电子设计自动化软件，用于完成超大规模集成电路芯片的功能设计、综合、验证、物理设计等。

就如同一场没有硝烟的战争，时光荏苒，曾冠绝群雄的日本，现在却已然落伍。据 IC Insights 公布的 2021 年全球前十五大半导体公司排名，只有一家日本公司入围。日本经济产业省在 2021 年初甚至担心，未来十年日本在全球芯片行业的份额将会急剧下降甚至归零。2021 年 6 月，日本宣布确立以扩大国内产能为目标的半导体数字产业战略，试图卷土重来、重振雄风。日本的半导体振兴战略能否成功？要回答这个问题，我们有必要先研究清楚，究竟是什么原因导致日本半导体产业从巅峰陨落的？

战后的日本经历了史无前例的繁荣，但是以劳动力高度密集的传统重工业为主的发展模式终究会遇到瓶颈。当时的日本政府认为计算机是引领日本 21 世纪经济、社会及技术发展的关键，但在自由贸易的环境下，日本的计算机产业面对 IBM（International Business Machines）等国外公司显得略为脆弱。于是，日本经济产业省将发展重心转移至计算机产业的上游，并在 1975 年提出了为期 5 年的超大型集成电路计划，以结合政府、产业及研究机构的力量开发超大型集成电路，旨在赶超美国。日本经济产业省指派了“日本半导体之父”垂井康夫坐镇指挥，协调日立、日本电气、富士通、三菱及东芝等五家公司，打破企业壁垒，整合日本产学界人才资源，并且在九州创建了大量的半导体芯片企业，形成了以东京、大阪为芯片设计中心，由九州制造半导体设备及产品的格局，彼时的九州也有“硅岛”之称。

“五年计划”实施后，日本的半导体产业得到了贷款及税收方面的优惠，资源及人才也经过了具有高度协调性的整合运用，实力大幅提升，与美国同业在专利技术上的差距大幅缩小，其产品在性能和品质上也实现了赶超，震惊了美国硅谷的科技企业。当时的英特尔和 AMD（Advanced Micro Devices）等企业一度不敌日本企业，被逼入破产边缘；富士通甚至打算收购被硅谷科技从业者视作神一般存在的仙童半导体股权，这一举动被美国视作奇耻大辱。

20 世纪 80 年代的第一个五年是日本半导体产业风光无限的时期，如果按照当时的势头发展下去，如今半导体产业的老大将会是日本企业，而不会有英伟达、台积电的机会。为应对日本半导体产业的强势崛起，由英特尔及其创办人诺伊斯带头，硅谷的科技从业者成立了美国半导体产业协会（SIA），并且持续不断地对白宫进行游说，但是起初几年白宫基于自由贸易的原则无动于衷。直到 1982 年，美国的联邦调查局（FBI）开始进行钓鱼执法，改变了美国半导体产业政策的风向。FBI 的特务伪装成 IBM 的员工，故意将部分核心技术文件发给日立公司的一名高级工程师林贤治，而完全不知有诈的林贤治大喜过望，向特工索要更多文件，因而让 FBI 掌握了“日本窃取美国技术”的关键证据，美国据此索取巨额赔偿，并且在舆论上将日本塑造成只会窃取技术的流氓国家。

1985 年 6 月，SIA 终于想出了“国家安全”这个能够说动白宫的理由，不断宣扬日本威胁论，主要论点有：第一，超级武器的发展离不开半导体产业的发展；第二，此关键产业被外国控制将会使美国军方被迫使用含有安全隐患的产品；第三，外国货源极不稳定，战争时期这一类产品可能被断供；第四，在和平时期，外国公司可能会将此类产品贩售给美国的对手，例如苏联。昔日日本半导体产业曾是美国的强劲对手，美国社会呼吁抵制日本电子产品，甚至有国会议员当众砸毁日制商品，如今中国与当时的日本面临的局面何其相似。1985 年 12 月爆料的“东芝事件”，则让美国有了进一步强化对日本制裁的口实。

1986 年，美国认定日本的只读存储器（ROM）倾销，同年 9 月签署的《美日半导体协议》要求日本必须开放国内的半导体市场，并保证 5 年内外国公司获得 20% 以上的市场占有率，不久之后更是对日本出口额高达 3 亿美元的芯片产品征收 100% 的惩罚性关税，而且还否决了富士通对仙童半导体的股权收购案。这一系列的出招，导致日本半导体的全球市占率一路从 1986 年的 40% 跌至 2011 年的 15%，而动态随机存取内存（DRAM）的市占率更是从 80% 跌到 2010 年的 10%。但由于硅谷的科技企业早已将 DRAM 业务割离，日本半导体企业在 DRAM 市场释放出的市场份额并未回到硅谷，而是被韩国的三星夺走。美国对于日本产品征收了 100% 的关税，对韩国产品却只征收了象征性的 0.74% 的关税，国际固态技术协会（JEDEC）也许可了三星的“双向型数据通选方案”，将其指定为个人计算机中的内存标准配备。此后美国为三星处处开绿灯，三星也不惜血本，大量从日本挖人，购买设备扩充产能，并有韩国政府在背后大力补贴支持，最终将日本彻底击败。

这段历史清晰地告诉我们，没有政治的独立就不会有经济的独立，日本在政治领域与美国的从属关系决定了当日本经济挑战美国经济的全球霸权地位时，一定会受到来自美国政府的压力，无论任何产业都是如此，更遑论重要性如此高的半导体产业。所以，从这个角度而言，在不改变美日从属关系的情况下，日本绝不可能回到昔日的辉煌，重振半导体产业。

商业模式重构与台积电崛起

1987 年，中国台湾的张忠谋创立了台积电（TSMC），该公司开创了代工商业模式。作为芯片制造公司，台积电专注于为其他芯片公司代工。那些公司通常专注于为特定场景设计芯片，如电源管理、无线通信或高性能计算应用等。该模式的核心是将制造环节外包，实现“制造即服务”，彻底改变了行业，催生了台积电以外的许多新参与者，包括美国的格罗方德（Global Foundries）、中国大陆的中芯国际（SMIC）和中国台湾的联电公司（UMC）。代工厂的出现反过来又支持了 Fabless 行业的崛起，也就是那些专注于芯片设计的公司，比如 AMD、英伟达和高通，它们被称为 Fabless 模式。

换言之，全球半导体产业的一个关键驱动力是专业化分工合作，因为各国（地区）企业乃至整个产业生态系统集群都选择将其竞争优势集中在掌握半导体生产过程的某一个关键方面。例如，荷兰掌握极紫外光刻技术（EUV），日本掌握化学品和生产设备，韩国掌握内存芯片，中国台湾掌握代工厂。20 世纪 50 年代，最早只有 IDM 公司，也就是涵盖芯片设计、制造、封装、材料、设备、销售等产业链各个环节。到 60 年代，开始出现半导体设备公司，70 年代出现 EDA 设计工具公司，80 年代出现代工厂（Foundry）和无晶圆厂设计公司（Fabless），90 年代出现 IP 授权公司，2000 年后第三方封测厂的规模开始壮大。经过半个多世纪的发展，芯片产业形成了 EDA 工具、IP 授权、IC 设计、IC 制造、IC 封测、半导体设备和材料的全球深度分工模式。这些企业就像共同体一样合作，形成一个半导体的生产平台，这使得芯片设计公司拥有晶圆厂的专属产能及技术支持，同时晶圆厂得到市场保障，有稳定的客户，实现资源共享、能力协同、资金及风险共担的效果。芯片产业作为资金、技术密集型产业，投资和维持一家晶圆厂的成本太高，特别是对我国这种后发国家，在技术不占优势的情况下，通过产业链的整合、上下游抱团取暖的方式去攻破一批关键技术和产品，可以解决国内产业链之间配套能力弱的难题。

20 世纪 90 年代初，美国政府推动信息高速公路和互联网的发展，带动了个人电脑市场的成长，在此背景下逻辑芯片的需求也有了提升，这一新需求的兴起，为台积电带来了千载难逢的发展机遇。相比 DRAM 的制程高度一致化，逻辑芯片则有着不同的制程要求，它可以将设计及制造分开处理。一方面为了规避大量的制造设备带来的昂贵成本，另一方面也为了呼应去工业化浪潮，美国采取了水平分工模式，在这条产业链中，美国企业多为投入成本较低、轻资产、品牌及技术价值高的 Fabless 企业，而制造的环节则外包给 Foundry 代工厂。

但是基于对日本的戒心，美国欲寻觅体量更小、更容易控制的合作对象，而中国台湾的台积电便是在此背景下进入美国视野的。张忠谋将台积电定位为纯代工厂，只搞代工不搞设计，因而不会与客户形成竞争关系；在当时的美国来看这是个双赢的模式，天然资源缺乏的中国台湾积极地依附在这个体系中，在半导体产业中争取到了位置，而美国企业则往更具高附加价值的技术研发及品牌经营领域发展，规避了高昂的设备投入及环境污染等成本。

基于这种代工模式和张忠谋的人脉，台积电在1988年取得了英特尔的认证及订单，在全球半导体市场的水平分工模式中取得了一席之地。但若仅仅靠着张忠谋及台积电其他高层的人脉，而没有台积电自身精进的工艺技术，它也很难成长至今天的地位。

2015年苹果的“芯片门”事件突显了台积电芯片品质优良的特性，替台积电赢得了与苹果的合作关系，带来成长预期。这之中除了台积电工艺技术比其他对手强、人力运用比起其他对手更为高效外，智能手机带来的产业高速成长也是推动台积电成长的重要因素。

随着5G、人工智能、物联网等技术的成熟，台积电也得到了越来越多的下游客户，如华为海思、高通、联发科、超微、英伟达等芯片设计企业。下游赛道因具有较高附加价值、较低成本投入，而吸引了越来越多企业加入，反而形成了芯片设计企业竞争激烈的局面。相较之下，上游代工环节因固定资产投入高、具有规模效应、工艺技术积累时间长，极大地提高了准入门槛，反而形成了台积电地位越来越稳固的局面。自 2020 年以来的“芯片荒”便是这种情形的大爆发。在水平分工体系及市场逻辑正常运作的情况下，台积电拥有很宽阔的护城河，不用担心竞争对手的追赶。但全球地缘政治的巨变让既有的体系出现变化，各主要国家（地区）开始把半导体制造环节的自主可控看得比降低成本还重要，台积电的护城河是否还能发挥应有的作用，出现了前所未有的不确定性。

影响世界的摩尔定律走向“终结”

每个行业都有其自身规律，我们通过对历史的梳理和总结，可以知道半导体产业的核心规律是摩尔定律。摩尔定律由英特尔的创始人之一戈登·摩尔在 1965 年提出，其指出当价格不变时，单位面积的集成电路上可容纳的晶体管数目约每隔 18 个月便会增加一倍，同时性能还将提升一倍。从摩尔定律提出至今，集成电路上晶体管数量的增加确实沿着摩尔定律预测的方向在发展。我们很多人都听说过摩尔定律，但摩尔定律并不是一个物理学、数学上严格意义的定律，而是根据实践经验总结的定律。英特尔是摩尔定律坚定的执行者，在过去的几十年一直保持着全球领先的水平。

在过去的 50 年中，每当技术遇到瓶颈，总会有公司让摩尔定律延续。比如 2000 年前后，芯片制造工艺在 193 纳米停滞不前，台积电与荷兰的阿斯麦（ASML）联合研发出浸入式光刻机，将芯片制程提升至132纳米；2015年ASML的EUV光刻机的应用，将芯片技术节点提升到14纳米以下。新技术、新材料的应用，使摩尔定律延续至今。

除了摩尔定律，还有反摩尔定律，也就是贝尔定律，即“保持计算机能力不变，每18个月处理器的价格将降低一半，体积也会缩小一半”。这就是为什么4000元价位的电脑，10年不涨价而性能却能提升4至5倍，这也是为什么半导体公司削尖了脑袋要追随摩尔定律。技术落后就意味着产品失去竞争力。作为消费者，我们对此应该深有体会。从高收入家庭才能拥有的笨拙的台式机，到如今“飞入寻常百姓家”的便携式计算机，贝尔定律就在我们身边发挥作用。

没有哪个行业的创新动力能像半导体产业的摩尔定律那样清晰而有效。遵循摩尔定律，半导体在性能和成本方面取得了巨大的进步：每片晶圆的晶体管数量自1975年摩尔定律提出以来增加了近1000万倍，处理器速度提高了10万倍，每片晶圆的成本降低了45%以上。在摩尔定律的推动下，过去几十年电子产品朝着小型化、智能化方向发展。但从2000年以来，摩尔定律开始放缓，由原来的2年一代，到现在的3~4年一代，英特尔2017年推出10纳米工艺的处理器，之后四年多一直停留在10纳米，拼尽全力直至2021年才突破7纳米工艺。

随着芯片制造工艺的进步，晶圆厂的研发投入和生产线建设成本呈指数级增长，10 纳米以下的角逐者越来越少。截至 2021 年，只有台积电、三星和英特尔三家巨头突破 10 纳米工艺，过去与它们分庭抗礼的中国台湾联电和美国格罗方德已经放弃了 14 纳米以下工艺的研发。另外，当集成电路上晶体管的尺寸接近 10 纳米的时候，对晶体管的稳定性更难以控制，更容易漏电，技术要求更高。目前，业界比较一致的看法是到 2024 年，摩尔定律将触及物理极限，芯片制程将停留在届时的 2 纳米工艺。这充分说明全球半导体产业的创新并不像“天赐甘露”那样理所应当，而是持续投资的结果。英特尔曾于 2020 年 7 月宣布，它在研发下一代先进制程方面至少落后一年，意味着它不得不依赖竞争对手的制造能力进行生产，由此可见半导体的创新并不容易。事实上，实现摩尔定律并不是一件十拿九稳的事情。相反，这是来自许多国家（地区）的行业参与者在过去几十年里投入数千亿美元的结果，同时，政府对基础研究和应用研究的投资也起到了关键作用。

随着摩尔定律的放缓，硅材料越来越接近物理极限，为国内芯片制造工艺追上国际一流水平提供了有利的契机。这就好比学霸考 70 分的时候，我们只能勉强考 50 分，学霸一路领先已经可以拿下 98 分，我们奋起直追已经可以拿下 80 分，虽然差距依然很大，但是满分就是 100 分，学霸的提升空间只有 2 分了，只能在高处等着奋斗者追赶上来，中国就是那个最耀眼的奋斗者。2021 年台积电和三星最先进的制造工艺是 5 纳米，2022 年实现 3 纳米量产。国内晶圆厂中芯国际 2021 年已实现 14 纳米工艺的大规模量产。据中芯国际 CEO 梁孟松博士透露，2022 年中芯国际进行风险试产 7 纳米，制造工艺与台积电仅相差两代，目前中芯国际最大的问题是 10 纳米以下先进半导体设备和材料受到进口限制，否则在 3 至 5 年内很有可能追上台积电。

从性能、功耗、价格来说，14 纳米工艺的性能与功耗比最高，28 纳米是性价比的拐点。也就是在追求更高性能、更低功耗和更低成本时，如果以成本作为主要指标，28 纳米以下制程将不再享受摩尔定律带来的成本降低的福利。想要制造更先进的芯片就必须花更多的钱。

28 纳米是成熟与先进工艺的分界线，成熟工艺在未来 3～5 年甚至更久时期内仍然拥有广阔的市场，占比将维持在 40% 以上，比如汽车芯片、功率半导体、电源管理芯片等对制程工艺要求没那么高。除了追赶国际先进工艺外，国内的成熟工艺市场仍然有巨大的替代空间。

在后摩尔定律时代，业内公认的发展方向有四个：一是延续摩尔，也就是将现在的 5 纳米再向 3 纳米、2 纳米推进；二是扩展摩尔，将不同芯片结合在一起，通过芯粒（Chiplet）和系统级封装技术，形成新的系统级芯片（SoC），来降低功耗，缩小体积，提高速度；三是超越摩尔，比如第三代半导体材料、量子器件、存算一体、石墨烯、碳基芯片；四是丰富摩尔，随着多学科的新发现，实现技术突破，建立新形态的信息产业。其中第三种和第四种还在探索阶段。国内芯片产业在做的，一方面是追赶先进工艺，另一方面是研究所、高校、企业联合寻求技术的突破，比如中国科学院的“率先行动”计划，为新兴产业的发展起到战略支撑的作用。

第二节　俯瞰半导体江湖的产业地图

高度分工协作的产业链构成

数字世界的基石、大国博弈豪掷千金抢夺的半导体，竟然源于毫不起眼的沙子。沙子在地壳中占比超过 27%，可谓取之不尽、用之不竭。在茫茫撒哈拉沙漠中随手抓一把沙子，通过半导体制造工艺，就可以变成价值连城的芯片，这堪称人类科学与技术的奇迹。今天的半导体产业链已经是高度分工协作，从硅片生产、芯片设计、晶圆代工到封装测试，每一步都是人类文明的结晶。

硅片生产制作的过程高度依赖高精度机械化来保证极致性能，主要的原材料就是沙子。沙子富含二氧化硅，其中的硅元素正是建造半导体大厦的基石。工程师首先用碳在高温情况下置换二氧化硅中的氧提炼出多晶硅，但多晶硅内部构造杂乱无章，根本无法满足半导体苛刻的电特性要求，所以多晶硅需要进一步加工提纯成内部结构对称、高度规整的单晶硅，而且纯度要达到 12 个九级别才能保证生产过程中的良率。用多晶硅提炼单晶硅的过程称为“拉晶”，过程就是在单晶炉中牵拉籽晶棒生长出一大根晶棒，晶棒经过磨外圆、切片、倒角、研磨、抛光、清洗、检测后就是硅片厂出售的成品了。衡量硅片厂的技术实力，除了纯度之外，还有硅片面积。将一个圆形硅片切成固定大小的方形芯片，硅片面积越大，边角料损失越小，且大面积芯片在制造封测环节可以减少加工步骤，所以硅片尺寸的增加能够为下游客户带来成本优势；但是，拉单晶的工艺难度随着硅片面积的增加而呈指数级上升，所以晶圆面积的突破一直是硅片厂技术发展的主线。

芯片设计就是将晶体管等基础元器件以理想方式排布，从而实现目标功能并优化 PPA 的过程。PPA 是衡量芯片设计水平的三大维度：性能（Performance）、功耗（Power）和面积（Area）。芯片设计企业追求的就是高性能、低功耗和小面积，其创造了整个半导体产业链超过 40% 的附加值。1971 年，英特尔推出了人类历史上第一块真正意义上的芯片，上面集成的晶体管数量不过 2000 多个，芯片设计师用手画图纸的形式就可以完成设计。50 年后的今天，英伟达最新推出的芯片 A100，在 826mm^2 的面积上集成了超过 542 亿个晶体管，如若继续依靠设计师手工作画，显然不切实际。在此背景下，EDA 软件应运而生，它是帮助实现半导体设计自动化的强大工具，能将繁重的设计图绘制以编程的方式完成。EDA 软件节省了大量人力物力，使得芯片的快速迭代成为可能。另一提高芯片设计效率的有力工具是电路设计的“IP 化”，即将可复用的电路设计模块化。举一个通俗的例子，如果把芯片设计比喻为下饺子，“IP 化”指的就是“饺子皮”“饺子馅”，下饺子不需要从和面粉做饺子皮和剁饺子馅开始，而是直接购买已经模块化的“饺子皮”和“饺子馅”，包好下水煮就好，速度快且口味还容易保证。从芯片设计难易的角度看，分立器件、传感器、光电芯片甚至模拟芯片的设计都相对简单，数字芯片的设计难度最高，所以 EDA 国产化战役中只剩下数字 EDA 难求一胜，其他半导体 EDA 的国产化已经收获颇丰。

芯片设计完成后送到晶圆代工厂流片，即将设计、验证好的电路图送到晶圆代工厂去制作光罩[①]并试产的过程，流片成功后就可以进入芯片制造流程。流片成本越来越昂贵，是芯片创业公司最主要的开支之一，台积电第二代 7 纳米流片费用约 3000 万美元，其中 1500 万美元为光罩制造成本。光罩是半导体设计的成品，类似制造业的模具，半导体制造就是将光罩设计图雕刻在硅片上。如果将半导体产品比喻为摩天大楼，那么制造就是挖土砌墙的造楼过程。

芯片制造代表着人类工业文明的最高水平，以 14 纳米工艺为例，其芯片制造工序超过 5000 个，每道工序都由专门的设备负责，构成了千亿美元规模的半导体设备市场，而且约 80% 为制造设备。很多人熟知的光刻机就是其中引领芯片制造工艺进步最核心的设备。光刻原理就是通过激光把设计好的芯片版图刻在芯片上，该原理与照相机成像原理类似，所以在微米时代主导光刻机市场的是尼康、佳能之流。与工业激光不同，光刻机光源的能量不足以雕刻硅片，能够在硅片上雕刻的设备是刻蚀机。刻蚀机能量大但精度低，

① 光罩，指在制作 IC 的过程中，利用光蚀刻技术，在半导体上形成图形，为将图形复制于晶圆上，必须通过光罩作用的原理，类似于冲洗照片时，利用底片将影像复制到相片上。

光刻机精度高但能量小，两者优势互补组成一把纳米级别的精细刻刀。工序是光刻机的光源透过光罩投射在涂了光刻胶[①]的硅片上，在与光刻胶发生反应后，会生成能够被特殊溶液轻易洗净的物质，清洗后光罩的图案就显示在光刻胶上了。刻蚀机则能刻蚀硅片上没有光刻胶保护的部分，这样光罩图案就被刻在硅片上。看似简单的涂胶显影过程，在纳米级别就变成了登峰造极的制造工艺，而站在工艺巅峰的 EUV 光刻机，预计 2024 年出货的新机型售价超过 3 亿美元，比波音最新的主力宽体机型 787 还要贵，却仍一机难求。对于制程要求较高的数字芯片、存储芯片等，设计企业的强势地位一去不复返，制造和高端设备企业的地位则与日俱增，特别是在 2021 年这一轮“缺芯”周期的顶点，产能争夺战中的“王者”竟然是晶圆厂。美国此前牢牢把控半导体的设计环节竟是错判，所以拜登上台后决定投入 520 亿美元以实现美国半导体制造业的回归。

制造完成的芯片送到封测厂，进行减薄、切割、贴片、焊线、塑封、检测等程序，目的是实现单颗芯片与外部器件连接，并为芯片提供物理保护。在整条产业链中，封测环节壁垒最低，也是中国当前国产化水平最高的环节。

狂奔先进制程的数字芯片江湖

全球市场规模 4000 多亿美元的数字芯片占整个半导体市场规

---

① 光刻胶，又称光致抗蚀剂，是指通过紫外光、电子束、离子束、X 射线等的照射或辐射，其溶解度发生变化的耐蚀剂刻薄膜材料。

模的约 70%。其中存储芯片、中央处理器（Central Processing Unit，简称 CPU）和图形处理器（Graphics Processing Unit，简称 GPU）是数字芯片市场的绝对主角。

明日黄花——CPU

CPU 的故事得从大名鼎鼎的晶体管之父威廉·肖克利讲起。肖克利 1910 年冬天出生于英国伦敦，3 岁随父母来到了阳光明媚的加州，考入了麻省理工学院（MIT）并获得物理学博士学位，毕业后留校任教，因其出色的学术能力，被当时声名远扬的贝尔实验室挖走。在贝尔实验室，肖克利认识了他的两位同事沃尔特·豪泽·布喇顿（Walter Houser Brattain）和约翰·巴丁（John Bardeen），三人在 1947 年共同发明了晶体管，凭此在 1956 年获得了诺贝尔物理学奖。

肖克利是位颇具争议的人物，身边同事对他的评价都不高。他的聪明才智毋庸置疑，但缺少处理人际关系的能力。他的同事将他描述成“傲慢”“自以为是”，甚至“商业废物”。这对科学天才来说倒是习以为常、无伤大雅，不妨碍他成为一位殿堂级科学家，但肖克利却有与其能力不匹配的商业野心，想要超越当时的科技龙头惠普。1955 年，肖克利离开贝尔实验室创立肖克利实验室，作为其商业帝国的起点，但他的性格注定了后来的失败。肖克利好大喜功，提出要立刻将单个晶体管的生产成本降低到 5 美分，要知道这一目标集全行业之力直到 25 年后的 1980 年才得以实现，所以投入大量资源的肖克利遭遇重挫。祸不单行，肖克利放弃自己在晶体管的先发优势，转变发展目标，要求团队全身心投入研发一种超越晶体管、更易于商业化的产品，再次遭遇滑铁卢，导致公司完全错过晶体管的发展窗口期。当年肖克利实验室创建的时候，众多才华横溢、富有远见的年轻人慕名而来，围绕在这位名震寰宇的诺贝尔奖得主身边共谋大事，但仅仅两年后团队就分崩离析。1957 年，肖克利手下优秀的年轻科学家提出芯片将成为划时代产品，建议公司集中资源攻克芯片，遗憾遭到肖克利的否定，直接导致以罗伯特·诺伊斯（Robert Noyce）为首的八位实验室骨干集体辞职，并创立仙童半导体，这就是史上“仙童八叛逆”的故事。

八叛逆之首罗伯特被誉为“硅谷市长”“硅谷之父”，是雄霸半导体市场半个世纪之久的英特尔的创始人。他和肖克利性格迥异，是一位受人爱戴、为人厚道、极富魅力的传奇企业家，可以说罗伯特的个人史就是半部硅谷史。虽然由于各种原因，罗伯特最终没有获得诺贝尔奖，但他的聪明才智完全不逊色于他的偶像肖克利。罗伯特 1927 年出生于美国中部爱荷华州，从小跟着牧师父亲四处漂泊。罗伯特堪称全才，尤其对物理和数学十分着迷，花费大量时间刻苦钻研，26 岁时就获得了 MIT 物理学博士学位，并发明了芯片。罗伯特在大学时就痴迷于晶体管，为了能研究集成电路，他博士毕业后拒绝了 IBM 的高薪工作，加入当时只有 30 人规模的 Philco 公司，在一次业内研讨会上，肖克利被罗伯特的报告吸引，邀请他加入肖克利实验室。受到偶像青睐的罗伯特欣喜若狂，毫不犹豫举家从东海岸横跨到西海岸追随肖克利，罗伯特对肖克利的尊敬由此可见一斑。所以，后面他对肖克利大失所望时，在“仙童八叛逆”其他七人的劝说下罗伯特仍犹豫不决，直到七位年轻人先行离开肖克利实验室，并在谢尔顿·罗伯茨（Sheldon Roberts）的极力劝说下，罗伯特才同意出来带领七人创业。由于当时半导体产业未成气候，即便八人豪华团队也融不到钱，见了35位投资人，都对他们不屑一顾，直到第36位投资人谢尔曼·费尔柴尔德（Sherman Fairchild）才同意投资150万美元，但条件是担任仙童半导体的董事长。走投无路的“仙童八叛逆”只好应允，而这也为后面仙童半导体的没落埋下伏笔。仙童半导体不仅是现代半导体产业的发源地，也是硅谷风险投资的起源地。当年帮助仙童获得融资的两位财务顾问之一正是风险投资之父阿瑟·洛克（Arthur Rock）。在没有技术专利、产品、订单的情况下，投资一家只有八人的初创企业，洛克后来将这种投资模式称为“风险投资”，并将它发扬光大，英特尔、苹果这些巨头均出自他的手笔。风险投资是硅谷半导体产业能蓬勃发展的重要根基，其掀起的创业浪潮，加速了科技创新，助星星之火成燎原之势。

费尔柴尔德的父亲是IBM董事长，凭借这层关系，创立不久、毫无名气的仙童半导体就拿到了IBM的三极管订单，依靠这第一桶金开始开疆拓土。当时的半导体龙头德州仪器和仙童同时察觉到了集成电路相比分立器件的优势，几乎同时决定进军集成电路产业。1961年仙童的第一个芯片问世，售价高达120美元，能够为此高价买单的只有政府，而且需求量低。罗伯特深谙半导体生产中规模效应的力量，主动大幅降价，将芯片导入民用市场。如他所料，销量爆发后摊薄了投资成本，增加了仙童的利润。凭借芯片业务，仙童发展突飞猛进，至 1966 年成为仅次于德州仪器的全球第二大半导体公司。

成也资本败也资本。仙童半导体的快速衰落或许在成立之初就已注定，天使投资人费尔柴尔德犯了两个致命错误：第一，在投资公司的协议里约定五年内有权按照 300 万 ~ 500 万美元估值买断所有创始团队的股份，这一条款的执行，导致所有创始团队成了无持股的“打工人”；第二，低估了芯片的发展潜力，在初期大获成功之后“见好就收”，拒绝加大投入。前述两点导致创始团队纷纷离职，仙童的行业地位也逐渐式微，直至 2016 年被安森美以 26 亿美元收购。

即便陨落，仙童的历史地位依然不可磨灭，从中走出的大量优秀人才在硅谷开枝散叶，纷纷创立自己的公司，开启了硅谷的黄金时代。经过五十多年的群雄逐鹿，天下归于英特尔和 AMD 两家 CPU 企业。有趣的是，这两家公司的竞争历史不是尔虞我诈，更多的是侠骨柔情。有人称赞罗伯特仁者无敌，才能为英特尔网罗天下英才，并久居芯片龙头宝座；也有人诟病罗伯特妇人之仁，对杰里·桑德斯（Jerry Sanders）“七擒七纵”，导致英特尔在 2021 年被 AMD 打得节节败退。

那段峥嵘岁月是罗伯特和桑德斯的双簧剧，桑德斯的发家史充满传奇色彩，他出生于 1936 年，家境比从小居无定所的罗伯特更加贫寒，母亲生下他时只有 15 岁，父亲则是收入微薄且生活放纵的浪荡子弟，桑德斯5岁的时候父母就离异，最终法院认定桑德斯的父母没有抚养能力，将他判给了祖父母收养。桑德斯从小机敏过人、成绩出众，但不同于三好学生，他作风狂放，经常因替人出头而卷入斗殴事件，从小就展现江湖义气。桑德斯大学毕业后加入了一家飞行器公司担任系统设计师。此后不久，不安分的桑德斯就跳槽到摩托罗拉担任销售经理。桑德斯发现自己简直就是销售天才，在摩托罗拉的销售业绩节节攀升，没多久就被仙童重金挖走，也正是在这里遇到了他此生亦师亦友亦敌的罗伯特。

罗伯特和桑德斯先后创立了英特尔和AMD，但两人的风格决定了两家公司截然不同的发展路径。罗伯特1968年创立英特尔时，已是硅谷教父级人物，在产业界和资本界拥有广泛号召力，成立初期即吸引众多精英加盟，并获得硅谷风投家们250万美元的创业支票。桑德斯境遇相反，他好不容易获得和洛克见面的机会，熬夜精心准备商业计划书，见面时正想给洛克展示他的营销天赋，洛克却冷冰冰地打断他说："我过去所有投资中，失败的都是销售人员管理的公司。"此后几个月里，桑德斯在融资路上到处碰壁，最后罗伯特在桑德斯走投无路的情况下，力排众议给了创业资金。

英特尔三年磨一剑，终于在1971年推出了世界上第一款CPU——Intel 4004，可惜算力上没有优势，并没有在市场上大获成功。真正帮助英特尔在商业上大获成功的是1974年推出的Intel 8080，它是英特尔后续CPU的原型，比Intel 4004的性能快10倍。台式计算机（PC）之父爱德华·罗伯茨（Edward Roberts）基于 Intel 8080 研发出史上第一台爆款级 PC，导致生产线火力全开也消化不了漫天飞来的订单。首批客户中就有富家子弟比尔·盖茨（Bill Gates），彼时还在哈佛上学的他和几个同学开发出了操作系统，并大获成功，激励他随后从哈佛辍学创立了微软。至此 PC 时代三大主角中的两位——英特尔和微软都登场了，接下来压轴的是 IBM。

1981 年 IBM 推出第一台 PC 时，微软刚满 3 岁，英特尔不到 13 岁，即便半导体鼻祖德州仪器也才刚迎来而立之年，而 IBM 已是 70 岁高龄，是大型计算机龙头，市场份额高达 90% 以上，人称“蓝色巨人”。1979 年，PC 销量一路狂飙，市场规模达到 1.5 亿美元，年化复合增长 40% 以上，IBM 彻底坐不住了，因此决定利用自身资金、品牌和技术优势建立开放的 PC 生态圈，邀请微软负责操作系统开发，采用英特尔的芯片架构，并指定 AMD 做第二供应商，旨在快速推出 IBM 第一台 PC 产品。

IBM 1981 年推出的第一台搭载英特尔 CPU 和微软操作系统的 PC 产品大获成功，当年就销售 20 万台，创收 10 亿美元，第二年单月销量就高达 20 万台。IBM 在 PC 渗透率快速提升的那几年赚得盆满钵满。然而死神却在靠近 IBM，PC 的长期壁垒和价值源泉在产业链两端——操作系统和 CPU 芯片，如此看来 IBM 的败局在一开始就已注定。IBM 是个极度保守的企业，“不见兔子不撒鹰”，在第一台 PC 推出 6 年后才决定进军 PC 市场。然而，IBM 如要从 CPU 芯片到操作系统从头研发至少需要 4 年时间，PC 业务负责人接到的命令是1年内必须完成，所以集成英特尔CPU芯片和微软操作系统实属形势所迫的权宜之计。IBM并没有意识到PC业务的大获成功实属英特尔CPU芯片和微软操作系统的功劳，傲慢的它认为自己的集成能力、品牌和客户关系才是产业链坚不可摧的核心壁垒，英特尔和微软（"Wintel"）可以轻易被替代。IBM甚至为了少支付购买QDOS（Quick and Dirty Operating System）专利的7.5万美元而把自己操作系统的所有权交给了微软，彼时它做梦也没想到自己亲手培育了未来需要仰望的软件帝国。最终导致"Wintel"的核心产品销售给其他PC设备厂商，并可以与IBM PC一较高下，IBM回过神来发现集成根本没有壁垒可言，但为时已晚。微软后续推出的划时代产品——Windows操作系统，加速了"蓝色巨人"IBM的没落。

从这段酣畅淋漓的PC之战回到CPU行业，英特尔稳坐王座，AMD一时难成气候。直到AMD率先推出了64位CPU这一革命性产品的时候，英特尔才猛然惊醒，AMD已经兵临城下。英特尔不愧是一家伟大的企业，马上祭出了大名鼎鼎的"Tick Tock"战略，即每一次Tick升级一次制程，每一次Tock升级一次微架构，Tick-Tock周期为2年。该战略是英特尔凭借深厚技术积累、一流研发团队与庞大资源碾压竞争对手的战略，如此高强度的投入直接让竞争对手毫无招架之力，自我实现了摩尔定律。当然，这一激进的战略也使得英特尔在原有技术路线上蒙眼狂奔，先后错过了移动互联网和人工智能时代，才有后来者ARM和英伟达的崛起。

硅谷神仙打架，与此同时，我们也开始了国产 CPU 的自主可控之路。1980 年以前，国家极度重视半导体和计算机行业，中国科学院受命依次成立计算所、109 厂和半导体所，意图从沙子到计算机都实现世界领先水平的自主可控。然而 20 世纪 80 年代末，“造不如买，买不如租”的思潮席卷全国，彼时中国一穷二白，无力支撑高速发展的 PC 和芯片产业实现完整的产业链自建。这导致 20 世纪 90 年代后期，中美计算机技术的差距犹如天堑。我国从美国买回一台超级计算机，需要安置在一个透明的玻璃房子内，科研人员使用超级计算机时美方人员必须全程跟踪监视，以避免超级计算机被中方用于军事目的。也正是这时国家才逐渐意识到自主可控的重要性，以“中国巨型计算机之父”、中国科学院首批院士金怡濂为主的一批科学家开始启动中国的超级计算机研发，自主可控 CPU 研发被纳入国家“十五”计划。2000 年，中国科学院 CPU 研发课题组成立，龙芯总设计师胡伟武担任组长，经过一年多夜以继日的研发，龙芯 1 号研制成功，性能稍逊于英特尔 1997 年发布的奔腾 2，差距只有 5 年，开启了国产 CPU 的自主可控之路。

但时至 2021 年，龙芯的营收也不过 12 亿元。因为 CPU 是所有半导体中生态壁垒最高的产品，英特尔的 CISC（Complex Instruction Set Computing）指令集复杂且专利保护完善，而当今 PC 和服务器从指令集往上的整个软件生态都是建立在英特尔的指令集基础上。无论是编译器、操作系统、数据库、虚拟机，还是成千上万的应用软件，都是基于英特尔软件栈长期优化的结果，要转而使用龙芯的芯片，不是采购芯片就可以，整个软件体系都必须推倒重建。从20世纪80年代到现在40多年积累的生态优势，虽然是英特尔进军移动端的包袱，却也是PC和服务器端难以撼动的壁垒。在PC、服务器领域，龙芯之后中国又诞生了兆芯、申威、飞腾、海光、海思鲲鹏，与龙芯合称国产CPU六小龙，然任重道远，期待在此百年未有之大变局的背景下，国产CPU的市场化和商业化之路迎来新的机会。

当今花旦——GPU

GPU由英伟达在1999年发布GeForce256时首次提出，其前身可追溯到20世纪70年代的显示控制器（显卡），伴随着PC时代开启。此前IBM的计算机主要用于科研工作，对显示要求低，CPU就能处理。显卡帮助CPU直接与显示器沟通，将CPU控制显示器的功能卸载下来。但因为功能简单、技术壁垒低、市场规模小，彼时并没有引起关注。直到微软推出可视化操作系统Windows，彻底颠覆了人机交互方式，并在此基础上推出一系列图形用户界面的办公软件、游戏等应用，迅速推高图形显示的重要性。为了获得更好的显示效果，彩色的图形阵列CGA（Color Graphics Array）、高分辨率的视频图形阵列VGA（Video Graphics Array）相继出现，第一位霸主泰鼎（Trident）登上历史舞台。

泰鼎作为VGA时代的霸主，成立于1987年，当年IBM提出了VGA显示标准。IBM第一台PC的显卡就是由Trident提供的。Trident在1990年推出Trident 8900系列，几乎占据了IBM所有的

PC。早期显卡市场霸主频繁易主跟市场壁垒低有关，当时显卡实现的功能简单，无法建立像 CPU 一样雄厚的生态壁垒。所以 Trident 在显卡市场的霸主位置上仅仅待了几年就被 S3（S3 Graphics）公司所替代。

显卡行业发展到 1995 年时，制约其性能进一步提升的不再是显存，而是显卡与总线之间的接口，即不是存数空间，而是取数速度。针对这一痛点，成立于 1989 年的 S3 公司率先使用 PCI 接口，将显卡的处理速度提升至前所未有的高度。S3 在接口技术上的领先性让它快速取代 Trident 成为 2D 市场的新霸主，而它的高光时刻甚至比 Trident 还短。1998 年，第三任霸主 3dfx 公司携震撼整个显卡界的产品 Voodoo2 登上舞台，而 S3 公司也迅速陨落，于 2000 年被中国台湾 ViaAlliance 公司以 3.22 亿美元收购。

3dfx 公司在显卡市场市占率一度超过 85%，这一成就即便当今如日中天的英伟达也未曾做到，实际上英伟达在 GPU 3D 技术上的巨大优势也正是来自其 2000 年收购 3dfx 公司时获得的天才技术团队，而当时的收购价格不过 7000 万美元现金和 100 万股英伟达股票。为何 3dfx 公司只是刹那芳华？3dfx 公司成立于 1994 年，当时显卡市场急需解决的是 PC 游戏对显卡性能的要求。3dfx 公司人如其名，第一款产品就是纯 3D 显卡 Voodoo，可将 3D 体验带入 PC 游戏，但受限于研发资源，3dfx 并没有开发相应的 2D 显卡，导致游戏玩家需要另外购买 2D 显卡配合使用。此外，Voodoo 显卡的售价显著高于市场其他竞品却依然大受欢迎。后来全面升级的 Voodoo2

更是备受瞩目，它放弃 PCI 接口转而采用更快的 AGP 接口，开创众多高效的 3D 渲染算法以最大限度地获得逼真的 3D 效果。3dfx 在巨大的成功面前迷失了自我，羽翼未丰的它抛弃微软开源的 Direct3D 框架，意图建立封闭软件栈生态 Glide，同时增加控制模块以减少对 CPU 的依赖，同时向英特尔和微软两大巨头开战！被激怒的“Wintel”联盟转头支持英伟达的 TNT2，联合扼杀了这位年轻的霸主并扶持英伟达成功上位。

英伟达上位之后的竞争故事波澜不惊，却也暗流涌动，其自 1999 年至今牢牢把控 GPU 市场，其间 AMD 曾挑战英伟达的地位，但没有撼动分毫，可以说 GPU 的历史实际就是英伟达的历史。GPU 可以分成服务器、PC 和手机三大应用市场：服务器 GPU 性能要求最高，基本被英伟达完全垄断（自 2020 年开始 AMD 才勉强能在软件生态成熟度低的超算市场有些许销量）；PC 分为高端独立市场和中低端集成市场，高端独立市场英伟达占据 85% 的份额，中低端集成市场因为 CPU 与 GPU 协同封装的趋势成就了英特尔和 AMD；手机端则是完全不同的市场，又是另外一批玩家高通和 Imagination 等。

英伟达在过去不到 2 年的时间里市值飙升 8 倍，充分享受到作为人工智能、区块链、元宇宙等当今最热概念底层算力芯片的红利。可以说，英伟达历史上两次英明的决策成就了其今日 GPU“一哥”的地位，而这两次决策的底层思路却截然相反。第一，二十年如一日紧跟“Wintel”步伐，在老大哥的支持下打败昔日霸主 3dfx，并将其收入囊中。当然，英伟达在市值超过英特尔的2020年也展露出雄霸天下的野心，欲报价400亿美元收购ARM杀入CPU市场。第二，2006年不惜冒着GPU蓝屏、失去消费GPU市场份额的风险，豪赌CUDA[①]，并持续投入巨资打造CUDA软件生态。紧跟“Wintel”步伐确立了英伟达的行业地位，打造CUDA生态则构建起难以逾越的壁垒。CUDA平台，简而言之，就是英伟达不甘心只做图形渲染，而是希望把各类运算都转化成GPU擅长的多维矩阵运算，拓展GPU的使用场景。长期维持硬件的领先需要精准地选对技术路线，并持续大量地投入，否则就可能被后来者超越。有长期战略的硬件厂商都会构建自己的软件生态，培养千千万万的工程师基于自己的软件栈开发各种应用，如此形成的壁垒难以撼动。

2018年被称为人工智能元年，AI+各种应用场景开始落地起量，而人工智能所基于的深度学习算法背后都是大规模的矩阵运算，CUDA平台带来的编程效率和人工智能的崛起共同将GPU推上神坛。2018年英伟达市值刚过英特尔的一半，而到2021年底英伟达市值已经是英特尔市值的四倍，标志着近半个世纪的CPU时代落下帷幕，GPU时代的大幕已经拉开。尽管英伟达已打造了强大的生态壁垒，面对GPU无限可能的前景和国产替代的浪潮，过去两年中国的GPU创业公司仍如雨后春笋般快速成长，它们选择先切入数据中心场景，软件兼容CUDA平台，相对容易享受国产化红

① CUDA，即Compute Unified Device Architecture，是显卡厂商NVIDIA推出的运算平台。CUDA™是一种由NVIDIA推出的通用并行计算架构，该架构使GPU能够解决复杂的计算问题。

利并绕过英伟达生态壁垒的策略。从当前世界形势和国家战略需要的角度来看，数据中心 GPU 未来必须跑出国产化供应商。

明日之星——DSA

纵观核心数字芯片发展历史，专用芯片已是趋势。摩尔定律撞墙后，芯片制程已达物理极限，无法通过制程进步来优化芯片 PPA 指标，芯片公司需要寻找新的出路。当前市场共识就是进行芯片架构改革，即从通用芯片架构走向专用芯片架构。以史为鉴，以往一个 CPU 完成所有任务，制程红利即可极大改善芯片 PPA 指标，现在则需要通过专用架构卸载 CPU 功能，GPU 就是最成功的案例，它卸载了 CPU 的图形渲染和人工智能运算的功能——当前最有发展潜力的应用场景。新的机会在于，GPU 是为图形渲染而生，并不是为人工智能量身定做，通过 GPU 进行人工智能运算的效率有很大的提升空间，目前仅是利用 GPU 强大的编程能力和并行运算能力。市场众多创业公司已在为人工智能运算设计新的架构——DSA，它有望复制 GPU 卸载 CPU 的故事，将人工智能运算能力从 GPU 中卸载出来。

DSA 全称是 Domain Specific Architecture，即特定领域专用架构，相比通用 CPU 来说，它针对某类足够大的应用领域的算法集合进行架构优化以提升 PPA，相比针对某一特定算法优化的 ASIC[①]，它借助图灵完备的指令集可实现更广泛的通用性。从芯片性能上比

① ASIC，即 Application Specific Integrated Circuit，应用型专用集成电路，是一种为专门目的而设计的集成电路。

较，专用的芯片一定比通用芯片更好。通用芯片的壁垒在于上层丰富的软件生态以及软件之上的工程师资源。所以，一款专用芯片是否能够商业化落地，不仅要看芯片性能指标，更要关注芯片的可编程性。我们常说的 CPU 通用性好，最重要的就是最上层的应用开发者使用高级语言遵守相应语法规则就可以天马行空、任意挥洒自己的创意。编译器可以自动将高级语言一路向下编译成二进制代码，然后硬件就可以高效执行，因为从语言到指令集都是图灵完备的。所谓的图灵完备就是上层应用开发者要求硬件干的所有事情硬件都能干。GPU 虽然高级语言是图灵完备的，但指令集却不是，所以英伟达耗时十五年磨一剑打造 CUDA 平台，正是为了解决这个问题。因此，后来者想要挑战英伟达，不是简单的比较硬件指标就可以，最大的壁垒在于 CUDA 平台。现在的 DSA 和 ASIC 创业企业，拥有几百号人的团队，他们需要找到足够专且大的场景才能覆盖高昂的研发费用，同时还要构建易用兼容的软件生态，这是比 GPU 优化还要艰难的事情，的确任重道远，但前途光明。

注重经验积累的模拟芯片江湖

半导体产业素有“一年数字、十年模拟”的说法，由此可见模拟芯片的研发、应用门槛较高，从事该领域的相关企业需要在行业内有深厚的技术和人才积累才能获得市场一席之地。模拟芯片分为信号链路和电源链路两大领域，全球市场规模千亿美元，其中信号链路芯片占比略超一半。模拟芯片主要用于控制信息世界和电能世界与现实世界的连接，前者是数字信号与模拟信号之间的转换，后者是电能与机械能之间的转换。

信号链路芯片是数字世界与现实世界的传送门，建立在半导体之上的数字世界由离散的0和1组成，而现实世界是连续的，所以两个世界连接的核心是要实现连续与离散的转换，这就是数字链路芯片中最重要的ADC-DAC（Analog to Digital Converter-Digital to Analog Converter）数模转换芯片的功能。随着数字世界的快速发展，传输线路要求的带宽水涨船高。为了满足带宽发展需求，出现了以SERDES[①]为首的接口技术，主要用于将数字世界的并行信号转化为串行信号，以降低模拟信号在现实线路传输中的干扰，进而大幅提升频率实现高带宽。实际在有线世界中，只要数模转换芯片、接口芯片再加上一个高稳定性、高精准度的微型时钟就是信号链路模组的主体了，但是无线世界要复杂得多，主要的区别在于射频前端模组。不同于有线世界，模拟信号是以光或电的形式传输的，可以在双绞线和光纤中受到良好的信号保护，无线世界的模拟信号以波的形式向四周扩散，受到的干扰很多，所以就需要射频模组这组芯片来解决这些传输难题。其中技术难度最高的是滤波器，滤波器就是用来屏蔽干扰信号，只接收目标信号的芯片。当然，除了过滤信号，放大信号也同样重要。为了让电路能够识别、处理衰弱的信号，就需要功率放大器PA（Power Amplifier）或者低噪声放大器，前者用于发射端将发射信号功率放大，后者用于接收端将天线收到的衰弱

① SERDES，即SERializer（串行器）/DESerializer（解串器）的简称。它是一种主流的时分多路复用（TDM）、点对点（P2P）的串行通信技术。

信号放大。因为射频模组涉及的频段、器件众多，不同信号的链路路径可能不同，这都需要射频开关来控制，开关同时还能减少器件使用数量以降低成本。其中，数模转换芯片、滤波器和 SERDES 技术难度最高，国产化率最低。信号链路芯片的主要应用场景在于通信，包括数据中心、电信、无线设备等，未来主要的市场增长驱动力来自 5G、物联网与数据中心。

电源链路芯片可以分为转变电能的电源管理芯片和控制电能的驱动芯片，它相较于信号链路芯片产品数量要丰富很多。以德州仪器为例，它在电源链路芯片上的产品数量超过 13 万个，而且多数芯片单颗售价不足 1 美元。电源链路芯片的需求量庞大，需要充电的地方就需要 AC-DC（Alternating Current-Direct Current）将交流电转化成直流电以实现充电，需要电机的地方就需要驱动芯片让设备启动，需要升降压的地方就需要 DC-DC 变换器来实现，等等。

正因为模拟芯片产品数量如此庞大，它的市场集中度也显著低于数字芯片市场，全球模拟芯片龙头德州仪器的市场份额也不过 18%。亚军 ADI（Analog Devices，Inc.）的产品数量少得多，几乎是依靠射频收发芯片一款产品拿下亚军宝座，直到 2020 年斥资 210 亿美元收购美信之后，补全自己产品线的同时也坐稳了亚军宝座。纵观模拟芯片发展历史，我们会清晰地看到，竞争格局十分稳定，十年前的市场前十名除了其中 2 家被 ADI 收购之外，现在仍然是市场前十名，背后的原因是这个市场的产品生命周期很长，而且除非有技术革新，否则用户黏性很高。

模拟芯片对先进制程的依赖度不高，因为制程的缩小会造成模拟信号间的干扰快速提升，对于最看重稳定性的模拟芯片来说得不偿失。数字芯片只需区分出 1 和 0，所以对电流测量的精确度要求极低，而模拟芯片需尽可能精准地测量电流以还原模拟信号，因此对数字芯片极为重要的先进制程对模拟芯片的重要性却很低。对模拟芯片来说，更重要的是材料的选择和工艺的创新，各家头部模拟厂商都有工艺上的独门绝技，而且不对外公开，这也是为什么国外模拟芯片厂商都采用 IDM 的模式，对工艺的保密是重要原因。材料的变革会带来行业的巨震，但是材料变革的速度极其缓慢。纵观半导体产业 70 年的发展历史，材料也仅经历过两次变革，第一次是砷化镓对小部分硅基应用的取代，第二次是当前碳化硅和氮化镓的崛起。然而，硅基的优势依然明显，导致第二代和第三代半导体可以替换的应用场景并不多，而且第三代半导体的变革还远未完成，相比于硅基贵数倍的高昂成本是其推广的主要障碍。

模拟芯片对工艺的依赖给中国的自主可控带来了另一种挑战，这种挑战类似于发动机与制药行业——因为技术和经验的积累非常封闭且是高度商密，所以中国公司很难学到。所以，模拟芯片工艺的创新者有较长的技术独占期，量产后的规模优势将带来很高的价格壁垒，客户更换供应商的动力很低，而下一代革命性的工艺革新、材料创新和制程进步都需要等待良久。以德州仪器为例，它的众多产品寿命在 20 年以上，毛利率甚至高于 GPU 垄断者英伟达。

经验如果来不及累积，那么就并购。长寿的产品铸就坚固的基石，海量的产品又使得并购成为模拟芯片公司提升市场份额的主要路径，所以模拟芯片巨头们的发展史就是一部波澜壮阔的并购史。

博通公司（Broadcom Corporation）源于1961年从惠普独立出来的安捷伦（Agilent），但故事的高潮部分从2005年安捷伦将旗下半导体业务作价26.6亿美元打包出售给KKR（Kohlberg Kravis Roberts & Co. L.P.）、银湖资本以及淡马锡开始，并因此改名叫安华高（Avago）。在私募股权投资（PE）巨头的主导下，安华高开启并购战略，即便在KKR早已退出公司的今天，这一战略依然没变，这得益于KKR在2006年请来号称"半导体并购第一人"的马来西亚华裔陈福阳担任安华高CEO，其主导博通在过去15年进行多次疯狂的"蛇吞象"并购。2009年安华高上市以来，几乎每年都花费巨资进行并购，代表性案例有：2013年斥资4亿美元收购CyOptics、2014年以66亿美元收购LSI、2015年以6亿美元收购Emulex、2015年斥资370亿美元收购博通（陈福阳的成名之作，交易完成后公司更名为博通）。至此，安华高一举超越德州仪器，并将营收扩大为原来的三倍，但由于其收入很大一部分来自数字芯片，所以一般不纳入模拟芯片的各大排名。陈福阳的野心远不止此，2017年又以1300亿美元报价欲收购高通，但最终遭到了高通董事会的拒绝，致使该笔交易未能完成，成为人们茶余饭后的谈资。

ADI的并购历史也毫不逊色，但它与博通截然不同，操刀并购的一把手全部是技术专家出身，可见模拟芯片的并购并非单纯的资本游戏，而是由行业规律决定的。成立于 1965 年的 ADI 从 1969 年开始并购企业，2010 年的全球模拟芯片前十厂商已有两家被 ADI 收购，分别是当年排名第 5 的美信（Maxim）和第 8 的凌特（Linear）。2014 年 ADI 斥资 20 亿美元收购 Hittie，2016 年斥资 148 亿美元收购凌特，2020 年以 210 亿美元收购美信。实际上 ADI 近年的营收增长基本由并购驱动。

德州仪器主导的并购在单笔规模上虽逊色于 ADI 和博通，但在数量上一骑绝尘。德州仪器的并购战略倾向于收购在特定领域有创新优势的小模拟芯片厂商，然后依靠自己的研发、工艺、制造和销售体系将其业绩放大。当然也有例外，2000 年与 2011 年德州仪器先后斥资 76 亿美元和 65 亿美元分别收购了 Burr-Brown 和美国国家半导体，后者一度是模拟芯片行业的老大，风头甚至一时盖过德州仪器。但是因为美国国家半导体掌舵人的决策失误，面对日本、韩国和中国台湾半导体的竞争，国家半导体选择打价格战，而不是像德州仪器、ADI 这些厂商投入大量研发费用往高端市场发展，最终导致被德州仪器收购的命运。

模拟芯片厂商并购的底层逻辑是补全产品线，因为在模组化时代，即使只缺失一块芯片，也很容易被竞争对手“卡脖子”，需要牺牲毛利甚至放弃订单。所以不仅中国在寻求产业链的自主可控，模拟芯片大厂也希望通过并购实现产品组合的自主可控。中国的模拟芯片产业还有很长的路要走，即使龙头卓胜微也才几十亿元营收、千余个产品数量与几百亿元市值，相比动辄百亿美元营收、十几万个产品数量与数千亿美元市值的模拟芯片巨头，我们仍处于依靠国产化主题或者小规模创新来打造基本盘的阶段。

人类文明最高杰作之光刻机

光刻机是半导体产业链的核心设备，是半导体制造技术与工艺的关键，甚至可以说是人类工业文明的最高杰作，同时也是中国产业链实现自主可控面临的最大障碍。2021 年全球高端光刻机市场只有一个玩家——ASML，其出售的最新光刻机重达 180 吨，需要 40 个集装箱运输，零部件超过 10 万个，售价 1.5 亿美元一台仍供不应求。光刻机的核心组成部分有三个：光源、透镜系统和工作台。它的原理就是光透过光罩在晶圆上雕刻图案。但是把这三部分做到纳米级别的精度就跟微观物理与宏观物理的天堑一样，是另一世界的难度。

其实在制程微米级时代，光刻机的技术难度并不比照相机复杂多少。当时光刻机主要的技术壁垒就在透镜分辨率上，所以彼时光刻机被两家日本著名的照相机公司尼康和佳能垄断也就不难理解了。ASML 成立于 1984 年，当时正值尼康和佳能如日中天之际，但脱胎于飞利浦的 ASML 从一开始就展现出自己的极客基因，在光源、透镜和工作台上步步为营、深入研发，在销售策略上也避其锋芒，在尼康、佳能进攻美国光刻机市场的时候，ASML 却专注于新兴的韩国、中国台湾和中国大陆市场。这些市场后续的爆发也帮助 ASML 的份额快速增长，到 20 世纪末已经达到了 18%。此时 ASML 历史上最大的贵人出现了——中国台湾的林本坚博士，他是现代光刻工艺之父。2000 年在蒋尚义的邀请下加入台积电，两年后他就开创性地提出了浸润式光刻技术，即在透镜和晶圆之间加入水，通过光折射缩短制程。这个看似简单的创新，却需要对光源、工作台和系统进行重大修改，所以当时的尼康和佳能并未重视。而 ASML 抓住了这一历史性的机会，帮助林本坚开发 193 纳米的浸润式光刻机。2004 年 ASML 率先推出浸润式光刻机，性能较干法刻蚀大幅提升，独创此工艺的台积电也一鸣惊人，而与之结盟的功臣 ASML 也得以重塑江湖地位。两者强强联手，分别成为芯片代工和光刻机行业的霸主，直至今天台积电仍然是 ASML 的大股东。当尼康和佳能恍然大悟回到浸润式技术路线时，却是“轻舟已过万重山”。

当今世界半导体产业链格局很大程度上是由 1997 年成立的 EUV LLC 奠定的，当时干法光刻技术卡在了 193 纳米的制程无法前进，在众多技术突破方案中，有一个是利用波长为 13.5 纳米的极紫外光源生产激光，一举将制程提升 10 倍以上。当时这个激进的技术方案因为光源和低损耗透镜系统的制造难如登天而被当成天方夜谭。幸亏英特尔说服美国能源部出马，集合西方国家半导体行业的精锐力量，即美国三大国家实验室、IBM、AMD、摩托罗拉、ASML，共同攻克 EUV 关键技术。当时美国与日本的半导体产业正处于紧张对峙之际，虽然《广场协议》已经让日本半导体产业日渐式微，但美国依然心有余悸，毅然抛弃当时的光刻机老大尼康，转而邀请第二名 ASML 加入了联盟，可以说 EUV LLC 是 ASML 的第二位贵人。联盟一开始就约定成员共享研发成果，所以当 6 年后 EUV LLC 联盟完成历史使命，并申请了无数专利卡死了后来者时，基本奠定了今日半导体产业链的格局。

EUV 光刻机的技术难度实在太高，即便集合了西方国家半导体行业的精锐力量，ASML 在 EUV LLC 的肩膀之上还是花了 15 年时间才成功推出第一台 EUV 光刻机。有趣的是，当年 EUV 技术的倡导者英特尔反而因为等不起 EUV 光刻机而另寻他法，导致至今积重难返，近些年被三星、台积电所超越，甚至影响了其芯片设计业务。

尽管 ASML 光刻机非常复杂，但其本质依然是集成商，90% 以上的零部件由美国企业供应：激光光源来自美国 Cymer、镜头来自德国蔡司（Carl Zeiss AG）、控制系统来自美国 MKS，所以 ASML 的命脉紧紧地握在美国手中。不仅如此，美国的金融机构持有 ASML 大部分股份。2012 年，英特尔、三星和台积电还曾作为战略投资者收购了 ASML 20% 的股份。无论是从供应链还是从股权结构上看，ASML 都不得不对美国政府唯命是听，所以 ASML 承诺中芯国际的 EUV 光刻机不仅 2018 年没有到货，恐怕未来也是未知之数。

光刻机是中国半导体产业真正“卡脖子”的地方，无论其他环节做得多么突出，缺少光刻机都足以让中国在先进制程上自主可控的梦想湮灭，而且难觅替代方案。中芯国际在工艺储备上已实现

7 纳米制程，但缺少了 EUV 光刻机，良率一直无法提升。实际上我国对光刻机的研发早有布局，1977 年就研发出了一台制程约 1 微米的半自动化接触式光刻机，相当于美国 20 世纪 50 年代的水平。改革开放后，中国的光刻机技术突飞猛进，1982 年中国科学院 109 厂推出的 KHA-75-1 光刻机，号称与彼时佳能的技术差距不到四年。可惜同样因为 20 世纪 80 年代“造不如买”的国家战略，中国的光刻机技术水平彻底掉队。直到 2000 年初，国家才开始重新在光刻机领域进行投入，但需要补的课实在太多，想要突破专利封锁、实现弯道超车难上加难。以美国市场为例，成立于 2014 年的美国光刻机公司 XTAL 欲凭借豪华的技术团队切入光刻机市场，而且半导体巨头们也都不希望自己的核心设备供应商只有一家，所以连 ASML 的股东英特尔、三星等都争相投资 XTAL。然而，ASML 以侵占知识产权为由对 XTAL 发起诉讼，EUV LLC 积累的技术资产之雄厚帮助 ASML 仅用 1 年多的时间就直接胜诉，并获得 8.45 亿美元的天价赔偿，直接让 XTAL 破产关门。同处一个阵营，技术实力雄厚的 XTAL 在 ASML 面前都如此不堪一击，中国的光刻机公司不仅要绕过海量的技术专利，还要建立十万多个零部件的供应链体系，实乃万难。中国光刻机领域的领先企业上海微电子 2018 年刚刚推出 90 纳米光刻机，原定 2021 年推出的 28 纳米光刻机已跳票，而且真正的关键技术节点在 14 纳米，届时将涉及 DUV 光源到 EUV 的变革，道路之曲折可见一斑。

仿真软件EDA是芯片设计之母

电子设计自动化（EDA）是半导体产业链最关键的软件。随着制程的升级，单颗芯片集成晶体管的数量动辄数百亿，如果没有自动化辅助设计软件，设计周期难以想象；同时，7 纳米制程的流片成本高达数百万美元，自动化、全方位的验证软件能极大提升单次流片的成功率，大幅降低芯片设计成本。所以近年来 EDA 工具在半导体产业链中的地位快速提升，甚至成为除光刻机之外最关键的生产工具之一。过去 20 多年，EDA 技术突飞猛进，特别是在数字 EDA 领域，已经实现了编程式的设计与验证。EDA 技术的迭代依赖上游晶圆厂提供最新工艺参数以及下游芯片设计企业提供设计模块化需求，很难独立实现自主可控，所以截至 2023 年，中国在数字 EDA 领域依然没有出现成规模的领军企业。

当代芯片设计已经从以往的手画电路图进步到代码编程设计电路图，只需要用特殊的编程语言（如 HDL、VHDL 等）描述芯片的电路逻辑，编译器就可以自动将代码转化成形象的门级网表。当然，无论多么清晰的电路表达形式，最终还是落在一颗实物芯片上，所以要求 EDA 还要将门级网表进一步物理化成一张详细的包含模块位置、连线方式的电路图，这张电路图交给晶圆厂后就能依次制作光罩、刻制芯片了。其中，编程编译过程被称为数字前端，布局布线过程被称为数字后端，进而分别衍生出了编程 IDE（Integrated Development Environment）与布局布线 IDE 两个核心软件平台。

全球 EDA 市场已经形成了高度集中的竞争格局，CR3 超过

65%，在中国 CR3 甚至超过 90%。领先的 Synopsys 和 Cadence 分别是从编程平台和布局布线平台起家，是目前行业内的执牛耳者。从市场规模而言，全球 EDA 市场 60% 以上的销售额来自数字芯片的设计、制造与封装。因为模拟芯片的制程升级缓慢，设计标准化程度低，制程升级带来的 EDA 技术壁垒和价值量也相应较低，所以无论从市场规模还是增长潜力上，数字 EDA 都应是未来的投资方向之一。数字前端 EDA 的市场情况却大相径庭，因为随着制程升级，设计平台的编程难度增加并不显著，相反对所设计的芯片能否跑通指令集、算法、程序甚至系统的验证要求却快速提升，结果就是验证的价值量快速提升，时至今日已经超过编程平台。国内数字前端 EDA 领先的初创公司芯华章采取的是齐头并进的策略——既然不知道从哪点突破，索性就全面进攻，同时又倡议用开源标准、开放生态替代 Synopsys、Cadence、Mentor Graphic① 这些封闭生态，意图解决标准制定的问题。更多的数字前端初创企业还是模仿中国 EDA 龙头华大九天的发展路径，试图从单点突破先打入客户供应链，了解需求后加速多点突破，比如汤谷智能从原型验证这一系统级验证软件入手，阿卡思微则从形式验证入手。

数字 EDA 之外的模拟、制造、封测 EDA，中国企业都取得了关键性的成就。华大九天的产品线几乎覆盖了所有模拟 EDA 产品的单点工具，概伦电子和广立微则提供制造封测 EDA，三者均已是科创板上市公司。

---

① 全球 EDA 软件三巨头。

第三节 半导体产业大变局与中国机会

中兴华为事件打醒中国半导体

几十年来，美国的半导体产业一直占据全球市场份额的近一半，约47%都是美国产品。美国公司出口的芯片约500亿美元，与飞机、汽车、原油和精炼油并列为美国五大出口产品。尽管美国取得了如此巨大的成就，形成了强大的知识产权壁垒，拥有全球领先的半导体公司，然而美国却不再具备在半导体制造领域的竞争力。虽然美国公司在半导体市场份额很高，但美国境内只有不到10%的全球半导体制造产能。半导体的发展历史已经清晰地告诉美国，当年将产业链所谓的低端业态制造环节迁出美国本土的决策并不明智。即使美国已幡然醒悟，但产业转移的趋势还在不可逆地持续进行。前车之鉴下，对于中国在新兴技术和关键技术领域崛起的问题，美国国会表现出了高度关注，首当其冲的就是半导体产业。

2018年4月16日，美国政府以中兴通讯违反美国政府禁令，危害美国国家安全为由，宣布在未来七年内禁止中兴通讯向美国购买敏感产品。这一突如其来的打击，让毫无准备的中兴通讯直接运营“休克”。因为在短时间内中兴通讯根本就无法在核心的芯片领域找到替代方案，无奈之下只能向美国政府妥协，同意替换董事会，接受美国商务部未来十年均有权委派特别合规协调员入驻中兴，并须缴纳22.9亿美元的巨额罚款，美国政府才解除禁令。从这次中兴事件传递出一个关键信号，全球化浪潮开始褪色，逆全球化的贸易保护主义开始抬头，中国必须加强科技的自主可控，在关键元器件材料及核心技术领域不能受制于人，否则就会被“卡脖子”。依赖外国技术短期看来似乎可以轻松地快速发展，但这就像在别人的地基上砌房子，再大再漂亮也是受人控制的“违规建筑”。

“中兴事件”是一个惨痛的教训，但它额外的价值是把同行华为也“打醒”了。华为在过去一直试图进入美国市场，无论是和美国运营商合作销售手机，还是帮助他们以更好的性价比建设通信基站，甚至通过收购美国公司曲线进入美国市场，几乎穷尽所有方法，但是每次都会因为所谓的“可能危害美国国家安全”的莫须有罪名而被否决。华为管理层终于意识到这绝不是简单的商业问题，并预判到了未来可能发生的极端情况。为了规避“卡脖子”风险，更好地满足全球客户的需求，华为很早就在芯片设计、专利授权、技术储备等方面投入巨额资本。果不其然，在2019年5月15日美国政府开始对华为下手并将其列入“实体清单”，即在未获得美国政府许可的情况下，美国企业将无法向华为供应产品。实体清单事件对华为打击巨大，华为手机无法使用高通芯片，谷歌停止与华为的合作，华为因此失去使用最新版安卓系统的权利，只有在开源版更新后才可以继续开发新的安卓系统，这对于国内用户影响不大，但华为的国际业务大受影响，当年损失以百亿美元计。

华为未雨绸缪，努力将美国政府的制裁影响降到最低，亮出了打磨数十年的海思芯片“备胎”。不仅如此，当华为在美国的33家核心供应商集体对华为断供时，华为迅速转移了在美国的供应链并且完成了不含美国芯片零部件的完全国产化产品，成功实现2019年全年营收不降反增至8588亿元的成绩。然而祸不单行，时隔一年，在2020年的5月15日，美国宣布对华为的制裁再度升格，要求凡是用到美国设备及技术为华为提供产品的公司都必须得到美国政府的事先许可，以此来限制华为半导体芯片的供应链。按此前的制裁，如果美国制造的组件占总价值的25%以内，无须获得美国政府的许可即可卖给华为，而最新的制裁要求无论是使用了美国零件的产品，还是使用具有美国技术的生产设备所生产的产品都会受到管制。简而言之，在新制裁之下，华为生产什么，生产多少，都要得到美国政府的许可，这几乎是堵住所有漏洞，不留活路。虽然华为紧急向台积电等多家芯片制造商下单，试图以超量备货来延长缓冲期，但是美国政府给华为120天的缓冲期一过就意味着台积电等多家代工厂将无法再为华为代工芯片。可以说华为已到生死存亡之秋，如果找不到妥善的办法，将会就此沉沦甚至陨落。所以，即便华为2019年营收8588亿元，任正非却依然在强调企业经营的主题是“活下去”。

就在大家都期待华为能在缓冲期找到制造产能解决方案的时候，华为的两家重要芯片代工企业台积电和中芯国际接连宣布未来将无法继续为华为海思供货。这次华为事件再次印证核心科技自主可控的重要性，只有核心技术掌握在自己手里，才能彻底摆脱美国的科技霸权。美国正因为掌握着制造芯片的核心技术，才敢这么肆无忌惮地对华为发起制裁。对外打压的同时，美国国内也在推动半导体产业的长远发展。2020 年 6 月，美国参议院提出两项新法案，分别为《为半导体生产创造有效激励措施法案》和《美国晶圆代工业法案》，以保持美国半导体产业的全球霸主地位，同时还鼓励美国此前抛弃的低端芯片制造产能回流美国。

一系列“卡脖子”事件打醒了中国的半导体产业，也终结了二战之后美国一直推崇的“贸易自由化”和“全球化分工”理念。全世界看清楚了美国看待事情的双重标准——当美国受益于这些理念时，它会不遗余力地推崇；反之，将不断以包括“威胁美国国家安全”在内的各种理由制裁那些影响美国利益的国家和企业。所以，任何国家和企业都只能在美国划定的范围内发展，一旦越界挑战美国利益必将受到制裁。不难预见，二战之后的全球化分工和贸易秩序将会发生巨变，半导体产业也将面临全世界范围的大变局，各国将不再把成本放在最优先位置，而是把自主可控和供应链安全放在首要位置。因此，对中国而言，这绝不是华为和中兴两家企业所面临的问题，而是中国整个科技行业面临的共性问题。核心科技自主可控、加速国产替代、确保供应链安全，迅速成为包括半导体产业在内的中国科技行业的共识。

半导体产业国产替代迫在眉睫

根据海关总署数据，2022年中国集成电路进口金额达4200亿美元。自2015年以来，集成电路超过原油连续八年占据我国进口商品第一大品类。

根据IC Insights数据，2010年中国集成电路自给率仅为10.2%，在2020年提升至15.9%，仍然较低。由此可见，自主可控的国产化之路还有巨大提升空间，国内集成电路行业将长期保持较高的成长性。

根据中国半导体行业协会数据，截至2022年，国产芯片在服务器和个人电脑的核心芯片CPU以及工业应用核心芯片MCU（Microcontroller Unit）领域占有率非常低，几乎为零。半导体存储器件中，除NOR Flash芯片由兆易创新挑大梁外，DRAM、Nand Flash芯片的国产化率几乎为零，但长江储存64层3D Nand Flash存储芯片于2022年量产，紫光国微剥离形成的紫光存储已经拥有DRAM成熟技术，合肥长鑫的DRAM也在实验量产中。在可预见的未来，存储领域将出现强劲的中国力量。在移动通信领域，由于中兴、华为本身也是设备厂，占据了对系统理解的优势，在基带处理器与应用处理器中，国产芯片占据20%左右的市场。但在嵌入式MPU、DSP、AP领域，国产芯片市场占有率几乎为零。从前述数据分析不难看出，中国产品仍然高度依赖国外的芯片供应，而集成电路产业已成为经济和社会发展的基础性和支柱性产业，没有芯片的自主可控，现代化国家就没有安全可言，因此半导体产业的国产替代迫在眉睫。

我国半导体集成电路产业链上游制造、设备的供需不匹配情况更加明显。中国半导体市场规模占全球半导体市场规模的比例超过三分之一，而其中只有 16% 的制造是在中国大陆完成，制造过程中只有 12% 的设备是国产化设备，整体处于极度不平衡的状态，也预示着中国的半导体设备和制造市场有广阔的发展空间。

在全球地缘政治冲突愈演愈烈的时代，直观分析上述数据不免令人担忧，但反过来看也是中国自主发展半导体产业的绝佳机遇。众所周知，半导体技术起源于美国，国外半导体公司发展多年，芯片在性能和产品种类上都要优于国内的芯片。因此在很长一段时间，虽然中国政府大力推动芯片的国产化，但民用终端设备中的核心芯片以国外厂商供应为主，国内芯片公司获得的订单很少。可喜的是局面正在改变，有着全球最大的半导体需求和全球最大的下游应用场景的中国市场开始将供应链安全放在首位，国产替代已成行业共识。在此背景下，中国半导体产业正处在发展最为迅速的时期。从眼下世界芯片格局来看，中国半导体产业通过政策支持、资本赋能，将大量技术转移到以芯片制造业为主导的产业中。近些年，中国诞生了很多优秀芯片创业公司和上市公司，它们大部分的发展历程是从低端芯片产品的国产化入手，利用价格优势切入市场，再积累实力和经验走向中高端产品，最终有望成为中国半导体产业的中流砥柱。

对中国半导体产业而言，机遇与挑战并存。我们过去取得的成绩更多是在生态壁垒相对较低的“小芯片”领域，要在“大芯片”领域实现自主可控则任重道远，最大的拦路虎就是CPU和GPU芯片。过去的主流做法并不以市场化生存为首要目标，而总是向“两弹一星”看齐，将国产化大芯片作为重大国家任务来攻克，这种科研导向的方式并不适合半导体这样一个高度商业化的产业。真的要攻克国产化大芯片，就要以市场化生存为原则，聚拢人才、聚集资本、聚焦技术路线、坚持长期主义，直到实现生态壁垒、形成规模化商业闭环的拐点来临。同时，大芯片产品因政治影响而断供的风险极高，中国必须做好压力测试。

不断丰富的半导体下游应用场景

半导体下游应用场景十分广泛，遍及“云、边、端”各个领域，具体包括数据中心、通信网络、消费电子、汽车电子、工业电子等领域。

“云”指数据中心。数据中心的数据处理密度最大，是高端半导体的聚集地，因其主要功能是计算、存储和网络，所以世界最强大的计算芯片、存储芯片和通信芯片的主要应用场景均是这里。计算芯片按通用性从高到低划分为CPU、GPU、DSA、FPGA、ASIC等；存储芯片按照读取速度从高到低划分为SRAM、DRAM、NOR Flash和Nand Flash；通信芯片按从物理连接到虚拟连接依次有光模块、PHY（Physical）、MAC（Media Access Control）、交换机芯片、路由器芯片、网关芯片等。

数据中心的建设成本约 70% 为服务器采购，而服务器涉及的半导体主要为 CPU、GPU 及各类型存储器。其中，存储器占比最高，属于资本密集型行业，在全球竞争格局稳定的情形下，创业公司很难有机会入场搅局。海外有三星、美光、海力士，国内有长江存储、福建晋华、合肥长鑫和兆易创新，覆盖 DRAM、Nand Flash、NOR Flash 等主流产品，除非像 ReRAM 这样的新技术路线出现并展现出商业化能力，否则市场格局难以撼动。此外，CPU 和 GPU 占服务器成本比例虽高，但市场格局非常稳定，垄断者已建立深厚的生态壁垒。中国公司辛苦耕耘追赶 20 载但收获甚微，时至今日头部 CPU 公司（龙芯、飞腾、兆芯、申威）和 GPU 公司景嘉微等，都只能在安可市场有一席之地。未来乘国产替代之东风，在重视供应链安全的背景下，或有新的中国创业公司崭露头角，但也绝非一日之功。所以，数据中心通用半导体的投资机会目前还不多，投资机会更多出现在专用芯片领域，能把数据中心的"特定任务"做得比通用芯片更好，加上专用芯片的崛起也不过在最近几年间，美国并没有建立生态壁垒，只要"特定任务"对应的市场足够大，就有不错的投资机会，比如 DSA、DPU（Data Processing Unit）、VPU（Video Processing Unit）等专用芯片。再如交换机、路由器的专用数字芯片，华为海思在该领域的芯片设计水平曾达到全球领先级别，甚至在交换机和路由器的数字芯片出货上力压博通和思科，夺得中国市场销量冠军宝座。但是华为海思的数据中心业务因为美国制裁而一落千丈，数据中心面临中低端市场价格战激烈，中高端市场无法实现产业链自主可控的局面。简而言之，数据中心是芯片领域的吞金巨兽，自然也是芯片公司不可忽视的主战场，在市场格局相对稳定的局面下，中国公司应该借助国产替代东风，充分利用资本优势，紧抓行业变局之专用芯片异军突起之际，注重增量场景的竞争，站稳脚跟之后再图存量场景的搏杀。

“端”侧则不同，需要追求综合 PPA 的极致，而当前的瓶颈在功耗和散热上。最先进的制程工艺往往优先在手机场景落地，就是因为制程升级不仅提升芯片性能，对芯片的能效、面积提升更为显著，同时也会带来成本的上升，只有手机场景可以承担成本上升以换取综合 PPA 的最优。三星最新的 4 纳米工艺率先用在高通的手机芯片骁龙 8 上，台积电最新的 5 纳米工艺率先用在 MTK 的手机芯片天玑 7000 上就是这个道理。半导体应用终端过去 50 年持续迭代，从计算机到台式机、笔记本，再到现在的智能手机、iPad，未来向 AR/VR、汽车、可穿戴设备发展。无论在销售金额、数量、流量还是应用丰富度上，当前端侧最主要的应用场景还是智能手机。以全球出货量为例，全球智能手机出货量在十几亿台量级，遥遥领先于其他终端出货量，而同期服务器出货量在千万台量级，台式机出货量在小几亿台量级，笔记本出货量在小几亿台量级，VR 出货量在小几千万台量级，汽车的出货量在大几千万辆量级。智能手机发展历史短短十余载，竞争格局逐渐趋稳，高端手机苹果、三星、华为领衔，中低端小米、OPPO、vivo、传音展现强大性价比。因为中美博弈原因，一度坐上中国销量冠军宝座的华为几乎销声匿迹，小米欲替代华为成为国内高端手机市场主流品牌。中兴华为事件带给终端厂商深刻的教训，没有供应链的安全，在终端和模组上的领先都是空中楼阁，不堪一击，必须实现上游半导体产品的自主可控，才能夯实竞争力的根基。所以，中国在各终端领域的全球领导者地位将极大地支撑中国在半导体领域的自主可控进程。

基于主流智能手机厂旗舰机型的物料清单（BOM）我们发现：（1）BOM/手机零售价基本在35%~55%，苹果不到35%，是当之无愧的高端手机之王；华为约44%，零售价约为苹果的60%，主打高性价比的高端智能手机，这是华为高端智能手机快速崛起的底气。（2）BOM中50%的成本为处理器，包括应用处理器芯片、基带芯片、内存和闪存。以往应用处理器芯片和基带芯片分离，华为率先引领了二者集成的趋势，2020年高通也加入集成阵营。集成对于提升PPA有天然优势，不仅是手机，也是所有终端芯片未来的发展趋势。华为自2009年的K3V1芯片开始，披星戴月、埋头苦干，直至2019年华为麒麟处理器终能和高通骁龙处理器及苹果A系列处理器分庭抗礼，甚至大有引领下一代手机芯片发展浪潮之势。以华为的成长速度，若没有美国从中作梗，必能在应用处理器上超越高通、苹果。

BOM除处理器以外，还有信号链、电源链芯片以及图像传感器。信号链和电源链芯片产品数量大，单价低，平均在0.5~5美元，合起来占BOM比例不到10%。该市场竞争激烈，格局分散，未来将进入大并购时代。此外，BOM 还包含屏幕、摄像头及其他传感器，涉及的半导体主要是光电芯片和传感器等。

汽车终端是半导体产业未来增长的主要场景。在智能化、电动化和网联化的推动下，汽车半导体的市场规模占整个半导体市场规模的比例逐年攀升。智能汽车的感知离不开半导体传感器，数据传输离不开通信芯片，决策和执行离不开自动驾驶芯片。近几年单车半导体价值的增长主要由电动化驱动，燃油车单车半导体价值约 450 美元，纯电动车达到 750 美元，主要是对功率半导体的需求大幅提升。未来汽车半导体市场的增长，将会由智能化和网联化扛起大旗。

汽车的智能化和网联化将会增大对自动驾驶芯片、通信芯片与传感器的需求。（1）自动驾驶芯片相当于人的大脑，负责自动驾驶、智能座舱和车联网，性能要求高、单价昂贵。比如，英伟达 Orin 芯片售价超过 1000 美元，超过当前整车半导体的价值总量，而 Orin 的算力还远远不足以满足 L4/L5 的需求，可见这个市场发展潜力之大。（2）通信芯片主要指车载以太网相关芯片，相当于人的神经网络，负责数据的传输。未来由于自动驾驶、车联网等对数据传输量要求的快速提升，当前的 CAN（Controller Area Network）总线架构 1 Mbps 以下的带宽无法满足要求，以太网架构可以达到 100Gbps 以上带宽。根据中金公司预测，2025 年单车以太网 PHY 芯片的价值将超过 80 美元，单车交换机芯片价值将超过 70 美元。（3）传感器相当于人的眼睛、耳朵等感官系统，它的单车价值量增长空间更大。燃油车主要依赖人的感官系统，所以它的传感器价值量不过数十美元，主要就是摄像头的半导体成本。而 L4/L5 级别的自动驾驶要依靠车身自己的传感系统来做决策和执行，因此半导体传感器模块的价值量有望超过 800 美元。其中，雷达占比超过 50%，成为比摄像头更加重要的传感器。

在汽车革命的浪潮中，半导体产业链的重要性无疑会进一步加强。令人振奋的是，中国在新一轮汽车革命方面已处于全球领先地位，不仅有从零开始造车的“新势力”，比如理想、蔚来和小鹏等，还有从燃油车转型而来的“旧势力”，比如比亚迪和广汽埃安等。除了特斯拉以外，中国的新能源汽车大有垄断市场的迹象，极有可能重现中国在智能手机领域的辉煌。在强势的下游终端支持之下，中国的汽车半导体创业公司有望拉近与海外巨头的距离，出现一片繁荣景象。

中国发展半导体的战略与路径

20 世纪 60 年代前后，中国大陆已经形成半导体工业体系雏形。以中国科学院半导体所为代表的大批研究机构在全国建设数十家电子厂，形成了当时中国半导体工业体系雏形。

20 世纪 80 年代，国内信息产业遭受猛烈的外部冲击，由于经营困难而无法支撑高研发投入，只能引进国外落后淘汰的产能，由此中国大陆半导体产业不仅落后于美日，也逐渐被新兴的韩国和中国台湾超越。

1986 年“七五”规划期间提出“531 战略”，由原电子部在厦门集成电路发展战略研讨会期间提出，即普及 5 微米技术、研发 3 微米技术、进行 1 微米技术科技攻关。同年，北京集成电路设计中心（现为华大集成电路设计中心）成立，开中国集成电路设计行业先河。依托我国举国体制优势，“七五”规划期间重点建设了五家企业，分别为无锡华晶电子（现为无锡华润华晶微电子）、绍兴华越微电子、上海贝岭微电子、上海飞利浦半导体（现为上海先进半导体）和首钢日电电子。时至今日，经历起起伏伏，它们依然是中国半导体产业的重要力量。

1990 年“八五”规划提出“908 工程”，即 1990 年 8 月，国家计委和机电部在北京联合召开座谈会，决定投资 20 多亿元实施“908 工程”，目标是在无锡华晶建成一条月产 1.2 万片、6 英寸、0.8~1.2 微米的芯片生产线。但由于审批时间过长，工程从立项到投产耗时近 8 年之久，这对于日新月异的半导体制造行业可以说是灾难。当 1997 年华晶生产线正式投产时，其技术水平早已被淘汰，落后国际主流技术达四至五代，导致产能卖不出去，投产当年即巨额亏损。在此情形下，从 1998 年 2 月开始，华晶将部分设备租给香港上华半导体公司使用。合作一年半后，1999 年 8 月，华晶和上华合作的工厂改制为合资公司——无锡华晶上华半导体公司，其中上华持股 51%，华晶持股 49%。为了处置华晶的这部分不良资产，信达资产管理公司引入了华润集团。2002 年 9 月华润集团正式宣布完成收购华晶，并将其改名为无锡华润华晶微电子。

1995年“九五”规划提出“909工程”。在此之前，中国在自主发展集成电路产业的道路上尝试多次，但大规模生产线始终未能进入良性循环，集成电路产业链也远没有形成闭环。1995年，原电子部总结经验教训之后，向国务院提交了《关于“九五”期间加快我国集成电路产业发展的报告》。1996年3月，“大规模集成电路芯片生产线”项目正式获批立项。1996年，上海华虹微电子应运而生，并很快与日本电气公司合资组建上海华虹电气承担“909工程”的主要任务，一跃成为国内集成电路产业的中坚力量。华虹电气于1997年7月31日开工建厂，1999年2月竣工，投产之时正赶上全球芯片市场的黄金期，2000年就取得销售额和利润的双丰收。虽然在2001年全球半导体市场低迷之际，华虹电气全年亏损严重，但随后几年的业绩很快就实现反转。至2005年6月，华虹已超预期完成了当初立项设定的所有目标，并已初步形成自主创新能力。

在中国的半导体历史上，必须提到张汝京，他曾就职于德州仪器，先后在美国、新加坡、日本、中国台湾等地建造并管理众多晶圆代工厂，积累了丰富的经验。1997年张汝京回到中国台湾创办世大半导体，是继台积电、联电之后中国台湾第三家晶圆代工厂。2000年1月，世大半导体被大股东作价50亿美元卖给台积电，直接导致2000年4月张汝京回中国大陆创办中芯国际，瞄准世界一流的晶圆代工厂。在上海实业和华登国际的巨额资金支持下，中芯国际仅用两年时间就在上海建设了三条8寸生产线，随后又买下摩托罗拉在天津的一座 8 寸厂。高速成长的过程中也迎来了烦恼，中芯国际在 2003 年因为知识产权问题与台积电展开了长达 6 年的专利诉讼，并于 2009 年 11 月败诉。两家公司随即宣布和解，并由中芯国际向台积电支付 2 亿美元及向台积电授予认股权证，这也最终导致张汝京在中芯国际谢幕离场。此后尽管经历了长期低迷，2011 年中芯国际还是成功实现扭亏为盈，目前已成为中国晶圆代工领域的龙头公司。

2000 年之后，大批人才创办芯片设计企业，为中国集成电路产业注入新活力。伴随国内半导体代工制造体系的成熟，大批芯片设计企业涌现，其中大多为归国人才以及改革开放后培养的理工科人才，例如 2001 年武平、陈大同等人归国创立展讯通信；技术出身的张帆创立汇顶科技；2002 年戴保家、魏述然归国创立锐迪科；2003 年中兴微电子成立；2004 年华为海思、澜起科技成立；朱一明归国创立兆易创新；等等。正是这些企业的先后成立，构成了中国半导体产业波澜壮阔的奋斗史。

回顾历史，中国在战略层面丝毫不掩饰对发展半导体产业的重视，一直以来坚持的路径也非常清晰，那就是发挥中国“举国体制”的优势，首先就是在人才层面鼓励引导行业顶尖人才躬身入局、创新创业，并加大对半导体人才的培养和招募力度；其次就是在产业政策层面出台一系列政策，大力扶持半导体产业发展壮大。依靠这两把利器，中国的半导体产业发展取得了优异的成绩。从 2014 年开始，以设立 1300 亿元集成电路大基金一期为标志，中国进一步采取更加立体有效的“三位一体”策略支持半导体产业发展壮大，不仅要有人才政策和产业政策，还要有资本政策鼓励和支持半导体公司上市融资、做大做强。

在产业政策方面，国家已密集颁布一批集成电路领域的扶持政策。《国家中长期科学和技术发展规划纲要（2006—2020年）》将集成电路相关的两大专项摆在十六个重大专项的前两位；《中国制造2025》将“集成电路及专用装备”置于首个重点领域“新一代信息技术产业”的首位；2018年《政府工作报告》指出“加快制造强国建设。推动集成电路、第五代移动通信、飞机发动机、新能源汽车、新材料等产业发展”，也将集成电路放至首位。同时政策设立了长远目标和产业分级，《国家集成电路产业发展推进纲要》定调“设计为龙头、制造为基础、装备和材料为支撑”，目标到2030年，集成电路产业链主要环节达到国际先进水平，一批企业进入全球半导体市场的第一梯队，实现跨越式发展。

在资本政策方面，2018年11月5日，国家主席习近平在首届中国国际进口博览会开幕式上庄严宣布在上海证券交易所设立科创板，并在该板块内进行注册制试点，这是对包括半导体在内的科技产业的一次精准扶持，十年之后一定会有众多伟大的科技企业直接得益于这场资本市场改革盛宴。美国科技产业有今天的强盛，一个有效的资本市场至关重要，谷歌、微软和特斯拉等一批科技企业才能通过资本市场股权投资和IPO来不断融资投入研发。这正是“十四五”规划提出“增强多层次资本市场融资功能”和“全面实行股票发行注册制”的重要内涵。正是因为注册制下企业盈利已不再是硬性条件，一批半导体初创企业在资本赋能之下成长起来，在科创板成立三年之际，半导体上市公司已达70家，总市值超1000亿元。深度复盘这些企业的上市盛宴，我们可以发现一些周期性的规律。

科技产业有其内在周期属性，但与传统产业的周期截然不同，半导体产业周期就是其中的典型。卖不出去的科技产品，放个一年半载，就永远不能指望再按原价卖出去。所以有人认为半导体是周期行业，不值得当成国之重器来长期投资，我们并不认同。典型的周期行业有钢铁、有色、化工、煤炭等上游资源行业。这些行业随着经济周期的变化，业绩和股价都呈现强烈的周期性波动。由于供给往往滞后于需求，资源股的业绩高峰和股价高点往往出现在经济过热阶段。而且在业绩爆发期，业绩增速会明显超过股价涨速，导致它们的股价越涨，市盈率越低，股价高点反而是自己的市盈率历史低点。反之，在业绩下行期，股价越跌，反而市盈率越高。这种魔幻的属性对价值投资的估值模型很不友好，所以在价值投资体系里，周期行业往往被剔除在外，以确保估值体系的有效性。有些投资者可能对周期行业心怀偏见，认为周期行业只适合投机行为，任何时候都不适合投资。事实上，如果把周期拉得足够长，很多周期股虽然经历多次的跌宕起伏，但长期来看，投资回报还是丰厚的。

半导体产业是否存在行业周期的问题呢？我们可以从成熟市场找答案，例如美股的德州仪器、英伟达、台积电等一批半导体公司，显然股价并不是原地踏步，而是稳步上涨。半导体产业确实存在供需的周期性特征，但就像大部分制造业存在3~5年的库存周期一样，供需周期只是次要属性，科技创新才是它的主属性。与传统产业最大的区别就在于，科技产业是不断创新、不断升级换代的。传统的耐用品，经济下行放仓库，经济向好后可以继续卖，形成“短缺—过剩—短缺—过剩”的周期循环。科技产业即使有周期属性，也跟传统的周期截然不同，在不断创新升级的过程中，形成“短缺—缓解—淘汰—创新—短缺”的创新周期循环。要注意的是，淘汰期淘汰的不仅是落后的科技产品，还包括跟不上创新周期的科技企业。所以每年都有大量的科技企业成立，也有大量的科技企业消失。能在几个创新周期后还活着的，属于精英中的精英，甚至成为行业巨头。而传统的周期行业更容易生存，经年累月沉积了一批原地踏步的中小企业。还有一个明显的区别是，传统周期行业股价越涨，市盈率越低，这种魔幻的属性并不存在于半导体这类科技行业身上。

在中美科技摩擦之前，我们不敢想象半导体产业在中国已经是高景气度产业，因为从全球来看，半导体产业已经非常成熟，这个领域已经不需要新的巨头。而如今在美国对中国强制“脱钩断链”的背景下，中国市场急需一批半导体产业巨头的崛起来填补市场，而手握全球最大的半导体需求和众多行业领军的下游终端企业，中国的投资者笃信中国的半导体产业未来前景无限，让这个已经非常成熟的产业在中国变成了高景气度的成长型行业。在理性的资本市场，高景气度、高确定性和低估值是不可能三角，所以高景气度的半导体产业兼具业绩高确定性，一定会表现为高估值。这对于资本消耗型的半导体产业非常关键，因为唯有高估值才能获得足够资金，投入研发。所以，我们有充分的理由相信，在资本和产业如此完美地结合在一起的情况下，中国的半导体产业崛起之路是当下充满不确定性的环境里面最大的确定性。

第二章
云计算：新基建的“水和电”

第一节　云计算产业的蝶变之路

云计算概念的诞生与崛起

关于云计算的起源，可谓是众说纷纭，众多公司在争夺对云计算的“冠名权”上花费了一番功夫。根据维基百科的释义，1983年，美国太阳微系统公司（Sun Microsystems，该公司2009年被美国Oracle公司所收购）创始人之一John Gage提出“The network is the computer”（网络即是计算机），其背后的分布式计算思想被认定为是对云计算理念的初步探索；1996年，康柏公司（Compaq）在其公司内部文件中，首次提及“Cloud Computing”，遗憾的是康柏公司在2022年被惠普收购后，除了继续卖了几年低端PC外，与云计算再无联系。20世纪末，IT行业最大的发展是PC的兴起，PC

的广泛应用极大地提升了全社会劳动生产率，也由此催生了人们对网络资源虚拟化、数据共享以及数据传输安全的强烈需求。

进入 21 世纪，基于 PC 的虚拟化技术高速发展，真正意义上的云计算服务也正式推出并在产业界被广泛应用。2000 年，VMware 推出虚拟化软件，其无须通过操作系统即可将硬件和网络资源划分成多个单元，从而实现计算资源的池化、共享和按需调度；2006 年，亚马逊推出划时代的云计算服务 Amazon Web Services（简称 AWS），从早期的计算云服务、存储云服务到今天发展为覆盖各类云服务的综合性平台，AWS 已成为赋能世界千行百业最重要的云计算基础设施；2007 年，谷歌与 IBM 开始在美国大学校园推广分布式计算技术，并为这些大学提供相关的软硬件设备及技术支持，以降低学术研究成本，同时为产业界培养未来的工程人才；2008 年，微软大刀阔斧地推出 Azure 云计算服务，同年在美国国家航空航天局（NASA）的资助下成立 OpenNebula 开源云计算平台项目，两年后 NASA 又与 Rackspace 联手推出了 OpenStack 开源软件项目，这两个项目已成为全世界最具影响力的开源云计算框架。

那么云计算应该如何定义，其与传统 IT 架构的原理又有哪些差异呢？简而言之，云计算是一种新型的 IT 资源获取方式。用生活中洗衣服的例子来类比，传统 IT 架构类似于自己购买洗衣机放在家里洗衣服，该模式的弊端在于需要花大价钱购买洗衣机，需要占家里的面积，而且该洗衣机大部分时间是空闲的；该模式的优势就是洗衣机是独占的，不会和其他人混用，保证了卫生。云计算类似于将衣服送到洗衣店去洗，该模式的优势在于不占家里面积，成本上不用一次性购买洗衣机，而只需支付每次洗衣的费用即可，同时洗衣机的利用率很高，也摊薄了每次洗衣的费用；该模式的弊端就是和其他人混用洗衣机，会有卫生问题。

理解清楚云计算架构的原理之后，再来区分云计算的服务模式会容易许多。美国国家标准和技术研究院将云计算的服务模式定义为三种：

软件即服务（Software as a Service，简称 SaaS）：用户直接使用应用程序或软件服务，不用关心底层的操作系统、存储及网络等基础硬件。这是一种服务理念的转变，软件服务供应商以租赁的形式向客户提供服务，而不是向客户销售软件，比较常见的模式是给客户提供一组账号和密码，登录软件即可使用服务。SaaS 服务模式降低了客户使用软件服务的前期投入成本，在传统的软件销售模式下，客户需要一次性买断软件产品，一次性成本投入较大；而在 SaaS 服务模式下，客户按需使用，每年支付一定的费用即可，前期成本投入较小。对于软件服务供应商而言，看似收入绝对值下降了，但其实每年的收入确定性增加了很多，因为每年都会有老客户的不断复购。此外，因为前期投入成本的下降，愿意使用软件服务的客户基数也会增加不少，所以资本市场对 SaaS 商业模式给予了较高的估值。典型的 SaaS 服务商有：Adobe、微软和 Salesforce 等。

平台即服务（Platform as a Service，简称 PaaS）：用户通过主机来操作应用程序或软件服务，掌控软件服务和运行软件服务的环境，并拥有主机的部分权限，但不用关心操作系统、存储及网络等基础软硬件。由于平台的硬件和操作系统细节对用户透明，用户只需要关注业务逻辑，而不需要关注底层架构。简而言之，PaaS 为生成、测试和部署软件应用程序提供一个完整的环境。典型的 PaaS 服务商有 Google App Engine、Force.com 等。

基础设施即服务（Infrastructure as a Service，简称 IaaS）：用户直接使用基础 IT 资源，包括计算能力、存储空间和网络服务等。该模式把 IT 基础设施作为一种服务通过网络对外提供，用户无须构建数据中心，而是通过租用的方式使用基础设施服务。用户能够掌控操作系统、运行环境、中间件和已部署的应用程序等，但并不掌控服务器、存储和网络等基础硬件。典型的 IaaS 服务商有：亚马逊、UCloud、阿里云 ECS（Elastic Cloud Server，即弹性云服务器）等。

为了更好地解释云计算的三种服务模式，我们结合图 2–1 举一个通俗的例子。如果用“吃比萨”来类比云计算服务，传统 IT 架构（本地部署）就如同“在家自己做”，即自己要准备包括餐桌、苏打水、厨具、面团、配料等在内的全套基本原料、工具以及进餐环境；而 IaaS 模式就好比“买原材料成品回家自己做”，IaaS 服务商则是这些基本原材料的提供方；PaaS 模式就好比“叫外卖”，PaaS 服务商负责提供比萨成品，企业客户只需要准备就餐环境；SaaS 模式就好比“去比萨店吃”，即全套的原材料、工具以及进餐环境都由 SaaS 服务商来提供。

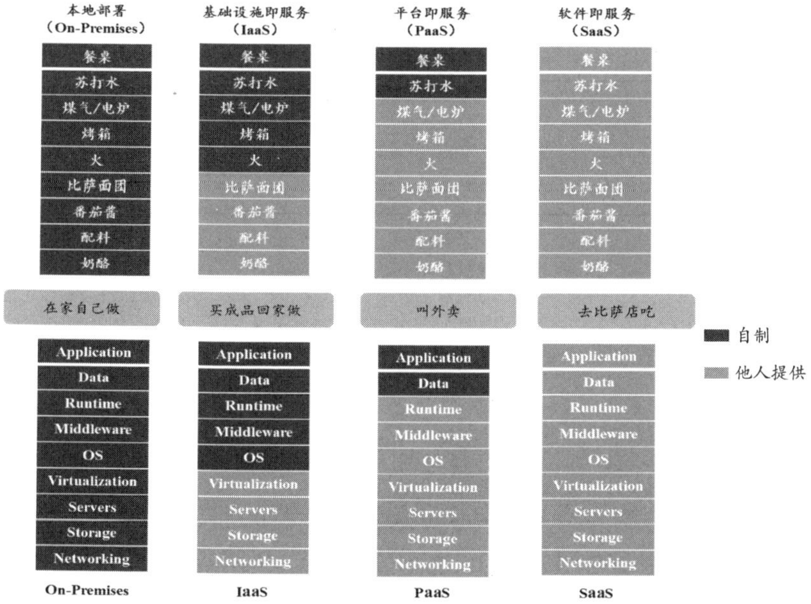

图 2–1　云计算的三种服务模式

再回到云计算本身，前文提到云计算就是IT资源获取方式的改变，那么IT资源具体包括什么呢？我们可以从一套完整的IT系统的搭建过程中得到启发：通常而言，搭建一套IT系统包括五个步骤。第一，机房搭建：提供IT系统平稳运行的物理环境，基本属于建筑类工作；第二，硬件集成：组建数据通信网络，购买配置存储设备和服务器，基本属于外采设备集成类的工作；第三，软件安装：安装服务器端操作系统、数据库系统、中间件、运行库以及各种应用服务软件；第四，数据初始化：基于已经配置好的硬件和软件资源，开始导入业务基础数据，进行数据处理和初始化；第五，业务系统部署：在基础数据导入完成后，开始部署支撑业务运营的系统，比如商品订单处理系统等，至此业务即具备正式开始运作的条件。

以上是在传统 IT 架构之下，企业客户搭建一套 IT 系统的典型过程。如果基于云计算的三种服务模式来开展业务，企业客户的成本和效率会提升很多。比如，第一种：如果使用 IaaS 服务则意味着云服务提供商已经完成了基础设施层的集成，也就是无须关注前述的机房搭建和硬件集成两步，企业客户直接安装自己想要的平台软件，并进一步开发部署相应的应用软件即可开展业务；第二种：如果使用 PaaS 服务则意味着云服务提供商已经完成基础设施层和平台软件层的集成，也就是无须关注前述的机房搭建、硬件集成和软件安装三步，企业客户直接在对应的平台环境里开发部署相应的应用软件即可开展业务；第三种：如果使用 SaaS 服务，则意味着云服务提供商已经完成基础设施层、平台软件层和应用软件层的集成，也就是无须关注前述的机房搭建、硬件集成、软件安装、数据初始化和业务系统部署五步，企业客户直接在部署好的业务系统上开展业务即可。

从部署方式来看，云计算通常有三种部署模式：第一是公有云，即云服务面向所有用户开放，它的经济性和资源利用率最高，但所有用户共享 IT 基础资源对数据私密性和安全性提出了一定挑战；第二是私有云，即云服务只面向特定用户开放，它的经济性和资源利用率相比公有云会差些，但安全性更高；第三是混合云，即公有云和私有云的混合使用。

综上所述，不难发现从 SaaS、PaaS 到 IaaS，云计算服务提供商提供的服务集成度是越来越低的，企业客户需要完成的集成工作也就越来越多。换言之，从 SaaS、PaaS 到 IaaS，对于企业客户的使用难度和技术要求也越来越高。众所周知，企业数字化已是所有行业的共性问题，现代商业很难离开数字化技术而存在，这也正是数字经济上升为国家战略的根本原因。云计算服务提供商带来的核心价值正是让千行百业的企业客户只需要将注意力聚焦在自身业务发展之上，而无须分神来处理 IT 基础架构。所以，云计算已成为数字经济的“水和电”，这种不可或缺性也成就了云计算从技术概念崛起为千亿规模的产业。

解码云计算服务的组件构成

了解了云计算的基本概念、服务模式和部署模式后，我们再从技术层面解析云计算服务具体包括的核心组件。云计算服务主要由两种组件构成：一是硬件组件，即指以物理形式存在的 IT 基础设施；二是技术组件，主要指各种虚拟化技术，其作用是整合硬件组件，形成虚拟化的资源池，便于客户按需灵活使用。

云计算的硬件组件：计算资源、存储资源和网络资源

计算资源简单理解就是指服务器资源。虚拟化技术将成千上万的服务器形成一个庞大的计算资源池，但用户并不会感知底层的物理服务器，用户只需要关注自己需要多少计算资源而无须关心云计算厂商有多少台服务器，这就好比人们生活中用水用电，人们按需

购买水和电，而无须关心发电厂能发多少电或水厂储存了多少水。云计算给用户的感觉就是资源取之不尽用之不竭，当然实际情况会涉及服务器资源的融合扩展。目前主要有两种资源扩展类型：水平扩展和垂直扩展，前者通过增加服务器的台数，后者通过提升单台服务器的能力，都可以实现计算资源池的扩容。

存储资源就是指各类存储设备。存储设备的技术方案经历了三代：第一代直连式存储（Direct-Attached Storage，简称 DAS）指存储设备直接连接到服务器总线上，存储设备只与一台独立的主机连接，其他主机不能使用该存储设备。第二代集中式存储分为网络连接式存储（Network-Attached Storage，简称 NAS）和存储区域网络（Storage Area Network，简称 SAN）两种。NAS 就是将存储设备通过以太网连接到一群主机上，NAS 适合存储非结构化数据，部署灵活、易管理、成本低；SAN 除了可以使用以太网外，还可以通过光纤通道交换机连接存储设备和主机，从而形成专用的存储网络，适合大型应用或数据库系统，缺点是成本高且复杂。第三代分布式存储，即通过虚拟化技术将分散的各类存储设备整合成存储资源池，主要形态包括超融合（Hyper Converged Infrastructure，简称 HCI）和软件定义存储（Software Defined Storage，简称 SDS）。HCI 是指在同一套单元设备中具备计算、网络、存储和虚拟化等资源和技术的架构；SDS 则是一种能将存储软件与硬件分隔开的存储架构，用户可以自由选择硬件并根据需求灵活扩展存储能力。举例来讲，第一代存储类似于保险柜，1 对 1 独占使用；第二代存储类似于公共储物柜，N 对 N 共同使用；第三代存储类似于图书馆，借阅者只需把书籍按规则还给管理员，无须关心具体的存储位置。

网络资源就是各类网络设备，主要包括：构建二层网络的交换机、构建三层网络的路由器、实现网络安全的防火墙、实现服务器资源负载均衡的负载均衡器。网络资源的虚拟化主要涉及两类技术：网络虚拟化和网络功能虚拟化。前者指在底层物理网络基础上创建多个虚拟网络，这样不同的用户使用不同的虚拟网络就好像在独占网络一样，通常所说的软件定义广域网（SD-WAN）就是一种网络虚拟化技术；网络功能虚拟化技术是指通过软件实现具体的网络功能，然后将网络功能软件部署在通用的服务器上，实现网络功能与网络硬件之间的解耦。比如将传统的交换机转化为虚拟交换机，将传统的防火墙转化为虚拟防火墙等。

云计算的技术组件：虚拟化技术

虚拟化技术并不是一种全新的技术，早在 20 世纪 60 年代就诞生了。虚拟化技术诞生之初并没有得到广泛应用，直至 20 世纪 70 年代，大型机成为主要的计算资源时，由于大型机价格昂贵，如果同一时间只能单个用户使用大型机，对于大型机的资源是极大的浪费，于是人们开始研究能不能多用户共享使用大型机，以便更充分地利用大型机资源，而且对于每个用户来说就好像独占大型机一样，虚拟化一词也是由此而来。

虚拟化技术指的是一种可以在一台计算机或服务器上运行多任

务或多用户（以下统称多任务），并且多任务之间相互隔离的技术。在大型机时代，虚拟化技术因为能够充分提高大型机的资源利用率而风靡一时，但是随着个人计算机的普及，虚拟化技术便逐渐没落，因为个人计算机价格便宜，完全可以一个任务运行在一台计算机上。此外，对于单台计算机难以完成的巨型任务，则可以借助分布式计算将巨型任务划分为多个小任务，每个小任务由一台计算机完成，这样海量计算机就可以协同完成巨型任务。这实际就是集群技术，即部署和管理大量计算机或服务器协同工作，完成特定的计算任务，其性能远超单台大型机的能力，道理类似于“三个臭皮匠，赛过诸葛亮”。

从 20 世纪 90 年代开始，随着计算机性能的飞速提升，在一台计算机上运行一个任务对于计算机资源无疑是很大的浪费，因为现代计算机完全可以支持多任务运行。企业往往会在数据中心部署海量计算机，即服务器资源，但是这些服务器的资源利用率却非常低，因为一台服务器只运行一个任务。为了实现共享这些服务器资源，让一台服务器运行多任务以提升服务器资源的利用率，虚拟化技术再度登场。从最初的大型机集中计算到中期的个人计算机分布式计算，再到现代数据中心的服务器集中式计算，IT 基础设施架构“合久必分，分久必合”，虚拟化技术也是跌宕起伏，最终受到了产业界越来越多的关注。

第二节　云计算产业格局与未来

云计算产业链生态地图

全球云计算已发展为数千亿美元规模的庞大产业，仅中国市场就已达数千亿人民币，并且还在高速发展。因为产业的特殊性，云计算在各国几乎都属于牌照业务，中国也不例外，而且在这场盛宴中，国内公司处于比较有利的市场位置。

云计算上游产业链主要是IT设备基础设施提供商，它们将服务器、路由器、交换机等设备出售给数据中心（Internet Data Center）厂商或直接出售给云计算厂商。服务器、路由器、交换机等设备中含有大量芯片，如CPU、GPU、Flash、DRAM、内存接口芯片、交换机芯片、光模块等。目前，绝大多数芯片来自国外芯片厂商，其中以欧美和日韩企业为主。与此同时，中国已经成为全球增长最快的云计算市场之一，对芯片的需求与日俱增。由于国际竞争局势日趋复杂，贸易摩擦加剧，发达国家已经将禁止芯片技术和产品出口作为遏制中国发展的重要工具。然而正因为被制裁和打压，中国高科技产业掀起国产替代的高潮。“棱镜门”事件之后，2015年美国禁止英特尔向中国出售高端服务器芯片，反而促成我国开始大力推进服务器芯片的自主研发进程，已经涌现出基于 MIPS 架构的龙芯、基于 X86 架构的兆芯、基于 ARM 的天津飞腾和华为鲲鹏 920 以及基于 Alpha 架构的成都申威等国产芯片产品。基于精简指令集（RISC）的架构 RISC-V 也获得众多国内科技公司的关注。目前服务器、存储等基础设施虽然基本实现国产化，但采用的芯片大部分是基于 X86 架构，一旦出现贸易摩擦等情况，仍有可能被别的国家进行技术封锁。要从根上解决技术的自主可控问题，还有很多工作需要做。

云计算产业链中上游主要是数据中心和云原生软件。数据中心可以简单理解为机房，它的建设需要各种 IT 设备基础设施，在资本支出占比中，服务器占比达 69%，存储设备占比 6%，网络设备占比 11%，安全设备占比 9%，光模块占比 5%。数据中心企业通过运用机房为云计算服务商提供硬件设施的服务，包括提供基础的机房、设备、水电等资源。数据中心行业正处于跑马圈地、异地扩张、加速并购等集中度提升的快速扩张阶段，资源优势成为行业壁垒，小企业将逐渐退出。云原生是以容器技术、微服务、DevOps 等技术为基础建立的一套云技术产品体系，其极大地释放了云的红利，充分继承云的设计思想。云原生作为新型基础设施支撑数字化转型的关键技术，逐渐在人工智能、大数据、边缘计算、5G 等新技术领域得到应用，成为驱动数字基建的强大引擎。

云原生重塑了中间件产品。中间件是连接操作系统、数据库等系统软件和应用软件的桥梁，通过提供标准接口和协议来解决异构环境下分布式应用软件的连接与互操作问题。常见的中间件包括数据库中间件（如 MySQL、PostgreSQL、MongoDB 等）、消息队列中间件（如 RabbitMQ、Kafka 等）、检索中间件（如 Elasticsearch）等。而云原生中间件是指部署在公有云、私有云和混合云等云计算基础架构中的中间件，通过资源的云化实现高弹性、高可用、低成本等优势。传统的中间件服务通常与应用绑定部署，治理能力融入每个应用中难以复用，导致重复造轮子的现象严重；而云原生中间件解决了该问题，加速中间件下沉为基础设施。

云计算的产业链下游主要是千行百业的数字化应用，包括互联网、金融、电信、制造、能源、软件、旅行、医疗、物流、教育、政府机关在内的各行各业。在数字经济时代，人们的衣食住行都离不开信息服务，因此各行各业都需要运用数字化技术，都需要基于数字化技术开展业务，而云计算作为数字经济时代的“水和电”，可以很好地赋能千行百业迅速插上数字化的翅膀，从纯粹的传统商业模式蝶变成线上线下相结合的数字化商业模式。

云计算厂商的五大壁垒

2007 年是中国云计算产业的元年，回首过去的十几年历史，云计算产业表现出明显的马太效应，导致“赢家通吃”的局面，最终演变成了一场巨头的游戏。这是由云计算的基建规模、业务体量所决定的，前者是云计算产业的入场券，产业巨头以巨额资本投入形成先发优势，以成本中心攻击其他竞争对手的利润中心；后者是它们的基本面，因为巨头自身就有巨大的云计算需求，对外销售云计算资源其实是提高自身云计算资源的利用率，可以较长时间不考虑盈利问题。总体而言，云计算厂商的竞争壁垒主要有五类：技术壁垒、资金壁垒、生态壁垒、牌照壁垒和品牌壁垒。

技术壁垒：云计算属于高新技术行业，行业技术门槛很高，不但技术的发展与更新速度较快，而且技术涉及面广，涉及几乎所有的软硬件基础技术、行业应用技术等，同时对技术的深度也有要求。新进入者缺乏对云计算核心技术的有效积累，缺乏对前瞻性技术的掌控和研究，难以研发出高效稳定的云计算服务。对于公有云而言，其需要提供大量的计算资源，面对高并发的请求，不允许出现宕机的情况，因此对于虚拟化、资源管理软件的要求非常高，只有拥有全面技术储备的公司才能提供合格的公有云服务；对于私有云而言，其技术实力体现在系统集成能力、数据整合能力、大规模数据处理能力、数据抓取分析能力等方面，私有云企业通常会负责从基础设施采购到最终提供 SaaS 层软件的一条龙服务，因此对于厂商的技术实力要求非常高。

资金壁垒：云计算核心的底层基础设施，包括数据中心、网络带宽及存储设备等的建设需要极大的资金投入。举例而言，一个中等规模的数据中心建设就需要 15 亿 ~ 20 亿元的投入，所以对云计算的投入达不到 50 亿元，根本没有办法形成规模效应。以竞争最为激烈的公有云市场为例，最终就是规模效应的游戏，以巨额资本投入形成先发优势和规模效应，以性价比打开获客渠道，以增值服务提升盈利能力，不断提高云计算资源利用率，并降低云计算基础设施的建设和采购成本，拐点到来之后才能产生盈利效应。以阿里云为例，阿里云直到季度营收超过百亿元才迎来盈利拐点，而要产生季度百亿元营收，至少需要采购一百万台服务器，仅这一项的资金投入就得三四百亿元。所以，公有云必定是一场“资金消耗”大战，只有能够持续获得大量资金支持的厂商才能拿到行业的入场券。

生态壁垒：国内外第一梯队的云计算厂商均采用资源复用的逻辑。亚马逊云和阿里云就是如此，它们的主营业务均有大量的云计算资源需求，而且有较强的潮汐效应。以阿里云为例，每年“双11”购物节对云计算资源的需求量很大，而购物淡季对云计算资源的需求量会小很多，这会导致云计算资源的闲置。从经济效益角度，它们一定会将这部分云计算资源开放出来，这就是阿里云成立的逻辑。而对于阿里巴巴生态的所有企业，包括投资入股、业务合作以及产业链上下游的企业构成了阿里云业务的基本盘。如果没有自身生态，也就没有相应的业务基本盘支撑这部分云计算成本，就需要用自身的利润中心去和像阿里云这样的成本中心竞争，显然是没有胜算的，这就是云计算公司的生态壁垒。

牌照壁垒：根据《中华人民共和国电信条例》的规定，国家对电信业务经营者按照电信业务分类，实行许可制度；未取得电信业务经营许可证，任何组织或个人不得从事电信业务经营活动。根据法律法规规定，在中国从事云计算业务需要获得《增值电信业务经营许可证》，其获准经营的业务种类、服务项目一般包括互联网数据中心业务、内容分发网络业务、国内互联网虚拟专用网业务、互联网接入服务业务等。相关经营许可证的获取门槛较高，监管机构对申请企业资质条件的审核较为严格，行业进入许可制度构成进入本行业的牌照壁垒。对于私有云来说，自主可控是现阶段中国企业考虑的首要因素，除考察能否提供数据存储的可靠保证，能否做到冗余备份，出现故障能否及时反应以外，公司使用的技术是否自主可控也是关键考察因素。

品牌壁垒：云计算在国内经过多年的发展，大型云计算服务商在激烈的市场竞争中通过优质的产品、诚信的服务逐步积累起公司的品牌美誉度，凭借自身强大的技术实力、丰富的市场资源和先行布局云计算行业的发展战略，与客户形成了长期、互信的合作关系，造就了强大的品牌效应，提升了市场存量用户的客户黏性。行业新进入者较难在短期内实现市场对自身品牌的广泛认可，市场品牌认知壁垒较高。

在市场发展初期，云计算市场非常依赖客户资源。全球公有云巨头亚马逊的客户主要来自其电商生态内的小企业；国内公有云巨头阿里云也是依靠阿里巴巴的企业客户占据公有云头把交椅。而以IBM、思科、华为等为代表的传统 IT 设备厂商作为数据中心的设备供应商，在公有云体系中缺少比较优势，因此成为私有云的强力开拓者。从发展路径来看，华为云从私有云切入市场，2015 年开始转向做公有云；而阿里云、腾讯云最初是为自己生态圈内的企业提供公有云服务。此外，第三方数据中心运营商如电信天翼云在政务资源方面具备相对优势。国内大型 IT 集成厂商在党政军、大型企业客户中具有品牌优势，也是以私有云作为市场切入点。

马太效应成就强者恒强

根据国际数据公司（International Data Corporation，简称 IDC）发布的历年中国公有云服务市场跟踪报告，中国公有云服务市场格局已趋于稳定，头部厂商阿里云、腾讯云、华为云牢牢占据了前三的位置，共同占据了六成的市场份额。运营商背景的云厂商近年来增长迅猛，电信天翼云和移动云也已跻身行业前列，再加上第二梯队的百度云、金山云、UCloud，构成中国公有云市场的基本格局。从市场竞争的结果而言，具有生态资源和海量资金的产业巨头具有明显优势。

公有云 IaaS 市场集中度高，已形成基本稳定的市场格局。从全球公有云 IaaS 市场格局发展趋势来看，具有资金、研发及规模优势的大型互联网厂商以及具有软件产品、技术研发优势和高客户资源积累的传统软件巨头凭借率先入局的先发优势占据主要市场份额，且集中度逐步提升，呈现强者恒强的态势。根据国际咨询机构高德纳（Gartner）统计数据，全球公有云 IaaS 市场中，亚马逊继续领跑，包括亚马逊、微软、阿里巴巴及谷歌在内的前四大云服务厂商合计占据八成的市场份额。在国内，阿里云一家独大，加上天翼云、腾讯云、华为云、移动云同样占据中国近八成的市场份额。

IaaS 层上游硬件资源高度同质化，竞争的关键在于资源优势。尽管不同厂商技术路线可能存在差异，但通过对比主要云厂商的功能，我们观察到亚马逊、阿里云的计算、网络、存储等功能基本相似，这反映出 IaaS 层产品标准化程度很高，也意味着市场会面临激烈的价格竞争。价格战的背后是成本竞争，因此包括亚马逊、阿里云等在内的大型云厂商开始自研上游硬件，通过技术架构的优化实现性价比的提高，进而吸引更多的客户加入，形成规模优势后会进一步摊薄云计算单位资源的成本，强者恒强的正循环自此形成。

公有云 PaaS 市场集中度相比公有云 IaaS 市场要低，整体格局依然是巨头林立，但细分领域也有中小 PaaS 厂商的机会。PaaS 厂商不仅面临来自同行业 PaaS 厂商的竞争，还面临来自 IaaS 厂商的压力。目前市场前三依然被阿里云、腾讯云和华为云三巨头占据。但是在对象存储、大数据、人工智能、通信等细分领域均存在各自的头部公司。

公有云 SaaS 市场相比 IaaS 和 PaaS 市场集中度更低，除通用型工具类产品外，各行各业均有各自的头部 SaaS 厂商。在中国市场，公有云 SaaS 厂商一般面向中小型用户，帮助中小企业降本增效。大型企业在使用 IT 服务时通常考虑的是安全性和量身定制，因此适合私有化部署和定制化开发，不适合使用 SaaS 类产品。大型互联网公司占据核心流量资源，在服务中小企业方面具有得天独厚的优势，当前已形成阿里钉钉、企业微信和飞书三大办公协助平台，在上面已经有大量的 SaaS 类产品供广大中小企业使用。

云计算属于资本密集和技术密集相叠加的产业，成本呈非线性趋势下降，使得市场集中度高，马太效应明显，最终强者恒强。从全球来看，云计算巨头多来自互联网厂商和软件厂商，例如亚马逊起家于电商平台，微软是传统软件公司，谷歌是最大的互联网搜索引擎。互联网厂商与软件厂商均将其自身领域的杀手级应用进行云转型，使生态更加完整和成熟，例如微软的 Office 办公软件。

巨头布局云计算产业存在路径差异。亚马逊、阿里云代表从 IaaS 层向 SaaS 层自下而上的发展路径，并选择完全自研云计算操作系统，比如阿里的“飞天”操作系统，自研的优势在于底层技术自主可控。在国内市场，阿里之外的其他云服务商，基本选择在开源的操作系统 OpenStack 基础上自研。操作系统完全自主可控，也是阿里云早期举步维艰，当前一骑绝尘的重要原因之一。微软、腾讯云、百度云、华为云、浪潮云代表从 SaaS 层向 IaaS 层自上而下的发展路径。微软是最典型的代表，它从 Office 等终端具体服务切入，利用产品的垄断性，转向 IaaS 层。

回顾云计算发源地美国的市场情况，可将美国云计算公司划分为生态级、平台级、行业级和基础设施级四类。（1）生态级云计算厂商一般市值在万亿美元量级，且往往也有其他主营业务。生态级云计算公司以 IaaS 为核心，协同整合上下游合作伙伴布局 Paas 和 SaaS，持续构建云生态。典型公司包括亚马逊、微软、谷歌等。（2）平台级云计算厂商市值在千亿美元量级，往往以核心 SaaS 产品为依托，横向拓展新品类，纵向打造 PaaS 平台。典型公司有以

CRM（Customer Relationship Management，客户关系管理系统）起家的 Salesforce、以数据库起家的 Oracle 和以工具软件起家的 Adobe。（3）行业级云计算厂商市值在百亿美元量级，以支撑垂直领域各类流程与工具需求的 SaaS 为主，覆盖工程建筑、制造业、生命科学、电子商务、医疗等行业。典型公司包括工程制造行业 SaaS 厂商 Autodesk、电商领域厂商 Shopify 等。（4）基础设施级云计算厂商市值在百亿美元量级，由提供 IT 基础设施的软硬件供应商转型而来。典型公司包括惠普、戴尔、VMware 和英特尔等。总结前述四类云计算厂商，不难看出规律，即使在美国市场，云计算产业也是马太效应促成强者恒强的巨头游戏。

第三节　云计算主赛道与未来机遇

大浪淘沙的虚拟机江湖

云计算的技术组件虚拟化技术经过十余年的大浪淘沙，只剩下四个主流产品（以下称虚拟机）：闭源的 VMware ESXi、微软 Hyper-V，以及开源的 Linux KVM 与 Citrix Xen。

VMware 是虚拟化技术的开创者，最初从 EMC 公司分拆而来，凭借领先的技术实力多年来牢牢占据虚拟机头把交椅，但是随着开源虚拟机的快速发展，VMware ESXi 在公有云市场的份额快速萎缩，仅在私有云领域保持领先优势。究其原因，公有云市场巨头盘踞，以其技术实力基于开源工具链能够开发出性能强大的虚拟机产品。而在私有云领域，大部分厂商的技术实力都不足以支撑其在底层虚拟机上的研发，所以都需要外采第三方虚拟机，VMware 凭借其稳定、优质的产品获得了大部分厂商的青睐。

2008 年，微软凭借其傲视全球的软件技术实力，推出了 Hyper-V，通过多年的精雕细琢，时至今日单就虚拟机而言，微软 Azure 的性能傲视群雄。但是虚拟机只是云计算技术的冰山一角，云计算的技术栈十分庞大，微软或 VMware 这些闭源公司与开源社区决战沙场时，兵力上的劣势逐渐显露出来，实际上将 VMware 赶出公有云市场的不是微软 Hyper-V，而是 Xen 与 KVM 两大开源虚拟机。

Xen 由剑桥大学于 2003 年开发，2007 年被 Citrix 公司收购后继续保持开源，但 Citrix 显然没有足够的声望来引导云计算时代的底层生态，所以过去几年 Xen 渐露颓势，而 KVM 则伴随着 Linux 系统快速成长，此消彼长，开源社区在未来将呈现 KVM 一家独大的局面。

KVM 是红帽开源 Linux 的一部分，与拥有操作系统内核自研能力的微软一样，红帽的虚拟机能够和操作系统进行更深层次的优化，自研操作系统内核也象征着更强大的技术实力。除了上游的优势，下游 KVM 也成功与 OpenStack 深度绑定，由于 KVM 有一套相对完善的软件栈能够协助云厂商开发云服务，所以 AWS、谷歌、华为、阿里、IBM、腾讯都纷纷从自研、VMware 或 Xen 转投 KVM。可以说虚拟机的战争已经有了结果：公有云市场 Hyper-V 与 KVM 两强相争且 KVM 在兵力上占优，私有云市场 VMware ESXi 仍占主导地位。

云服务的新宠：容器技术

由谷歌最先提出的容器技术的崛起则有望打破虚拟机江湖的这一格局。首先，相比虚拟化技术分拆操作系统或更底层的 IT 基础资源，容器技术分拆的是应用进程，这会使容器下层需要依赖于操作系统而无法拥有独立性，但优点是免去了启动操作系统的开销，从而提升资源利用率、降低时延。其次，容器技术拆分的是进程，可以将软件拆分成数万份，装进封装良好的独立容器，这样，对部分容器内软件的升级和维护不影响其他容器中软件的正常运行，理论上可以实现随时随地开发与维护，而不用担心中断客户服务，给 SaaS 厂商提供了全新的软件开发模式。凭借前述两大优势，容器技术的应用前景十分广阔。

容器市场的竞争格局也不同于传统云计算市场。从全球来看，公有云市场都是巨头的游戏。中国云计算市场情况特殊，占市场主导地位的政府和国企客户对数据安全要求较高，再加上国内 IT 基础设施整体薄弱、使用公有云难度较高，导致私有云仍然占据很大的市场。私有云业务定制化的比例高，云厂商采购 VMware 等的基础软件之后，还需要根据客户业务需求进行定制化开发，帮助客户上云，有的还得帮忙完成硬件设施的搭建，所以规模效应不显著，整体竞争格局分散。在这一市场，自主可控生态、客户关系都起着关键作用。在意识到国内私有云市场不会像国外那般快速下降后，公有云巨头也纷纷携技术优势涌入私有云、混合云市场，一时间刀光剑影，技术与资源的对决，诸侯混战的局面或许会长期存在。

相比于传统云计算市场的诸侯混战、巨头林立，真正涌入大量创业公司的是容器市场。开源生态、同一起跑线、广阔的发展前景吸引了众多人才和资本的涌入。容器 IaaS 层的格局已基本形成，所以新机会更多的是要从 PaaS 层切入，为下游 SaaS 企业建立开发平台和工具链。SaaS 走向云原生是大势所趋，不仅软件底层要适配分布式云结构，而且要改变软件开发和运维模式，这对软件的可分割性要求很高，PaaS 平台如能趁此天赐良机，提供开发工具和自动化运维工具，将价值巨大。

技术路线前途光明，但企业成长之路充满曲折。颠覆性的容器技术是从底层基础软件到上层应用开发方式的全面变革，即便有开源加速，一时也难以撼动虚拟化生态，而且虚拟化技术在安全性方面仍有优势，技术更迭的战线被拉长，公有云厂商可以用难以拒绝的报价收购优秀的容器初创公司，然后凭借庞大的工程团队放大和落地容器技术。因此，2018 年前后获得大量资本热捧的容器创业公司都被巨头收购。还在坚持的初创公司或避开公有云厂商的锋芒，从私有云做起逐渐渗透到容器技术，或抱紧公有云巨头大腿依赖他们的 IaaS 来优化和提供产品。但是长期来看，容器行业也是马太效应明显，创业公司被公有云巨头并购将是主流归宿，独立发展将是艰难之途。

基础设备老树发新芽的机会

云计算行业未来的另一发展机遇在于基础设备的迭代更新。以存储设备领域为例，数据存储可以分为集中式存储、分布式存储和超融合。

集中式存储适用于对数据可靠性要求高、业务流程稳定、性能要求强大的场景，目前国内主要被 EMC、新华三、浪潮、华为这些存储厂商把控，新玩家要进入集中式存储市场更多的是把握存储介质替代契机，做集中式全闪存。集中式全闪存在美国已十分成熟，但因为闪存价格较高，一直没有得到广泛使用，所以目前企业级的闪存主要用于国防、科研院校、金融机构、医疗机构、游戏厂商等愿意为高性能支付溢价而不用过多考虑盈利性的客户。国内华为、新华三和浪潮在全闪存上都有出货，其中华为在产品性能、性价比和服务等方面显著领先。这个市场也不乏创业公司凭借优秀的软件能力在性能和性价比上实现对华为的赶超，产品也实现小规模出货。作为一个增量市场，集中式闪存的竞争格局还未确定，创业公司仍有发展的机会。

分布式存储主要以软件定义的手段实现，具有良好的可扩展性和成本优势，是数据中心的首选方案，近年来获得了快速发展，其中服务器厂商占据大部分份额，多将软件绑在硬件中销售，如华为、新华三、曙光、浪潮等，合计市场份额超过 70%。

超融合是三种存储技术架构中出现最晚的，当前的竞争格局也最分散，华为、新华三、深信服、联想都占有中国市场 10% 以上的份额。其中深信服以领先的安全能力为特色，提供基于白牌服务器的超融合方案。

在网络设备领域，市场前两名厂商占据 90% 以上的市场份额，技术成熟且竞争集中度高。全球龙头思科在交换机市场份额一直保持在 50% 以上，路由器更是一度垄断全球 90% 以上的市场份额。作为龙头企业，思科通过自研芯片来加深护城河，当前核心芯片都实现了自研，在竞争力上一骑绝尘。华为在被制裁前一度试图挑战思科的地位，自研了交换机和路由器中的数字芯片，从博通采购其余的模拟芯片，性能一度接近思科。在中国市场，凭借本地化商务资源以及服务优势，被制裁前的华为实际上已经几乎将思科挤出中国市场，占据全市场 70% 以上的份额。即便在华为被制裁的今天，思科的市场份额也在持续下降，因为交换机和路由器本身的壁垒并不高，壁垒高的是上游的数模芯片。虽然思科深谙此道，但随着博通和 Marvell 这些强大的数模芯片供应商的崛起，单就芯片性能而言，博通傲视群雄。集成厂商如 Juniper、新华三、Arista 快速成长，依赖的就是从博通或 Marvell 采购芯片。目前思科在交换机和路由器市场都已没有往日的王者风范。华为虽一度成为网络设备领域的王者，但在被制裁后出现的巨大市场机会，迅速被新华三、中兴通讯所抢占。而再往后第二阵营的玩家因为缺乏芯片竞争力，即便做到百亿元以上的营收，净利率也不过 5%，还要面临上游供应链的风险，所以整个网络设备市场并无好的发展机会。

网络虚拟化主要应用在数据中心和电信场景中。更多的创新机会来自软件定义广域网（SD-WAN），随着网络复杂度和流量的快速提升，集中管理线路、合理分配流量的需求日益迫切，SD-WAN 就是依赖软件集中控制网络设备实现灵活配置并降低成本的技术。举一个通俗的例子，SD-WAN 类似于当前复杂交通网络之下地图导航的功能，通过导航可以帮助用户规避拥堵塞车，规划最优路径。SD-WAN 是一个新兴市场，2014 年才正式被提出，中国的市场规模也就几亿美元，但由于大型网络集中管理、灵活性和成本的需求明确且迫切，所以 SD-WAN 被公认为 5G 时代的必要技术，涌入了大量玩家。目前国内外分别由华为和思科引领，但是市场格局远未奠定。电信级别的广域网竞争前景相对明朗，客户集中度高，对技术能力要求高，华为几乎一家独大，其他初创企业难以撼动分毫。而广大的企业级广域网市场分散，有很多定制化需求，所以涌入很多创业企业，试图通过解决方案上的创新分得一杯羹。

第三章

物联网：新基建的“万物互联”

第一节　物联网的历史发展脉络

从回顾互联网的历史开始

如今，互联网已成为人们生活不可分割的一部分，但就像很少意识到双腿的辛勤奉献一样，人们也经常忽略互联网在过去 30 年对人类文明进步的巨大贡献。寒风凛冽的深冬，上班族再也不用在寒风中望着呼啸而过的出租车心急如焚，提前使用网约车软件就能轻松“召唤”远方目力无法企及的网约车在指定地点等候；上班撰写报告，不需要像以前一样长途跋涉到各地图书馆、穿梭迷失在汗牛充栋的书堆中，只要打开谷歌，轻敲键盘，“世界规模最大的图书馆”就会跃然于眼前；下午公司突发紧急事件，需要身处世界各地的关键员工齐聚会议室，古时候诸侯要千里奔袭、飞鸽传书或六百里加急，现在只要打开视频会议系统，各地员工就可以如同身处一室地开会。互联网提升了人的能力范围，人不再只能在四肢可及范围内获取和给予，而是能将触手延伸到世界的各个角落。互联网创造的巨大价值最终也体现在经济数据上，中国互联网经济产值超40万亿元，在GDP中占比四成，增速远超GDP增速。

现代互联网起源于美国军方的阿帕网（ARPA Net，Advanced Research Project Agency）。阿帕网诞生于1968年，出自美国国防部之手，发明后的很长一段时间内都只应用于军方、高校和科研院所。当时遇到一个“先有鸡还是先有蛋”的问题：如果没有庞大的用户基础覆盖成本，互联网的基础设施建设投入将是一个天文数字，投资者只能望而却步；但是要获得庞大用户，需要丰富多彩的应用，对用户来说基础设施没有价值，应用才有价值，可是没有完善的基础设施，应用开发者“巧妇难为无米之炊”，也不会投身应用开发。基础设施和杀手级应用到底哪个应该先投入？通信行业第一条金科玉律：基础设施应该先行建设。中国在3G、4G网络中的大规模投入印证了这条行业经验，所以当前中国的5G基础设施建设方案即便稍显激进，也获得了普遍的支持。但是时间回到30年前，当时没有互联网、3G、4G等成功的历史经验，所以作为开拓者的美国在互联网基础设施建设面前举棋不定，打破这一僵局的是美国总统威廉·杰斐逊·克林顿（William Jefferson Clinton）。

克林顿上台前的美国处于经济衰退期，这次经济衰退的源头可以追溯到1973年的第四次中东战争，战争双方——阿拉伯和以色列实际是苏联和美国两极争霸的牺牲品。苏联支持阿拉伯，美国支持以色列，双方在后面添柴加火、输送炮弹。虽然战火如美苏所愿没有波及本土，但最终仍引火烧身，战争冲击了两国经济甚至全球格局。阿拉伯为了制裁支持以色列的阵营，大幅提升石油出口价格，当时高度依赖石油的美国企业成本高企、大规模破产，通货膨胀同时经济停滞、失业率飙升，陷入了长达10年的经济滞胀周期。罗纳德·威尔逊·里根（Ronald Wilson Reagan）总统上台后大胆推出“休克疗法”，大幅加息缩紧银根，成功抑制住了通货膨胀，再叠加有史以来最大幅度的减税政策，美国经济止跌回升。但这次“休克疗法”产生了严重的后遗症，等到乔治·赫伯特·沃克·布什（George Herbert Walker Bush）上台后，从里根手里接过的又是一个烂摊子，国内美元大幅升值产生了巨大的贸易逆差。国际上，美国先是逼迫日本签下耻辱的《广场协议》，让日元升值缓解自己的贸易逆差。此举直接导致热钱涌入日本造成房地产大泡沫，也成功打垮了当时美国经济霸权的挑战者日本，另一挑战者苏联则直接被军备竞赛拖垮。但伤敌一千，自损八百，美国的贸易逆差并没有因为日元升值而缓和多少，因为一个日本倒下去了，韩国、中国站起来了。雪上加霜的是，因为日本经济崩盘，其对美国的进口需求锐减，美国贸易逆差经历了短期下降后再次掉头抬升。而拖垮苏联的代价是巨大的，虽然长期看受益无穷，但是短期使美国政府债台高筑。

在此背景之下，克林顿登上历史舞台，成就了互联网经济大繁荣，给全要素生产效率带来了久违的大提升，一扫此前所有经济、政治、外交阴霾，带领美国迎来了经济大繁荣。这一切的根基是克林顿那“创世纪”的《国家信息基础设施行动动议》（*The National Information Infrastructure: Agenda for Action*），该法案计划 20 年内投入 4000 亿美元建设“信息高速公路”，将电信光缆铺设到每家每户的家门口。“要致富，先修路”正是通信网络发展的第一条黄金法则。历史表明，大额投入通信基础设施，提升带宽，最终都等来了杀手级应用，而且网络升级带来的回报往往都超出预期。正是有了光纤、电缆、交换机、卫星这些基础设施，才有了雅虎、奈飞、亚马逊、微软、谷歌、百度、腾讯这些互联网企业。当美国投入巨资主导了互联网基础设施的建设后，也换来了互联网霸权的巨大回报。

凭借其领先全球的基础设施建设规模，美国主导的 TCP/IP（Transmission Control Protocol/Internet Protocol）协议获得了最大范围的应用，最终击败了数量庞大的竞争者，成为行业标准。制定标准的美国也毫不客气，虽然人口占全世界不到 5%，却拥有世界近 50% 的可分配 IP（网络地址）资源，而中国占世界人口的 20%，却只分配到不到 10% 的 IP 资源。IPv4 的根域名服务器全球有 13 个集群，其中 10 个在美国，中国则一个都没有。所以美国在政治、军事和经济中的霸权同样凭借互联网大基建的先发优势延续到了互联网产业，这也是为什么中国急于推广 IPv6（Internet Protocol Version 6）与 5G，即希望在未来的通信网络中能跟当年的美国一样占得先机。而美国也毫不犹豫地在 5G 基础设施方面向中国发动“科技战”。在华为、中兴领先全球的 5G 方案要在西方国家落地的时候，美国直接以威胁国家安全为借口对两家企业发动全面制裁，其实背后只不过是在维护自己的霸权。

从互联网到物联网的演进

互联网的最大价值在于将线下行为线上化，使得人们可以远程在线完成千里之外的事情。而移动互联网的最大价值则是消灭了“离线”的概念，人们可以永远在线，而且移动互联网还成功占据了每个人的碎片时间。现在中国人平均每天要花费 6 小时在互联网上，这是巨大的流量。移动互联网最重要的载体是智能手机，手机初期的功能主要集中在通话上，当时的竞争核心主要是通信技术。与电话始祖美国国际电话电报公司（AT&T）相对应，移动电话的始祖是摩托罗拉，并且其垄断手机市场长达 50 年之久。直到 2G 通信技术出现，以摩托罗拉为代表的 1G 通信技术因为通话质量差、手机成本高而逐渐被淘汰。2G 通信技术大幅提升了通话的质量和抗干扰性，而且手机成本显著下降，推动了手机普及率的大幅上升。

2G 通信对 1G 通信的替代背后是欧洲对美国互联网霸权的第一次挑战。当时欧洲各国合力支持诺基亚的 2G 通信标准，甚至立法强制推广，为的是吸取互联网和 1G 时代的教训，快速提升欧洲网络的接入数，意图成为标准制定者，从而争取更多的网络资源。相比欧洲的众志成城，美国的 2G 技术标准却出现了重大分歧，多个阵营争执不下，导致错过了黄金窗口，让诺基亚后来居上，一举打败了摩托罗拉。所以 2G 时代是欧洲主导通信标准的时代，芬兰公司诺基亚凭借通信技术优势成为手机市场的新霸主。

颠覆式的变革出现在3G时代，带宽大幅提升到Mbps级别，使得不仅文字、语音，连图片甚至视频都能在移动互联网上传输，并引发了移动互联网的流量大爆发。2000年主要西方国家开始发放3G牌照，但直到2008年3G市场才真正爆发，原因是缺少杀手级别的应用，人们不明白使用2Mbps的带宽能在手机上干什么。这时候韬光养晦多年的高通与苹果站上历史的舞台，两者相辅相成开启了3G时代。高通是3G通信技术标准的开创者，申请了超过1000个专利。当年高通就是因为忙于研究该技术，才让诺基亚的2G通信标准乘虚而入。在2G时代击败美国制定通信标准的欧洲想乘胜追击，火急火燎地赶在还什么都没有的2000年就开始发放3G牌照，并大规模投入，仅用5年时间就基本完成了3G基站网络的建设。但是整装待发的欧洲电信运营商们却迟迟没等来应用市场的爆发，这就引申出通信网络的第二条黄金法则，即杀手级应用的出现速度充满不确定性。所以在3G时代先发的欧洲并没有成为先驱，反而因为大规模基站网络空驶多年，耗死了不少电信运营商而成为“先烈”。等到3G应用东风吹来的时候，奄奄一息的欧洲电信玩家再次被美国打败。美国这场胜仗的最高功勋应该颁给高通，虽然3G标准是欧洲发起成立的3GPP（3rd Generation Partnership Project，指第三代合作伙伴计划）组织建立的，但因为其技术专利早就被高通全面布局，3GPP的标准等于给高通做了嫁衣。

事实上，整个3G时代，电信运营商的很大一部分利润都落入了高通囊中。2008年苹果推出了划时代的智能手机，3G应用市场终于迎来了爆发。苹果智能手机不仅改变了人机交互方式，更重要的是将手机的竞争从通信技术转换到了应用生态以及支持它的半导体技术。正当苹果满心欢喜要一统天下的时候，半路杀出谷歌，以开创性的开源生态打法及强大的研发力量，振臂一呼建立起安卓生态，与苹果形成了双寡头垄断格局。

颠覆高通的3G技术来自英特尔，英特尔推出的技术最初在Wi-Fi上取得了巨大的成功，以至于引起了3GPP的注意。它们看到了一个能摆脱高通专利魔爪而且能将带宽提升到近百兆的技术，顿时兴奋无比、蜂拥而上。所以高通在3G上的辉煌并没有持续多久，“饱受压迫”的天下豪杰揭竿而起，推出了4G标准，这就是通信网络的第三条黄金法则：现代通信标准一定是开放式的，无法一家独大。3GPP开放标准建立后，和3G时代不同，4G的杀手级应用——短视频、直播等快速涌现，此后4G的发展可谓一帆风顺。美国2010年推出4G牌照，同年Instagram就上线了，当时Instagram还只有图片分享功能，但这次电信运营商的确没有坐冷板凳，应用的快速爆发让它们赚得盆满钵满。

尝过4G网络甜头的电信运营商开始了激进的5G建设计划，结果某种程度上，故事又回到了3G时代。5G标准制定工作在2013年就早早启动，2017年3GPP就冻结了5G技术标准，2019年中国就正式发放 5G 牌照，并率先开启如火如荼的建设。中国跟 2G 时代的欧洲一样，迫切想要凭借先发优势在未来争取到更多的网络资源，但这次杀手级的应用迟迟没有出现。什么应用需要 10Gbps 带宽级别的移动网络？被寄予厚望的自动驾驶、VR/AR 迟迟没有爆发，而传统的手机、PC 渗透率又已饱和。狂奔在带宽的道路上还未找到出路的世界通信界开始回头，在中小带宽领域寻找新的应用机会，其中 5G 的重要组成部分之一物联网就是最重要的一个应用场景。

物联网是比互联网更加宏大的体系，它连接的是物与物、人与物，连接数量将是互联网的数倍。联网能提升网络里每个节点的能力，物联网的核心就是提升物的能力。要体会物联网的潜在价值，可以以终为始地设想，如果物的能力能够持续提升，达到我们想象力终点人类智能的水平，不就相当于每个人都能享受多“人”服务吗？当然这是关于物联网的最终幻想，物联网现在还处于感知、连接、智能三阶段中的连接阶段，智能化水平还和人相距甚远，谁也不能保证有接近的一天。

在“物”追逐“人”的征程上，如果对标互联网，应该是先提升智能程度再进行连接，但是智能化的难度远高于连接，而且智能化依赖于连接，所以现阶段只能在没有智能禀赋的情况下，依靠纯粹连接或者附加极其初级的人工智能来创造价值。物联网和互联网发展路径的区别就在于，它先连接，然后再逐步提升智能化水平：

从最初的依赖传感器感知收集数据开始，到目前具备人脸识别、规则决策等初级智能化功能，总体还处于非常初级的阶段。初级阶段同时也代表着机会，如果你还在惋惜没有参与 10 年前 Facebook、20 年前苹果、30 年前微软的崛起，那么当前物联网市场可以弥补这种遗憾。

第二节 物联网产业生态的未来

因为物联网设备碎片化的特点，加上网络覆盖率处于爬坡阶段以及设备智能化处于起步阶段，当前产业链的各个环节都未出现微软、谷歌、腾讯、Facebook 级别的企业，产业链各环节也泾渭分明，很少出现苹果式的跨层级全栈式企业。无论传统互联网巨头还是新兴物联网玩家，都在想方设法结束这一“群雄割据”的时代，成为一统天下的物联网霸主。

感知层

传感器按照技术路线划分，接触式图像传感器（CIS）、微机电系统传感器（MEMS）、射频传感器（RF）和雷达占据传感器市场近 80% 的份额。CIS 作为摄像设备的核心是最大的细分市场，汽车、安防、手机是主要的应用场景。索尼和三星凭借领先的背照式和堆叠技术，几乎垄断整个高端市场。中国企业格科微和北京豪威在中低端市场凭借价格优势一路过关斩将，市场份额冲击全球前十。中国在 CIS 中低端市场已基本实现自给自足，目前处于冲击高端市场的阶段。技术的魅力在于总有代际更替，众多的中国创业公司放弃传统技术路线，选择从 3D 传感器切入该市场。顾名思义，3D 传感器有别于传统只能感知二维图像的传感器，可以感知第三个维度“深度”，即物体和传感器的距离。传统的传感器只能感知二维图像，再通过强大的算法渲染出3D的视觉效果，弊端是算力消耗大、精度低。而3D传感器直接测量距离，算力消耗小且精度高，被广泛用于人脸识别、摄像头对焦、工业检测中。未来AR、汽车激光雷达的进步都仰赖于3D传感器。

以往传感器最大的应用场景手机市场已经饱和，下一个被寄予厚望的应用场景是汽车。根据中金公司预测，L5级别的汽车将搭载8个摄像头、12个超声波雷达、8个毫米波雷达、4个传感器以及其他数十个各类传感器，单车的传感器价值量超过万元。但同时整车厂对传感器的可靠性要求极其苛刻，更换供应商意愿低，因为传感器价值占比小但却意义重大，一旦出现问题将承受严重损失。

传输层

传输层的基带芯片，由于华为遭受制裁，先进制程芯片难以出货，当前中国有能力制造手机基带芯片的只剩下紫光展锐一家，但其技术能力相比华为海思差距明显，而且内部人事动荡，现在的产品只能勉强用于中低端手机。宏基站的基带芯片在华为海思和中兴受到制裁后只能全盘依赖海外的高通、Marvell等公司。小基站的基带芯片介于手机和宏基站之间，集成度和功耗要求没有手机高，功率要求没有基站高，涌现出了一批创业企业。但因为宏基站建设刚突破百万台，小基站还没有大范围铺开，所以当前呈现狼多肉少的状态，国外有英特尔、恩智浦和高通，国内也有紫光展锐、比科奇等玩家。至于物联网基带芯片，因为包含众多终端，所以技术壁垒跨度大，国内的翱捷科技已经完成批量出货；从紫光展锐离职的部分团队创立的赛尔微也杀入物联网基带芯片领域。

射频收发芯片国产化率同样低，无论手机端还是基站端国产化率都几乎为零，国外手机端以高通、联发科（MTK）和 Skyworks 为主，基站端以 ADI 和德州仪器为主。近几年国内涌现出一批初创公司，它们从 5G 小基站切入，打算进军高壁垒宏基站市场的初创射频收发芯片企业，有望获得突破。射频前端中壁垒最高的滤波器国产化率也很低，国产玩家主要集中在 SAW 滤波器。通信芯片除了数字和模拟之外，有线通信底层的光电芯片同样严重依赖进口，25Gbps 以上的光电芯片国产化率同样为零。

无论模拟芯片还是光电芯片，其对制程的要求较低，成熟制程就能满足先进产品的要求，如果能够邀请全球头部玩家的技术团队，中国企业有望陆续实现突破。基带芯片将成为国产化最大的阻碍，因为其要求先进制程，而先进制程的突破是一个系统性的工程，如果没有全产业链的国产化完善，是无法实现自主可控的，更有甚者其中的调制解调技术已经被高通等企业筑起了高高的专利墙，很难绕过去。

相比芯片上的困局，中游通信模组中国企业傲视全球，因为模组集成壁垒低，全球份额的大小主要取决于下游客户需求量的大小。中国5G和NB-IoT[①]（Narrow Band Internet of Things）等蜂窝网络的建设数量占全球70%以上，所以中国通信模组厂商的市占率也在70%以上。中国模组厂商的客户主要是三大运营商，出于政策或者安全性考虑，它们都偏好选择中国模组厂商。但是这些模组厂商的毛利率通常低于20%，利润都被芯片企业吃掉，BOM里面芯片占比接近90%，导致即便做到世界龙头，模组厂商的净利率也被压榨到3%以下，附加值很低。

通信协议中，长距离的通信场景下会考虑有线和无线两种方案，在中小带宽、长距离、设备接入数量庞大，特别是频繁移动场景下，无线通信优势明显，可以减少巨额的铜缆甚至光纤架设开销。中小带宽的长距离通信主要有NB-IoT和LoRa（Long Range Radio）两种技术方案，前者为蜂窝网络，需要建设基站，信号稳定但是启动成本较高；后者频段非授权也无须运营商架设基站，企业可灵活组网，但是通信质量低。当连接设备数量足够大时，NB-IoT的高昂建设成本就能被摊薄，在通信质量、成本上都有优势。中国政府选择NB-IoT方案逐渐被时间证明是明智之举，NB-IoT由2G、3G、4G、5G网络的标准制定组织3GPP发布，理论上后续可以部分复用即将“退伍”的2G、3G设备，进一步降低成本；而LoRa被Semtech收购后虽然保持开源，但明显后劲不足，在成本优势逐渐被NB-IoT磨灭后，只能依靠剩下的部署灵活性优势苦苦支撑。长距离、大带宽的场景则基本5G一家独大。

---

① NB-IoT构建于蜂窝网络，只消耗大约180kHz的带宽，可直接部署于GSM网络、UMTS网络或LTE网络，以降低部署成本、实现平滑升级。

短距离通信场景下同样会考虑有线和无线两种方案，在要求超高带宽、稳定性和低延迟的场景都会使用光纤通信。有线通信协议以标准以太网为主流，相比于无线通信模组结构更加简洁，但承担的带宽也更大，所以有线通信芯片性能要求更高。Wi-Fi 则是另一短距离、大带宽的技术路线，与有线通信使用场景不同，其低成本、灵活、广覆盖的特征很适合对带宽、延迟、稳定性没有极致要求的家庭和企业使用。更小带宽的短距离无线通信则主要是蓝牙和 Zigbee 的竞争。近年来蓝牙凭借更大的带宽、更低的成本和更广的覆盖占据上风，力压 Zigbee 成为所有主流手机厂商的选择。超短距离通信主要由 RFID（Radio Frequency Identification）技术垄断，这个技术十分古老和普遍，我们使用的门禁卡、银行卡都属于此类无源通信技术，成本低、技术壁垒也低，国产化率高。

所以虽然各种通信协议都有其生存的空间，但是未来物联网的主流会是广域网将以 5G 蜂窝网络和 NB-IoT、Cat.1/M① 为主；短距离通信仍然会是有线、Wi-Fi、蓝牙主导。

平台层

操作系统级别的平台型企业或生态还未出现，目前主要玩家分为三类：云计算巨头、终端巨头以及创业公司。我们判断未来云计算巨头最有可能引领大规模的、开源的物联网软件生态。

终端巨头如海尔、美的等都尝试通过扩充自己的产品线追随苹

① Cat.1/M，全称 LTE UE-Category 1/M。Cat.1/M 是 4G 通信 LTE 网络下用户终端类别的一个标准。

果的步伐，从下游往上游打，希望通过全屋协作来提升体验，从而提升非优势产品的竞争力，但这在当前以后装为主的市场没有竞争力。家庭选购电器的逻辑仍然是偶发且单品购买。即便在前装市场，要覆盖足够数量的产品也绝非易事，全球家电龙头美的也只覆盖空调、洗衣机、油烟机、冰箱和一众小家电，照明系统、影音娱乐系统、家居等都没有涉猎。当然这可以通过建立生态增加产品数量，但传统家电市场竞争激烈，让竞争对手替你完善方案提升销量不现实，封闭的家电巨头无法一呼百应，再加上缺乏软件基因，似乎没有物联网帝王之运。

创业公司和终端巨头截然相反，主打中立立场，兼容多种云平台、协议、终端品牌，发挥协调者的优势，想要心平气和地统一江湖。涂鸦智能是其中的佼佼者，奈何相比竞争对手海尔和美的的体量差距明显，更遑论上万亿美元的亚马逊、谷歌等。涂鸦智能的团队实力、技术能力、资金实力以及市场号召力都不易建立一个开源或闭源的生态。云计算产业也有类似的企业 Rackspace，其作为和 AWS 共同推出云计算服务的元老级企业，在亚马逊自身禀赋支撑起来的巨大规模效应下过不了三五招就败下阵来。当年私募基金阿波罗（Apollo）收购 Rackspace 之后提出的转型战略是做一个中立的第三方多云管家，这跟当前的涂鸦智能定位有几分相似。多年后 Rackspace 重新上市，遗憾现在的市值还不及当初 Apollo 基金收购价的一半，可见所谓“中立”的价值有多薄。

云计算厂商之所以被我们寄予厚望，是因为要实现物联网平台层的统一，最大的难点并不在于应用的多样性，毕竟PC和手机时代或大或小的应用层出不穷也丝毫不影响微软和谷歌操作系统的高度统一能力，真正的难点在于终端设备的碎片化——如何统一一块水表和一块电表的操作系统？最好的方案就是不同于PC和手机时代，走软硬件完全解耦的路线，将主操作系统甚至应用放在云上。云计算良好的弹性特征与物联网的碎片化特征犹如天造地设的一对，根据终端设备的应用需求可以实时调用云端算力，理论上在带宽允许的情况下，一块水表和一块电表就可以使用统一的操作系统和应用。

云计算厂商将在物联网时代大放异彩，尤其是亚马逊、微软、谷歌、阿里云这四大巨头。未来物联网的操作系统最有可能在这四大巨头中诞生。开源模式将成为行业必然的选择，这四大巨头实力在伯仲之间，如果有人选择闭源模式且获得领先，则落后者也会使用开源模式实现反超，所以根据纳什均衡策略，它们都应该一开始就采用开源模式。另外，物联网下游的应用场景更分散，应用开发企业数量会更加庞大，同时利润率也更低。在这种情况下，开源生态能最大化降低应用企业开发成本，降低“应用准入门槛”，促进物联网繁荣的到来。终局并不一定能分出胜负，巨头们最终也可能联合引领生态。

微软的Windows 10 IoT采用闭源模式，而谷歌的Android Things因为直接使用手机安卓进行剪裁导致系统过于沉重而无人问津，最终在2022年1月5日被迫关闭。亚马逊的物联网操作系统 FreeRTOS（Real Time Operating System）和阿里的 AliOS（Ali Operating System）均采用开源模式，被寄予厚望，其中又以阿里的生态规模最为庞大，在四大巨头的竞争中获得阶段性领先。但物联网平台层竞争是一场马拉松，目前断言终局还为时过早。

应用层

当前应用层发展缓慢，各垂直场景割裂，导致平台层价值薄，出现了应用企业反过来自建平台层的现象，比如海尔卡奥斯，凭借在工业物联网领域多年的积累推出了一套高效的工业物联网解决方案，包括自动采购、预测性运维等，吸引了众多客户使用，之后进一步反向推出了 PaaS 平台帮助客户开发定制化应用。

应用层当前极度分散，除了因为创造的价值薄外，设备种类分散或单一设备数量少也是重要原因。销量最大的电器——空调，年销量不过 1 亿多台，占物联网总连接数的 1% 不到，而且空调单体算力弱，时至今日搭载的也只有一块 MCU，要在一块 MCU 上开发出爆款应用实在强人所难。物联网未来想和互联网一样孕育大巨头，要么统一算力，要么统一控制，前者指将联网设备的算力提升到同一高水平，就像互联网的智能手机一样，每个都可以搭载完整应用，这一路径并不现实，在空调上搭载骁龙 CPU 有点暴殄天物；后者是依赖一个高算力设备控制其他低算力设备，只要控制端能支撑各类应用就行。这也是各大物联网厂商努力的方向，有的选择手机，有的推出智能音箱，有的寄希望于汽车。在当前占比最大的应用场景智能家居中，领军企业们纷纷选择第二个方案，通过统一中央控制器，将五花八门的家用电器连接成一张网，实现更多的功能。比如智能照明，起床灯光渐亮，上班灯光自灭，用餐营造浪漫灯光氛围，邀请好友到家唱 K 进入闪烁夜场模式……

政府 2021 年 9 月印发的《物联网新型基础设施建设三年行动计划（2021—2023 年）》给我们描绘了未来 3 年的具体应用目标：智慧城市中的表计、路灯自动化感知、控制和运维等；数字乡村中的水利、公路、电力、物流等，细化到对公交优先通行的控制、道路危险识别、无人机安全检测等；公共卫生的远程会诊、智慧病房、个人定位 / 生命特征可穿戴设备等；智慧农业的病虫本体识别、渔船捕捞监控、农产品质量追溯等；智慧制造的智能传感器部署、数据采集与分析、生产状态 / 环境 / 物料实时监控等；智慧环保中的海洋 / 淡水 / 大气 / 土壤等的全方位、全天候的感知、监控与决策；智慧文旅中的移动导游、智能闸机、沉浸式展厅等；智慧家居中的多模态生物识别、OTA、全屋智能、消防预警等；智慧监控中的个人健康检测可穿戴设备、无人值守体育馆。如何融合产业链的上下游，打通感知、传输、平台和应用层，推动爆款应用（Killing Application）的出现，是成为下一个物联网产业巨头的关键。

第三节　物联网产业的发展机遇

当前物联网产业处于高速发展阶段，2020 年物联网连接设备数量超过 117 亿，首次超过非物联网的连接数。随着技术与产业链的成熟，物联网产业的发展速度未来将不降反升。其中非物联网连接指互联网和电话连接，包括 PC、笔记本电脑、平板电脑、手机、固定电话等。根据 IDC 的数据，中国的物联网连接数占全球物联网连接数近四成，这主要得益于中国政府的强力推动，无论是在基础设施 5G 和 NB-IoT 建设上的勇敢突进，还是在应用上自上而下的强力推动。当然，政策的推动是短期的，物联网连接数量长期增长的动力还得依靠应用的繁荣和传感 / 传输设备成本的下降。理论上，只有当一个物体入网的应用价值高于其传感 / 传输的成本时，入网才能完成。

虽然当前物体入网并不遵循上述的 ROI（Return On Investment）逻辑，但根据通信网络第一条黄金法则——网络基础设施建设是上层应用爆发的先决条件，所以即便物体入网价值还没有真正释放，也应先行被接入物联网。因此，当前物联网的主要产值还是来自底层硬件基础设施的建设制造上。根据爱立信的预测，未来 5 年广域网的增速将是局域网的 2 倍，作为通信巨头之一的爱立信更看好长距离通信市场，而这一市场的未来在 5G、Cat.1/M 和 NB-IoT 等基于基站、授权频段构建的网络。爱立信的预判和中国政府不谋而合，中国政府也是大力建设5G和NB-IoT网络，推动2G、3G退网，将4G逐渐降速为Cat.1/M中速网络。总体而言，未来物联网连接数量将快速增长，传输层网络也明显收敛，发展主题将逐渐转向平台层和应用层。

政府大力推广物联网基础设施建设能够支撑的是短期下限，真正决定物联网未来上限的是下游应用。根据中国信通院数据，物联网应用中数量占比最高的是智慧家居，由于基数大，未来5年消费类物联网（主要是家用和个人设备）的增速将是产业物联网的一半。产业类物联网主要就是政府主导的农业、公共事业、安防、医疗以及市场主导的汽车、工业与零售。

作为最大的应用市场，家居物联网起步早、发展相对成熟，现阶段，大家电、小家电、安防、影音娱乐、照明和能源管理六大系统在智能中控的管理下，形成了全屋智能的雏形，有望显著提升家庭生活水平。在家居物联网领域，中国厂商走在世界前列，小米、海尔、华为等生态在全球都有很强的竞争力。汽车则被视为物联网最有发展潜力的市场。作为被寄予厚望的下一代互联网载体，汽车有望获取人们日常生活的一大块时间，而且相比手机，汽车具有场景营造功能，能够带来更好的沉浸式体验，有望出现爆款应用。但无论是规模最大的家居，还是潜力无限的汽车，抑或是其他政府强力推动的垂直应用，都还未称得上迎来爆发，所以当前无论是需求端还是供给端，格局都十分分散。

对中国物联网发展而言，除了应用的不确定性外，还额外多了一座自主可控的大山。物联网底层硬件是传感器和半导体，而这两方面中国的产业链比较薄弱。2019 年中国 5G 通信技术领先全球，以华为和中兴通讯为代表的 5G 先锋在全球攻城略地，华为甚至在欧洲斩获了 47 个 5G 订单。但美国的制裁直接将华为踢出了欧洲市场，通过限制半导体和传感器的供应，釜底抽薪中国物联网产业，让华为直接丧失了供货能力。为了避免重蹈覆辙，打赢底层硬件仗是物联网长期发展的基石。

物联网当前处于互联网的 20 世纪 80 年代，多张网、多种协议混战的阶段。物联网发展真正的变量来自下游应用，车联网是最具爆发力的场景之一，有望成为 L4/L5 自动驾驶不可或缺的一部分，帮助突破单车感知和算力极限；物流方面既可以在货物上安装 RFID 以实现全程追踪，也可以在货车车厢内安装 3D 传感器主动实时监控负载以优化任务分配；交通方面的物联网应用起步早，数以亿计的摄像头实时监控着汽车的违法行为，另外，公交车和摄像头、信号灯联网后，可以发送请求让信号灯系统提前转换帮助快速通过路口；安防方面人脸识别与自动报警已经十分成熟；公共事业方面中国在快速铺开自动化表计网络；家居方面自动采购的冰箱、远程控制微波炉、环境感知的自动空调；工业方面自动采购原材料、自动请求维修或更换耗材；零售领域自动记录分析顾客消费行为的摄像头与 POS 机……物联网虽然没有出现杀手级应用，但小型应用数量众多。尽管应用场景非常丰富，我们依然要有清醒的认识，因为物联网连接的设备种类远多于互联网，恐怕即便到了终局也没法像互联网那般一家独大，而是演变成一个市场相对分散的“灌木市场”。

第四章

人工智能：新基建的“智慧引擎”

第一节　人工智能产业的“两落三起”

认识人工智能的基本概念

人工智能（Artificial Intelligence，简称 AI）概念的诞生与电商、电动车、云计算等都不同，其本身并不是诞生于商业社会的业务概念，而是一个技术概念。对于人工智能的定义，至今学术界还众说纷纭。概括而言，人工智能是模拟、延伸和扩展人类的智能，包括学习、推理、思考和规划等，以使计算机实现人类头脑思维的技术。人工智能利用机器模拟人类意识和思想，以代替甚至超越人类的认知、分析和决策，使机器以人类的思维方式执行任务。由于人工智能的基础技术属性，成就其未来将是赋能千行百业的关键基础设施，其技术框架从下往上依次是基础层、技术层和应用层。

基础层主要包括AI芯片和大数据，是支撑技术层图像处理、语音识别和自然语言处理等人工智能算法的底层基石。由于人工智能算法需要用到大量的卷积和矩阵相乘的并行运算，而CPU做并行运算效率较低，导致对适合并行运算的GPU需求暴涨，并催生了适合人工智能运算的AI芯片。同时，每次基础层的跃升都显著地推动了技术层的发展。GPU和AI芯片带来的算力提升，成就了深度学习的大放异彩，引爆了人工智能的新一波浪潮。这波浪潮之中，数据量的爆发同样功不可没。海量的训练数据是人工智能算法的基础，数据的规模和丰富度对算法训练尤为重要。如果把人工智能看成人，海量的数据就是广泛的知识，用数据训练人工智能算法的过程就是用知识教育人的过程。总结而言，人工智能的算力大小类比人的体力强弱、人工智能算法的优劣类比人的智商高低、人工智能的训练数据多寡类比人的学习知识多少。

技术层主要指人工智能的各类算法和框架平台。在机器学习的发展史中出现了各种不同类型的算法，最典型的算法有六种：回归算法、神经网络算法、支持向量机、聚类算法、降维算法和推荐算法。深度学习掀起近几年人工智能的热潮，属于机器学习的一个子集，在思想和理论上并未显著超越20世纪80年代中后期提出的神经网络算法的研究。但得益于海量数据的出现、计算能力的提升，原来复杂度很高的算法得以落地使用，并在边界清晰的领域获得比过去更精确的结果，大大推动了机器学习在商业实践中的应用。

相比其他学习方法，深度学习使用了更多的参数、模型也更复杂，从而使得模型对数据的理解更加深入，也更加智能。深度学习是目前主流的人工智能算法。深度学习是在神经网络算法的基础上发展而来的一种算法架构，是实现机器学习的重要途径。神经网络算法是一种模式识别算法，基于统计学，利用分类和整合的原理，将一个复杂的数据输入分解成大量的细节，在各个节点上处理细节，之后再将这些细节整合，形成一个输出结果。深度学习可以认为是多层的神经网络。深度学习与传统机器学习的区别在于，传统机器学习需要手工选取特征，需要相关人员具备专业知识，很大程度上依赖于人的经验和运气。而深度学习无须人工选取特征，而是自动学习有效特征，全程没有人工干预，可以保证最终输出的结果是最优解且持续迭代，但中间过程是无法归因的黑箱，无法知道机器选取了什么特征以及选取特征的逻辑。下面介绍三种典型的神经网络算法：CNN、RNN、DNN。

卷积神经网络（Convolutional Neural Network，CNN）擅长模拟人的视觉系统，其将图像的原始像素数据作为输入，并学习如何提取特征，最终推断它们构成的对象。CNN 常应用于图像处理领域，比如自动驾驶、安防及 AI 读片。

循环神经网络（Recurrent Neural Network，RNN）是一类人工听觉及对话的神经网络，具有记忆或反馈回路，可以更好地识别数据中的模式。RNN 是常规人工神经网络的扩展，它增加了将神经网络的隐藏层送回自身的连接，被称为循环连接。与传统的神经网络不同，循环网络使用它们对过去事件的理解来处理输入，而不是每次都从头开始。循环神经网络的应用包括自然语言处理、语音识别、机器翻译等。

深度神经网络（Deep Neural Network ，DNN）在视觉、语言理解和语音识别等领域取得了关键突破，其从之前的人工神经网络模型（Artificial Neural Network，ANN）演化而来。该模型一般采用图模型表达，深度学习的“深度”指的是图模型的层数以及每一层的节点数量。神经网络从最早单一的神经元起步，到 2012 年提出的 AlexNet 网络有 8 层，再到 2015 年提出的 ResNET 网络有 150 层。随着层数的增加，网络复杂度呈几何倍数增长，对处理器的算力需求亦呈爆炸式增长。

完整的人工智能解决方案需要经过训练（Training）和推理（Inference）两个过程。以人脸识别为例，训练阶段通过输入数量庞大的已标记人脸图片不断优化模型参数。训练完成之后即可进入模型推理阶段。在推理阶段通过输入单张人脸图片，模型即可识别结果。由此可见，神经网络的训练和推理阶段都需要海量计算，前者是学习场景，后者是应用场景。训练阶段通过海量数据输入进行循环计算，实时性要求不高，一般在后台离线计算。其计算系统的设计目标是高并发和高吞吐量，旨在将计算时间从几个月缩短为几天。而推理阶段是直接面对应用场景的即时计算，其数据输入较少，计算系统的设计目标是低延时和低功耗，旨在将响应时间从几分钟变成几秒甚至零点几秒，提高响应速度。

为了提高工程师的开发效率，各大厂商纷纷发力建设算法模型工具库，并将其封装成软件框架供开发者使用。按照应用场景可分为三类软件框架：云端训练、云端推断以及终端推断。云端训练框架主要完成面向海量数据的模型训练任务，对算力要求最高，实际应用中需要采用分布式计算等技术，同时对于工业级模型及稳定性也有特殊要求；云端推断框架主要完成训练模型的优化、云端部署及推断计算等工作，对于效率及并发性等具有特殊要求；终端推断框架主要完成训练模型在终端的部署及计算，由于终端功耗、功能、芯片等众多限制，终端推断框架的性能、能耗及自身优化需满足多种限制性要求。

深度学习训练框架技术及生态已经趋于成熟，从目前产业界实际使用情况来看，以谷歌的 TensorFlow 和开源的 Caffe/Caffe2 为引领的深度学习训练框架占据了相对主导地位，百度的 PaddlePaddle、亚马逊的 MXNet、开源的 PyTorch 和 Keras 等主流训练框架由于其各自特性也在业务部署中得到了充分使用。然而，还存在开源框架及工具无法直接满足实际生产需求、企业自定义实现的算法在多平台间切换时需要重复开发、训练框架与硬件平台耦合程度相对较高等问题。

基于深度学习的推断计算相对训练过程计算量要小很多，但仍涉及大量的矩阵卷积等运算，需要开发专用工具或框架实现业务部署，提升计算效率。总体来看，推断框架部署环境主要分为两类，一类是在手机终端以及不同嵌入式设备上部署的推断框架，以满足相关业务在限定设备性能及功耗等场景下的实际需求，比如谷歌的

TensorFlow Lite、苹果的 CoreML；另一类是在服务器端部署的推断框架。服务器端推断框架受训练框架软硬件生态影响较大，在技术选型方面有一定的延续性。

人工智能跌宕起伏的发展史

人工智能产业的发展过程可谓跌宕起伏，“两落三起”。

人工智能产业的第一次浪潮（1970 年以前）

英国数学和密码学家阿兰·图灵（Alan Turing）被誉为人工智能之父。在二战期间，他和同事们共同研制的密码破译机器成功破解了德国人直到战败都认为绝不可能被破解的加密方法。

1942 年末，图灵被英国政府秘密派往美国，与美国海军交流研究成果，后来图灵在贝尔实验室结识了克劳德·艾尔伍德·香农（Claude Elwood Shannon）。香农当时的工作是通过数学方法证明美国总统富兰克林·德拉诺·罗斯福（Franklin Delano Roosevelt）与英国首相温斯顿·伦纳德·斯宾塞·丘吉尔（Winston Leonard Spencer Churchill）之间的加密通信系统是不可能被他人破译的。在这个过程中，图灵和香农经过密码学上“矛和盾”的攻防推演，很快成为惺惺相惜的好友。

图灵提出的图灵机概念模型与冯·诺依曼架构[①]并称为现代通用计算机的灵魂与躯体。“图灵机”是一种理想中的计算模型，它的基本思想是用机械操作来模拟人们用纸笔进行数学运算的过程，它可以描述任何人类能够完成的逻辑推理和计算过程。只要一个问题是可判定的，它的计算过程就可以被符号和算法表达出来，就可以使用图灵机来完成计算。既然图灵机可以抽象人类逻辑和计算能力，那思考能力是否也可以被图灵机所抽象，并且被机器所实现呢？如果图灵机无法实现，是否有其他的抽象模型可以替代，成为人造智能的基石呢？图灵和香农提出以上问题的时间是 1943 年，连计算机都还未出现的时代。两位人工智能先驱所讨论的基础理论问题，在今天仍是人工智能学界未能解决的问题，对于计算机和人工智能的研究仍有很大的启发意义。

然而，关于“智能”的定义香农和图灵存在争议。香农提出应当把艺术、情感、音乐等方面的能力一并考虑到智能的范畴，而图灵认为智能既然是由人类大脑所承载的，就应该是可由物理公式去推导，可以用数学的方式去描述的，不应该将文化方面的内容包含进去。虽然图灵和香农未能就智能的定义达成共识，但是他们一系列关于智能的讨论是人工智能从科幻走向科学的第一步。这一时期的主要成就是数理逻辑、自动机理论、控制论、信息论、神经计算

① 冯·诺依曼架构，由数学家冯·诺依曼提出的计算机制造的三个基本原则，即采用二进制逻辑、程序存储执行以及计算机由五个部分组成（运算器、控制器、存储器、输入设备、输出设备），这套理论被称为冯·诺依曼体系结构。

和计算机等学科的建立和发展，为人工智能的诞生奠定了基础。

在 1956 年达特茅斯夏季研讨会[①]上，人工智能概念首次被提出。同年，艾伦·纽厄尔（Allen Newell）和赫伯特·西蒙（Herbert A. Simon）的“逻辑理论家”（Logic Theorist）程序模拟了人们用数理逻辑证明定理时的思维规律，这被认为是计算机模拟人类高级思维活动的重大成果。1959 年，由 IBM 公司的塞缪尔（A.M.Samuel）研制的跳棋程序打败了塞缪尔本人，并在 1962 年打败了美国某州的跳棋冠军。该跳棋程序具备学习能力，不仅能够从棋谱中学习，也能够在实战中不断迭代，提高棋艺。1965 年，鲁宾逊（J.A.Robinson）提出归结法，将定理证明的研究带入新的高潮。1968 年，斯坦福大学爱德华·费根鲍姆（Edward Feigenbaum）团队成功研制出化学分析专家系统，这被认为是专家系统的萌芽，是人工智能研究从一般知识领域进入专门知识领域应用的一次成功尝试。然而，受限于当时的软硬件条件，彼时的人工智能研究仅仅是模拟人类大脑的活动，研究者只能着眼于一些特定领域的具体问题，因此出现了几何定理证明器、西洋跳棋程序、积木机器人等。但在那个计算机仅仅被用于数值计算的时代，这些具有一定智能的应用，堪称当时人工智能领域的轰动性事件。

人工智能产业的第一次跌落（20 世纪 70 年代）

人工智能快速发展一段时间后，遇到很多的困难，遭受很大的

---

① 由美国达特茅斯学院（Dartmouth College）主办的一项学术活动，旨在为全球研究人员提供一个分析和讨论各种热门问题的平台。

挫折，直接导致市场对人工智能前景的看法从乐观转为悲观。如鲁宾逊发明的归结法的归结能力是有限的，比如在证明两个连续函数之和依然是连续函数时，推理了十万步都没有结果。人们曾以为只要用一部字典和某些语法知识即可很快地解决自然语言翻译问题，结果发现并不那么简单。如英语句子：The spirit is willing but the flesh is weak（心有余而力不足），译成俄语再译成英语竟成了：The wine is good but the meat is spoiled（酒是好的，肉变质了）。这里遇到的是单词的多义性问题。人类在翻译之前首先要理解上下文含义，但机器不能，它只是靠快速检索、排列词序等一套办法进行翻译，并不能真正理解，所以错误在所难免。

弗兰克·罗森布拉特（Frank Rosenblatt）于 1957 年提出了感知器的概念，它是一个具有一层神经元、采用阈值激活函数的前向网络，可以完成一些简单的视觉处理任务，也是后来神经网络的雏形和 SVM 的基础。这种能够模拟人脑的算法得到了人们的广泛追捧，并获得美国国防部等政府机构的资助。直到 1969 年，马文·明斯基（Marvin Minsky）等人论证了感知器在解决“异或”等基本逻辑问题时能力有限，直接浇灭了研究人员对神经网络的热情，政府也逐渐停止了资助，自此神经网络进入长达十年的至暗时刻。

学术界将人工智能分为强人工智能和弱人工智能。研究者发现，通用的认知和推理过程是无法跨越的障碍，即强人工智能任重道远。强人工智能亦称为通用人工智能，是指能够执行通用任务的人工智能，而不仅仅是用于特定领域。它在各方面都能和人类比肩，人类能干的脑力活它都能干。而弱人工智能是指擅长解决特定任务的人工智能，比如能战胜象棋世界冠军的人工智能，它只会下象棋，却无法做其他事情。基于现实的可行性，科学家和工程师们转向了更加实用、容易工程化的弱人工智能的研究。

人工智能产业的第二次浪潮（20 世纪 80 年代）

人工智能经历了在学术界的第一次潮起潮落，第二次浪潮朝着更为专业化的方向发展，更加侧重于解决实际问题。随着知识工程的兴起，其在人工智能领域的核心地位得到确立，并将人工智能从纯学术研究的困境中解救出来，开始从理论研究转向工程应用，从基于推理的模型转向知识工程驱动的模型。这一时期，专家系统遍地开花，并加速商业化，开始为经济社会创造积极效益。

人工智能产业的第二次跌落（20 世纪 90 年代）

在人工智能产业的第二次浪潮中，数学模型有了重大突破，但由于算法架构存在固有的局限，无法满足高度复杂的实际生产任务，同时人工智能专家系统开发成本高昂，获取知识和在此基础上的推理能力又存在瓶颈，在产业界的投入产出比不高，导致人工智能产业的发展再次陷入低谷。

人工智能产业的第三次浪潮（2000 年以后）

与前两次浪潮不同，第三次浪潮依靠的是芯片算力的大幅提升和海量高质量数据的爆发，再叠加深度学习算法的重大突破，大幅推动了人工智能算法在计算机视觉、语音识别、自然语言处理等一系列领域中取得突破性的进展，并在众多行业成功落地商业化应用。这一轮人工智能技术开始走出学术界，政府机构、企业群体、社会团体等都开始运用人工智能技术。AlphaGo 于 2016 年对世界棋手李世石的胜利更使得公众开始认识人工智能。不仅科技巨头们加大对人工智能的投入，一大批初创公司也随着深度学习的风潮涌现，使得人工智能的第三次浪潮热闹非凡。

全球市值最高的几家科技公司均在人工智能领域进行了布局，使人工智能技术融入它们的日常业务经营中。谷歌和亚马逊在云服务、无人驾驶、虚拟现实、无人机、仓储机器人等领域均有布局；微软则致力于将人工智能技术应用到办公软件、虚拟现实等领域；苹果自 2010 年以来已经收购了一批人工智能初创公司，并将其人工智能技术融入各种产品中。海外科技巨头除了将人工智能战略纳入自身业务的驱动引擎外，还非常重视基础研究，比如谷歌的 TensorFlow、Meta 的 Caffe2 等已趋于完善并成为全球人工智能开发者的主流平台。

第二节 人工智能的商业化实践与未来

人工智能产业链生态格局

中国人工智能产业依然处于发展初期，未来发展空间较大，成长潜力较强。纵观人工智能产业的市场格局，整体呈现三个梯队：第一梯队是以百度、阿里、腾讯和华为等为代表的科技巨头，其企业背景实力扎实，技术栈较为完整，研发实力较强，是打造人工智能通用平台优势企业。第二梯队是以科大讯飞、海康威视、创新奇智、商汤科技等为代表的人工智能专业细分企业，其在特定行业深耕多年，有较强的人工智能技术和行业认知，在特定领域具有强势竞争地位。第三梯队则是中国众多中小型人工智能应用型企业，它们共同描绘出中国人工智能产业的版图。

从产业链布局的角度，全球科技巨头倾向于垂直整合布局，实现算力、软件框架、研发平台、技术服务的纵向垂直一体化。人工智能芯片、算法、软件框架与行业应用场景的结合越来越紧密，促使各环节的科技巨头争相探索与行业应用场景的深度融合。但是，人工智能产业仍处于早期发展阶段，各环节的商业化都尚未成熟，过去以通用基础能力自居的芯片企业、云计算企业，抑或是具有场景优势的互联网企业，都难以将自身的优势直接转化为人工智能的应用场景。因此，科技巨头应从自身优势出发，先延伸至应用场景的中间环节，准确把握行业需求方向，巩固其生态系统在人工智能时代的领导地位。

亚马逊、微软等云服务厂商持续投入人工智能服务能力，聚焦基础技术服务、研发训练与推理等智能计算需求，通过布局研发平台、开源框架等技术工具，以及更为底层的专用硬件及芯片，提升其智能计算服务的竞争力；谷歌、百度等人工智能技术优势显著的互联网巨头基于先进算法和技术优势布局开源框架，并以此为核心在产业链延伸，构建智能服务生态体系。除科技巨头采取垂直整合策略以外，大部分的人工智能初创企业没有资源开启全产业链竞争模式，而是扎根产业链上中下游特定环节做专做精。人工智能产业链的上游是人工智能芯片、传感器等核心器件以及数据服务提供商。

以英伟达为代表的人工智能芯片巨头加速提升面向智能计算的芯片性能，积极丰富算法库、编译器、开发框架等软件配套，通过更好的使用体验壮大开发者社区及产业合作伙伴规模，力图构建软硬协同的产业生态体系。人工智能芯片负责计算需求，市场集中度高，尤其在服务器端的训练市场，英伟达处于绝对的垄断地位，AMD、华为昇腾、寒武纪等公司均为追赶者的角色，力争突围。由于英伟达已建立深厚的人工智能软件生态壁垒，而人工智能软件生态对技术的要求高、需要投入的资金大且时间长，短期内国内厂商较难攻克。

传感器是数据采集的入口，包括图像传感器、光学传感器、温度传感器、湿度传感器、加速度传感器和磁场传感器等。进入万物互联的时代，传感器所采集的数据将成为人工智能算法模型的数据宝藏，打开更多行业应用场景的想象空间。目前全球传感器市场主要由美日德三国的龙头企业主导。

人工智能产业链的中游是计算机视觉、语音识别、自然语言处理等技术平台提供商。它们负责通过算法和硬件为客户提供软件或软硬件一体的解决方案。此环节的竞争格局逐步稳定，以计算机视觉和语音识别公司为主。

人工智能公司以技术作为切入点，以人工智能赋能商业的思路落地。由于行业需求繁杂且不收敛，人工智能解决方案陷入“叫好不叫座”的局面。为了打造面向行业的解决方案，人工智能公司需要从项目制做起，瞄准行业头部企业提供定制化解决方案，在不断摸索中，提取共性需求，逐步往模块化、产品化方向发展。然而，每个细分行业的开拓周期都是以年为单位计算的，为扩大收入规模，他们往往又要通过项目集成的方式搭售硬件来实现业绩增长。产品定制化比例高以及收入增长质量和可持续性也正是当下资本市场对人工智能公司的主要担忧。所以，尽快完成人工智能的产品化进程，甚至实现平台化是中游企业的核心发展思路。

人工智能产业链的下游是面向终端客户，具有应用场景的软硬件公司。传统硬件公司如安防巨头海康威视，成立之初核心产品为视频监控后端板卡及数字硬盘录像机产品，2014 年开始布局深度学习领域，逐步向智能化转型，成为以视频技术为核心的智能物联网解决方案和大数据服务提供商。

以字节跳动为代表的互联网公司将人工智能技术内嵌于自身业务需求。与中游人工智能公司不同，互联网公司主要优势来源于自带业务场景，拥有海量的高质量数据，可以实现“数据积累、算法迭代和业务改进”的正向循环，最终实现商业化的成功。

商业落地的四大关键要素

当前人工智能应用的核心技术是基于神经网络的深度学习算法，该算法的特点是需要根据特定应用目的，利用海量且高质量的数据对算法模型进行反复训练，最终得到符合要求的算法模型。深度学习算法的前述特点决定了数据、算法和算力是人工智能技术壁垒的三大要素，再加上人工智能应用场景构成了人工智能技术商业化落地的四大关键要素。下面将逐一介绍具体情况和可行的方案。

第一要素：海量的高质量数据

首先，各行业的数据基础和集中度不同，金融、电信等行业的数据基础较好，而很多制造业企业的信息化程度不高，缺乏自动化的数据采集手段，导致人工智能学习缺乏样本数据，未来需要在小样本学习方法上进一步突破，才能完成模型的训练。由于在很多场景甚至没有存量可用的数据，未来需要通过深入客户场景、借助算法标注、挖掘，从而积累有价值的结构化数据。

其次，数据的质量不高，特别是一些行业的数据仍然是人工填报的方式，导致数据的连续性和稳定性有较大问题，需要在数据清洗上投入更多力量。

再次，海量行业数据散落于不同的组织机构和信息系统中，即使同一家大型企业，也仍然存在“数据孤岛”的问题。需要在打破“数据孤岛”和统一信息系统上投入更多精力和资源。

最后，对数据的使用需要严格遵守个人数据保护的要求，而且由于数据所有权的界定尚未清晰，在数据使用中需平衡好数据采集、数据利用和数据保护之间的关系。

第二要素：持续迭代优化的算法

在商业语境下，算法就是解决当前问题方法的计算指令的集合。在完成了商业场景的数据化之后，算法就是挖掘数据价值的方法。好比我们打开过的商品页面、网购的某件商品，这些行为都将沉淀为数据。然而，只有当在线广告的算法引擎从中挖掘出每件商品的潜在买家，并据此投放广告时，这座数据金矿的价值才真正被利用起来。

算法的持续迭代优化应该与商业逻辑、市场机制，甚至价值观相符。决定算法优化方向的不仅是数据和机器本身的特性，更包含了开发者对商业本质的理解、对人性的洞察以及对创造未来商业模式的理想和情怀。

第三要素：高度协同分工的算力

未来将是“云、边、端”的算力互相协同的时代。随着5G建设的逐步推进，万物互联成为现实，设备端产生大量的实时数据，若直接上传到云端处理，会对云端的带宽、算力和存储造成巨大压力，而且延时长、数据传输不安全。因此，为了缓解云端的工作负载，解决延迟性和安全性问题，新的计算架构在云和端之间新增了若干个边缘计算节点，实现“云、边、端”的资源、数据与算力的互相协同。在算力协同的模式下，云端承担更多的模型训练任务，端侧的各类设备主要进行模型推理，而二者之间的边缘侧负责模型的迁移学习，帮助云端分散模型训练任务、处理实时计算的压力，也解决终端算力不足、计算功耗大的难题。

除前述架构革命以外，中国的人工智能算力市场还面临着极其复杂的局面。在中美博弈的时代背景之下，美国政府已对中国的高端芯片产业实施了严格的制裁措施，人工智能训练所需要的英伟达高端GPU产品就在美国对中国的禁售之列。另外，为了突破美国对中国的芯片封锁，国内众多人工智能芯片厂商正在全力研发、努力追赶，预计这部分力量将是未来中国人工智能算力市场的中流砥柱。

第四要素：千行百业的丰富场景

再高精尖的技术也需要场景的土壤才能孕育出伟大的产品，人工智能也不例外。现阶段，人工智能的商业化落地还处于初级阶段，需要算法、产品、系统和解决方案的整体交付。在先前的技术驱动阶段被过分强调的人工智能算法，实际上很难直接解决现实中的问题。在部分简单业务应用中，解决方案或系统的重要性降低，算法和产品即可满足需求。但越复杂的应用，解决方案和系统对最终效果的影响越大。而且相比于标准化和数量有限的算法，越到上层，定制化和复杂程度就越高，也越需要人工智能公司具备更深入的行业理解、更丰富的系统设计开发经验。

中国人工智能市场主要客户来自智慧城市，具体包括公安、司法、城市运营和政务等，互联网和金融行业也位居前列。医疗、工业和教育等行业也具备巨大发展潜力，未来将成为人工智能市场的新增长点。下面就人工智能的经典场景做简要介绍：

智慧安防领域的主要应用场景包括：（1）视频监控。通过对运动对象的提取、描述、跟踪、识别和行为分析等方面的技术，应用于人脸身份确认、车辆识别、视频结构化以及人员行为分析。（2）出入控制。集成了人脸识别、车辆识别技术，依据权限对进入区域内的人员、车辆进行准入管理。（3）防盗报警。主要通过报警主机进行报警，部分研发厂商会将语音模块以及网络控制模块置于报警主机中，以缩短报警反应时间。

智慧金融领域的典型应用场景包括：（1）反欺诈和风险评估。银行通过大量数据中后台处理，建立信贷风险预警系统以及审批机制，加大了金融市场整体的监督管理力度。（2）智能投顾。借助人工智能为用户提供符合其风险偏好的投资方案和投资策略，完成投资执行，并基于市场监控调整投资组合方式，降低风险。（3）保险理赔和结算。人工智能在核保理赔、智能结算、自动化结案等场景应用，完善核保流程，预判欺诈风险，并实现理赔材料上传和审核的线上化和自动化，加速理赔流程。

智慧制造领域的典型应用场景包括：（1）智能质检。借助人工智能对产品表面缺陷进行智能化判断，对产品性能的可视化预测。（2）智能设备运维。通过与收集的海量历史数据对比，在设备发生故障之前进行可预测性的分析及维护。（3）智能巡检。在电力、能源、化工等行业的智能监控、智能巡检、智能预警等，减少人力巡检的需求。目前人工智能在制造业主要用于解决可见问题（如缺陷检测），未来需要通过发现和预测生产系统中的不可见问题（如工艺优化）实现生产效率提升和产品竞争力突破。

智慧仓储物流领域的典型应用场景包括：（1）无人仓储。以移动机器人为承载平台，以智能仓储设计及管理优化算法为核心，通过搬运机器人协同及调度技术，结合仓储管理软件、自动化物流设备接口，共同实现智能化物流的现代仓储系统。（2）智慧供应链。制造业推进了供应链管理自动化，利用大数据、机器学习等技术，对物流、资金流、信息流等信息进行整合，实现产品生命周期全过程的高效协同，打通与外部供应商和客户的通路。

智慧医疗领域的典型应用场景包括：（1）语音录入病历。高效记录医患沟通，助推医疗信息化。（2）医疗影像分析。病灶识别与标注，减少医生重复性工作，辅助医生降低误诊概率。（3）辅助诊疗。利用自然语言处理、知识图谱、计算机视觉等各种人工智能技术，综合病人各维度信息及医疗知识进行推理、诊疗。（4）新药研发。人工智能可在新药研发的规划、设计、临床试验等环节发挥作用，通过对包含基因、蛋白结构等信息的生物大数据和海量临床大数据进行分析，缩短新药研发周期，降低药物研发的不确定性。

智慧农业领域的典型应用场景包括：（1）智慧农场无人化作业。种植、管理、采摘、分拣等环节都可以通过智能机器人来完成，实现农业种植的智能化与自动化。（2）智慧化养殖和种植。种植领域通过无人机收集农作物的生长情况、气候环境、土壤成分等数据，并利用人工智能算法建立前述数据与农作物健康状况的对应关系；养殖领域通过摄像头获得猪脸以及身体状况的照片，为每一头猪建立档案，再利用人工智能算法分析其健康状况，并制定进食数据等。（3）大数据分析生产数据。基于丰富的生产数据进行智能化的决策分析。例如可以自动收集浇水、通风、光照和土壤浇灌的数据，并基于人工智能决策，以后可通过驱动自动化设备完成相关工作。

中美人工智能产业的对比

从应用的角度来看，中国和美国的应用领域有所差异。以计算机视觉技术的应用为例，国内以安防、金融、互联网行业为主；而国外则在消费、机器人、智能驾驶领域领先。

国内外市场结构差异的原因主要是政府对市场的扶持和监管程度不同，体现在两个方面：（1）政府作为市场玩家之一参与市场的深度。在国内，基于公共安防效率及成本方面的考虑，政府成为最早和最积极采用计算机视觉产品的市场客户之一。由于安防行业商业模式成熟度高、政府信用和购买力较好、图像及视频数据多，因而计算机视觉产品最容易落地。（2）政府作为监管者出台相关政策干预市场的强度。在欧美国家，生物特征作为个人敏感信息，科技公司在收集和使用时需要严格按照相关法律法规的要求进行。该法案就是欧盟史上适用最广、法条最严、处罚力度最大的数据保护法案——《通用数据保护条例》（*General Data Protection Regulation*，简称 GDPR），其将指纹、人脸、视网膜等生物特征信息全部纳入个人资产范畴，对科技公司利用上述信息进行了严格规定和限制。因此，欧美计算机视觉的主要落地方向多为对个人隐私保护要求较低的行业。

然而，中美人工智能最主要的差距是在基础层方面。当前人工智能的训练和推理所使用的 GPU 芯片，在全球范围基本由美国英伟达一家垄断。而在 CPU 领域，则是美国英特尔一家独大，甚至包括自动驾驶所需的雷达设备，几乎也由美国公司所垄断。虽然在前述领域中国已有众多创业公司在奋起直追，但要形成竞争力，并进行大规模的国产替代，还需要些时日。

人工智能是中美新一轮科技竞争的主战场。美国已将人工智能提升到国家战略高度，通过技术优势维护其全球霸主地位。美国白宫发布《国家人工智能研发战略计划》《关键和新兴技术国家标准战略》，提出以人工智能等新兴技术促进美国的繁荣。2021 年 3 月，美国人工智能国家安全委员会发布最终报告，提到“人工智能技术有望成为时代中最强大的工具，堪比爱迪生对电力出现的预测……人工智能将重组世界，美国要领导这次变革”。从一系列政策报告的发布，足以看出美国对于人工智能发展的重视程度。总体上看，美国人工智能产业在基础层和技术层优势明显，尤其在算法、框架、芯片和顶尖人才方面具有全球领导力。中国人工智能产业在大数据和应用层较为领先，未来潜力巨大。

中国人工智能研究起步较晚，主要经由钱学森先生倡议和推动。1986 年，智能计算机作为重点课题列入国家 863 计划的 306 课题，该课题在我国信息技术向世界前沿赶超的过程中始终扮演着核心角色，其成果对中国信息产业发展有极深远的影响。1997 年起，智能信息处理、智能控制等项目被列入国家重大基础研究 973 计划。进入 21 世纪后，在最新制订的《国家中长期科学和技术发展规划纲要（2006—2020 年）》中，脑科学与认知科学被列入八大前沿科学问题。信息技术将继续向高性能、低成本、普适计算和智能化等方向发展，寻求新的计算与处理方式和物理实现是未来信息技术领域面临的重大挑战。

1981 年起，中国相继成立了包括中国人工智能学会（CAAI）在内的一系列计算机科学领域的协会，便于组织中国在人工智能领域的研究力量。值得欣慰的是，中国的科学家们已在人工智能领域取得了具有国际领先水平的创造性成果。其中吴文俊院士证明几何定理的“吴氏方法”最为突出，在学术界产生重大影响，并荣获 2001 年国家科学技术最高奖。

现在，中国已有数以万计的科研工作者在人工智能领域从事不同层次的研究和学习。人工智能学科必将为促进其他学科的发展和中国的现代化建设起到关键作用。

第三节　“谁主沉浮”：人工智能产业的未来

人工智能将是大国战略核心

人类社会即将从互联网时代迈入人工智能时代，人工智能作为底层基础技术将是未来大国战略的核心。如何在人工智能新时代占据全球领先地位已是摆在全球大国面前的必答题。下面我们将从技术层面、应用层面和经济层面分别做探讨介绍。

技术层面

在计算机视觉领域，自深度学习算法被提出以来，在 GPU 的加持下，计算机视觉领域迎来了高速发展，随后层出不穷的各类优化算法逐年刷新全球图像分类领域顶级赛事 ILSVRC（ImageNet Large Scale Visual Recognition Challenge）的物体识别准确率的世界纪录。目前基于卷积神经网络的人工智能算法模型在识别准确率上已经超越了人类水平，而人脸识别作为计算机视觉的典型应用已通过人证核验、门禁出入、会议考勤等场景融入我们的日常生活。相比以往的模型多考虑二维图像，如今计算机视觉的前沿在于向更高维度发展，例如在空间维度拓展进行立体物品的识别和匹配，向时间维度拓展实现运动物体的检测和跟踪。

在自然语言处理领域，2018 年谷歌发布的基于超大数据集和超大算力的预训练模型 BERT ，打破了当时 11 项自然语言处理任务最佳表现的纪录，向业界证明了模型规模的重要性和预训练模型的价值。随后，OpenAI 在数据集和算力上更进一步，在 2020 年发布了超 1700 亿参数的大语言模型 GPT-3，无须微调即可解决自然语言处理领域内的大量问题。以目标区分，自然语言处理可以分为自然语言理解和自然语言生成两个方向，前者的应用场景包括情感分析、信息检索和句法分析等，而自然语言生成主要应用于机器翻译、问答系统和自动摘要。尽管 BERT（2018 年谷歌提出的一种预训练语言模型）等基于当前盛行的 Transformer 网络结构的语言模型在下游的语言处理任务中有卓越表现，但微调这些大型模型需要大量的时间和计算资源，因此行业内正在积极寻求加速 Transformer 训练的方法，以期快速便捷地实现这类模型的价值。

在自动语音识别领域，传统基于声学模型的语音识别系统已逐渐被基于循环神经网络的端到端语音识别系统所取代。2017 年，IBM 研究员将高速神经网络（Highway Network）引入长短期记忆网络 LSTM（Long Short-Term Memory），构建出 HW-LSTM 模型，在语音识别任务上实现了与人类比肩的水平。目前的语音识别技术在安静环境下可以做到准确识别发音标准的音频输入，然而嘈杂环境以及不标准口音仍是语音识别技术真正达到与人类相近能力的制约因素。目前各国研究人员正在从软硬件两方面进行探索研究，力图攻克这一难题。

在机器翻译领域，国内外互联网企业开始在多语言模型方面发力，探索使用单一模型实现世界上所有常用语言的互译，从而拓展自身在全球范围内的商业边界。

应用层面

人工智能未来的应用将在人的医、食、住、行以及城市建设、企业生产等方面百花齐放。在医疗方面，人类依托生物传感器、云端海量健康数据，将实现从“治已病”到“治未病”的飞跃，治疗方案也将更加精细化和定制化。在饮食方面，人们通过农情数据图谱，实现精准农耕，甚至打造不受气候影响的垂直农场。还可以通过 3D 打印技术生产符合人体需求的人造肉，实现从靠天吃饭过渡到靠数据吃饭。在居住方面，通过物联网和人工智能技术实现全屋智能，让人们可以生活在一个“懂你”的家里。在出行方面，自动驾驶汽车使人们拥有移动的第三空间，空天地一体化网络和强大的交通管理大脑使出行更加高效、安全和低碳。在城市建设方面，城市环境治理方案将进一步优化，资源利用率和治理效率大幅提升，让居民享受更便利、人性化的智慧城市服务。在企业生产方面，协作机器人、自主移动机器人等设备融入企业生产、物流等环节，企业将拥有更高的效率和更强的韧性以应对变化万千的市场环境。

在全球进入智能化社会的今天，人工智能将是新一轮科技革命和产业变革的核心驱动力，正在对世界格局、全球经济和人类生活产生极其深远的影响。于世界格局而言，人工智能是引领未来的战略性技术，全球主要国家及地区都把发展人工智能上升为国家战略，视为提升国家竞争力的重要举措。于全球经济而言，人工智能技术将是继信息技术、互联网技术之后重塑商业生态的关键技术，各国均将其视为推动经济增长、提高经济质量的关键抓手。于人类生活而言，人工智能技术将全面提升社会治理效率。比如深度学习、图像处理、语音识别等人工智能技术已经广泛应用于各类智能终端，将在教育、医疗、出行等与人类生活息息相关的领域发挥重要的作用。

经济层面

人工智能技术主要通过以下三个途径对社会经济发展产生深远影响：首先，人工智能可以创造虚拟的劳动力，通过机器人代替人工作；其次，人工智能可以完善、提高现有劳动力的技术水平，辅助工人更好地完成任务；最后，人工智能会像其他技术一样，成为范式转换的催化剂，众多新模式和新业态将会诞生。

人工智能是具有很强溢出效应的战略技术，已成为引领第四次工业革命的通用技术，深刻影响着经济社会发展的进程。世界各国都在积极抢占人工智能这一战略制高点，力图在新一轮国际科技竞争中掌握主导权，我国也已提前布局，并在“十四五”规划中将人工智能纳入国家战略科技力量。在各行各业加快数字化转型的背景下，人工智能技术正在产业经济、社会治理和公共服务等多方面推动社会价值创新。

三次工业革命使得社会生产力快速跃升，成就了商品经济的极度繁荣，并将生产方式从手工作坊过渡到机械化工厂。以深度学习等人工智能关键技术为核心，以云计算、生物识别等数据及计算能力为基础支撑的人工智能产业，在历经 60 年的轮回后，于 2016 年呈现井喷式爆发并大放异彩，迎来第三次浪潮。如今，人工智能在很多方面都有了突破性进展，全球人工智能的发展如火如荼，人工智能时代已经来临。正如蒸汽机取代马匹成为动力来源一样，人工智能作为新的生产力，也将给各行各业带来翻天覆地的变化，成为大国战略的必争之地。

全球人工智能产业政策角逐

人工智能是当前科技创新的革命性技术，是新一轮科技革命和产业变革的核心驱动力，其重要性与日俱增。全球各国政府先后出台大力发展人工智能产业的国家级政策，包括中国、美国和欧洲在内的全球主流国家都将其上升为国家战略。

美国政府先后出台多项重要政策，引领和推动人工智能产业的发展。2016 年，奥巴马政府针对人工智能发展现状、应用领域以及社会公共政策问题，在当年 10 月发布《为人工智能的未来做好准备》，之后发布《国家人工智能研发战略计划》，提出人工智能优先发展的七大方向及两大建议。2019 年 2 月，美国总统特朗普签署了《保持美国在人工智能领域的领导地位》的文件，标志着美国正式将人工智能上升为国家战略。特朗普政府强调，要继续保持美国在人工智能领域的领导地位，就必须齐心协力加速科技创新，并保护美国的技术和经济安全以及国家安全，加强与外国伙伴和盟国之间的合作。2021 年 3 月 1 日，美国人工智能国家安全委员会向国会递交了一份长达 756 页的报告。该报告的主要建议包括设定美国人工智能 2025 年发展目标，实现“军事人工智能准备就绪”，并在白宫成立由副总统领导的技术竞争力委员会，帮助提升人工智能在各领域的地位。奥巴马、特朗普和拜登政府的人工智能国家政策虽有所不同，但总体上呈现承前启后的关系，都强调确保美国在人工智能领域的全球领导地位，通过汇集资源优先推动人工智能研发，促进国家经济繁荣，加强经济安全与国家安全。

加拿大、日本、欧盟等多个国家和经济体都发布了针对人工智能发展的国家级战略政策。根据中国新闻网报道，2017 年 3 月，加拿大政府公布了五年计划《泛加拿大人工智能战略》，计划拨款约 1 亿美元支持人工智能研究及人才培养。同年 3 月，日本发布了《人工智能技术战略》，主要从技术及应用的角度确立了实现其人工智能工业化的基本路线图。根据新华网援引《科技日报》消息，2018 年 4 月，欧盟委员会与 24 个成员国以及挪威签署了人工智能合作声明文件。

全球范围来看，各国人工智能战略目标侧重不同。根据中国信息通信研究院和中国人工智能产业发展联盟联合发布的《全球人工智能战略与政策观察（2019）》，世界各主要经济体的战略目标任务各具特色，总体上可分为三类：一是人工智能整体水平、技术、人才等优势明显的国家，如美国，其战略目标为维持全球人工智能领导者地位，确保全球领先优势。二是具有较好人工智能基础的国家，希望通过伦理道德、法规监管、商业应用以及自动驾驶、机器人等优势领域引领人工智能产业发展。如德国、英国、法国等国家争取形成独特优势，确保全球竞争力。三是人工智能基础相对薄弱的一些新兴经济体，如印度、阿联酋、丹麦等新兴国家，旨在促进经济增长、增强政府的施政能力及效率，从人工智能巨大发展潜力中获取最大益处。

中国人工智能产业的规划重点在于核心技术的突破和赶超，强调人工智能的商业化落地。2015 年 5 月，国务院印发《中国制造 2025》，“智能”一词在全文出现了 74 次，指出要以加快新一代信息技术与制造业深度融合为主线，推进智能制造，明确了制造强国路线图。2016 年 3 月，人工智能写入《国民经济和社会发展第十三个五年规划纲要》，指出要重点突破大数据和云计算关键技术、自主可控操作系统、高端工业和大型管理软件、新兴领域人工智能技术。2017 年 7 月，国务院发布《新一代人工智能发展规划》，明确指出人工智能成为大国竞争的新焦点，人工智能成为推动经济发展的新动能，同时确立了新一代人工智能三步走的发展战略：（1）到 2020 年，人工智能总体技术和应用与世界先进水平同步，人工智能核心产业规模超过 1500 亿元，带动相关产业规模超过 1 万亿元；（2）到 2025 年，人工智能基础理论实现重大突破，部分技术与应用达到世界领先水平；（3）到 2030 年，人工智能理论、技术与应用总体达到世界领先水平，形成涵盖核心技术、关键系统、支撑平台和智能应用的完备产业链和高端产业集群，人工智能核心产业规模超过1万亿元，带动相关产业规模超过10万亿元。

目前，政策对于人工智能产业的鼓励方向也从最开始的与制造业融合向各行各业加速融合转变。2019年3月，中央全面深化改革委员会发布《关于促进人工智能和实体经济深度融合的指导意见》，指出要充分利用新一代人工智能技术，促进人工智能与实体经济的深度融合，激发企业创新活力和内生动力，结合各行各业、各个区域的不同特点，探索创新成果转化的路径和方法，构建数据驱动、人机协同、跨界融合、共创分享的智能经济形态。

人工智能作为新基建的基础设施，将乘着新基建东风加速发展。2020年3月4日，中共中央政治局常务委员会召开会议，提出要发力科技端的基础设施建设，人工智能成为新基建七大板块中的重要一块，其对5G基站建设、特高压、城际高铁和城市轨道交通、新能源汽车充电桩、大数据中心、工业互联网等各新基建领域具有重大促进作用，将带动诸多行业快速发展，为多领域数智化转型奠定基础。

在“十四五”规划中，作为国家战略科技力量之首，人工智能必将迎来新的发展机遇。2020年11月，《中共中央关于制定国民经济和社会发展第十四个五年规划和二〇三五年远景目标的建议》（以下简称《建议》）中提出：把科技自立自强作为国家发展的战略支撑。“科技”一词在《建议》全文中出现了36次，足见科技越来越成为支撑我国发展的中坚力量。具体科技领域方面，《建议》指出，强化国家战略科技力量，瞄准人工智能、量子信息、集成电路、生命健康、脑科学等前沿领域，实施一批具有前瞻性、战略性的国家重大科技项目，其中人工智能排在国家战略科技力量的首位。

大模型引领通用智能时代来临

从人工智能的发展历史看，人工智能已经经历了学术研究和产业应用百花齐放的时代，然而商业化落地困难重重，迟迟未能迎来商业化的盈利拐点。在市场对于人工智能第三次跌落表现得越来越忧虑之时，以 ChatGPT 为代表的大模型应用再次引爆人工智能产业，助推通用人工智能时代（Artificial General Intelligence，简称 AGI）即强人工智能时代的到来。

回顾人工智能大模型横空出世的历史，这是一场需要坚定信仰、巨额资本和绝对专注度的持久战役。20 世纪 90 年代之前，AI 萌芽、专家规则盛行，直至 RNN 和 CNN 等经典模型诞生；2000 年到 2017 年，经典模型持续迭代，CNN、ImageNet 数据集和高性能 GPU 的组合大幅推动计算机视觉领域的商业化，最终以 AlphaGo 为标志引爆 AI 1.0 时代的到来；2017 年至 2020 年，谷歌提出具有划时代意义的 Transformer 网络结构，引入注意力机制和预训练模式，推动训练模式从有监督模式进阶为自监督模式，极大地降低了对标注样本数据的依赖程度，为大模型应用的横空出世奠定了坚实基础；2020 年至今，生成式预训练模型 GPT 出现“涌现”能力，并在文字、图像和视频领域迅速落地，以大模型 ChatGPT 为标志点亮了 AI 2.0 时代。在这个时代，不得不提两家浪潮之巅的公司 DeepMind 和 OpenAI，不同的路径成就不同的传奇，下面分别简要介绍。

DeepMind 由英国游戏开发者、神经学家、人工智能企业家戴密斯·哈萨比斯（Demis Hassabis）于 2010 年创立。戴密斯认为大脑的记忆和想象能力证实智能是可实现的，立志把计算机和神经科学结合起来，并提出 AGI 概念。公司发展至 2014 年，创始团队认为学术界研究节奏太慢，需要一个对 1000 倍回报感兴趣的长期投资人，持续支持公司的商业化，因而投入谷歌怀抱，为近 40 亿美元的科研支出找到了出处。此后，团队在谷歌麾下攻克多个领域的智能难题，推出了包括名声大噪的 AlphaGo 在内的一系列 AlphaX 产品以及今天大模型底层基础 Transformer 网络结构。然而，因为在基础研究和多个场景应用全方面开战，以及投身谷歌之后丧失一定的战略自主性，导致 GhatGPT 大模型取得巨大成功后有点措手不及。同时，此次外部的压力也为团队多年来和谷歌谈判争取股权独立性和业务专注度提供了弹药，谷歌再次联合团队，临危受命共同攻坚 PalM-E 大模型。相信不远的将来，DeepMind 依然会带来震撼世界的产品技术。

OpenAI 由投资家、Y Combinator 总裁山姆·阿尔特曼（Sam Altman）于 2015 年创立，公司定位非营利性质。阿尔特曼呼吁推进人工智能造福人类，并吸引了包括埃隆·马斯克（Elon Musk）在内的众多行业泰斗积极响应，并愿意赞助 10 亿美元初始资金。

公司通过开发者社区搭建生态，打磨产品，曾因为产品线太多，大刀阔斧缩减团队规模，并极度专注于自然语言处理和大模型。直到2018年，创始团队同样关注到持续的资本投入对研究的意义，但为了不丧失公司的战略独立性，投资家出身的阿尔特曼利用创新的资本结构，在不失去控制权的情况下引入微软投资100亿美元，为公司的长期战略投入和发展奠定了基础。2020年以后，公司开始重视商业化能力，希望尽快实现自我造血，并终于打造出火出天际的划时代产品ChatGPT，其仅用两个月的时间，注册用户数就突破一个亿，刷新世界纪录。总结OpenAI之所以后来居上，核心原因在于公司“将兵一心，军需充沛，善谋胜局”。

中国的通用人工智能市场在ChatGPT点亮AI 2.0之后也迎来了高度关注，四大流派的大模型公司陆续进入公众视野，全市场迅速进入群雄逐鹿、厮杀混战的格局。第一，以百度、华为、阿里和腾讯为代表的产业巨头派基于自身生态优势和业务特点，迅速推出具有行业属性的基础大模型供生态内客户使用；第二，以商汤、创新奇智、云从为代表的AI 1.0派基于自身人工智能技术的优势，迅速推出面向特定领域的行业大模型，但产品依然处于比较初级的阶段；第三，以科研院所为代表的学院派基于自身学术研究的优势，将多年科研的成果迅速完成科技成果转化，并结合市场化融资，开始成立公司走向市场；第四，由行业大佬和精英成立的初创公司在市场化资金的支持下，从零开始建立团队，并全力以赴角逐市场。前述四大流派各有优势，未来会是谁的天下，我们拭目以待。

总结 AI 1.0 时代的发展经验和教训，我们研判 AI 2.0 的产业演进将分成三个阶段：第一阶段将历时 1~3 年，市场处于诸侯混战的局面，具有优秀的团队背景和超强融资能力的公司将会在第一阶段胜出；第二阶段将历时 2~3 年，市场将开始分层，并将明显跑出第一梯队公司，从这一阶段胜出主要依靠优秀的产品技术和扎实的商业落地；第三阶段将历时 2~4 年，市场将形成寡头垄断 30%~40% 市场份额的局面，或者形成巨头控盘 80%~90% 市场份额的局面，至此，行业格局趋于稳定。鉴于大模型对于海量数据的需求以及对各行各业的深度渗透，在大国博弈的百年未有之大变局背景下，中国的大模型市场将会是国产化公司占据绝对主导地位的市场。

前面预判了产业演进的三个阶段，我们研判未来能在市场胜出的大模型公司应该聚焦大模型赋能千行百业的 to B 商业模式，站稳脚跟之后再进军 to C 领域。唯有如此才能迅速形成商业闭环，产生正向现金流，支撑公司长期良性发展。盈利模式方面，应该先从生产工具切入，赚取软件授权或者 SaaS 服务的收入，长期应该朝着生产力的方向转变，最终赚取价值分成的收入。需要特别指出的是，大模型将极大地改善人工智能的盈利模式。以前以人工智能小模型切入行业的做法导致高度定制化而很难赚钱的问题将被大模型解决，定制化程度将大幅降低，产品化程度将大幅提高，从而实现成本的收敛及收入的增加，迎来盈利的拐点。在公司战略定位方面，应该慎重选择技术路径。基础大模型未来将类似搜索引擎，会是马太效应极强的市场，全市场只能容纳 1~2 家，竞争将会极其激烈。在此之上的行业大模型将会产生各个行业内的龙头，竞争将会相对友好。除前述分析以外，中国市场未来能够跑出来的大模型创业公司还应该具备以下五大要素。

第一，巨额资本。大模型领域将是强调自主可控的国产化市场，必然需要通过人民币融资充实资本，而人民币基金追求短平快缺乏长期性的特点要求创业公司必须高估值持续融资。基于投资行业的不可能三角，在理性市场里面，不可能同时获得高景气度、高确定性和低估值，所以要想获得高估值必须是高景气度行业里面的业绩高确定性公司，缺少一样，高估值就是博傻市场里面的泡沫，很难持续。大模型必然是资本消耗型的高景气度行业，因此，创业公司必须业绩高、确定性强以支撑高估值获得足够资金。

第二，充足算力。相比美国算力市场英伟达一家独大的局面，中国算力市场因为受到美国政府的制裁无法采购英伟达的高端 GPU，而国产化 GPU 产品还不成熟，市场格局还处于远未尘埃落定的局面。同时，大模型创业首先需要确保算力足够充沛，否则业务就是无源之水、无本之木。即使在美国市场，当前具有算力的优势依然是竞争的关键壁垒，由此可见底层算力的重要性。所以，中国大模型创业公司不仅需要保证当下算力的充沛，还需要押注国产算力生态，最终实现算力的完全国产化才是长期的发展之道。

第三，精英团队。初创公司的创始人是企业的灵魂人物，其在公司从零到一的创业过程中有着举足轻重的地位。从 DeepMind 和 OpenAI 的创始人和创始团队背景中可以看出，创始人既不能是只懂学术的科学家，也不能是只懂商业的生意人，而应是综合能力非常强的人，既需要具有深厚的产业认知，还需要具备广泛的行业影响力，可以团结一支能力互补的精英团队共赴星辰大海。

第四，丰富场景。是否具有丰富的场景资源是大模型创业公司能否顺利商业化的前提条件，前面已经论述在人民币资本市场，快速商业化对于资本消耗型商业模式的重要性。因此，大模型创业公司应该认真打磨优质产品，以此在特定场景下攻克行业内的灯塔客户，然后切入市场。同时，在中国市场，服务于地方政府是不容忽视的一个选项，中国的大模型创业公司应该慎重考虑产业落地配合政府招商引资，从而切入地方本地化场景的策略。

第五，海量数据。大模型对于数据量的需求相比此前的小模型再上一个量级，所以数据规模对于大模型非常重要。大模型创业公司需要在数据资源和数据处理能力方面具备独特优势。

第五章

商业航天：新基建的“天基互联”

第一节　商业航天的起源与崛起之路

商业航天的历史发展脉络

人类对于天空的探索从未停止过，对于未知空间的好奇、浩瀚宇宙的向往推动着人类不断探索天空。文明的进步、技术水平的提升，正推动着我们在航天领域加速前行。

对于天空的探索可以分为“航空”和“航天”两个领域。“航天”这个中文词是由我国著名科学家钱学森先生提出的，可以解释为空间飞行、太空飞行或航天飞行。官方的定义是进入、探索、开发和利用太空以及地球以外天体各种活动的总称。前述定义的重点是：航天主要是进入太空飞行，那么什么是“太空”呢？

航空和航天的划分有一个相对通用的标准，国际航空联合会（FAI）定义了一个概念——卡门线（karman line），卡门线以外称为太空，即航天空间；卡门线以内称为大气层，即航空空间。卡门线指的就是大气层和太空的分界线，高度为 100 公里。卡门线是以钱学森先生的老师西奥多·冯·卡门（Theodore von Karman）的名字命名的。

浩瀚太空，卡门线以外都是太空的范围，是航天的目标范围。太空与我们日常生活的大气层有很大的不同，主要有五个显著的区别：高真空、无重力、极端温度、昼夜周期和宇宙辐射。正是这些不同，增加了太空的神秘感。人类希望通过不断的太空探索，最终回答“宇宙的起源”“人类的起源”等这些目前还未可知的科学与哲学问题。

近代以来，人类文明倾注各个领域最尖端的技术并投入大量资源对航天领域进行探索，其魅力跨越国家、阶级、文化、宗教信仰，是全人类文明共同前进的方向，亦是大国势力角逐的舞台中心。真正意义上的航天发展起源于现代火箭，最早源自德国第二次世界大战时的 V–2 弹道导弹火箭，是第一种超声速火箭，1944 年首次发射。V–2 火箭在工程技术上实现了宇航先驱的技术设想，是现代运载火箭和远程导弹的原型，成为航天发展史上一个重要的里程碑。另一个里程碑事件是 1957 年 10 月，苏联发射了人类历史上第一颗人造卫星。当时正值美苏冷战时期，这颗卫星的成功发射导致美国的极大恐慌，也激起了两国之间持续 20 多年的太空竞赛。

1961 年，苏联宇航员尤里・加加林乘东方 1 号宇宙飞船成功完成了载人航天飞行并安全返回。虽然这次仅仅升空到 300 公里左右，飞行不到 2 个小时，只绕地球一圈就返回，但这是人类第一次载人进入太空，具有里程碑式的意义。

尽管在人类真正开启航天事业的前几年内，苏联在该领域总是领先一步，但是这种局面在美国的“阿波罗”计划之后逐渐反转，角力的天平开始向美国倾斜。“阿波罗”计划中的技术突破和技术积累将美国的整体科技实力推向了高峰。此外，由于航天巨擘谢尔盖・帕夫洛维奇・科罗廖夫在 1966 年去世致使苏联航天失去灵魂人物，同时，苏联出于国内经济考虑放弃耗费巨大的登月计划而转向其他方面，苏联航天至此在全球博弈中开始走下坡路。1969 年 7 月 16 日，史上最大的运载火箭“土星五号”在美国卡纳维拉尔角点火升空，将阿波罗 11 号送入约 190 公里高度的地球轨道而后直奔 38 万公里外的月球。1969 年 7 月 20 日，阿波罗登月舱稳稳地降落在月球的“静海基地”，阿姆斯特朗走出登月舱，并向世人宣布那句我们熟悉的口号：“这一步对我个人而言只是一小步，但对全人类而言则是一次巨大的飞跃。”

人类登月的成就无比巨大，但之后不仅其他国家没有开展类似探索，美国也没有继续下去，核心原因在于无比高昂的成本。整个阿波罗计划美国耗资 255 亿美元，占 1969 年美国 GDP 的 2.6%。在阿波罗计划的高峰时期，有两万多家企业、两百多所大学和八十多个科研机构参与该计划，参与总人数更是超过 30 万。如此庞大的投入和消耗是世界上任何一个国家都无力多次承担的。随着冷战趋于平缓，在20世纪的后30年里，由于财政的缩紧和航天技术的巨额消耗，世界各国也都趋于理性。与此同时，许多国家陆续启动本国的航天工业，比如中国、日本、印度等，但大多都聚焦在近地空间的探索。一时间，航天界迎来了百花齐放、合作创新的时代。

航天属于国之重器，且资本消耗巨大，各国在必须发展的情况下就不得不思考长期可行性的问题。在此背景下，商业航天应运而生。它指的是在国家相关法律法规的指导下，利用社会化资本、遵循市场化机制而开展的航天活动，是对由国家投资主导的航天事业的重要补充，可以有力提升资源配置效率，支撑航天技术的长远发展。

规模化的商业航天始于20世纪80年代。1984年，美国颁布《商业航天发射法案》，鼓励发展商业航天事业。1987年，美国Orbital Sciences公司开始研制世界上首个由私营公司投资的商业运载火箭——飞马座，此后还先后研制了金牛座、安塔瑞斯商业运载火箭。2002年，载入航天史册的美国太空探索技术公司（SpaceX）开始研制猎鹰（Falcon）系列运载火箭，其Falcon 9号火箭迅速抢占国际商业航天发射市场。与此同时，蓝色起源、Rocket Lab等新兴商业航天企业陆续涌现，“新谢泼德”号（New Shepard）垂直起降飞行器、电子号（Electron）火箭先后飞行成功。毫无疑问，SpaceX是商业航天领域绝对的领导者。

随着 1991 年美苏冷战的结束，NASA 的高额经费支出引起了美国社会各界的强烈不满，NASA 不得已逐渐削减对运载火箭的研发投入，成就洛克希德·马丁、波音、雷神等民营公司在运载火箭发射服务市场的霸主地位。然而，随着洛克希德·马丁和波音几乎垄断火箭发射市场，为了避免互相之间打价格战，两家公司于 2006 年达成战略合作，合资成立美国联合发射联盟（United Launch Alliance，简称 ULA），并占据美国火箭发射服务市场八成的市场份额，NASA 和美国军方正是其最大的客户。垄断不仅扼杀了创新，还带来了高昂的发射成本，直接导致 NASA 和美国军方后来扶持 SpaceX，并解除与 ULA 的合作。

硅谷钢铁侠马斯克的豪赌

SpaceX 由硅谷钢铁侠埃隆·马斯克于 2002 年 6 月创立，愿景是实现人类的多行星文明，其为商业航天作出的贡献无与伦比，必将载入人类航天史册。作为将“第一性原理”发扬光大的时代推手，埃隆·马斯克通过对火箭、卫星产业革命式的改造，研发可回收式运载火箭，大幅度降低火箭发射成本，将火箭制造的产业化引领到一个新的高度。SpaceX 开创性地实现了火箭海上发射、可重复使用、一箭 60 星等技术，并发布了足以改变通信行业的星链计划和可重复使用的载人龙飞船（Dragon）。行业内公认效能最高的液氧甲烷发动机 Raptor（代号：猛禽）以及有史以来运载能力最强的火箭星舰（Starship）也在研制过程中。

埃隆·马斯克在最初的火箭技术选型时曾尝试过从俄罗斯购买火箭技术，但最终没有达成合作，研发进展一度停滞不前。随着ULA的成立，打破了原本平衡的火箭发射服务市场，ULA的垄断让NASA和美国军方不再有谈判筹码，而逐年压缩的研发经费让NASA和美国军方必须去扶持其他成本更低的火箭发射公司。彼时，SpaceX正是NASA和美国军方眼中的最佳选择。SpaceX的Falcon 1、Falcon 9、Falcon Heavy全部箭型的唯一发动机Merlin-1C/1D（代号：梅林）的技术原型Merlin-1A技术源自NASA"阿波罗"计划的飞船发动机。在SpaceX创业初期，NASA将Merlin发动机的技术对其开放，使得SpaceX可以在Merlin发动机的基础上不断升级迭代。可以说NASA在SpaceX早期发展过程中起到了至关重要的作用，实现了技术的传承，并极大地加速了SpaceX的发展进程。

SpaceX诞生之初就站在巨人的肩膀上，NASA将半个多世纪积累的大量先进技术，包括火箭液体发动机、防热材料、仿真软件等，持续不断地转让给包括SpaceX在内的民营企业。高昂的发射成本和巨大的潜在发射需求让民营商业航天企业对发射技术的创新保持着信仰般的追求。除了SpaceX在商业航天领域实现可重复发射技术的突破以外，3D打印技术、太空加油技术等也已成为航天科技创新的关键领域。3D打印技术相比传统火箭制造技术，可大幅减少零部件的数量，并可以明显减少交付时间、简化供应链并提高整个系统的可靠性。

看到SpaceX如日中天，谁能想到其在创业之初并不顺利，成立后历时三年才进行了首次飞行，并连续三次发射失败，一度处于破产的边缘，埃隆·马斯克为此投入了几乎全部的身家。在如此窘迫的情况下，终于在 2008 年的第四次发射实现了 Falcon 1 的首次发射成功，随后饱受 ULA 高价之苦的 NASA 给了 SpaceX 16 亿美元的商业服务合同，才彻底扭转了 SpaceX 的发展困境。随着技术的成熟、NASA 和美国军方订单的支持、星链大规模的发射，SpaceX 的发射次数已经超越了世界上任何单一国家的发射次数。2021 年星链发射的卫星数量累计超过 1500 颗，接近全球在轨卫星数量总和的 30%。2022 年星链开始面向全球提供卫星通信服务，定价 99 美元 / 月，全球商业航天进入 SpaceX 引领的时代。

SpaceX 的持续发展让投资人看到了希望，2010 年 SpaceX 的估值就突破了 10 亿美元。在技术和资金的正循环之下，SpaceX 开启了运载火箭的规模化生产制造，过去 10 年 SpaceX 累计发射了百余枚 Falcon 9、Falcon Heavy 运载火箭，而 Merlin-1D 作为其唯一的发动机累计生产数量超过了 500 个，而航天史上其他运载火箭发动机重复制造数量最多不超过 20 个。巨大的成果和无限的想象空间让 SpaceX 在 2021 年初一级市场的估值超过 1000 亿美元。

2015 年 1 月，马斯克宣布 SpaceX 的星链项目，计划将约 1.2 万颗通信卫星发射到近地轨道，其中 1584 颗将部署在地球上空 550 千米处的近地轨道，并于 2020 年开始工作，为用户提供宽带互联网服务。2019 年 10 月，马斯克提交了新的申请，计划再增加 3 万颗卫星，总计 4.2 万颗卫星为全球数十亿人提供互联网服务。星链之前卫星数量最多的星座计划为中国的“北斗”计划，共计 54 颗卫星，可见星链颠覆性的构思与设想。

SpaceX 打破了产业链分工明确的格局，SpaceX 既是火箭发射公司，也是卫星制造公司，同时还是通信卫星分系统、运营和上游零部件公司。可以说 SpaceX 凭借一己之力打通了产业链的上下游，极大地压缩了成本，提升了研发的协同效率，打破了固有的火箭和卫星设计，甚至从外形上看星链的卫星更像是大号的 iPad 而不是长有两个翅膀的传统卫星。

可以说，SpaceX 凭借一己之力改变了航天产业。SpaceX 凭借火箭回收等技术重塑了全球火箭发射行业。此前火箭发射一直以承载政府的一次性大型项目为主，如建立空间站、人类登月、火星探测、全球定位系统建设等，难以形成商业化运营。从火箭发射数据的角度，全球政府主导的火箭发射项目从 2013 年后就出现了大幅回落。SpaceX 真正带来了对传统航天行业的颠覆。SpaceX 推动技术突破，通过产业链垂直一体化自研掌握了火箭回收、一箭多星等关键技术，同时 SpaceX 大量选择消费电子产业链制作火箭核心部件，比如发动机、涡轮泵、电气设备和主板、飞行计算机和太阳能板等，代替昂贵的宇航级设备，并优化火箭装配过程，从而不断降低发射成本。同时 SpaceX 利用星链等项目作为试点，大幅提高火箭发射频率，通过规模效应进一步摊薄发射成本，由此带来了发射价格的不断下降。火箭发射成本就好比物流成本，当物流成本不断下降后，才会有今天电商的繁荣，否则物流的成本比购买的物品价格都贵，是不会有人选择网上购物的，只有当物流成本可以忽略不计时才会有电商的大繁荣。同样的逻辑，随着商业火箭价格的持续下降，一定会颠覆一系列的行业，比如通信、旅行、交通和深空探测等。

SpaceX 取得的阶段性成功为全人类的航天事业开启了一条新的“赛道”，也为世界各国敲响警钟——不发展就会被超越，国家亦是如此。当然，对于星辰大海的探索没有穷尽，航天事业也没有终点，足够长的“赛道”为中国的“SpaceX”们留下了无限的遐想空间。

第二节　商业航天的全球格局与博弈

全球商业航天现状与趋势

从国内外的经验来看，航天科技水平的发展对维护国家竞争力发挥着举足轻重的作用。航天商业化的加速发展自然也离不开国家战略的支持。

航天产业“国家队”对国家战略与经济发展的推动作用不言而喻。以 NASA 为例，成立之初就是为了应对美苏两国在冷战时期的全球争霸，尤其是在太空领域超越苏联的领先优势。而发展航天产业需要持续不断地投入大量的人力和物力，仅仅依靠政府投入压力太大且不可持续，广泛地引入民间资本就成为必然选择。美国在全球率先开启了商业航天的探索大门，不仅解决了资金来源的问题，还将 NASA 数十年来积累的大量技术和经验转为民用，让美国商业航天企业直接站在巨人的肩膀之上。这一举措激活了 NASA 积累的航天技术的商业价值，广泛地在国民经济中得到有效应用。根据 NASA 测算，在载人航天领域投入 1 美元，得到的回报是 9 美元，这是任何其他产业都难以企及的投入产出比。包括先进材料、信息通信、光电传感、智能制造和数据处理等大批提升人类社会科技水平的先进技术创新都可以追溯到航天科技。

为了占据卫星频率和轨道资源，美国通过开放低轨道载人和货物运输限制，推动SpaceX进行全球布局，抢占卫星频率和轨道资源，包括发射下一代全球定位系统卫星GPS-Ⅲ、以商业合作名义开展月球和行星资源的商业开发等。中国通过将“军民融合”提升为国家战略，支持商业航天的发展。新一轮围绕频段、轨道资源的军备竞赛已经正式打响，这一次中国已经身处舞台的中央。

对于太空的探索不仅仅是为了实现星辰大海的梦想，还在于商业航天的未来商业前景一片蓝海，可以让有冒险精神的开拓者大显身手，从而实现巨大的商业价值。也正是看到了太空梦想与商业价值结合的光辉前景，以及技术创新本身带来的丰厚利润回报，激发了一批具有企业家精神的创业者参与到商业航天的创新之中。

商业模式的可行性决定了商业航天的发展进程能否顺利。以摩托罗拉的“铱星”（Iridium satellite）计划为例，1987年摩托罗拉开启卫星通信网络的设想与建设，在经历11年、耗资50亿美元之后，终于在1998年宣告组网完毕并启动商业化运营。但由于昂贵的终端成本、笨重的接收装备以及无法在室内使用等硬伤，在正式运营15个月之后，“铱星”计划即宣告破产。因此，商业航天若想健康发展，必须找到可持续盈利的商业模式。

为此，当前诸多商业航天企业通过技术创新来降低成本，从而增加商业航天企业的盈利能力。在火箭箭体及推进器材料方面，

SpaceX 放弃使用碳纤维材料，转而使用不锈钢，主要考虑成本因素：碳纤维的综合成本在 200 美元 / 公斤左右，而不锈钢的综合成本在 5 美元 / 公斤以下，使用不锈钢的成本优势巨大。其实，商业航天企业对科技创新保持着与生俱来的敏锐和执着，即便是传统航天亦是如此，这不仅仅是行业属性使然，而且还会产生溢出的社会价值。据统计，基于美国载人航天技术衍生出来的民用技术，催生了超过 3 万种民营产品的诞生，包括圆珠笔、不粘锅、人工心脏、透析机等，已经在我们日常生活中得到广泛应用。

以中国北斗卫星导航系统为例，目前在轨服务卫星总计 45 颗，其中北斗二号卫星 15 颗，北斗三号卫星 30 颗，已经在交通、金融、电力、农业等领域开展服务，产业总产值达到数千亿元。具有被动定位功能的终端产品社会总保有量超过 10 亿台，其中包括 700 万辆道路运营车辆、4.5 万套农机自动驾驶系统、3.6 万辆邮政快递车辆等。另外，华为、苹果等国内外主流智能终端均支持北斗。

同时，也需要看到在寻找可行商业模式的过程中，国家和市场对失败的宽容度决定了商业航天公司发展的脚步。传统航天大国对失败的容忍度较低，一方面传统发射成本较高，动辄几十亿上百亿资金的投入；另一方面航天发射经常与一国综合实力以及民族凝聚力挂钩，导致一旦发射失败，将承受较大的社会舆论压力甚至政治压力。因此，追求成功率，甚至是 100% 的成功率成为传统航天发射不成文的规定。虽然 SpaceX 有很多次成功发射，但也有很多次发射失败，包括可重复发射火箭也是经历了多次失败，甚至是现场直播的失败。正是这种容忍失败的良好氛围，激发了更大的创新激情。

打破常规倒逼技术路线革新是商业航天发展的主旋律。传统航天产业的思路聚焦在运载火箭运力和发动机性能的提高上，一次性使用的运载火箭成为业内默认共识。但要推动航天产业的发展与普及，关键在于将运载火箭打造成能够重复使用的运载工具，在压缩成本和提升效率的前提下，才可能实现产品规模化。下面从四个方面谈谈技术具体发展路线和发力的领域。

在运载火箭发动机方面：可重复使用运载火箭对发动机有着较高要求，一是需要具有向不同方向偏转产生推力的功能，以实现火箭返回过程中的各种复杂姿态；二是具有连续调节推力的功能，以实现运载火箭返回过程中不同阶段的减速要求；三是发动机具备多次启动的功能，以满足火箭返回过程中需要多次启停的要求，尤其是中央发动机在每次发射和回收的过程中需要多次可靠点火。从Merlin发动机到Raptor发动机，强大的发动机研发能力成为SpaceX可重复使用火箭的关键壁垒。在经济效益上，火箭的重复使用大大降低了发射费用。截至目前，SpaceX Falcon 9号火箭多次重复使用后，向低轨道（Low Earth Orbit Satellite，LEO）发射有效载荷的成本已经降低到1200美元/公斤左右，该成本不到中国火箭发射平均成本的十分之一。正是依靠不断的技术创新，2013年SpaceX在全球卫星发射市场的份额只有7%，而今则占据全球绝对领导者的地位。

在卫星互联网星座方面：卫星宽带服务作为低轨道卫星发挥价值的重要抓手，目前已经基本具备商业化的能力。星链作为卫星互联网星座的典型代表，目标是将 4.2 万颗卫星送入轨道，组成星链网络，从而为用户提供太空高速互联网服务。星链在布局方面有三大特点：一是以数量庞大的卫星规模确保充裕的传输容量。据星链披露，其一期部署 4408 颗卫星，二期部署 7518 颗卫星，三期部署 30000 颗卫星。二是以超高规模的频段使用实现提前战略卡位。据星链披露，其一期使用 Ka、Ku 频段，二期使用 V 波段，三期计划使用 E 波段。三是以低轨卫星实现传输的低时延。据星链披露，其一期发射的卫星轨道从 1100 ~ 1325 千米降低至 540 ~ 570 千米，二期卫星运行轨道仅为 340 千米。卫星运行轨道降低可以实现更低的网络传输时延，最终达到和光纤宽带类似的速度。截至 2022 年 12 月，星链已经为二十多个国家和地区超过 100 万用户提供互联网服务，并且该数字还在高速增长，有希望成为商业航天领域的杀手级应用。商业航天的发展已不再是仅为国家战略提供补充支持，而是提供切实的商业价值，走进千家万户。

目前全球 100 公斤以下入轨卫星数已从 2016 年以前的每年不足百颗攀升至每年两百至三百颗。1000 公斤以下小卫星发射总量更是得益于星链的组网，从每年几十颗增至近千颗。以往小卫星发射平台大多依托吨级近地轨道运力的中型运载火箭，且多采取“拼车”和“搭车”的方式，但对于微纳卫星的客户而言，前述两种方式都存在问题。例如，载荷进场不同步和主载荷的延迟，以及传统发射承包商积压的大量发射订单，都可能导致发射推迟，非常受限于主载荷的目标轨道和客户需求。以美国为例，2006 年成立的 Rocket Lab 公司的电子号火箭正是瞄准了微纳卫星这个空白市场，以发射成本更低、周期更短、灵活性更高的优势与传统火箭发射形成差异化竞争。随着微纳卫星及立方星的蓬勃发展，这种简单、灵活且廉价的小型运载火箭将开辟出一片蓝海市场。

在产业链协同制造方面：强大的航天产业制造基础是实现商业航天发展的基础。以美国洛杉矶都会区为例，该区域汇集了强大的航空航天产业链上下游企业，业内熟知的洛克希德·马丁、波音、雷神等公司在洛杉矶都会区均设有办公室，该地区航空航天相关的就业岗位达三十万个，人均工资超过十万美元。区域内聚集的金属部件制造企业、计算机与电子产品制造企业、运载装备制造企业、机械制造企业和服务支持机构等使得洛杉矶都会区具备商业航天规模化生产制造的先发优势。SpaceX 虽然实现了运载火箭、航天器、卫星的制造和服务运营一体化完备的垂直整合能力和商业闭环，但还是需要超过三千家供应商每周提供上千种零部件。因此，SpaceX 亦将总部选定在距离洛杉矶市中心三十分钟车程的霍索恩市。

在人才聚集与创新方面：经过几十年的发展，美国洛杉矶都会区逐渐成为美国航天科技的中心地带，拥有加州理工学院、南加州大学维特比工程学院、加州大学洛杉矶分校、加州州立大学北岭分校等知名高校，是航天科技人才的聚集地。而且洛杉矶都会区还汇聚大量电子信息、生物医药、媒体和娱乐等各领域的优秀人才，他们之间互相碰撞激发出更多技术创新的火花。

中国商业航天的崛起之路

钱学森先生是当之无愧的“中国航天之父”。钱学森先生 1911 年出生于上海，本科毕业于上海交通大学，然后进入美国麻省理工学院（MIT）航空系学习，后来又转入美国加州理工学院，在世界著名大师西奥多·冯·卡门的门下学习。博士毕业以后，钱学森先后在加州理工学院和麻省理工学院任教，研究空气动力学和火箭导弹，28 岁就成为世界知名的空气动力学家。因此，20 世纪 50 年代的时候，美国为了阻止钱学森回国，以莫须有的罪名拘捕他长达五年之久。美国的海军将领说：“钱学森无论走到哪里，都抵得上五个师，我宁愿把这家伙给枪毙了，也不能让他回到中国。”钱学森始终心系祖国，抱着振兴中华的远大理想，不屈不挠。终于在毛主席和周总理等国家领导人的努力和国际友人的帮助下，中国政府以释放在朝鲜战争中俘获的 11 名美军飞行员为条件，才使他返回了祖国。从 1955 年开始，钱学森为中国航天事业不懈奋斗，带领一批航天工作者发展航天事业，才让我们有了今天的成就。现在看来，美国那个将军算错了，钱学森可不止顶五个师，他开创了整个中国航天事业，是“两弹一星”元勋，是整个中华民族知识分子的典范和楷模。

中国航天产业始于对导弹装备的研制，一方面，新中国成立后，需要提升军事力量壮大自身；另一方面，抗美援朝战争中与美军先进武器装备的代际差使我国下定决心进行“两弹一星”的研制。1956 年钱学森向中央提出“建立中国国防航空工业的意见”并受命组建了中国第一个火箭、导弹研究机构——国防部第五研究院。1970 年东方红一号卫星发射成功，中国成为世界上第五个独立研制、发射人造卫星的国家。1975 年中国发射了第一颗返回式卫星。1992 年中国载人飞船正式列入国家计划，后被命名为神舟号飞船载人航天工程。跨入 21 世纪后，神舟、嫦娥、天宫、长征等航天项目相继成功，发射型号持续迭代。随着北斗导航系统的组网完成、首次探测火星的发射成功，中国航天迎来了更多个里程碑，中国的航天事业也在由航天大国向航天强国而努力奋斗。

追根溯源，中国商业航天的发展始于改革开放。彼时，中美建交，国内外形势很快就发生扭转。在和平与发展的时代背景下，中央提出“军民结合，平战结合，军品优先，以民养军”的十六字方针。在此指导下，国务院、中央军委对国防科工委和航天工业部提出军品转民品的新要求。这意味着除少数重大项目外，国家将不再拨专款给航天系统，推动了中国航天系统的商业化。对于当时的中国航天人来说，必须尽快创收养活自己，而最快的办法就是在国际市场“卖火箭”。当时长征系列火箭已成功发射十余次，形成了国际影响力，不少国家慕名而来，给中国航天系统带来了不菲的外汇收入，也推动了中国商业航天的发展。从 20 世纪 80 年代后期开始，中国长征系列运载火箭先后完成了亚星、澳星、铱星等商业发射任务。进入 21 世纪，尤其是 2010 年之后，在新技术和新需求的推动下，中国商业运载火箭、商业卫星及商业应用服务再次迎来蓬勃发展期。

寓军于民、军民融合是国家保持国防竞争力的通常做法。国防竞争力体现了一个国家的综合实力，需要集中国家最精锐的科研和生产力量。而在总资源有限的情况下，如果军民脱离，资源集中向军用领域倾斜而忽略民用需求，将导致国防建设和经济建设头重脚轻，最终导致经济无力支撑庞大的国防开支而难以为继。但是，如果只有强大的经济，而没有强大的国防实力，在国家安全都无法保证的情况下，更不用谈国际地位和国际影响力。长期以来，中国与西方国家在国防实力方面的差距，很大程度上也与没有形成市场化的军民融合体制相关。

2015 年，习近平总书记首次提出军民融合战略，中国商业航天亦迎来新的发展机遇期，国家及各地政府密集推出利好商业航天发展的政策法规，鼓励民间资本健康有序地参与商业航天产业。同时，国家层面积极推动商业航天产业的服务配套设施和产业园区建设。自此，商业航天的政策门槛开始通畅，商业航天的全产业链迎来发展，国内几十家以运载火箭发射服务为商业模式的火箭公司相继涌现，商业火箭领域仿佛“忽如一夜春风来，千树万树梨花开”。随后，各种民间资本、风险投资、地方政府开始涌入商业航天市场，融资额度从数亿元逐渐升至百亿元级别。经过六年的竞争、淘汰和发展后，中国商业航天的发射总数、入轨载荷数、入轨质量已经稳居世界前列，同时多家民营火箭经历了首飞“大考”，并取得了发射成功。但也要看到，行业萌芽期爆发后，运载火箭高技术、高风险和高投入的特点充分显露，大浪淘沙的过程中已有不少民营火箭公司悄然倒下。

与传统航天相比，商业航天更重视市场竞争及商业化的市场行为，将航天从计划经济加速推进至市场经济。历经五年发展已经成为产业后起之秀。根据航天活动的目的、应用领域和经营方式，可将航天产业分为民用航天、军用航天和商业航天。其中商业航天是按照市场规则配置技术、资金、人才等资源要素，以营利为目的、独立的非政府航天活动。随着中国航天产业的不断发展，仅依靠国家投入已无法承担快速增长的太空活动需求及航天科技的创新，故此商业航天成为我国航天事业发展的必经之路。

自 2014 年《关于创新重点领域投融资机制鼓励社会投资的指导意见》(国发〔2014〕60 号）推出“鼓励民营企业、民营资本参与国家空间技术基础建设”的相关政策后，中国商业航天向社会资本打开大门。2015 年,《国家民用空间基础设施中长期发展规划（2015—2025 年）》提出支持和引导社会资本参与国家民用空间基础设施建设和应用开发，中国商业航天行业发展正式进入快车道。2020 年，卫星互联网纳入新基建，意味着“十四五”期间商业航天的政策支持有望加大，中国商业航天将迎来高速发展期。2021 年《中华人民共和国国民经济和社会发展第十四个五年规划和 2035 年远景目标纲要》指出要打造全球覆盖、高效运行的通信、导航、遥感空间基础设施体系，建设商业航天发射场，进一步促进商业航天的发展。

目前运载火箭行业竞争已经进入白热化的下半场，尤其是进入 2021 年后，头部效应显著，融资难度陡升。无独有偶，受美国 SpaceX 公司和 Rocket Lab 等头部企业的示范作用影响，国外民营火箭公司也进入了百花齐放的全新阶段。新的公司、新的思路、新的火箭型号层出不穷，竞争十分激烈，虽脱颖而出者寥寥无几，但都各具特色。总的来讲，体现出三个明显的趋势方向：首先，绝大部分初创民营火箭公司都不约而同地瞄准了千克级而非吨级载荷的发射市场，避免与成熟的长征系列大中型运载火箭直接竞争，这实际上是由市场需求驱动的，并清一色地选择了液体火箭，大幅降低了研制门槛和资本投入。其次，低成本化，通过火箭可回收技术降低单位重量的发射成本。最后，它们大多追求高频次发射，尤其是偏好在传统发射场外自建更加灵活的发射台。这一时期，正值全球商业航天快速发展，NASA、欧洲航天局等政府航天机构推进改革和以 SpaceX 为代表的航天“新势力”纷纷崛起，给国内航天机构带来思想上的冲击和启发。与此同时，中国航天商业化经过激荡三十年的风雨探索，也积累了宝贵和深刻的经验教训。

从全球各国太空战略竞争的视角来看，根据国际电信联盟（International Telecommunication Union，ITU）的规定，卫星频率和轨道资源的使用权采用“先到先得”的竞争方式获取，而在近地轨道小卫星逐渐普及的趋势下，“先到先得”就等于是“先占永得”。根据测算，近地轨道卫星承载数量不超过 5 万颗，而境外已公布的低轨星座计划已远超近地轨道可承载卫星数量的上限。低轨星座计划所占据的频率和轨道资源可以通过不断地补充脱离轨道的卫星从而实现实质性的永久霸占。频率和轨道资源不仅意味着巨大的商业机会，还隐藏着对国家安全的重要战略意义，如卫星飞至他国上空时进行遥感拍摄、低轨卫星可以实现对洲际导弹的拦截作用等。目前，Ku 频率资源已经用完，Ka、Q/V 频率资源也已经有多个低轨星座开始布局。全球主流的航天强国均已充分意识到轨道与频率资源的重要战略价值，开始加快布局低轨道卫星网络。这场竞争不仅需要“国家队”进场布局，还需要主打性价比的民营商业航天发挥作用，共同打赢这场全球竞争。

随着国内航天商业化程度的逐步提升，中国低轨星座项目已全面启动。中国两大航天巨头——航天科工集团与航天科技集团先后推出“虹云工程”“行云工程”和“鸿雁星座”。这两大工程在 2018 年 12 月均已发射首颗试验星，与国外同行处于同一起跑线。除此之外，众多民营企业也逐步参与到卫星产业链的各环节之中，例如卫星设计制造的天仪研究院、九天微星；火箭研发的星际荣耀、星河动力、翎客航天和蓝箭航天等。从 2018 年至 2020 年，星际荣耀、星河动力、蓝箭航天等火箭公司陆续完成了亚轨道发射，星际荣耀和星河动力完成了入轨发射，这些民营火箭公司都已经完成了数轮融资，将在商业化政策推动下持续发展。

中国运载火箭涉及环节众多，大致可分为民营商业航天企业、中国科学院系商业航天企业和航天系商业航天企业三类，目前正逐渐形成以航天科工集团、航天科技集团等为代表的国有企业及以星际荣耀、蓝箭航天、星河动力等为代表的民营企业同台竞技的行业格局。中国商业航天行业主流运载火箭为固体火箭和液体火箭，长期来看液体火箭为中大型火箭的首选方案。

商业航天的下半场已不是单一公司产品、技术、成本的比拼，而是产业链上下游和高端人才的全方位较量，封闭的“计划经济”航天产业显然已经不具备竞争力，遵循开放的“市场经济”平台型商业航天公司将引领中国商业航天的下一波浪潮。

第三节　点亮太空经济与多星球文明

商业航天促进太空经济发展

太空经济包括各种太空活动所创造的产品、服务和市场以及形成的相关产业。商业航天的繁荣提高了太空经济的活跃程度，随着商业航天的技术逐渐成熟，成本将会快速下降，从而推动太空经济的进一步繁荣。火箭发射成本如同物流运输费用，当成本低到可以忽略不计的时候，现在不敢想象的各种业态都会出现，比如太空旅游、太空殡葬等。

据美国卫星产业协会（SIA）发布的信息，全球航天经济总量连年创新高，已达数千亿美元，商业航天在世界航天产业发展中的主体地位越发显著。其中卫星产业收入占比近八成，主要分为：卫星制造业收入一百多亿美元、卫星发射服务业收入数十亿美元、卫星通信服务业收入一千多亿美元、地面设备制造业收入一千多亿美元。根据中投产业研究院的数据，中国商业航天行业市场规模已近万亿人民币，年复合增长率超过 20%。

卫星导航服务是我国卫星服务业中占比最高的行业，市场规模达到千亿元量级。随着北斗三代导航系统的建成，卫星导航服务带动下游多个应用领域市场的拓展，导航服务在卫星应用市场规模中的占比越来越高。卫星遥感服务方面，由于我国政府对遥感数据需求的提高以及商业卫星遥感市场开始形成，近年来遥感服务市场规模增速较快，已达到百亿元量级。卫星通信服务方面，大众消费市场规模已达百亿元量级。随着 6G 和天基互联网的到来，未来卫星通信的潜力和增长空间最大。

目前，我国在轨卫星仍以导航、遥感及科研类型居多，通信卫星数量占比较小，且卫星通信设备对国外技术依赖依旧较强。但我国卫星通信应用领域正在逐步扩大，虽仍以卫星直播广播和政府应急系统为主，其他市场份额较小，但近年来卫星宽带上网、远程教育、付费电视等卫星增值业务逐渐发展，同时卫星通信在偏远山区也得到了较好的应用。

摩根士丹利太空行业组预计到 2040 年前，全球太空经济总产值将达到 1 万亿美元。据中国卫星应用产业协会数据，预计到 2025 年前，我国拟发射超过 3000 颗商业卫星，产值将突破 2100 亿美元，商业航天市场空间巨大，太空经济未来市场规模可期。

与传统运载火箭研发模式相比，新一代运载火箭研制过程中完成了由注重技术向技术、市场、效益三者并重的转变，并通过三大举措实现“高性价比、高可靠、快履约、快发射”的火箭发射要求。（1）通过采用更加市场化的竞争机制，火箭公司面向社会扩大采购配套来源，降低采购成本，形成更加商业化的产业链体系；（2）通过大规模的批量生产，缩短发射服务的履约周期；（3）通过优化发射准备流程，缩短发射准备时间，达到运抵发射场后24小时内发射的目标。

降低发射成本是运载火箭发射市场的主旋律。运载火箭配套产品通用化发展可提高火箭产品化水平，大幅降低火箭制造成本，促进中国商业航天市场利润空间进一步扩大。运载火箭结构复杂精密，研制周期长，难以进行批量生产，致使运载火箭制造成本升高，制约了商业航天产业的发展。为有效降低运载火箭的研发制造成本，部分企业开始采用配套产品通用化的设计，实施配件产品化、批量化生产。火箭发射成本降低又将刺激卫星发射需求的增加，从而带动整个商业航天产业链和太空经济的发展。

经过多年的发展，我国已形成了非常完善的卫星产业链，并由少数国有企业垄断。随着卫星研制加速向小型化和低轨化方向发展，未来民营卫星制造公司将开始崭露头角。对于国有卫星制造公司，大卫星的研发实力突出。但在低轨小卫星的时代，民营卫星公司以其研发灵活、高效、创新的特点，有机会弯道超车，建立技术壁垒和优势。全球卫星发展正在经历从以大卫星、高轨道、军事应用为主向小卫星、低轨道、多元化应用的方向发展。小卫星研制周期短，通常仅需一年的时间即可完成从立项研制到发射入轨，而大卫星则至少需要5~8年的时间。大卫星的研制成本多超过5000万美元，而小卫星的研制成本低，适用于星座组网。低轨道卫星可缩短数据传输延时、减小数据传输路径损耗，大幅提升用户体验感。中国卫星企业逐渐开始采用小型低轨化设计，大幅降低卫星研制成本，促进太空经济发展。

卫星发射、卫星运营及服务环节具有较大增长空间。根据统计的中国商业卫星星座计划，我国商业航天每年运力需求约为 25 吨，而长征火箭搭载余量仅有约 5 吨，还存在 20 吨的运力缺口，需要增加航天发射来弥补。随着卫星发射需求的急速增长，卫星运营、服务环节将成为中国太空经济的主要增量市场。

卫星互联网方面，中国早期卫星互联网公司的建设方案包括星网计划、中电科行云等星座计划。其中组网数量在 30 颗以上的低轨卫星项目超过 10 个，规划卫星发射总数量接近 2000 颗。“新基建”提出后，中国卫星互联网思路逐步清晰。2021 年 4 月 28 日国资委发布公告，在雄安组建中国卫星网络集团有限公司，有望统筹规划建设中国卫星互联网系统，成为未来 6G 的发展方向之一。火箭发射方面，火箭发射越来越频繁，发射成本越来越低，可有效支撑各项空间探索工作。空间站建设方面，中国空间站核心舱于 2021 年顺利发射，2022 年完成天和核心舱、问天实验舱 I 和梦天实验舱 II 等空间站结构的建造工作并开始运营。深空探测方面，中国天问一号 2021 年登陆火星，2030 年前后还将计划实施火星采样返回、小行星探测、木星系等探测，推动深空探测工程实施。

目前，全球仍有 30% 以上的人口没有被移动网络所覆盖，而有移动网络覆盖的地区仍有 20% 以上的人口没有使用移动互联网服务。而且，现有网络基础设施围绕人类居住地建设，全球 71%

的海洋面积、7% 的森林面积和 6% 的沙漠面积中的大部分均没有被现有通信网络覆盖。在覆盖高度上，现有的网络仅覆盖地表百米水平，高空没有覆盖能力。卫星互联网的覆盖遍布全球，是对现有通信技术的有效补充，不仅可以为偏远地区或航空业提供网络连接服务，还可以为特殊场景提供森林防火、远程救援等特种服务。以 SpaceX 为例，由于火箭发射价格的大幅下降，卫星互联网通过星链代替大面积的地下光纤铺设，太阳能代替电能，使全球普遍网络服务成为可能。虽然现有地球网络已经相对成熟，但随着 6G 的到来甚至在未来的火星移民过程中卫星互联网的价值将进一步得以凸显。

核心价值是启动多星球文明

1972 年，赞比亚修女玛丽·朱昆达写信给 NASA，质疑其为何在火星探索上耗费巨资，而全球尚有数亿人在挨饿。NASA 马歇尔太空中心的恩斯特博士回信说道，太空探索会衍生出很多新技术，可提高人们的生活水平。例如通过空间计划和气象卫星，可以提升全球农业科技水平，从而减少甚至消灭贫困和饥饿。这封著名的回信试图告诉我们：探索太空的终极目的依然是造福人类。

面对航天这样一项耗时、耗力、耗资的巨大工程，又要承担巨大的风险和不确定性，确实需要回答航天工程的社会价值。（1）国家战略层面，航天耗资巨大，需要投入大量人力物力，是一个国家综合国力强大的表现，因此航天工程在国家层面有重大战略意义。

（2）军事意义层面，发达的航天技术对现代战争的胜败起到至关重要的作用。侦察卫星可实现大规模的侦察，还可以提供战役战术范围内的侦察服务；军事通信卫星能够为陆海空三军部队提供可靠的通信服务；导航卫星可以为舰艇、飞机、导弹等进行精确导航；测地卫星能够测出各种军事目标的精确地理位置，从而极大提高武器的命中率；气象卫星可以提供比较准确的全球或局部地区的气象情报，为制定作战计划提供更充分的依据。几百年前，人们判断未来的战场主要在海洋，而现在来看，未来争夺的主战场很可能将会在太空，谁夺取“制天权”，谁就有更多机会赢得战争。（3）科技意义层面，航天是一项综合性的系统工程，涉及的技术众多，代表着一个国家的综合科技水平，能体现现代科技在多个领域的成就。科学家们利用航天技术可以触达的独特太空环境，又可以做一些物理学、天文学、生物学等方面的尖端实验，推动科学进步。（4）经济价值层面，航天工程用到的众多技术可以民用化，从而衍生出很多新的产品改善人们的生活。

以 SpaceX 星链项目为例，其颠覆了卫星互联网行业，并开始重塑通信行业，创造了新的经济价值。现有的卫星通信由于价格高昂，规模不到地面通信的 1%，以服务地面通信无法覆盖的特定场景为主。2020 年 10 月起，SpaceX 开始星链的公开测试，截至 2022 年底已服务超过百万人，并且还在高速增长。长期看，星链将为全球提供移动通信网络，网络速度将与地面通信持平，使用成本将平民化。SpaceX 预计远期将获得 2500 万规模的星链用户，实现约

300 亿美元的年收入，以支撑 SpaceX 的长期发展。而且，一旦需要在火星上建立网络，卫星互联网将凭借低电力消耗、低部署成本成为网络建设的不二之选。在星链的推动下，全球掀起了卫星互联网的建设热潮。2020 年 4 月 20 日，中国已将卫星互联网纳入“新基建”的政策鼓励范围，并由国资委成立专门央企落实。而全球科技公司如谷歌、亚马逊、Facebook、苹果、三星等也纷纷加入了卫星互联网的建设。

纵观世界航天产业，正呈现以下的发展趋势：空间活动范围由近地轨道向深空探测拓展，探月、登火、太空采矿以及更深远的宇宙探索不断升温；航天产业商业化趋势加剧，商业航天产业不仅比重逐渐增加，而且逐渐向更广泛的应用领域拓展；多个航天巨头推出大型甚至超级星座建设计划，不仅对高频次、批量化发射提出更高要求，而且必将催生庞大的应用市场；商业航天业务由无人向有人领域跨越，载人飞行已不仅是国家层面的任务，而是不断向商业服务层面延伸，太空货运、太空旅游逐渐成为热门行业；空天界限模糊化，空天技术正在成为智慧城市、物联网等众多行业的支撑技术和重要入口，亚轨道旅游、全球一小时到达等空天运输正走向成熟；海天结合紧密，涉及海工技术的海上回收已成为现实，并在运载火箭、航天器可重复使用领域得到普遍应用。所以太空经济除卫星组网外，主要还包括点对点运输、洲际飞船、太空旅游、深空探测、自动驾驶和星际移民等方面，下面具体介绍它们未来的发展方向。

点对点运输：未来空间站商业补给需求旺盛，将成为商业航天的一大市场来源。2021 年 4 月 29 日，中国空间站“天和”核心舱从文昌发射成功并开始运营，开展太空实验是空间站的一项重要任务。我国空间站实验项目面向科研团体、企业团体、高校开放，范围广泛，可支持开展上千个实验项目，由此衍生的实验物资的投放以及试验样品带回地面的点对点运输市场需求将十分旺盛。

洲际飞船：将会从科幻走进现实。根据马斯克介绍，随着 SpaceX 火箭和星舰的商用成熟，火箭可以用于洲际交通，跨洲交通将从 10 小时的水平下降至 1 小时以内，将大幅提高全球交通体系的效率。未来随着成本的大幅下降和技术的日渐成熟，相信洲际飞船将和现在的飞机、高铁一样，成为人们日常出远门的可选工具之一。

太空旅游：将会是商业航天的另一大潜力市场。太空旅游目前主要有高空飞行、零重力游、亚轨道太空旅游、低地球轨道太空旅游等多种项目。其中亚轨道旅游由于难度小、见效快、费用低，已经形成一片新市场。“维珍银河”和“蓝色起源”两家公司相继开展首次载人试飞且均获成功。虽然两家公司的票价不菲，但目前都已经“开门迎客”，进行商业运营。据调查，有六成的美国人、七成的日本人和四成的德国人希望有生之年能够遨游太空，可见民众对太空旅游充满期待和向往。

深空探测：资源开采是深空探测有较大商用价值的部分，中国计划 2024 年前后完成小行星探测，2028 年前后火星取样返回；美国 NASA 计划 2024 年重新送人类登上月球。考虑到资源开采需要实现火箭重复回收、载人航天技术的成熟、相关太空基础设施的建立完善以及国家层面的政策等因素，未来十年将有机会进行商用探索。

自动驾驶：卫星互联网广覆盖、高弹性和低时延的数据传输能力将助推车联网走向现实。卫星互联网作为天然的全球网，具有全球范围的广域覆盖能力，能够为自动驾驶服务提供连续稳定的网络连接，提升自动驾驶的安全性和可靠性。此外，相对于地面基站在局部地区信号带宽的固定性，卫星通信可以提供具有一定容量弹性的服务，保证在拥堵地区仍能够提供稳定的接入服务。马斯克之后，其他汽车制造商也在积极探索卫星互联网在车联网中的应用，其中不乏中国造车“新势力”的身影。

星际移民：月球基地与火星移民等商业模式有望成为现实。随着地球气候问题愈加严重以及潜在的核战争威胁，人类有意探索地外行星，以应对各种不确定因素。根据马斯克的判断，多星球文明将是人类的必然选项，他计划 2024 年实现载人飞船登陆火星的宏愿，并在本世纪中叶向火星移民 100 万人。该时间表得到 NASA 支持，NASA 也认为 2024 年第一批宇航员将前往火星。由于公转轨道的原因，登陆火星的最优时间每两年出现一次。SpaceX 等正以 2024 年方案为目标，力求尽早登陆火星。同时，中国科学家讨论在月球建立航天基地的可能性。航天基地可以作为宇航员的测试环境，为移民火星做好准备。

宇宙深邃而广漠，总有一天，我们要走出太阳系，看看外面的世界。太空的魅力不仅在于其广阔而神秘，也在于一旦走向太空，人类在地球上的文明、经济可以在另一个星球再造一次，实现人类的多星球文明。抬头仰望，我们能看见的不止星辰大海，还有人类文明的另一种可能性。

| 第二部分 |

消费数字化：让生活更美好

第六章

人机交互：交互技术与生存革命

第一节　VR/AR是人机交互的下一波浪潮

VR/AR的基本概念与产业趋势

VR/AR是指借助近眼显示、感知交互、渲染处理、网络传输和内容制作等新一代信息通信技术，构建身临其境与虚实融合沉浸体验所涉及的产品和服务，其涉及学科众多，应用领域广泛，系统种类繁杂。

具体而言，虚拟现实（Virtual Reality，简称VR）是指用户完全沉浸在计算机生成的虚拟环境中，并在很大程度上隔离其物理环境的封闭式体验。其关键要素是沉浸感、交互性、假想性，需要设计并营造出虚拟场景，并使用户与虚拟场景中的内容发生实时交互。增强现实（Augmented Reality，简称 AR）则是一种将数据，包括文字、图像、视频和 3D 模型等，叠加在现实世界之上的技术。AR 基于传感器和机器学习技术，对外部环境及物体进行扫描及信息探测学习，并且在现实环境叠加情景信息，满足用户所需。这一领域内还有两个词出现频率较高，即混合现实（Mixed Reality，简称 MR）和扩展现实（Extended Reality，简称 XR）。MR 和 AR 一样，也是基于现实世界所打造，但 AR 呈现的虚拟物体会随着设备的移动而移动，MR 却不会。一个理想化的 MR 会将虚拟物体完完全全放置在现实中，物体不仅会随着真实世界的光线发生变化，还能与人进行交互。XR 可以视为 VR、AR、MR 三种技术的统称，它包括了任何可以帮助我们融合物理世界和数字世界的技术。简单来说，VR 类似于梦见"鬼"，AR 类似于见到"鬼"，MR 类似于和"鬼"在一起。

VR 是一种完全沉浸式的技术，用户看到的是虚拟环境，这使得 VR 本身不具备强移动性，用户需要确保所处环境的安全，从而在非常有限的距离内移动，以避免撞到墙壁等物体或摔倒。而 AR 则是将数字对象和信息叠加在现实世界之上，因此对用户的价值主要体现在移动场景。例如，当用户身处陌生环境，AR 可以帮助用户获得更多周边环境信息，用户还可依靠 AR 导航指引前往目的地。下面从不同的角度来对比 VR 和 AR 的不同。

技术路径方面，VR 涉及实时三维计算机图形、显示技术、声音技术、感觉反馈、语音系统等。其技术特征包括沉浸性、交互性、多感知性、构想性、自主性；而 AR 主要涉及跟踪注册技术、显示技术、虚拟物体生成技术、交互技术与合并技术，主要强调虚实结合性、实时交互性、3D 定位性。简单来说，VR/AR 均需要使用计算机绘制虚拟图像，但 VR 中的图像全部由计算机绘制，往往需要更高性能的 GPU ；而 AR 需要对场景进行理解，需要使用非常复杂的算法实时运行，因此对 CPU 的性能要求很高。

应用场景方面，VR 以娱乐用途为主，侧重于游戏、视频、直播、社交等 C 端领域，用户基数较小。而 AR 可用于工业、军事、医药、教育等日常生活的各个方面，用途更加广泛，商业化进展更快，在 C 端和 B 端皆有应用。

硬件方面，区分 VR 与 AR 最简单的方式是，VR 需要一个不透明的头戴设备完成在虚拟世界中的体验，而 AR 需要清晰的头戴设备看清真实世界和重叠在上面的信息和图像。目前，VR 头显主要包括外接式、一体式、手机盒子头显三类，而 AR 头显主要包括基于光学原理的穿透式头显和基于视频合成技术的穿透式头显两类。

从技术发展和产业演进的角度，VR/AR 产业可以划分为五大发展阶段。

科技诞生期（1968—2012 年）：VR/AR 新技术被提出并开始逐步进入大众视野。1968 年，计算机图形学和虚拟现实之父伊凡·苏泽兰（Ivan Sutherland）组织开发了首个计算机图形驱动的头盔显示器及头部追踪系统，标志着 VR/AR 新技术的诞生。

期望膨胀期（2012—2016 年）：产业界和学术界仓促进入 VR/AR 领域，希望抓住新的增长点以占领先机，VR/AR 的概念设备大量涌现。2012 年，谷歌发布 Google Glass 产品，其具有部分智能手机的功能，可以通过声音控制拍照、视频通话以及上网冲浪、处理文字信息和电子邮件等。2013 年，Facebook 斥资 20 亿美元收购 Oculus 并推出 VR 头盔。2014 年，VR/AR 概念进入大众视野，被认为是替代智能手机的下一代通用计算平台。同年，谷歌以 5 亿美元投资 Magic Leap。2015 年至 2016 年，VR/AR 市场热度达到高点，索尼、HTC、Oculus 推出第一代面向大众消费市场的 VR 终端“三剑客”（PSVR、HTC Vive、Oculus Rift）。微软推出面向垂直行业市场的 AR 终端 HoloLens。

泡沫低谷期（2016—2019 年）：受限于产品体验不及预期，网络、硬件及内容的瓶颈均未取得突破，人们逐渐对 VR/AR 的光明前景表现出深深的忧虑。紧随而来的是资本市场热度下降，企业融资困难，VR/AR 行业开始进入寒冬。市场中缺乏竞争力的企业失去资本造血，留存企业积蓄力量、韬光养晦、“剩”者为王。2019 年起，Oculus、HTC、华为、微软等再度密集发布新一代硬件产品。

稳步复苏期（2019 年至今）：基于第一波产品的失败经验教训，新技术逐步改进、产业链趋于成熟，产品体验及性价比明显提升。2019 年底，随着全球 5G 正式展开部署，VR/AR 作为 5G 核心的商业场景重新被认识及重视，行业重回升势；同年，Oculus Quest 发售，VR 游戏《Beat Saber》全球销量超 100 万份。2020 年，VR/AR 行业产业链各环节成熟度提升，叠加疫情推动居家需求上升，以 Facebook 发布的 Oculus Quest 2 为代表的消费级 VR 设备需求增长强劲，爆款 VR 游戏《Half-Life: Alyx》引爆行业。2020 年，VR/AR 产业投融资活跃，金额及数量均回到 2016 年的高点水平。

生产高峰期（未来）：长远来看，随着 VR/AR 新技术的逐步完善，产业链越来越成熟，产品体验越来越极致，当其完全可以满足消费者或者客户的需求时，VR/AR 将进入实质的普及生产阶段。

Facebook VR/AR 团队的首席科学家迈克尔·亚伯拉什（Michael Abrash）在 2017 年提出，VR/AR 是信息技术革命历史上的第二次大浪潮，其影响可能超越信息技术革命的第一次大浪潮。未来数十年，VR/AR 或将带来的颠覆性革命，既包括面向大众消费的 to C 市场，也包括面向各行各业的 to B 市场，信息技术革命的第二次大浪潮的成果将全面渗透至农林渔牧业、制造业、住宿餐饮、金融、地产、建筑、教育、科技、交通运输、零售电商和文化娱乐等千行百业。

在由 PC、智能手机主导的互联网和移动互联网的信息技术革命第一次浪潮中，掌握了核心环节与关键技术的公司成长为科技巨头，如苹果、谷歌、Facebook、微软等。而 VR/AR 行业的排位之战也已拉开帷幕，未来由 VR/AR 主导的信息技术革命第二次浪潮会再次产生众多核心环节与关键技术，涉及操作系统、芯片技术、传感技术、人工智能、光学技术等。新技术的迭代将带来产业链格局的重塑，新一代掌握核心环节与关键技术的公司将获得更大的话语权，成长为新一代科技巨头。

Apple战略布局下的终局之战

苹果公司（Apple）作为 VR/AR 行业重量级选手，肩负着将 AR/VR 设备推向通用型硬件的使命。相比 VR，Apple 更看好 AR/MR，并且已经在 AR/MR 领域耕耘多年，其作为移动互联网时代的霸主，在硬件和软件领域均占据绝对资源优势，拥有从 PC 到智能手机再到 AR/MR 眼镜 / 头显的强大硬件生态体系。从近几年的发展来看，无论 iPhone 还是 iPad，Apple 产品对 AR/MR 技术的支持越来越好，目前 Apple 在硬件、操作系统、底层架构、内容与场景五大方向上均着力布局。

2023 年 6 月 5 日，Apple 发布了其首款 MR 头显设备 Apple Vision Pro（简称 Vision Pro），Vision Pro 搭载了 Apple 自研的 M2 与 R1 双芯片（分别负责通用计算和实时传感处理），拥有 12 个摄像头、5 个传感器和 6 个麦克风，在两个屏幕上提供 2300 万像素 micro-OLED（微型有机发光二极管）显示，重量在 450 克左右。Vision Pro 主要面向 C 端用户，起售价为 3499 美元，将于 2024 年初在美国首先发售。

在 AR/VR 产业，除 Apple 以外，Facebook 也是不容忽视的存在。Apple 与 Facebook 分属不同阵营，不同于 Facebook 创始人马克·扎克伯格（Mark Zuckerberg）旗帜鲜明地进军“元宇宙”，Apple 首席执行官蒂姆·库克（Tim Cook）认为相对于所谓的“元宇宙”概念，他更愿称之为增强现实（AR）。不同于 Facebook 着力构建以 Oculus VR 头显为新一代人机交互入口的软硬件生态，库克多次在公开场合表示对 AR 的强烈信心。对于 AR，库克也阐述了自己的理解，其认为 AR 是虚拟与现实世界的叠加，不同于 VR 对现实世界的取代，AR 不会分散人们对现实世界的注意，反倒是增强人与现实的联系，增强人与人之间的协作。

图 6–1 将 VR/AR 产业按照专用到通用、to C 到 to B 方向，划分成四个象限，目前产业落地正处于从左上角向右下角发展演化的过程，商业落地最成熟的当数第二象限的 to B 专用设备，包括在制造行业的巡检、安防领域的视觉识别以及科教领域的远程指导场景等。然后是 to C 领域的专用设备，比如 VR 在游戏和娱乐领域的应用以及 AR 在可穿戴设备领域的应用。最终行业的大规模爆发应该是 VR/VR 通用设备崛起的时候，其将取代鼠标、触摸成为下一代交互平台。

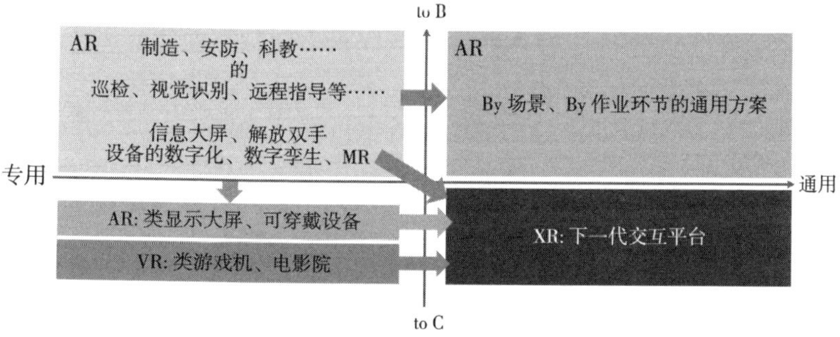

图 6–1　VR/AR 产业的演进

目前 VR 行业基本呈现 Facebook Oculus 一家独大的局面。2020 年 9 月，Facebook 发布了新款一体机 Oculus Quest 2，同时支持以有线或无线方式连接 PC 使用，分辨率显著提升，刷新率提升至 90Hz，仅 299 美元的起售价极具吸引力，还提供给玩家大量质优价廉的游戏，产品极具性价比。根据 SuperData 数据，该产品 2020 年第四季度销量为 109.8 万台，而同价位的索尼 PS VR 销量仅为 12.5 万台，排名第二，其余主要玩家还包括美国的 Valve，中国的 Pico、HTC、大鹏（DPVR）和华为。

目前 AR 市场主要有三类玩家：第一类玩家关注重度企业应用，国外以微软 HoloLens 为代表，国内则以亮亮视野、亮风台等为代表，该领域对光学显示技术、空间定位以及融合渲染技术的要求高，需要实现重度应用，销售主要依赖线下的企业及政府渠道的开发。第二类玩家主要关注消费级市场，针对部分极客进行销售，主要对产品轻量化和渠道打通能力要求高，依赖手机进行内容生态的构建，如 Nreal、Mad Gaze、影目、雷鸟等，销售渠道主要为线上销售。第三类玩家同时兼顾消费级和企业级市场，包括 Rokid 及影创科技，对产品团队、营销团队和软件团队均有较高要求。

现阶段绑定智能手机的 AR 设备很可能成为赢家，因此智能手机 OEM（Original Equipment Manufacturer，即原始设备制造商，俗称代工厂）厂商很可能将成为 AR 设备市场的主导者，这些厂商能实现 AR 设备和智能手机的深度融合，并且可以将设备捆绑纳入市场推广策略；同时，由于移动运营商在手机的分销中发挥着关键作用，还可以捆绑相关的流量套餐，因此运营商也将在 AR 头显的未来发展中发挥关键作用。

在产业巨头纷纷下场布局、创业公司不断涌现的背景下，VR/AR 产业的终局将是什么？ AR 是否会取代 VR？我们判断 VR 将是下一代媒体形式，而 AR 将是下一代计算平台，二者未来会在交叉场景内互相竞争，但在用户交互习惯养成方面会互相促进。AR 需要在用户真实视觉场景中构造出虚拟三维物体，本身就带有一定的 VR 色彩；VR 则需要提供一个完全的虚拟化三维空间，令用户深度沉浸其中而不自知。在实现方式方面，现有的主流 VR 头显技术通过用户位置定位，利用双目视差分别为用户左右眼提供不同的显示画面，以达到欺骗视觉中枢，制造幻象的目的，其技术的关键在于通过精准定位与虚拟场景渲染实现用户“真实”的沉浸体验，因此核心在于精准定位与传输速度。而 AR 技术则通过测量用户与现实中物体的距离并重构，实现虚拟物体与现实场景的交互融合，其技术的关键在于通过在虚拟环境里渲染现实世界的物体以实现相互的融合，因此核心在于算法和算力。

在服务对象和定价方面，VR 产品经过多年发展，已逐步进入商品化流程，目前零售产品报价在 500～4000 元，面向终端消费者；AR 产品仍然处于发展的初期，相关新品的报价在 20000～50000 元，主要面向特定企业级用户。虽然 VR 和 AR 之间存在明显的差异，它们不会互相取代，但它们确实并非完全独立的技术。VR 和 AR 在互相竞争的同时也在互相促进，VR 利用计算机生成的图像完全取代现实世界，AR 则将计算机生成的图像添加到用户周围环境中。最终两种技术的竞争将会模糊化，同一设备可以两种技术兼而有之，演化为 MR 和 XR 的天下。

第二节　脑机接口是人机交互的终极形态

脑机接口基本概念与发展历程

脑机接口技术，有时也称作“大脑端口”或者“脑机融合感知”，它是在人或动物脑与外部设备间建立的直接连接通路，是未来的一种终极的人机交互方式，在教育、医疗健康、娱乐、智能家居、军事等诸多领域具有巨大的潜在应用价值和想象空间，目前已成为全球科技竞争的战略高地之一。

脑机接口领域的研究包括信息的输入和输出，目前主要关注大脑信息的输出问题，即如何获取从大脑输出的正确信息，更具体的是人类应选择何种工具记录皮质层神经元信号。

早在1929年，德国精神病学家、脑电图之父汉斯·贝格尔（Hans Berger）就实现了对人脑神经电信号的无创记录，这被广泛认为是脑机接口的神经生理学发端。1968年，科研人员首次尝试在神经生理学的基础上控制大脑信号，旺达·威尔威卡（Wanda Wyrwicka）和巴里·斯特曼（Barry Sterman）记录了猫的感觉运动节律，并将这些感觉运动节律转化为用于奖励动物并增加其感觉运动节律产生的感觉反馈。在这项研究中，已经建立起了初步的正反馈实验范式。通俗来讲，感觉运动节律被察觉后能够通过动物本能诱导其唤醒更大程度、更明显的感觉运动节律。在这一步，大脑活动引发的电现象已经正式作为一种生理信号进入了研究人员的视野之中。

与此同时，和大多数人关注检测脑电信号不同，另一拨科研人员则聚焦于一种调节人类大脑活动的技术——神经反馈。美国心理学家乔·卡米亚（Joe Kamiya）在 1969 年发表了第一份关于人类大脑振荡的意志控制的科学报告。报告指出，一旦给予健康的人持续的感觉反馈，他们就能很快地学会改变大脑中的 α 波（通常反映在脑电数据中）。同样在 1969 年，埃伯哈德·费茨（Eberhard Fetz）证明操作性条件反射可以用来控制猴子单个皮层神经元的放电。对大脑生理学的研究和对工具性学习行为的研究共同构成了目前绝大多数脑机接口的研究基础。

“脑机接口”一词最早是由加州大学洛杉矶分校的计算机科学家雅克·维达尔（Jacques Vidal）在 1973 年提出的。这是一个可以将脑电信号转化为计算机控制信号的系统，他将这样的系统命名为“脑机接口”。但是新概念的提出并没有引发人们过多的关注。之后，斯特曼的一系列实验激发了人们对该领域的兴趣。他们意外发现，对猫进行感觉运动节律相关的一系列机械训练可以提高癫痫发作阈值。随后进行的单例研究同样证明，类似的技术应用在癫痫患者身上的时候同样能够显著降低癫痫大发作的概率。这些发现构成了临床试验的基础，以评估神经反馈训练在各种疾病治疗中的潜力。最有希望的是应用于对患有注意力缺陷、多动障碍和难治性癫痫儿童的治疗研究。

这样的研究在临床领域引起了极大的关注，效仿者蜂拥而至。然而，整个神经反馈相关行为效应的研究领域却声名狼藉，因为许多基于单个患者成功的过早断言无法在更大的对照试验中得到验证，因此斯特曼提出的脑机接口治疗方案的有效性饱受质疑。根本原因是，脑机接口技术在当时的缺陷显而易见。首先，脑电数据的采集和稳定监测是很困难的。脑机接口作为一个相对独立的信号系统，其输入信号的个体差异性很大，处理手段简单，系统噪声较大，信号处理的过程极容易发生误差甚至翻转。其次，当时研究人员的背景相对单一，大部分局限于某一学科、某一方法，还没有在神经生理学和工具性学习行为之间形成一种科学的观点。然而，这并不妨碍脑机接口已经在神经性疾病治疗方面显露的巨大先天优势和在其他领域的广泛应用场景。

在过去的 20 年中，微电极、啮齿动物和非人灵长类的单神经元记录重新点燃并推动了脑机接口的研究。在这些实验中，动物已经被证实可以学会利用自己的大脑活动来控制电脑光标或机械手臂的运动，并不需要经过手部神经、肌肉的辅助。更重要的是，类似的单神经元记录方法后来在四肢瘫痪患者身上进行了试验。

目前，脑机接口已经与不同学科交叉并衍生出多种类型，神经生理学下的多个分支均被发展成各具特色的脑机接口，并被应用于运动康复、瘫痪病人日常活动恢复、人工智能、人机交互、机器人设计等诸多领域。但与此同时，脑机接口也存在一些诸如神经机制未知、伦理、失控等风险，需要科研人员和科技公司携手克服。

神经传导、人类沟通、人机互动的信息交流速度显著低于机器内部和机器间的信息交流速度，因此，脑机接口有可能将人类间、人机间信息交互能力提升到机器间信息交互的水平，实现人类智能水平的提升。

脑机接口需要研究的核心问题主要包括三方面：输入和输出、工具选择以及神经信号传递过程，下面分别做简要介绍。

脑机接口的输入和输出：即如何从大脑输出正确的信息，也就是记录神经元；如何将正确的信息输入大脑，即刺激神经元。输入和输出的质量直接决定了信号传递的有效性问题，是当前脑机接口需要解决的首要问题。

脑机接口工具的选择：皮质层是大脑最重要的部分，它负责处理听觉、视觉及感觉信息，同时还掌管着语言、运动、思考等诸多方面。皮质里面大约有 200 亿个活跃的神经元，结构非常复杂。皮质层到外部空间存在多层结构阻隔，现有的脑机接口工具在记录神经元活动时存在种种限制，如何选择和创新是关键工作。在选择脑机接口工具时，主要需要考虑两个标准：首先是规模，即可以记录多少神经元；其次是分辨率，即接收到的信息的细致程度，包括空间上的分辨率和时间上的分辨率。前者指能否细致记录单个神经元的触发情况，后者指能否确定所记录的活动的发生时间。

神经信号传递的完整过程：神经信号可以区分为脑电和肌电，二者完整的信号输出及输入闭环包括四个部分，即信号采集、信号的处理和识别、信号执行以及信号反馈。

实现脑机接口主要有两种技术路线，侵入式和非侵入式。侵入式脑机接口在分辨率上具备优势，但人体排异反应和愈伤组织会极大干扰已植入的电极，导致信号质量衰退甚至消失，且手术伤口容易出现难以愈合的情况及炎症。由于侵入式脑机接口存在前述技术问题，非侵入式脑机接口目前更为可靠，市场份额占比超八成，已经在诸如注意力提升、神经性疾病等领域展现了非凡的应用价值。目前发展瓶颈主要是颅骨对于高频脑电信号的阻拦，但随着脑电图的检测精度不断提升，不同信号的传感器如脑磁图、近红外、磁共振也逐渐发展起来。

脑机接口应用场景与发展路径

脑机接口目前已经开始在医疗、健康、教育、娱乐等领域应用，它的普及将把人和人、人机信息交互的效率提升至与机器间交互一致的水平，并最终实现人类智能的增强。

医疗场景主要包括医疗运动辅助及义肢控制、神经疾病治疗等；健康场景主要包括睡眠管理、疲劳检测、压力监测和舒缓等；教育场景主要包括专注力检测、通过神经反馈进行注意力训练等；娱乐场景主要有机器人、VR 等可将脑机接口，特别是非侵入式脑机接口作为新人机交互的方式；安防场景主要利用脑机接口实现大脑控制无人机侦察、新武器控制、军人间无声脑电交流等。

具体而言，目前脑电类产品在教育领域的专注力提升和医疗领域的神经性疾病检测与治疗、肌电产品在医疗领域的残疾人运动恢复等均已经达到成熟商业化阶段。在身份识别、睡眠管理、疲劳检测等领域也已经展现出较广阔的应用空间。

以医疗领域神经义肢为例，传统义肢仅能实现单一或有限手势，第四代义肢依靠直觉控制实现无限手势，将很大程度恢复残疾人的运动能力。由于传统义肢性能薄弱且价格高昂，导致义肢产品的实际市场渗透率仅有 1% 左右，且国内市场目前大部分产品为二代义肢，可用性低，而三代产品价格高企又难以推广，未能有效提升中国超 8000 万残疾人的日常生活质量。

神经义肢新技术通过对前臂肌肉信号的提取及分析，得出使用者的原始运动意图，进而控制义肢。在实现轻便、可靠、高自由度的直觉控制的同时，压低了义肢成本，降低了普及门槛。

展望脑机接口未来的发展路径，我们认为将分成四个阶段：修复、改善、增强和沟通，分别介绍如下。

第一，修复阶段。通过意念操纵机器，让机器替代人类身体的一些机能，修复残障人士的生理缺陷。在 2014 年巴西世界杯开幕式上，瘫痪青年朱利亚诺·平托（Juliano Pinto）就是通过脑机接口驱动机械式的外骨骼为世界杯开球的。

第二，改善阶段。通过脑机接口提高大脑运行效率，让人们时刻精神抖擞、注意力集中、思维敏捷，高效清醒地处理各项事情。美国旧金山 Smart Cap 公司已经取得一定成功，它们把脑机设备做成了棒球帽，可以用来缓解卡车司机驾驶时的疲劳感，提高注意力，减少交通危险。

第三，增强阶段。通过脑机接口的记忆移植功能让人们在短时间内掌握大量的知识和技能。目前科学家已经破解了大脑海马体的记忆密码，开始尝试用芯片备份记忆，然后把芯片植入另一个大脑，以实现记忆移植。这项技术的终极目的是通过脑机接口技术把大量的信息和资料传输到大脑里或把大脑的记忆上传到云端，最终实现人类记忆在计算机世界的永生。

第四，沟通阶段。实现人们不用语言、仅靠脑电信号进行沟通。这种大脑和大脑的直接交互，不会出现语言的模糊和词不达意，而是一种彻底的、完美的、毫无信息扭曲的“心领神会”。目前 Facebook 正在研究让人们在思考一些东西时，把想法传输到他人的皮肤上，让人们通过皮肤“听到”声音，进而实现沟通。第四阶段将是脑机接口的终极阶段，亦是人类交互形式的终极形态。

第三节　元宇宙是人类的数字化生存空间

元宇宙概念的起源和发展前景

2021年，“元宇宙”概念风靡全球，各种描绘元宇宙及未来图景的文章层出不穷，美国互联网巨头Facebook不惜改名为Meta以表达注重元宇宙的决心，微软、英伟达、腾讯、字节跳动等国内外科技大厂亦纷纷快马加鞭布局元宇宙赛道。要探究元宇宙究竟是货真价实的万亿赛道，还是又一次“割韭菜”的概念炒作，首先让我们从元宇宙概念的起源说起。

元宇宙英文为Metaverse，由Meta和Verse两个词根组成，Meta表示“超越”，Verse表示“宇宙”，所谓“超越宇宙”指的其实就是一个平行于现实世界运行的人造空间。简而言之，在元宇宙这个虚拟世界里，人们不仅可以做现实中的一切社会行为，包括社交、娱乐、上学、购物、旅行等，甚至可以感受现实中做不到的事情，诸如上天入地、穿越时空甚至拯救世界。元宇宙成为人类在数字世界的生存空间。

元宇宙概念起源于文学与影视作品，最早来自美国科幻作家尼尔·斯蒂芬森（Neal Stephenson）1992年的科幻小说《雪崩》。小说讲述的是一个普通的比萨送货员，白天送货，晚上化身为虚拟世界“元宇宙”中的超级英雄。小说中描绘的元宇宙，是人们可以进入的三维数字世界，在物理世界中相隔甚远的人们可以用虚拟分身的方式在三维数字世界自由交流，且这个虚拟世界与现实世界平行。在斯蒂芬森的描述中，用户可以通过多种设备访问元宇宙，例如护目镜、耳机和其他便携式终端，获取来自视觉、听觉甚至触觉的全方位体验。在其后的三十年间，元宇宙的概念在《黑客帝国》《头号玩家》《西部世界》等影视作品，《第二人生》《我的世界》《模拟人生》等游戏中得到了进一步呈现。

2020 年以来的新冠疫情全球大流行加速了现实世界向虚拟世界的迁移，为元宇宙概念进一步做了铺垫。因居家隔离，人们的生活场所被迫转变为基于真实世界的虚拟世界，将工作、生活、娱乐、学术等诸多线下行为投射到视频会议、游戏等在线数字化场景中。2020 年 4 月，美国歌手特拉维斯·斯科特（Travis Scott）在游戏《堡垒之夜》中举办了“Astronomical”虚拟音乐会，虽然音乐会过程只有十分钟左右，却吸引了全球超过 1230 万歌迷同时在线观看。同年 5 月，加州大学伯克利分校为了不让学生因为疫情错过毕业典礼，在沙盒游戏《我的世界》里重建了校园，学生以虚拟化身齐聚一堂，举办了一场别开生面的“二次元”毕业典礼。同年 7 月，全球顶级人工智能学术会议 ACAI 在游戏《动物森友会》中举办人工智能研讨会，游戏为人工智能研究人员提供了交流和互动的虚拟空间。随着线上线下行为的打通，真实世界与虚拟世界的边界进一步模糊，元宇宙的愿景离我们似乎又近了一步。

必须承认，Metaverse 目前还不是一个严谨的学术概念，也尚无统一的定义。但可以肯定的是，元宇宙不会在一夜之间出现，也不会仅有少数几家公司参与运行，而将是众多底层技术、硬件设备乃至上层的内容应用共同繁荣后形成的生态。元宇宙事实上指向的是互联网的下一代形态。正如当下常与元宇宙并提的另一热点话题“Web 3.0”，二者从底层逻辑而言具有一定的相通性。

20 世纪 90 年代，随着苏联解体、两极格局瓦解，互联网这个美国在冷战时期大量投入资本研发的专业化工具在保密期过后转为民用，如 Mosaic 和微软 Internet Explorer 等新浏览器将 Web 推向了社会主流受众，这就是 Web 1.0 的诞生。Web 1.0 具有以下核心特征：去中心化、只读性、静态内容。所谓去中心化，指 Web 1.0 是由众多的普通个人电脑驱动的；所谓只读性，指浏览 Web 1.0 的用户中，只有少数人具备发布内容的权利；所谓静态内容，指 Web 1.0 上信息的主要呈现形式为静态的文本或图片。

2005 年后，YouTube、Facebook 和 Twitter 等平台型企业带来的新型互联网商业模式催生了 Web 2.0，智能手机的广泛使用则加速了这一现象的扩散。在 Web 2.0 时代，Web 1.0 的三个核心特征发生了重大转变。第一，互联网的主流受众不再是单纯的“浏览者”，人们得到了创建属于自己的 Web 的简单方式，任何人都有权利在网上发布内容；第二，曾经为 Web 提供动力的个人计算机逐渐演变为互联网巨头平台提供 IT 资源的中心化大型数据中心，曾经开放的 Web 随着一个个应用生态的诞生逐步建立起藩篱，虽然人们依旧能够通过 Safari、Firefox 和 Chrome 等应用浏览网页，但信息的管道化趋势已不可避免；第三，Web 2.0 的内容更具有交互性，用户的浏览、点击行为本身也塑造着 Web 2.0 所呈现的内容生态，创造出有价值的“数据石油”，但这些数据和其蕴含的价值则由大型科技公司集中拥有和控制。

而如今则是正在步入 Web 3.0 时代。Web 3.0 的概念其实早在 2006 年便有人尝试定义，当时人们更多将其视为带宽更高、延时更低、内容更丰富的 Web 2.0。2017 年，以太坊联合创始人加文·伍德（Gavin Wood）正式提出了基于分布式的 Web 3.0 概念，即 Web 3.0 的最重要特征是重新使得 Web 去中心化。随着去中心化而来的变化则是用户将对他们的数字身份和数据拥有所有权和控制权。以游戏为例，许多玩家将他们的金钱和时间花费在 Web 2.0 时代的网络游戏中，为自己建立数字财富，但大多数游戏开发商并不允许或不鼓励玩家将他们的投资和努力变成经济利益，这样玩家就无法将他们在游戏中的财富转移到现实世界中。而 Web 3.0 允许用户以 NFT（Non-Fungible Token，非同质化代币）的形式拥有他们的数字资产，与其他参与者进行交易，并将它们带到其他数字体验中，从而创建一个全新的、可以在现实世界中实现数字资产货币化的虚拟经济体系。

Web 3.0 的概念其实正是元宇宙生态能够繁荣的重要技术基础之一。元宇宙概念还有一种理解：元宇宙其实表达的是一种状态，即人类每天在虚拟世界所花的时间逐渐增多，直至超过在现实世界所花的时间。回看移动互联网这些年的发展轨迹，用户渗透率早已接近天花板，而用户每天使用手机的时间在达到 5~6 个小时后增长便趋于停滞。这是因为一般人在扣除每日平均 8 小时工作、平均 8 小时睡眠以及进餐、通勤等必要的时间后，剩余的可支配时间仅有不到 6 个小时。从国内来看，三大基础运营商固定互联网宽带已接入总数超过 5 亿户，移动互联网月活近 12 亿，人均使用 App 约 26 个，月均使用时长 160 小时。可以预见在现有的移动互联网世界里，无论是整体的用户数量还是用户时长，已经难有量级上的突破。而元宇宙未来有可能打破这个瓶颈的原因在于，个体在虚拟世界创造的价值能够反哺现实世界的衣食住行。因此，尽管游戏和社交有希望成为元宇宙最先落地的场景，但一旦能够形成虚拟和现实间的经济闭环，元宇宙中包含的可能性将远远超出娱乐的范畴，并有望在广告、社交电商、数字活动、硬件和创作者变现方面创造千亿甚至万亿美元的收入机会。

元宇宙的重要内涵与核心价值

参考商汤智能产业研究院的报告，元宇宙的内涵可以按照“所处世界”和“围绕对象”两大维度进行分类。

依据所处世界进行分类：一方面，元宇宙既可以是完全独立于现实的平行虚拟空间（或称为“平行元宇宙”），如沉浸式游戏、虚拟社交空间、虚拟培训等。另一方面，元宇宙中的虚拟世界也可以与现实世界发生连接和交互——现实世界发生的一切事件都会同步到虚拟世界中，而人们在虚拟世界的行为和体验也将投射到现实世界中，并对现实世界产生影响。这一类可以称为“融合元宇宙”。

依据围绕对象进行分类：元宇宙可以分为以消费者为中心的“消费元宇宙”和以生产者为中心的“企业元宇宙”。在“企业元宇宙”中，数字孪生可视为其中一个子集，目前在该方向的商业化已有一定进展。虽然元宇宙当前的表现形式大多以消费端的游戏为起点，但未来将逐渐整合互联网、数字化娱乐、社交网络等功能，长期来看甚至可以整合社会经济与商业活动。从技术层面而言，在传统互联网的基础上，元宇宙在沉浸感、参与度、永续性等方面提出了更高的要求，因此将由许多独立工具和平台不断融合产生。随着AR、VR、5G、云计算等技术不断迭代提升，元宇宙有望逐步从概念走向现实。

对于元宇宙应具备的特征，业内存在不同观点。如元宇宙概念上市公司 Roblox 首席执行官戴维·巴舒基（David Baszucki）提出元宇宙需具备八大要素：Identity（身份）、Friends（朋友/社交）、Immersive（沉浸感）、Anywhere（随时随地）、Variety（多元化）、Low Friction（低延迟）、Economy（经济）、Civility（文明）。Facebook 创始人扎克伯格提出“元宇宙跨越多家公司、覆盖全行业愿景，将成为移动互联网的升级版，让人们更便捷舒适地参与互联网”。科技媒体 CNet 的编辑斯科特·斯坦（Scott Stein）认为元宇宙将是面向未来的社交中心，人们用数字身份约会交流，在虚拟世界连接各大应用程序。整体而言，元宇宙的核心特征可归纳为以下四点：

第一，沉浸感。元宇宙应能够给用户带来沉浸式的虚拟世界体验，从 2D 到 3D，从平面感知到更丰富的立体感知。有别于当前互联网依托于屏幕的 2D 视觉体验，未来元宇宙有机会让人们获得类似或超越现实世界的 3D 真实体验。通过 VR/AR 设备，想象中的触感手套、触感衣，甚至脑机接口等外部设备，用户将获得 3D 立体体验，以及触觉、嗅觉等体感体验。

第二，开放性。开放既指技术的开源，又指平台的开放。元宇宙通过制定“标准”和“协议”将代码进行不同程度的封装和模块化，不同需求的用户都可以在元宇宙进行自主创新和创造，构建原创的虚拟世界，不断拓展元宇宙边界。元宇宙的繁荣也依赖于海量的用户创作内容。元宇宙不同于 MMORPG（大型多人在线角色扮演游戏）的重要一点在于，传统游戏中的玩家只是内容消费者，而游戏内容的生产完全依靠制作团队，导致内容创作速度跟不上消费速度，从而玩家的新鲜感快速消耗殆尽，用户逐渐流失。在互联网内容从 PGC（Professional Generated Content，专业制作人创作内容）到 UGC（User Generated Content，用户创作内容）的变化过程中，互联网从门户时代进入平台时代，用户既是消费者也是生产者，从而极大提升用户的参与度。

2003 年，林登实验室（Linden Lab）推出的游戏《第二人生》，被看作元宇宙的雏形。在游戏中玩家们可以交流、玩耍、买卖，这里的大部分场景都是居民自建的，而不是游戏设计者创建的。林登实验室提供了一个 3D 建模工具，任何玩家都可以利用它搭建出建筑、风景、交通工具、家具等，这些东西可以使用，可以交换，也可以出售。在美股中被称为元宇宙第一股的 Roblox，也提供了一套易上手的低门槛编辑工具，玩家可以使用这个工具设计自己的游戏、物品和皮肤。

未来，在更广泛的领域，如数字建筑设计、艺术品创作，乃至工业解决方案等领域，将涌现出更多 UGC 内容或解决方案。元宇宙用户既是消费者，同样也可以是内容的生产者。传统互联网公司将不只扮演平台的角色，更可能成为元宇宙时代基础设施的建造者。除用户自发创造内容外，人工智能技术进一步成熟后，也能赋能内容生产，实现所想即所得，降低用户内容创作门槛。

第三，随时随地。用户可以使用多种设备登录元宇宙，随时随地沉浸其中。同时，元宇宙必须能支持大规模同时在线，这对网络传输及计算能力提出了很高要求。通过低延时网络连接，以及云边端协同计算，降低对终端硬件的性能要求，从而支撑逼真的感官体验和大规模用户同时在线需求，提升元宇宙的可进入性。

第四，闭环经济系统。所谓闭环经济系统具有两层含义：其一，元宇宙中的数字资产不可复制。当 UGC 成为数字世界的主流内容，也就意味着海量数字资产将被持续创造，数字资产将不仅仅是现实世界实物资产的数字化，也可能是原生于数字世界的虚拟资产。这些虚拟数字资产凝聚了创作者的工作和灵感，具有使用和交易价值。元宇宙经济系统的稳定建立在数字资产的不可复制性之上，这样才能保障元宇宙内经济系统不会产生通货膨胀，保障数字资产和数字身份安全，同时协助系统规则的透明执行。借助区块链技术，元宇宙参与者可以根据在元宇宙的贡献度（时间、金钱、内容创造）等获得奖励。另外，基于区块链可以提供元宇宙专属的非同质化代币（NFT）作为激励。其二，NFT、数字货币（去中心化如比特币，中心化如数字人民币）、现实货币等需要形成一套完整的支付、兑换和提现体系，实现虚拟和现实经济的闭环。目前基于NFT，虚拟地块、数字艺术已经实现数字资产化，随着NFT的发展，元宇宙下的数字资产将形成完整的流通交易系统。

从产品形态上看，游戏作为人们基于现实的模拟、延伸及想象而构建的虚拟世界，其产品形态与元宇宙相似，可以认为是“消费元宇宙”的雏形。然而受限于技术水平，当前的游戏与元宇宙的成熟形态仍有较大差距，主要体现在以下三个方面：

第一，沉浸感不足。影响沉浸感体验的主要是视频分辨率、帧率、MTP（Motion To Photons）时延①、操作响应时延等，其中后两者的体验提升可以通过芯片算力提升、传感器优化、数字接口优化、操作系统优化等实现，而分辨率和帧率等主要影响用户临场感、逼真度和眩晕感，这些参数与图像渲染性能和视频质量有关。只有当分辨率达到16K之后，人眼才察觉不到纱窗效应，也就是接近肉眼的“完全沉浸感”。而16K分辨率需要大带宽、低时延的无

---

①　指从肢体动作到显示出相应画面的时间，MTP时延太大容易引起眩晕，目前公认的是MTP时延低于20毫秒就能大幅减少晕动症的发生。

线网络以及高效的视频压缩算法，正是 5G 网络的用武之地。

第二，开放性差。第一方游戏内容是建立元宇宙的基础场所，而目前 3A 游戏在场景和人物建模上都需要耗费大量的人力、物力和时间资源，因此，第三方自由创作的内容以及闭环经济体系的持续激励，是元宇宙延续并扩张的核心驱动力。目前游戏 UGC 创作领域编程门槛过高，创作的高定制化和易得性不可兼得，虚拟世界的知识产权保护也是一大难点。因此，为达到元宇宙终极形态所展现的开放性，需要重点关注人工智能、区块链等产业的技术突破。

第三，无法随时随地。传统的终端图形渲染模式受限于 PC 的 GPU 能力，云端图形渲染算力的池化尚未完全实现，现有云游戏模式在 GPU 资源分配上仍主要采用“一路对一路”（即一块云端 GPU 对应一台终端设备）的形式，资源利用效率较低。同时，云端服务器承载能力受限（全球范围来看，目前多人游戏最大仅支持十万量级玩家同时在线），难以支撑大规模用户同时在线。云计算、通信、半导体芯片等基础设施产业的持续进步，是未来实现“随时随地”进入元宇宙的关键。

在企业元宇宙方面，以数字孪生为代表的核心技术在近年得到了较快发展。数字孪生的发展大致经历了以下三个阶段，其发展背后是数字化技术在工业领域的演进与变革。

第一阶段：概念发展期。美国密歇根大学迈克尔·格里夫斯（Michael Grieves）教授于 2003 年首次提出了数字孪生概念。概念提出的基础是当时产品生命周期管理（PLM）、仿真等工业软件已经较为成熟，为数字孪生体在虚拟空间的构建提供了支撑基础。

第二阶段：行业落地期。数字孪生最早应用于航空航天行业，2012 年美国空军研究实验室将数字孪生应用到战斗机维护中，而这与航空航天行业最早建设基于模型的系统工程（MBSE）息息相关，能够支撑多类模型敏捷流转和无缝集成。

第三阶段：商业加速期。数字孪生应用已从航空航天领域向工业各领域全面拓展，西门子、GE 等工业巨头纷纷打造数字孪生解决方案，赋能制造业数字化转型。自 2015 年开始，数字孪生已吸引了 ISO、IEC 和 IEEE 等国际标准化组织的关注，各组织正着手推动分技术委员会和工作组，探索标准化工作、助力数字孪生标准的实施推广。当前，工业制造和智慧城市领域是数字孪生标准工作的切入点，其他领域相对缺乏标准化的研究工作。

从数字孪生产业链的角度来看，国内外一大批专注于工业生产线数据采集的科技公司在前一轮工厂自动化的浪潮中成长起来，以西门子、霍尼韦尔、菲尼克斯电气公司为代表的工业自动化企业纷纷推出数据采集系统和智能网关产品等。此外，随着轻量化模型构造工具的普及，以 Unity 软件为代表的可视化引擎工具使用成本逐渐降低，极大地促进了数字孪生技术的发展。

总体而言，目前越来越多的企业在数字化转型中开始应用数字孪生技术。但数字孪生的大规模应用场景还比较有限，涉及的行业也有待继续拓展，仍然面临企业内、行业内数据采集能力参差不齐，底层关键数据无法得到有效感知，方案定制化程度较高等问题。此外，对于已采集的数据，缺乏数据关联和挖掘相关的深度集成应用，难以发挥数据潜藏价值。从数字孪生领域创业公司角度而言，首先，其产品应用场景仍处于探索拓展阶段，当前主要聚焦在工业制造、智慧城市和IT运维等领域，相关解决方案在落地阶段仍需较多定制化工作，企业人效有待提高；其次，部分下游客户，尤其以智慧城市项目为代表，对数字孪生产品的采购产生于“一把手”示范工程的需求，相关收入的可持续性还需进一步观察。

第七章

可穿戴设备：量化生活之路

第一节　核心技术与产业趋势

基本概念与核心技术

可穿戴设备是利用生物传感技术、无线通信技术与智能分析软件实现用户交互、人体健康实时监测以及生活娱乐等功能的智能硬件。

可穿戴设备主要分为电子产品与医疗器械，常见的可穿戴电子产品包括智能手环、智能眼镜、智能止鼾器、无线耳机等；可穿戴医疗器械包括智能心电记录仪、腕式血压计、智能体温贴、血氧仪等。随着新型传感器的不断丰富，多样化的形态是可穿戴设备的发展趋势。

可穿戴设备行业根据应用领域分为商业消费级设备和专业医疗级设备。商业消费级设备按照产品形态又可分为手环、手表、眼镜、服饰等。专业医疗级设备又可分为监测型医疗设备和治疗型医疗设备，多供于医院等医疗机构使用。

可穿戴设备是在计算机及电子产品小型化、便携化的趋势下诞生和发展起来的，其利用硬件设备采集人体生理数据，通过软件系统实现数据的云端交互，来实现对用户健康状况的监测和评估，进而为用户提供专属的个性化服务。作为一类高技术集成度的智能硬件，可穿戴产品的性能高度依赖其背后的核心技术，主要包括传感器技术、芯片技术、电池技术、通信技术、交互技术、操作系统六个方面。

传感器技术

与人体紧密接触是可穿戴设备的主要特征，而可穿戴设备的核心价值在于对人体数据的有效感知，这些都依赖于各种类型的传感器。可穿戴设备使用的传感器需要具备体积小、质量轻、功耗低、可靠性好、稳定性高、易于集成等特点。目前行业使用的传感器主要包括运动感知类传感器、环境感知类传感器和生理参数检测类传感器。其中生理参数检测类传感器用于检测人体各项体征数据，比如血糖、心率、血压等，是可穿戴设备提供各类健康和医疗服务的基础。这些体征数据经过智能分析软件的处理之后，即可提供人体健康状况报告，如同一个经验丰富的全科医生时刻在帮助我们体检一样。此外，多传感器融合技术应是将来的发展方向。例如，以代谢热整合法为原理的无创血糖监测设备，融合了多种传感器技术，从各维度实现了血糖指标的准确测算。

芯片技术

芯片是可穿戴设备的核心器件，其提供了底层的计算、存储和网络能力。可穿戴设备使用的芯片主要包括 CPU 和数字信号处理器（DSP）两类。CPU 芯片属于通用型计算处理芯片，兼容性非常好。DSP 芯片主要是实时快速地处理各类数字信号。强大的数据处理能力和高运行速度是 DSP 芯片的两大特点。随着可穿戴设备的功能越来越多，数据量越来越大，对于芯片的兼容性和运算速度都提出了更高的要求。因此，CPU 和 DSP 只有配合使用，才能更好地满足可穿戴设备的功能需求。

电池技术

电池是限制可穿戴设备功能扩展的重要因素之一。目前，包括可穿戴设备在内的智能硬件均使用锂电池。随着可穿戴设备功能增加、数据交互增多，加之需要长期追踪用户数据的特性，可穿戴设备的功耗也必然增大，对电池的续航能力要求也会更高，因此，可穿戴设备的发展必然需要更高能量密度的锂电池或者新型电池技术的支撑。目前，学术界大量工作聚焦于功率自感知通信协议、功率自感知通信算法、节点数据融合和聚合技术，旨在优化各单元工作时间，降低系统功耗。此外，增加电池容量，通过无线充电、极速充电、太阳能和生物充电等技术也可以缓解该问题，但这些充电技术大多处于实验室阶段，尚未大规模商用。

通信技术

数据传输几乎是所有智能硬件正常工作的必备条件，可穿戴设备也不例外。可穿戴设备中使用的无线传输技术主要包括蓝牙、Wi-Fi 和蜂窝网络。蓝牙是一项专为移动设备开发的低功耗移动无线通信技术，最初的可穿戴设备如手环、手表均是通过蓝牙和智能手机连接。随着可穿戴设备功能增多、数据量提升，Wi-Fi 和蜂窝网络也在可穿戴设备中得到广泛应用。蓝牙功耗低，但传输速度和距离有限，Wi-Fi 和蜂窝网络能够满足大容量的数据传输需求，但功耗更高，不利于可穿戴设备的续航。未来，根据具体场景选择多种通信方式搭配使用，才是使可穿戴设备性能最优的解决方案。

交互技术

通过触摸屏进行人机交互是当前大部分可穿戴设备采用的交互技术。此外，还有语音、姿势、眼动等新的交互技术。语音交互的实现主要依赖于语音识别技术，随着语音识别技术的日趋成熟，其在可穿戴设备及其他智能硬件中的使用也会越来越广泛。姿势交互是通过采集人体不同部位的姿势，利用计算机图形学相关技术识别后转化为计算机指令，以达到交互的目的，目前使用的主要是手势交互。眼动交互则是依靠计算机识别、红外检测或者无线传感器等方式，实现可穿戴设备的控制和交互。不同于手机、平板，可穿戴设备能够提供的屏幕面积非常有限，所以语音交互、姿势交互和眼动交互等不受限于屏幕面积的交互技术将会在可穿戴设备中有更多的应用。

操作系统

可穿戴设备从附属设备逐渐转变为具有自主功能、能够独立工作的智能硬件产品，可穿戴设备专用的操作系统也就此诞生。各大可穿戴设备厂商在推出自家产品的同时，也都搭载了自研的操作系统，努力构建可穿戴系统生态。比如：苹果的 Watch OS、华为的 Lite OS 和鸿蒙系统以及小米推出的 MIUI For Watch。从智能手机的发展经验来看，融合统一才是操作系统发展的趋势，进而才会促进上层应用的繁荣。当前可穿戴设备操作系统主要分为实时操作系统、Android Wear、Tizenh 和 iOS。其中实时操作系统对硬件的要求较低，多被手环等产品选用；后三者主要用于智能手表和智能眼镜。由于操作系统碎片化，不同设备搭载着互不兼容的开发平台，因此，各类应用与信息不能共享。各厂商希望打造自己的生态系统，包括定制操作系统、界面交互、提供接口给第三方开发者、发展开发者社区等。可穿戴设备的操作系统目前尚处在群雄争霸的状态，后续如何发展还需要一段时间的观察。

产业历史与未来趋势

中国可穿戴设备行业的发展历程并不长，但是发展速度非常快，可分为三个阶段：萌芽起步阶段、快速发展阶段和调整发展阶段。

萌芽起步阶段（2000—2013 年）：2000 年开始，外资陆续进入中国市场，为中国生物传感器行业的发展提供了资本与技术的支持，促进了生物传感器行业的发展。2012 年 12 月，国务院印发《生物产业发展规划》，提出推进生物基产品规模化发展、培养生物服务新业态，为可穿戴设备的发展奠定了政策基础。

快速发展阶段（2014—2016 年）：2014 年 7 月，小米推出 79 元高性价比智能手环，快速提升了中国消费者对可穿戴设备的认知，刺激了中国智能手环市场需求，为商业消费级可穿戴设备行业高速发展奠定了需求基础。2016 年，《"十三五"国家科技创新规划》鼓励发展新一代信息技术，发展智能绿色服务制造技术，重点加强新型传感器研发能力。

调整发展阶段（2017 年至今）：可穿戴设备行业产品同质化严重，智能手环滞销致使整个行业进入调整发展阶段，许多尾部企业被淘汰出局，加速了市场的洗牌。同时，这一阶段相关政策的出台也促使中国可穿戴设备产业向智能化转型与升级。商业消费级可穿戴设备的市场热度已经消退很多，制造商开始深化产品垂直领域的专业功能，所以专业级别的可穿戴医疗设备开始受到市场更多的关注。

随着收入水平的提高，人们对生活质量和自身健康状况的关注将会越来越多，具备量化和智能化能力的可穿戴设备将会逐步普及。展望未来，可穿戴设备将具备四大前沿功能。

第一，隐形化。可穿戴设备适用摩尔定律，随着时间的推移，电子元件将越来越小，产品性能将会提升，功能也会更强大。产品体积的减少和不断融入用户的日常生活，使得产品变得“隐形”，成为类似于项链、戒指、手表等无感的存在。

第二，首饰化。现实生活中，会让人长期佩戴的都是私人物品，除非产品拥有重要医疗用途，例如助听器，否则少有可穿戴设备可以让消费者一直佩戴。未来可能会出现智能技术与珠宝首饰的融合，这样用户可以自主地随心情挑选每天佩戴哪件设备。可穿戴设备可以成为首饰的一部分，它不仅是一种科技配件，也是一种时尚态度。

第三，持久化。随着可穿戴设备的成熟，出现了其他的设备供电方式，如太阳能。Tommy Hilfiger 正式推出一种新的充电方式，用嵌入太阳能电池的布料来为设备充电。另外还有以动能为动力的设备，甚至是利用体热为指环上的 LED 灯提供能量的想法。尽管这些功能离商业化还有一段距离，但不久可能就可以看到它们应用到可穿戴设备中。

第四，智能化。未来可穿戴设备的端侧人工智能学习能力会进一步加强，针对佩戴者各类生活习惯提供定制化和主动化的推荐服务。例如，当用户怀里抱满杂物走到家门口时，他的心跳信号通过可穿戴设备向门上的智能锁发出信号——自动解锁。当穿过客厅时，手腕上的可穿戴设备检测到你的体温高于平均水平，就会自动向恒温系统发出信号——打开空调。它还能检测人体水分水平，当用户进入厨房时，它可以触发智能饮水机，自动为用户倒水。

未来在应用场景方面，可穿戴设备在体育运动、教育教学、医疗健康以及军事等领域的应用将会不断深化。

体育运动类可穿戴设备通过轨迹数据、距离数据等分析监测运动员的体能表现，并跟踪其心率等指标，分析其身体康复状况和睡眠质量情况，从而根据客观的数据分析制定科学的训练计划。

教育教学类可穿戴设备可以收集学生的健康数据、心理数据，辅助教师根据学生的心理变化判断学生行为的合理性，从而有针对性地与学生进行实时沟通，以提升学生的学习效率及教学效果。

医疗健康类可穿戴设备的普及率最高，相比其他类型可穿戴设备，属于必选消费类产品。对于 C 端用户（病患）而言，可穿戴医疗设备将为病患提供实时的健康监测数据，让病患全面及时地了解自身健康情况，并帮助病患进行科学的健康状况管控；对于 B 端用户（医院）而言，可穿戴医疗健康设备可将病患的健康监测数据及时地传输给医院和医生，为医院的资源调配提供有力的医疗辅助，并协助医生进行远程看诊和治疗，降低全社会的医疗成本。

军用类可穿戴设备的应用主要包括作战指挥、日常监管等。智能头盔和智能眼镜是军用可穿戴设备的典型代表，通常用于军方的作战指挥，这对于提高士兵的作战效率，最终打赢一场现代战争至关重要。

第二节　产业图谱与三足鼎立格局

产业链条与巨头布局

中国可穿戴设备产业链由上游市场的软硬件供应商、中游市场的可穿戴设备厂商以及下游市场的销售渠道和终端用户三部分组成。

产业链上游的硬件设备种类繁多，市场较为细分，类似于灌木市场。但硬件设备的技术壁垒较高，所以各细分市场的头部效应较为明显，并占据产业价值链的核心位置。从价格与成本角度来看，可穿戴设备的硬件设备成本占总成本的比重为20%左右，且整个产业价值链中75%的利润被硬件厂商获得。所以，上游硬件设备的价格变动直接影响中游可穿戴设备生产企业的采购成本与利润空间。

产业链中游的可穿戴设备生产企业，或称为品牌方，其核心壁垒在于技术集成、销售渠道和品牌价值三个方面，所以目前可穿戴设备产业的头部企业基本以智能手机厂商为主。

产业链下游的企业主要涉及线上和线下的终端销售渠道。因为可穿戴设备的标准化程度很高且平均客单价相对较低，所以线上销售渠道的市场份额占比高达70%。对于少部分高客单价以及注重线下试戴体验的产品，线下销售渠道会有优势。

从前述产业链的分析中可以看到，以智能手机厂商为代表的产业巨头已大力布局可穿戴设备产业。其中，谷歌、三星、苹果、华为、小米、索尼等巨头都已完成对可穿戴设备的布局；微软、IBM、高通在该领域已布局了大量的专利，而且华为也已将医疗器械纳入经营目录。各产业巨头均已看到可穿戴设备未来的无限前景，但也需要做好充分的准备，迎接当前的重重挑战。

首先是安全性和有效性的问题，尤其是医疗级的可穿戴设备，目前各大厂商的可穿戴设备医疗级的安全性和有效性尚未得到广泛认可，基本停留在核心领域之外的健康管理，以糖尿病等慢性病管理最为突出。可穿戴设备想要突围到更深层的医疗诊断领域，还面临很多现实的挑战。一方面受限于可穿戴设备自身的技术瓶颈，另一方面受限于与医院的协同模式，仅个别产品能够符合医疗级应用，绝大多数产品的接纳程度依然较低。

其次是同质化和劣质化问题。可穿戴设备面临服务场景单一、产品质量存疑、数据应用受阻等多类问题。比如提醒服务、体征记录等功能项目同质化严重。产品种类也是琳琅满目，包括手表、手环、眼镜、服装等多种形态。各厂商产品自成体系，品牌壁垒凸显，而数据准确性却难以得到保障，上游核心零部件依然依赖国外进口，国产化空间巨大。数据应用方面，健康隐私数据安全存疑，数据采集标准化程度亟待提升。此外，医疗机构院内、院外数据存在物理隔离，数据“孤岛效应”明显。

中国可穿戴设备行业已形成比较明确的竞争格局，头部企业的市场竞争力非常强，前五大厂商市场占比达到70%。此外，中国本土头部企业在全球市场上也占据了20%的市场份额，具有较高的品牌竞争力。

中国可穿戴设备行业的主要竞争者为苹果、华为、小米、OPPO、步步高。其中，华为、苹果、小米三家巨头占据着六成的市场份额，每家单季度的出货量均在500万台以上，遥遥领先其他竞争对手。而在全球市场独占鳌头的苹果，在中国市场显然有点“水土不服”，不敌国内市场华为、OPPO等本土品牌。华为虽然在国内可穿戴设备市场展现出强大竞争力，但就全球市场而言，小米力压华为。因小米持续在海外市场发力，使得全球市场份额位居第二，仅次于苹果。

市场变局下的中国机会

可穿戴设备市场虽然品类众多，但尚处于“诸侯混战”阶段，且占据市场绝对主导地位的仍是智能手表、智能手环和无线耳机三个品类，已逐渐形成“三足鼎立”之势。

智能手表：在六个方面竞争发展

2022年全球智能手表出货量达到2.28亿只，苹果占据了超过三分之一的市场份额，是智能手表市场上绝对的头牌。其次则是三星和华为，它们的市场份额分别为 9.8% 和 6.7%。此外，来自印度的智能手表品牌，特别是 Noise 和 Fire Boltt 在全球市场上增长显著，两家均占据超过 5% 的市场份额，分别排名第四和第五。目前智能手表主要在向以下六个方向发展：

第一，体验改善，表现为超长的续航能力、支持无线快充、产品更轻薄、显示屏幕更大、使用材质更好等。

第二，健康监测，包括睡眠质量监测、血氧饱和度监测、心率检测、压力检测等。

第三，运动功能开发，包括跑步实时监测状态、辅助锻炼、专项运动辅助等。

第四，手机替代，支持照相、音乐播放、蓝牙通话、移动支付等功能，逐步摆脱对智能手机的依赖。

第五，应急功能开发，包括紧急呼救、摔倒检测、指南针、迷路导航、海拔气压检测等。

第六，软件系统优化，体现在操作系统功能更加完善、支持更多的原生应用软件、配套的分析软件功能更强大。

智能手环：进入“老年期”

智能手环的热度早已今非昔比，根据 IDC 的数据，2022 年中国智能手环的销量仅为 1276 万只，同比下滑 27.1%，且销量仅为当年智能手表的 40%。其实智能手环的市场衰退早已开始。在 2020 年第四季度以前，全球智能手环的出货量要比智能手表高很多，但在此之后手环就出现了“由盛转衰”的拐点，出货量连年下滑。我们不禁要问，属于智能手环的末日真的要来了吗？

让智能手环销量暴跌的罪魁祸首是智能手表，它拥有更大的屏幕、更多的功能以及更时尚的外观。就以最重要的健康监测功能为例，智能手环受限于体积和成本问题，不能集成一些高级的传感器，比如心电、血压、血氧等测量功能都无法在智能手环上实现，而且它的数据精准度也要比智能手表差上不少。总之智能手表的功能完全可以覆盖智能手环，而且还能做到很多智能手环实现不了的事情。

早年，智能手环的价格大多在几十到两百元之间，而智能手表的平均价格则在两三千元，巨大的差价让消费者会首先考虑性价比更高的智能手环。但在激烈的市场竞争之下，如今智能手表的价格已经降至两三百元。以小米旗下的 Redmi Watch 3 为例，它具备智能手表外观，拥有更为丰富的传感器硬件和相关功能。虽然它的功能相对较少，但由于采用了更低功耗的处理器与封闭系统，以此换来了显著的续航优势，一次充电可以使用一两周，更大的屏幕和更时尚的外观就足以让消费者为其买单。反观智能手环，在售价越来越高的同时却并没有带来全新的功能，两者销量的此消彼长也就顺理成章了。

当然，智能手环也并非毫无存在的意义，对于那些喜欢戴石英表又热爱运动的人来说，他们平时戴着石英表，只有在需要运动的时候才会换成智能手环，目的是记录运动数据。另外，对于已经上了年纪的用户，他们的核心需求是监测自身健康状况，并在发生危险时第一时间自动发送信息给他们的子女，因此他们也会选择价格更加便宜的智能手环产品。

由此可见，智能手环仍是一部分用户首选的产品，它不会消亡，但一定会逐步远离王座，成为一个小众产品。逻辑上也容易理解，毕竟智能手环作为一个天生拥有界限的产品，它必须在数码产品不断升级的趋势下塞进越来越多的功能，而在体积和重量的限制之下，它的边界只能到这里，如果想要集成更多的功能，就不得不转换成另一种产品形态，这正是智能手表成为主流的原因。

对于智能手环产品的未来出路，除了前述分析中面向特定群体的需求以外，出海也会是一个不错的选择。在东南亚、印度和非洲等经济不发达地区仍有不小的需求。这些地区消费水平相对较低，与中国存在经济时差，类似中国前几年的可穿戴设备市场，性价比更高的智能手环将会更受欢迎。以印度市场为例，一加和小米几乎占领了整个印度可穿戴市场，重复着中国曾经的故事。

无线耳机：“卷”到天花板

无线耳机作为整个可穿戴设备市场中市场份额最大且增长最快的产品，不仅出货量快速增长，客单价也出现了大幅上升，目前稳坐可穿戴设备市场的霸主地位。

自从2016年苹果在秋季新品发布会上推出AirPods之后，真无线（True Wireless Stereo，简称TWS）耳机市场开始走向繁荣。五年间，小米、OPPO、华为、荣耀、三星等玩家陆续入场。2022年初，荣耀拿出了全球首款支持测温以及全球首发支持5C快充技术的无线耳机——荣耀Earbuds 3 Pro；OPPO拿出了OPPO Enco X2无线降噪耳机，无线耳机市场进入刺刀见红的激烈竞争阶段。相比美国市场苹果一家独大的局面，国内无线耳机市场“卷”到了天花板，参与竞争的无线耳机厂商达千余家，其中超三成企业成立时间在5年以内，竞争激烈程度堪比当年团购平台的千团大战。但略显遗憾的是，虽然国内竞争者众多，然而目前近一半国内市场份额还是由苹果占据，小米、三星、华为以及Realme的无线耳机产品市场份额紧随其后。不过，从当前市场竞争的情况来看，无线耳机市场远未尘埃落定。

无线耳机迅速风靡的核心原因在于它解决了有线耳机最大的痛点：严重影响用户体验的那根耳机线，不仅剪不断理还乱，而且限制了手机不能脱手，当跑步、逛街和乘坐公共交通时都需要握着手机，带来极其糟糕的用户体验。此外，作为独立的配件产品，有线耳机无法在不同产品之间做智能化的场景切换。在摒弃线材之后，无线耳机无论是设计上的简洁感，还是重量以及沉浸式的空间音频、降噪能力等都远超有线耳机的体验。佩戴无线耳机后，消费者可以在健身、居家、户外、车内、商场等各种场景中更好地随时随地与人语音通话、视频通话、听音乐等。这也是无线耳机迅速风靡，成为消费者的首选耳机形态的原因。

无线耳机的核心壁垒在于四点：音质效果、降噪能力、芯片技术和续航水平。对于耳机来说，音质效果是首要考虑因素，几乎所有大厂都会强调音质上的优势，没有这一点，其他优势都是无源之水，无本之木。其次就是降噪能力的比拼，在无线耳机市场，半入耳式比入耳式耳机佩戴更舒适，但降噪能力略逊一筹。今天市面在售的无线耳机，降噪几乎是各家主打的特性亮点，华为、荣耀和OPPO概莫能外，行业也有“以降噪论英雄”的态势。

从无线耳机的技术驱动力来看，音频传输的底层蓝牙技术是关键，目前主流的真无线耳机基本采用了蓝牙5.0或5.1的连接标准。这是下一代音频行业发展的底层标准。无线耳机的重量在5克左右，重量极轻，体积极小，要实现高质量的音频与长时间的通话续航，对蓝牙芯片的功耗要求很高，芯片自然就成为无线耳机厂商角逐的关键点。有了智能手机在芯片领域受制于人、无力掌控供应链产能的教训，有芯片研发实力的无线耳机厂商都选择自研芯片，其中的典型代表就是华为。自研芯片一方面可以提升品牌溢价，另一方面可以将产品的抗干扰、降噪、音质、延迟等方面的优化做到更好。而对于没有芯片自研能力的无线耳机厂商，选择高通或者国内初创企业的蓝牙芯片也是一种出路。但在中美科技摩擦的背景下，无线耳机厂商必须考虑供应链安全的问题，国产化产品的优势凸显。

电池续航一直以来都是许多电子设备的痛点，也是竞争的关键点。不同于智能手机等产品受限于电池的寿命，更大容量的电池天然受限于无线耳机更小的空间，这些挑战涉及机械设计的难题，包括印刷电路板和工业设计外壳、内部零件等重要组件。因此，厂商们要补齐无线耳机电池续航的短板，只能从更加先进的芯片制程入手。但更先进的芯片制程也意味着更先进的技术与更高昂的成本，这也成为各家厂商需要平衡和取舍的关键点。

展望未来，我认为TWS将沿着性价比和平台化两个方向演进。从当前市场竞争模式来看，苹果占据高端市场，国内大部分厂商的产品依然在中低端市场争夺。2021年主流品牌的无线耳机已经降至两三百元价位段。数据显示，国内价格低于500元的无线耳机占比近六成，而起售价高于500元的无线耳机占比仅四成。虽然说厂商们开始往中高端产品发力，但短期来看性价比依然是国内厂商竞争的主旋律。

终端设备的互联互通是物联网时代的大势，产业巨头在诸多终端产品层面布局，最终都是要将它们纳入万物互联的生态之中。从这个角度来看，无线耳机厂商之间也是物联网万物互联生态竞争的重要落子。虽然苹果占据无线耳机市场的半壁江山，但国产智能手机厂商已悉数入场，处于破局与发力阶段，未来变数还很大。从设计、功能到体验，国内厂商均在逐渐拉近和苹果的距离，追赶并超越苹果是一众厂商心照不宣的大方向。而且无线耳机的增长红利还在，整个市场尚未达到饱和，从增长到创新再到应用探索，还有很多突围的机会。

此外，尽管参与竞赛角逐的有智能手机厂商、传统耳机厂商以及新兴的第三方厂商，但随着无线耳机成为智能手机标配，智能手机厂商将成为该战场的主角。毕竟，主流智能手机厂商相较传统耳机厂商，在品牌认知度、销售渠道、资金链与技术研发投入上的优势更加明显。而手机新品捆绑耳机新品的体验优化，无疑将推动耳机产品与手机销量成正相关。对于智能手机厂商而言，也有望在该战场开辟新的增长点。苹果已经做出表率并把 AirPods 打造成了一个新的“现金牛”业务，这种开辟新战线并且在几年内做到稳定盈利、为主业创造附加值与贡献营收空间的能力是国产手机厂商所缺乏的，当然，这也是国产手机厂商能够复制的一种业务增长模式。下一阶段的竞争，看战术打法，也看战略落地，但起决定性作用的，依然是产品技术创新。

第八章

全屋智能：从科幻走进现实

第一节　全屋智能的历史与现状

全屋智能的演化历程

全屋智能是以家庭生活空间为载体，基于物联网、无线通信、云计算、大数据、人工智能等技术，通过智能家居硬件设备和软件应用，全面改善家庭环境，优化生活方式的一种家庭智能化管控系统，其通常会覆盖客厅、卧室、厨房、浴室、书房等多个场景，以及门锁、开关、环境监测、家电管理等多项功能，是智能家居应用在空间上“由点到面”的立体化延伸。

回顾中国全屋智能产业的演化历程，虽然只有短短不到30年的历史，却起起伏伏、辗转经历了七个发展阶段，而身处浪潮之巅的科技巨头和科技大佬起到了推波助澜的作用。

第一阶段：起源（1997—2000 年）。1997 年，比尔 · 盖茨位于西雅图的新家完工，总工期 7 年，花费 1.13 亿美元，盖茨称其为“Xanadu（世外桃源）2.0”。全屋从灯光、家电设备、门窗、暖通、可视对讲到安防等各个方面，都融入了当时的“高科技”。卧室与客厅可以根据个人喜好设定室内温度、灯光强度、空气湿度、地板温度、背景音乐等；地板中的传感器可以感应到人的足迹，有人来时照明系统自动打开，在人离去时照明系统自动关闭。这套系统是那个时代智能家居的巅峰作品，当然昂贵的价格使其成为富人的私人定制，类似于早年手机还是“大哥大”的时代。比尔 · 盖茨以一己之力推动了全屋智能产业在全球的发展势头。

第二阶段：引进（2000—2005 年）。2000 年之后，在全球市场的影响之下，国内智能家居企业如雨后春笋般陆续成立，主要集中在深圳、上海、天津、北京、杭州、厦门等发达地区。在此阶段，国外品牌还未进入国内市场，整个市场还处于引进国外技术和理念，培育市场需求的初级阶段。然而，在消费者认知不足和市场管理制度滞后的背景之下，市场进入无序竞争阶段，各种“挂羊头卖狗肉”的劣质产品横行市场，导致全市场开始大打“价格战”，无暇将精力放在提升产品技术和用户体验上，极大地透支了行业信誉。

第三阶段：徘徊（2005—2011 年）。在前期发展阶段，一些打着智能家居旗号的企业野蛮生长、恶性竞争，销售的产品其实并不属于智能产品，甚至连接受指令稳定执行都还未实现，这给智能家居行业带来了极大的负面影响。这些企业只顾发展代理商却忽视了对代理商的培训和扶持，导致代理商经营困难、用户投诉率高企。接踵而来的就是用户、媒体开始质疑智能家居的实际效果，还未成规模的市场增长开始放缓，部分区域甚至出现销售额下降的现象，有二十多家智能家居生产企业退出市场，各地代理商结业转行的也不在少数。许多坚持下来的智能家居企业，在这几年也经历了缩减规模、迷失方向、缺少资金等痛苦。好在国内部分存活下来的企业逐渐找到自己的发展方向，例如防盗监控、对讲、智能照明等领域。与此同时，国外的智能家居品牌也暗中布局，打入中国市场，行业经历阵痛之后进入“远程控制、稳定执行”的 1.0 时代。

第四阶段：蜕变（2011—2017 年）。进入 2011 年，在房地产行业调控的大背景下，地产商开始寻找新的增长点，智能家居行业整体市场迎来了明显的增长势头，同时智能家居的协议与技术标准开始主动互通和融合，从基础设施层面奠定了行业进入快车道的基调。智能家居第一股涂鸦智能便诞生于这一阶段，主要聚焦于服务智能家居单品的平台层。海外，谷歌在 2014 年 1 月以 32 亿美元收购 Nest 进一步引爆了行业。从 2015 年至 2017 年，小米、阿里巴巴、百度陆续成立了智能生活事业部，智能家居行业迎来了巨头的快步入场。但这一阶段整体而言，底层协议和交互入口尚未实现统一，消费者体验仍然有待改善，行业依然处于 1.0 时代的尾声。

第五阶段：蓄势（2017—2020 年）。2017 年，智能音箱单品引爆智能家居行业，天猫精灵、小爱同学、小度音箱领衔“百箱大战”，为行业带来了三大变化：（1）智能音箱产品的出现大幅提升了智能家居在中国家庭的渗透率，广大消费者开始对智能家居有认知；（2）提高了消费者体验，让很多用户第一次真正体验到了智能家居的“智能”二字，而且反馈不错；（3）统一了用户交互入口。截止到2022年底，中国智能音箱累计出货已超过1.5亿台，在城镇家庭中渗透率超过25%，为全屋智能的普及奠定了基础，也带动了其他智能家居产品，如智能窗帘、扫地机器人、智能马桶、智能灯泡等开始“飞入寻常百姓家”。智能家居开始进入“单品智能，打造爆款”的2.0时代。

第六阶段：爆发（2021年开始）。随着2021年初智能家居物联网平台层公司涂鸦智能在美股上市，杭州云起获得了香港新世界融资，绿米联创完成10亿元C轮融资并发起上市冲刺，整个行业迎来爆发。华为依托Harmony OS正式宣布入局，2021年下半年以来已在全国十余个重点城市推出全屋智能授权体验店，并计划5年内落地500万套全屋智能方案，小米也于2021年7月正式推出全屋智能解决方案，至此中国物联网领域的两大生态链巨头悉数入场，并标志着行业开始进入“万物互联、全屋智能”的3.0时代。企业技术实力和产品体验大幅提升，消费者渗透率快速爬升，之前挣扎在盈亏边缘的全屋智能品牌线下店铺情况开始好转，存活率逐步提升，进一步带动了更多经销商进入行业，形成良性循环的正向反馈，全屋智能行业整体进入爆发期。

第七阶段：未来。伴随着大模型的横空出世，人工智能开始从弱人工智能走向强人工智能，全屋智能系统将能够更准确地洞察消费者需求，从而及时提供量身定制的智能化服务，最终进入“全面智能、心随所动”的 4.0 时代。该阶段需要统一人工智能入口和中枢，同时需要摄像头、通信芯片、智能处理芯片等硬件设施以及深度学习、人机交互语言和图像理解等多领域技术的集成。未来在 5G+AIoT① 的赋能下，更大范畴的底层互联协议有望诞生，全屋智能系统将成为“让生活更美好”发展道路上的必然趋势。

全屋智能的六大挑战

2021 年以后，中国智能家居行业逐渐步入全屋互联互通的初级阶段，智能化水平成为最主要的攻坚难点，核心原因在于智能家居的通信协议难以实现统一（下文所述第二大挑战有详细的介绍）。而且，智能家居的上游供应链本土化水平非常低、下游生态链尚不完善，叠加智能家居产品的智能化水平较初级等问题，最终阻碍智能家居产品的普及以及智能家居行业整体的发展。归纳起来可以总结为以下六大挑战。

第一，生态体系不完善。产业尚未形成分工明确的上下游生态链，各智能家居品牌没有拉开差距，导致市场格局未定，各家还在争夺霸主地位，自然不会在此时互相妥协，而是坚持相对独立。智能家居市场的产品品类非常零散，只有实现各单品间的完美配合，

---

① AIoT（人工智能物联网）=AI（人工智能）+IoT（物联网）。AIoT 融合 AI 技术和 IoT 技术，通过物联网产生、收集来自不同维度的、海量的数据存储于云端、边缘端，再通过大数据分析，以及更高形式的人工智能，实现万物数据化、万物智联化。

才能带给消费者美好的使用体验。而当前各大品牌同质化竞争严重，均贪大求全、互不兼容，产业链上下游亦未形成规模经济，导致全行业都无法形成有竞争力的产品矩阵，最终影响了智能家居产业的长远发展。而且，产业上游核心芯片传感器的国产化水平非常低，中国本土企业竞争力薄弱，市场占有率不足5%，七成的市场份额被国外企业所垄断，这也造成中国智能家居企业毛利率不高，盈利能力不强，无法获取规模化的利润投入研发，最终限制了中国智能家居行业的长远发展。

第二，通信标准不统一。各大品牌的智能家居产品相互独立，核心就是没有形成统一的通信标准。网络虚拟世界的通信协议就如同现实世界的高铁网络，如果各省的高铁铁轨标准不同，将会极大地影响省与省之间的连通，进而影响整个高铁网络的规模效益，其发展速度和经济价值也必然双双受到巨大的影响。再以互联网和移动互联网为例，如果没有形成标准的HTTP[①]通信协议，而是各大电脑和手机品牌各自为战，联想的电脑和戴尔的电脑不能互联互通，华为的手机和小米的手机不能互联互通，那么就不可能形成今天如此繁荣的互联网和移动互联网产业生态。所以，美国当年扶持网络经济的发展，首先做的就是修建信息高速公路。以史为镜，今天要发展智能家居行业，通信协议的标准化就势在必行，也是一切的基础。唯有如此，才能解决智能孤品的问题，实现智能单品之间

① 超文本传输协议（Hyper Text Transfer Protocol，HTTP）是一个简单的请求—响应协议，它通常运行在TCP之上。它指定了客户端可能发送给服务器什么样的消息以及得到什么样的响应。

的数据交互、服务互动以及互联互通，极大地推动全屋智能时代的来临。

第三，产品体验不如意。无序的市场竞争、孱弱的产品力、封闭的产业生态以及初级的技术水平都使得产品处于弱智能化阶段。消费者控制智能家居产品主要依靠手机 App，相较于语音交互和集中的控制面板，手机 App 控制的客户体验感较差，与传统通过遥控控制家电的体验并没有很大不同，从而导致消费者没有动力支付更多溢价购买智能家居产品，整个行业陷入负向反馈的循环之中。如何扭转前述局面，让整个产业回归到技术研发和产品打磨的正确轨道上来，从根本上解决产品体验的问题，这是整个智能家居行业必须共同回答的问题。

第四，行业标准不健全。智能家居行业缺乏统一的行业自律组织和行业监管组织，尚未形成适用于全行业的统一行业标准，导致行业整体运营效率不高。以智能家居产品所涉及的政府部门为例，不同的产品隶属于不同的政府部门管理，智能门锁的行业标准归属公安部制定，而智能家电的行业标准则归属工信部制定，多部门参与行业标准的制定，在没有协调部门统筹的情况下，整体效率和不同标准间的兼容性必然会受到影响。解决该问题，犹如秦始皇统一六国之后统一度量衡一样，需要智能家居行业出现行业霸主，霸主的进一步发展需要一个健康有序的行业环境，自然会倒逼行业自律组织或行业监管组织的形成，最终推动行业标准健全完善。

第五，用户安全存在隐患。智能家居产品需要通过网络进行远程控制，数据需要通过云端以及智能家居产品之间的通信协议进行传输。在当前各自为战、争夺生态话语权的背景之下，各大品牌无暇关注自身的数据安全问题，这对于网络安全和用户数据是巨大的隐患。当全屋智能化之后，如果不能保证数据安全，消费者在享受便利的同时，亦会面临巨大的威胁。可以试想，如果黑客控制了全屋智能系统，他可以控制房间的温度、音乐、灯光等一系列智能家居，用户轻则损失财务，重则危及生命。所以，当统一通信协议之后，需要举全行业之力，推动该通信协议的安全机制的研发，保证数据传输的安全，并通过加强网络安全防护，保证用户数据的存储安全，避免数据泄露带来的用户隐私问题。

第六，产品标准尚未形成。当前的技术标准、安装标准以及价格体系等产品相关的标准均未形成行业共识，消费者自然无法形成对行业的产品认知。比如，一个智能插座应该具备什么功能，需要安装多久，需要花费多少资金等，这些指标没有在消费者心中形成常识，自然也就很难成为消费者的必选项。未来，技术上可以通过中转设备如网关以及云平台来短暂解决设备间互联互通的问题，但如果要达成统一标准，还需要行业内各头部厂商达成开放合作；在安装方面，很多安装过程中的标准亟待统一，这也是降低工人培训成本的重要有效方法；在价格体系方面，同类型质量相当的产品价格应该趋同，否则容易在消费者心中形成水深坑多的消费体验。而现在两家厂商给同一套房屋做类似的全屋智能方案，给出的报价可以相差近一倍。

第二节　“未来之屋”的中国机会

千亿市场“大浪淘沙”

中国智能家居行业已逐步从以单品控制为核心的智能单品阶段，发展至以场景多元化及空间智能化为目标的全屋智能初级阶段。未来，中国智能家居行业有望凭借人工智能、物联网及云计算等技术发展和应用领域拓宽，进一步迈向全屋智能的成熟阶段，乃至进入主动洞察客户需求及自发提供相应服务的全面智能阶段。

在全屋智能的行业规模和增速方面，我们与市场的主流观点有所不同。目前主流研究机构通常会将智能家居拆分为几个主要的细分市场，包括智能家电、影音、传感、安防等，给予不同子赛道不同的规模及增速预测，加总后得到整个行业的规模变化，且未来3~5年行业整体增速在加快。我们认为这样的预测方式较为笼统，无法反映行业整体由单品智能转向全屋智能的内在逻辑变化，因此，应该将中国智能家居市场划分为单品市场和全屋智能市场，并分别对其做出科学预测。

针对智能单品市场，过去五年智能家居行业以单品销售为主，可将其划分为智能影音、家电、传感、安防、能源管理五大类别。

基于其历史的销售情况和增长速度，给出其未来三年的销售单价和销售量预测，最终可得出行业未来三年的总体规模。值得一提的是，我们认为随着目前智能单品可拓展场景逐渐遇到瓶颈，以及全屋智能解决方案渗透率的提升，未来智能家居单品市场规模增速相比过去五年将会有所下滑，但总体仍保持 20% 以上的增长率。

针对全屋智能市场，对全屋智能市场的关键假设在于渗透率的预测，而这个数字几乎无法有准确的市场数据统计，因为目前各方对“全屋智能”概念的理解不尽相同，统计口径自然就存在差异。如果以最严格的口径为标准，预计到 2025 年全屋智能的渗透率将会达到 10%，届时中国全屋智能市场规模预计将达到约 600 亿元。

从商业模式看，中国智能家居行业主要分为两种模式，分别为直接面对普通消费者的前装市场模式和主要面向房地产开发商或家装公司的后装市场模式。截至 2022 年，后装市场仍是智能家居行业发展的核心板块。2016 年中国发布关于构建开放住宅小区的政策，倡导建设安全度更高、信息化更完善、基础服务更丰富的智慧社区，前装市场的市场占比应会逐步提升。

所谓前装市场，是指在房屋装修完成前，智能家居方案供应商将其相关智能家居方案提供给房地产开发商或家装公司，其方案主要涉及智能光照、智能网关等领域。在房产预装渠道方面，前装模式影响力大、销售规模较大、利润可观，但投资大、工期长、资金回流速度慢；在家装方面，企业资金回流速度较快，但需要配合装修进度。所谓后装市场，是指在房屋装修完成之后，终端消费者直接通过线上或线下渠道购买智能家居产品，无须改变原有家装线路，直接享受便捷的智能家居服务。在线上渠道方面，后装市场模式投入成本及技术门槛低；在线下体验门店方面，品牌传播力较大，客户体验感较好，但门店资金投入相对较大。

从波特五力竞争模型角度分析，中国全屋智能市场的竞争者较多，广东、浙江等地区的企业集中度较高，行业尚未出现明显的龙头梯队，现有企业间的竞争较为激烈。目前与全屋智能产品具有相似功能的替代产品尚未出现，行业本身仍处在逐步渗透传统家居行业的阶段，SKU 广泛，产品本身形态尚未完全确定，发展空间较大，目前来自其他行业的替代品威胁较小。全屋智能设备上游主要为各类芯片、传感器及其他硬件设备提供商以及软件服务商，由于产品标准化程度高，利润空间较为透明，国产企业在研发方面投入较少，产品差异化程度低，议价空间小，供应商议价能力较弱。当前中国全屋智能的市场需求尚未被完全激发出来，由于转换成本较高，消费者购买相对谨慎，全屋智能企业需在有限的客户中争夺客源，因此，消费者的议价能力较强，终端成交价往往浮动较大。此外，全屋智能行业虽然市场空间较大，但存在一定技术壁垒，进入门槛相对较高，且需要较强的线下运营能力，单店前期投入大，资金回本周期较长，且重度依赖品牌和服务，属于长周期重资产行业，对潜在进入者威胁一般。

2020 年，传统家具家电巨头、互联网及手机巨头相继扩展其智能家居生态圈，占据智能家居行业主要市场，而初创企业通过与巨头合作，实现自身快速发展。

海尔等传统家电巨头倾向于建立智能家居全产品模式，通过品牌营销提升品牌效应，增加客户黏性，打通上游产品设计、代工等环节，持续投入硬件科研，获取成本优势，与其他互联网企业合作运营，实现智能家居行业良性竞争。

以小米和华为为主的互联网及手机巨头主要通过直接注资初创企业或向其提供供应链渠道、销售渠道、物联网及人工智能开放平台等方式，形成其产业链生态圈合作模式。该模式下，小米和华为输送产品能力、品牌能力、渠道资源能力，帮助合作企业快速成长，扩张自身产业边界。

对于初创企业来说，由于成立时间较晚，同时资金较为有限，其在供应、分销及品牌知名度等方面存在较大发展空间。例如，绿米以小米智能门锁供应商角色为切入点布局全屋智能，逐步降低对小米系产品的依赖，打造自主品牌；云米及纯米持续聚焦细分智能单品，同时加入小米生态圈，从供应链、渠道等多方面提升。此外，欧瑞博、超级智慧家（UIOT）、云起（Lifesmart）、南京物联、博联（Broadlink）等老牌全屋智能厂商也于2020年开始发力布局线下，增加门店数量。

三重红利“推波助澜”

展望千亿智能家居市场的未来，政策、技术和市场的三重红利将推动智能家居产业的快速发展。

从政策端而言，2016 年 3 月，发展智能家居产业被首次写入政府工作报告。2017 年 12 月，工信部发布《促进新一代人工智能产业发展三年行动计划（2018—2020 年）》，提出要支持物联网、机器学习等技术在智能家居产品中的应用，建设一批智能家居测试评价、示范应用项目并推广。2020 年 2 月 28 日，《关于促进消费扩容提质加快形成强大国内市场的实施意见》提出刺激家电消费的相关意见。可见家电智能化是未来政府刺激居民家电消费潜力的主要方向。

从技术端而言，AIoT 技术与智能家居相辅相成，有互相融合的明显趋势。5G 则将通过官方牵头制定国际标准，为全屋智能家居系统提供更加全面的网络通信保障和安全防护保障。5G+AIoT 融合带来新的技术应用，以小米、华为为首的国内龙头厂商争相以开放协议等技术和战略布局打开兼容局面，联动产业链共同推动全屋智能风口的加速来临。

从市场端而言，中国消费者对家居产品的科技性和便捷性诉求都在逐渐提高。随着智能门锁、智能窗帘、扫地机器人、智能马桶等爆款单品的推出，消费者对于家居智能化的理解在不断拓展和加深，尤其是新冠疫情暴发之后，居民居家时间大幅增长，对于居住舒适性、便利性的需求剧增，为智能家居行业的增长提供了契机。据消费者调研数据，疫情后近八成的消费者对居家生活的品质有了更高要求，智能家居的便捷性和无接触的交互方式在后疫情时代优势凸显。在此背景下，消费者开始有意识地根据自身需求选择合适的智能家居产品，力求提升生活质量与幸福感。我国内需市场庞大，天然具有构建规模经济优势的条件，可以有效摊薄行业生产成本，进一步加速智能家居的普及。此外，作为智能家居行业的下游环节，房地产行业2016年后整体增速放缓，逐步将销售策略转向附加智能家居的家装房产销售，促进智能家居前装市场持续扩容。2021年是房企向全屋智能全面发力的一年，在限价限购、“房住不炒”以及“三道红线”的调控政策下，房地产企业正在沿着“卖房子”→“卖空间”→“卖生活方式”的路径加快转型升级。目前，智能楼盘每平方米售价能在原有基础上提高几千元甚至一万元左右。住宅的智能化正成为房企业务增长的新突破口。目前，万科等百强房企均已涉足智能化布局，智慧社区和智能家居越来越成为居住标配。

机遇在于“随心所欲”

根据36Kr调研数据，80%的智能家居消费者集中在二线以上城市，一线城市、二线城市、三线及以下城市的消费者比例分别约为40%、40%和20%。其中，“80后”已成为智能家居的主流消费人群，占整体消费者数量80%以上。该群体中60%以上的消费者具有本科以上学历，80%以上的消费者为企业管理者、公司白领或专业人员，具有较高的社会地位。其中，70%以上的消费者每月可支配收入集中在7000~15000元，并且90%以上的智能家居消费者至少拥有一处房产。

随着国民人均可支配收入不断提升，消费者所追求的美好生活也越来越丰富，衡量因素也越来越多维，其中居住环境是最重要的一部分。CBN Data 调研发现，消费者对家的畅想亦更加多元，包括“幸福感、智能化、安全感、放松感”等。在“消费者心目中的理想智慧家居”调查中，CBN Data 发现有超过 40% 的消费者把提升自身安全感纳入考量，守护家的安全感逐渐成为智慧家居的重要功能。对家的安全感诉求体现在诸多方面，比如外出也能查看家中情况、时刻看到孩子的成长瞬间、独处时自由安全的空间等。除了居住舒适度以及解放双手的实用功能这两大核心诉求，不同家庭结构对智慧家居的偏好也有一些差别，比如养宠一族与有娃家庭对于安全感的需求会相对更高，下面概括归纳了现阶段消费者对全屋智能或智能家居最看重的几个功能和场景。

住有所“安”，智慧入户，守护安全的第一道门。作为回家入户的第一道保障，“家门”的安全性是消费者普遍关注的。根据 CBN Data 的调研，在智慧入户方面，消费者更青睐智能门锁或指纹门锁、智能门、智能猫眼等产品。不同的家庭结构中，养宠一族、独居青年、有娃家庭更在意入户场景的安全。频发的独居被害案件，让独居群体的安全意识更加强烈，尤其是以“00 后”、“95 后”、女性为主的独居青年群体，他们对智慧入户单品的功能需求偏好前三分别是人形侦测、异常警报、一键变声。

住有所“伴”，智慧看护，陪伴无处不在。中国家用摄像头的市场规模呈快速增长趋势。家庭摄像头的发展，也让智慧看护不断升级。其中，智能摄像头、专业宝宝监护器、智能宠物监控是消费者青睐的前三大智慧看护单品。就看护产品的功能而言，消费者更多关注智能摄像头的多视角、操控性、异常警报、红外夜视、隐私数据保护等。另外，双向语音、交互连接等多元功能也逐渐受到更多关注。在看护场景上，孩子看护与独居防护仍是主要的看护场景，而随着空巢老人、有宠家庭的规模扩大，智慧看护也渐渐渗透到老人看护、宠物看护等场景当中。独居防护场景下，用户更偏好红外夜视、摔倒触发警报等功能；老人看护场景中，动作监测、摔倒警报等功能也备受关注。

住有所“康”，解放双手的起居生活。当智慧家居设备进入客厅、厨房、阳台等不同空间，一场解放双手的品质生活大变革也拉开帷幕。在智慧客厅单品当中，扫地机器人、智能空调、空气净化器最为热门。相较其他代际，热爱尝鲜的“90 后”对智慧客厅产品的偏好度更强。而在厨房领域，智能洗碗机、智能冰箱与智能厨房小家电是热门单品。不同家庭结构当中，养宠一族对食物的除菌功能更为关注。智慧阳台单品当中，洗衣机、晾晒杆、烘衣机等产品也都越来越智能化。不同性别消费者对阳台机洗产品的功能有着偏好差异，女性更关注除菌除螨功能，男性则更青睐手机远程操控、与其他智能设备联动等技术功能。

随着智能家居的不断发展，如今的智能化体系不仅能够提供手机操控、语音交互、解放双手的智能体验，还能在安全感、陪伴感层面满足消费者的情感诉求。从入户安防到智慧看护场景，再到客厅、厨房等空间的地面清洁、新风换氧等，全屋智能系统能够为家庭提供全方位的守护与陪伴。在“家”的智能化进程当中，对安全、安心与舒适的追求始终不变。随着 5G、物联网技术的发展，智慧家居将渐渐从单品智能步入全屋智能阶段。

前面对后装市场的消费者画像以及需求偏好做了梳理，对于前装市场的企业用户的原动力与关注点略有不同。2020 年初，在以“房住不炒”“去杠杆”为基调的宏观调控政策下，狂奔了 20 年的房地产行业正式步入下半场，被认为从黄金时代进入白银时代。未来，“房住不炒”仍是主旋律，地产商的主要节奏就是降低成本与经营可控。目前，地产商已认识到软硬装没有太大差异，开始集体开启数字化转型战略，将智能化逐步融入精装理念，通过全屋智能项目赋能精装楼盘，以提升小区与楼盘的品质，从而提高住宅的售卖竞争力。

对于地产商而言，全屋智能概念一方面增加了住宅售卖的产品力，另一方面还可以通过服务运营和内容运营获得增值收益。地产的全屋智能与智慧社区的搭建，彻底将住宅从一次性售卖转型为终身运营，从以开发和销售为主的商业模式，发展成为以运营为主的多元化经营方式。具体而言，与智能家居集成市场一样，随着产品端价格的降低，服务端的利润比重增加，地产住宅市场也将一样。目前，地产的业务重心依然是前端的房子销售，而非整个生命周期的运营，智能化全面应用后，即便是房子限价，依然可以通过全盘运营获取利润。

未来地产商需要统一室内、社区内、社区外用户的数据，借助人工智能算法等技术打通“信息孤岛”，统一用户身份，在统一的设备层上实现完整的一体化服务运营，集中对接外部服务电商和商品电商等互联网业务。而互联网企业需要付费给地产商，才能提升业主的体验。因为只要掌握社区与住宅内的需求，就可以实现精细化的服务，从粗放模式转为精细模式。例如，疫情期间，外卖骑手被卡在社区门口，就是因为地产商没有业主的外卖数据，也无法判定是否为本小区家庭的购物需求，只能把外卖放在社区保安处，由相关业主亲自来取，非常不方便。一旦地产全屋 / 社区与周边商业数据打通，外卖小哥和外卖数据会导入物业和业主的系统中，外卖小哥通过人脸 ID 认证，会畅通无阻进入社区门禁、单元门禁、自动呼梯，最终到达用户家中。

第九章

汽车革命：移动的第三空间

第一节　百年汽车工业的能源革命

汽车电动化的跌宕两百年

回顾百年汽车工业的发展历史，纯电动汽车（以下简称电动车或者电车）并不是新鲜事物，市场对电动车的感知可能是近二三十年的产物，但其实电动车的历史并不比燃油汽车（以下简称燃油车或油车）短。电动车的历史可追溯到1834年，比现在最为流行的燃油车早了半个世纪。下面简单回顾电动车两百年的发展历史。

第一阶段：孕育期（19世纪20—70年代）

电动车的诞生离不开科学家和工程师的卓越贡献。1828年，匈牙利物理学家阿纽斯·伊斯特万·耶德利克发明了人类历史上第一台电力发动机。1831 年，被称为“电学之父”和“交流电之父”的迈克尔·法拉第首次发现电磁感应现象，并于同年发明了人类历史上第一台发电机。1834 年，美国机械师托马斯·达文波特制造出第一辆直流电机驱动的电动车。1838 年，英国人罗伯特·戴维森制造了世界上第一辆干电池电动车，而被称为“汽车之父”的德国工程师卡尔·本茨在 1886 年发明了世界上第一辆三轮燃油车。1859 年，法国物理学家加斯顿·普兰泰发明了铅酸蓄电池，这是电动车从实验室走向实用化的重要节点。汽车电动化孕育期的标志性事件是，1873 年英国化学家罗伯特·戴维森制造出世界上第一辆可真正使用的电动车，采用一次性电池驱动，并且在 7 年后采用可重复充放电技术。

第二阶段：发展期（19 世纪 70 年代—20 世纪 20 年代）

19 世纪末到 20 世纪 20 年代是电动车的第一个黄金发展期，彼时的关键是要在与燃油车的竞争中胜出。早期内燃机技术很落后，存在行驶里程短、故障多、维修难、振动和噪声大以及汽油味刺鼻等诸多问题，其性能远不及电动车。电动车凭借价格更低、操作简单、速度较快、安静等优点，迅速在欧美市场得到认可。美国 Riker 公司、底特律电气公司、伦敦电动出租汽车公司纷纷开始生产电动车。同时，很多工程师也在不断改进电动车技术。1880 年，法国电气工程师古斯塔夫·特鲁维改进了小型电机的运行效率，将它安装在三轮车上。1884 年，英国发明家和实业家托马斯·帕克制造了第一辆配备高容量可充电电池的电动车。1899 年，比利时工程师卡米乐·热纳茨制造了世界上第一辆车速超过 100 公里 / 小时的铝质车身电动车。换电技术也是由来已久，并且在历史上曾加速了电动车的普及。1896 年，哈特福德电灯公司（Hartford Electric Light）意识到推广充电设施的重要性，并承诺凡是在通用电气购买的电动车，均可使用其提供的设备换电，以“换电”代替“加油”。该服务从 1910 年开始，持续了 15 年，共计帮助电动车车主行驶了 900 万公里的路程。

1900 年，美国汽车市场保有量蒸汽车比重最高，其次就是电动车，最后才是燃油车，且蒸汽车和电动车的市场占比几乎接近。而当时美国机动车的年产量中有 1.6 万辆是电动车，蒸汽车和燃油车的总产量都不足 3000 辆。1911 年，《纽约时报》用“完美”来称赞电动车的环保、安静与实惠。至 1915 年，仅美国的电动车保有量已达 5 万辆之多，远远超过当时燃油车的保有量。

与汽车工业在美国迅速崛起形成鲜明对比，英国因为一部失败的法案而错失汽车工业发展的黄金三十年。1865 年，英国议会通过了一部《机动车法案》，后被人嘲笑为“红旗法案”。其中第三条规定：“每一辆在道路上行驶的机动车辆必须遵守两个原则，其一是至少要由三个人来驾驶一辆车，其二是三个人中必须有一个人在车前 50 米以外步行作引导，并且要手持红旗不断摇动，为机动车开道。”在第四条中又规定：“机动车在道路上行驶的速度不得超过 6.4 公里 / 小时，通过城镇和村庄时不得超过 3.2 公里 / 小时。”1896 年 1 月 20 日，一名叫沃尔塔·阿诺尔德的英国人因违反限速规定而被处以罚款，成为世界上第一个因超速而被罚的汽车司机。当时他的车速只有 13 公里 / 小时。这部法案直接导致一个结果：让汽车等于马车，也扼杀了英国成为汽车工业大国的机会，让德国乃至美国成为全球汽车工业的中流砥柱。直到 1895 年，整整耽搁三十年之后，“红旗法案”终于被废除，英国比较知名的汽车品牌才得以问世，比如劳斯莱斯（1906 年）、名爵（1924 年）、捷豹（1935 年）、路虎（1948 年）。

而在 19 世纪，石油工业的发展非常缓慢，提炼的石油主要是用于油灯的燃料，但石油的生产能力很快就超过了照明需求。内燃机在汽车上的应用和发展让石油工业看到了新的希望，并且随着越来越多大油田的发现，石油价格大幅度下降，使得燃油车的使用成本快速降低。同时期，欧美国家逐渐形成了公路网络，燃油车的续航能力要远远高于电动车，至此内燃机开始大规模应用到汽车工业当中，电动车随之迎来衰退期。

第三阶段：衰退期（20 世纪 20—90 年代）

20 世纪 20 年代以后，电动车销量逐渐被燃油车超越，电动车产业迅速衰败。内因是电动车进入技术瓶颈期，蓄电池技术停滞不前，制造成本居高不下，电动车性价比和驾驶体验均被日新月异的燃油车所碾压。外因主要有四点：第一，内燃机技术持续进步，尤其是可靠性不断提升；第二，石油开采技术的大幅提高促使汽油成本持续下降，而且加油不仅方便还耗时短；第三，城市化进程对续航里程要求更高，当时电动车续航里程依然是 50 公里左右，而燃油车远超该水平，可以支持长距离的行驶；第四，1912 年燃油车售价仅为电动车的一半，这在商业上宣判了电动车的死刑。

1908 年福特 T 型车面世，是汽车工业史上具有里程碑意义的一年。T 型车以其低廉的价格使汽车成功实现规模商业化，美国正式成为车轮上的国家。T 型车起初的售价是 850 美元，而同期与之相竞争的车型售价通常为 2000~3000 美元。随着新的生产工序为汽车的规模化生产奠定基础，每辆福特 T 型车的生产时间从原来的 12 小时大幅缩短为 1.5 小时，售价降至 300 美元以下。而随着工艺的不断改进，福特工厂每 24 秒就能生产一辆 T 型车。到 1927 年，福特在全球售出超过 1500 万辆汽车，占当时全球汽车销量的一半，成为独一无二的王者。与此同时，福特的汽车生产线作为全球第一条流水生产线，其工艺立刻传播开来，不仅是在汽车工业传播，也影响了诸如照相设备、吸尘器、冰箱等其他制造业领域，流水生产线成为美式制造业的象征。1914 年，福特将工人的最低工资标准提升至每天 5 美元，年薪最低也有 1825 美元，工人仅需要 2~3 个月的工资就可以购买一辆汽车，低廉的价格和超高的性价比是汽车工业起飞的关键。

从 20 世纪 20 年代到 90 年代前，电动车基本在欧美汽车市场消失。二战期间，燃油车较长的续航里程更满足战争需求。二战结束后，燃油车依旧主宰世界。直到 20 世纪 70 年代到 90 年代初的三大石油危机爆发，以及 80 年代人们环保意识的崛起，人们又逐渐开始讨论新能源的话题，其中包括电动车。但是，这距离上次电动车的辉煌已经过去了近 70 年。

第四阶段：腾飞期（20 世纪 90 年代至今）

1990 年，通用汽车在洛杉矶车展上发布了一款名为 Impact 的纯电动概念轿车，吹响了电动车回归的号角。众多知名汽车公司纷纷跟进，比如 1990 年和 1992 年宝马的电动车 E1 和 E2、1990 年奔驰的电动车 190E、1992 年福特钙硫电池的 Ecostar、1995 年大众的电动版高尔夫 CityStromer、1996 年丰田镍氢电池的 RAV4LEV、1996 年通用的电动车 EV1、1996 年雷诺的 Clio、1997 年日产的世界第一辆锂离子电池的电动车 Prairie Joy EV 等。以 1996 年通用的电动车 EV1 为例，第一代 EV1 使用铅酸蓄电池，电池容量约为 17 千瓦时，续航里程 97 公里；三年后第二代 EV1 使用能量密度更高的镍氢蓄电池，电池容量约为 26 千瓦时，续航里程增至 160~230 公里。虽然 2002 年通用汽车终止了 EV1 项目（传言是电池技术瓶颈和较低的利润率），但 EV1 是电动车大规模商业化的一次伟大尝试，它验证了电动车替代燃油车的可能性。

21 世纪初，电动车产业开始回归，并进入第二次高速发展期。正如国际氢能科学家于 2006 年 11 月 13 日联名向八国集团领导人以及联合国相关部门负责人提交的《百年备忘录》中提到的：21 世纪人类将面临两大危机，一是到 21 世纪末人为因素导致的全球变暖，给地球上的生物以及人类文化遗产带来灾难性的破坏；二是传统化石能源及核能源被少数国家垄断的情形不断加剧，不利于各国平等利用能源。在环境保护和能源安全的双重压力下，电动车产业重新进入各国的视野，并随着电动车技术的不断突破，世界主流国家均提出了禁售燃油车的时间表，集中在 2025—2050 年。

电动车产业的光辉前景推动了更多品牌电动车的诞生，包括传统车企和造车“新势力”。传统车企在暗暗发力，害怕被时代所淘汰，例如通用 Bolt、三菱 i-MiEV、奥迪 e-tron、宝马 i3 等。造车“新势力”更为抢眼和激进，2003 年成立的美国特斯拉公司在 2006 年推出世界首款使用锂离子电池的续航里程达 320 公里的量产电动跑车 Roadster，在 2012 年推出续航里程达 610 公里的电动车 Model S，而后 2016 年推出高性价比的 L2 自动驾驶级别的电动车 Model 3。在中国，比亚迪 2010 年推出使用磷酸铁锂电池的电动车 e6，续航里程达 300 公里，是当时世界上续航里程最长的电动乘用车，也是首款大批量面向大众的电动乘用车。日后，这两家企业成为电动车领域销量领先的车企，自此也开启了电动车产业的腾飞之路。

汽车电动化的技术路线

早年受制于电池技术的瓶颈，电动车的续航里程远低于燃油车的续航里程，而且充电的时间也要远远多于加油的时间，严重影响电动车的驾驶体验，现实迫使工程师们想出了一个两全其美的办法——开发一种混合动力装置（Hybrid-Electric Vehicle，HEV）的汽车。比如福特于 1993 年制造的 Escort Hybrid 就是初代混合动力汽车。混合动力汽车是指通过至少两个能量转换器和两个内置能量存储系统来驱动的车辆，其中能量转换器是指带有诸如电池或油箱等能量存储系统的汽油 / 柴油发动机或电机。由于驱动系统可以实现智能补充，因此混合动力驱动系统有可能在节约燃油的同时提高车辆的性能。电机可以在低速行驶的情况下以良好的效率工作，而此时内燃机的油耗则明显上升。相反，在高速行驶的情况下，电机则会不堪重负，而内燃机则可实现较低的油耗。此外，电驱动装置还可以在加速期间对内燃机起到辅助作用，而在制动时可回收车轮的动能对电池进行反向充电。

按照电动车混合度（电机驱动功率占整车功率的比例）所处区间不同，可将混合动力汽车分成四种类型：混合度在 5% 以内称为微度混合动力；混合度在 20% 左右称为轻度混合动力；混合度在 30%~40% 称为中度混合动力；混合度达 40% 以上称为重度混合动力。

微度混合动力系统是在传统内燃机的启动电机上加装了皮带驱动启动电机。该电机为发电启动一体式电机，用于控制发动机的启动和停止，取消了发动机的怠速，降低了油耗和排放量。从严格意义上来讲，这种微混合动力系统的汽车不属于真正意义上的混合动力汽车，因为汽车行驶的动力从来没有依靠电机驱动。

轻度混合动力系统，指的是引入 5~15 千瓦的电机，但无法单独使用电机驱动车辆。该混合动力系统采用了集成启动电机。与微度混合动力系统相比，轻度混合动力系统除了能够实现用电机控制发动机的启动和停止之外，还能够实现在减速和制动工况下进行能量回收，而且发动机在行驶过程中产生的能量可以在行驶需求和发电机的充电需求之间进行调节。

中度混合动力系统和轻度混合动力系统一样，以内燃机提供动力为主，电机仅起到辅助作用。但与轻度混合动力系统不同的是，中度混合动力系统采用高压电机，并且当汽车处于加速或者大负荷工况时，电机可以辅助驱动汽车，以防发动机本身动力输出的不足，从而提高整车的性能。

重度混合动力系统的发动机和电机都能单独驱动汽车行驶。电机的功率一般在 20 千瓦以上，电池或超级电容的电压达到 300V。综合比较，重度混合动力系统拥有四大优势：（1）改善内燃机的怠速或低速低负荷运行工况，有效降低能源消耗。（2）在减速或制动时作为热能而散发的能量可转化为电能被回收，并将该电能提供给启动电机或驱动电机使用。（3）加速时可通过电机辅助发动机的驱动力，改善车辆的加速性能和最大能力点。（4）在发动机效率不高时，只用电机驱动；在发动机效率高时，则带动发电机发电，从而使整车综合效率处于最佳状态。

根据联结方式，混合动力系统分为串联式混合动力系统、并联式混合动力系统、混联式混合动力系统三类。对串联式混合动力系统而言，发动机输出的机械能经由电机转化为电能，一部分用于向蓄电池充电，另一部分则经电机和传动装置驱动车轮。发动机作为辅助动力源驱动发电机发电，以增加车辆的行驶里程，解决电动汽车里程焦虑问题，增程式混合动力系统就属于该类型。这种结构通俗地来说，就相当于在一辆电动汽车里加了一台内燃机。并且由于取消了燃油车上的变速箱，所以在结构的布置上要灵活许多。同时，发动机总是在高效转区工作，因此当车辆中低速行驶时，串联式混合动力车要比普通燃油车的油耗低30%左右。但问题也随之而来，串联式结构的混动汽车发动机动能要经过二次转换才能为电机供电，这样一来，转换过程中会使得大量能量流失，因此在高速行驶时串联式结构的混动车油耗甚至比普通燃油车还要高。

由于串联式混动系统存在上述弊端，目前市面上大多混动车都采用了并联式混动结构。并联式混动结构与串联式混动结构最大的不同，就在于发动机与电机共同参与驱动车辆的工作。此举不但能有效地减少拥堵时的高油耗，还能保证高速行驶时的低油耗。而且在原有的燃油车基础上加装一套电能驱动系统，车企的研发成本也得到了很好的控制。除了能有效降低油耗外，并联式混动结构还能使车辆的加速性能得到极大提高。原因在于发动机与电机可以共同发力来驱动汽车，所以电机的功率会与发动机的功率相加从而使车辆的加速性能得到显著提升。不过，并联式混动结构系统最大的缺点就是没有独立的发电机，所以在电机没电的情况下只能依靠发动机一边给电机充电一边驱动车辆，车辆的加速性能也会随之下降。市面上大多插电式混动车的形态就属于并联式混动结构。

混联式混动系统可以说是并联式混动系统的升级版，它采用两个电机分别负责不同分工的方案：一个电机单纯负责驱动车轮，另一个电机则在启动发动机、提供车轮驱动力、补充驱动电机电力这三种模式中来回切换。并且，混联系统中的电机与内燃机各有一套变速系统，最后通过行星齿轮的方式结合在一起，最终让两种动力都能够平稳输出。混联系统不仅兼顾了起步需要的提速能力，还让油电动力在更多情况下能同时运行，大大降低了油耗。

混动车作为燃油车和电动车的中间选择，既可以在短途中享受纯电驾驶的优势，长途没电时也可以靠发动机驱动，但同样也存在着燃油车和电动车的缺陷，充电依然比不上加油高效，在电量低于安全值时的油耗更是惊人。此外，双擎的结构还影响了车内的空间。

随着电池技术的迭代，电池在功率密度、体积重量、安全性、成本等方面不断优化，加之充电桩的日益普及，困扰电动车的里程焦虑、充电速度以及性价比问题逐渐得到解决，电动车产业迎来爆发。

纯电动车的工作原理较为简单，主要是通过驾驶者控制电子油门踏板，将模拟电子信号传给控制器或处理器，由控制器或处理器将模拟信号处理后控制电机的输出功率、转速及正反转。普通汽车的动力来源是内燃机，分为汽油机和柴油机，两种燃料除了点火方式不同以外其他一样，都是在气缸内可燃气体爆燃推动活塞上下运动，活塞运动推动曲轴转动实现动力输出。整个过程需要很多零件协同完成且产生大量废气和废热。现在的内燃机的热效率最高已经能做到 45% 了，但是电机的热效率可以达到 70%~90%，在热效率上，内燃机无法匹敌电机。

电动车的劣势同样明显。首先是电池方面，目前由于储电材料一直没有突破，电能的存储效率极低，电动车行业标杆特斯拉用的电池和普通 5 号电池无异。特斯拉虽然对电池的布局和电量输出做了优化，但依然存在电池的质量大、存储密度低、充电速度慢、电池衰减明显等问题。其次，电池驱动的电机的最大功率远不如传统汽车，在高速情况下加速的能力不如内燃机，现实场景中会面临高速超车乏力、高速行驶电池电量下降快的问题。

鉴于纯电车的弊端，氢能源日益被人们关注。氢能源的发展其实并不是近几年才兴起的，人类从发现氢到今天，足有数百年历史，而利用氢做动力源都有近 300 年时间。相比于燃油车，氢能源汽车拥有四大优势：（1）环保低碳，生成物是水，不产生一氧化碳和二氧化碳，也没有硫和微粒的排出。（2）能量转化效率高，高达 60%～80%，为内燃机的 2 至 3 倍。（3）使用寿命长。氢燃料电池工作没有噪声，其电极仅作为化学反应的场所和导电的通道，本身不参与化学反应，没有损耗，因此寿命长。（4）燃料来源广泛。氢元素广泛存在于大自然，属于可再生能源。

但氢能源汽车至今仍然停留在发展初期，我国主要面临三大障碍：第一，氢的密度很低，就算燃料以液态形式储存也需要很大的存储体积才能支撑合理的续航里程。第二，氢能源驱动系统的很多设计需要稀有金属作为加速剂，大大增加了成本。同时，质子交换膜、气体扩散层、催化层等核心零部件仍掌握在欧美国家手中。第三，加氢站是一个系统工程，涉及多种设备和管理体系的运营维护，除了加氢站建设的初始设备投资外，在日后运行过程中产生的运营成本也不容忽视。

电动汽车的市场格局

以电动车为代表的新能源汽车产业在中国近十年的发展高度依赖政策的走向，新能源车企对政策的把握精准程度直接关系到自身发展的快慢。新能源汽车产业过去十年的风雨，总体可分为四个阶段：推广期、扶持期、过渡期和市场化。2009—2013 年为推广期，通过政府采购和商业运营率先使用新能源汽车作为试点（十城千辆），逐渐向大众推广。2014—2018 年则进入了政策扶持期，以补贴性政策鼓励车企入局并开始向消费者进行渗透，新能源市场稳定扩容。2019—2021 年，新能源汽车的发展进入了过渡期，补贴进入退坡期，双积分机制的落地宣告市场化交易的到来。2022 年以后，整个新能源汽车产业将进入完全市场化的新常态，消费者将成为未来增长的主要驱动力。

从新能源汽车生产企业来看，特斯拉的销量一骑绝尘，稳坐全球新能源汽车头把交椅，远超排名第二的大众，比亚迪和通用五菱紧随其后，位居第三位和第四位。国内纯电动车市场，销量排名前十的企业除了合资企业和传统车企外，造车“新势力”亦是不可忽视的一股力量。造车“新势力”头部三家，蔚来、小鹏、理想（简称蔚小理）于 2021 年均实现年交付量接近十万辆。这一年小鹏汽车依靠爆款车型坐上头把交椅。蔚来汽车经历 2019 年的至暗时刻，在 2020 年获得合肥扶持之后，终于在 2021 年重回新能源车销量的行业前三。初期只有理想 ONE 一款车型的理想汽车依靠爆款策略同样闯入造车“新势力”的前三名。然而，造车“新势力”第一梯队的格局远未定型，第二梯队头部车企还在持续反攻，其中哪吒汽车就多次闯入造车“新势力”单月销量榜的前三。

面对行业前景越发确定的新能源汽车市场，传统车企已将新能源上升为核心战略，向该赛道发起猛攻，当前的销量数据也充分反映了这一点。特斯拉于 2019 年成为全球新能源销冠之后，比亚迪便开始牢牢瞄准国内新能源车头把交椅，已多年稳坐国内新能源汽车销冠的宝座。作为传统车企的新能源品牌，广汽埃安的销量非常亮眼，超过一众造车“新势力”。此外，还有吉利汽车旗下的高端新能源品牌极氪汽车、东风集团旗下的高端新能源品牌岚图汽车以及北汽蓝谷旗下高端纯电品牌极狐汽车等均已开始上量。

除了传统车企加速反击之外，互联网巨头纷纷跨界入局汽车行业，代表企业包括华为、百度、小米、滴滴、360 集团等。万亿规模的汽车行业革命是科技巨头们无法选择缺席的赛道。小米造车轰动汽车圈，预计 2024 年将下线第一款车型并实现量产。多次宣称不自己造车的华为采取双线策略，一种是作为整车厂的 Tier 1（一级供应商）或 Tier 2（二级供应商），另一种是向整车厂提供全套软件解决方案，即 Huawei Inside（简称 HI）模式，合作伙伴有北汽、长安和广汽等。

但鉴于目前新能源车依然渗透率较低，不同级别、不同价位等维度还有较大的创新空间，国内既有A00级车创业公司挑战五菱EV，亦有大型SUV创业公司挑战理想和蔚来，未来电动车市场将会是百花齐放的格局。

电动汽车的产业链上下游

伴随着电动车产业市场格局的快速演变，电动车的产业链也日趋成熟和稳定。电动车主要由三大部分组成，分别为动力电池（电池）、电控系统（电控）和驱动电机（电机和电驱）。其中，动力电池和驱动电机的国产化率最高，电控系统的核心组件仍有国产化替代空间。动力电池就像是燃油车的油箱，为电动车提供动力来源，主要由电芯、电池管理系统（BMS）、电池包组成。电芯部分的原材料由正极材料的镍钴锰和锂矿、负极材料的石墨和锂矿、电解液的锂矿和有机溶液、隔膜的PP/PE（聚丙烯/聚乙烯）组成。电控系统相当于新能源汽车的中枢神经，其主要功用是采集油门、制动踏板、方向盘转向等各种信号，并发出相应的指令。电控系统主要由电池管理系统、电机控制系统和动力总成系统组成。驱动电机是为汽车提供扭矩的高压电机，由磁性材料、硅钢片（稀土）和其他材料（铁矿石）组成。从成本拆分来看，电池占成本的四成，电机和电驱占成本的两成多，电控占成本的一成多。

从成本占比不难得出电池是最重要的上游行业，但当前电池的优质供给相对紧缺。随着新能源汽车产业的快速成长，市场进入优质产品驱动阶段，对电池企业产能与技术的要求也在不断提高。从目前供需情况看，具备全球供应能力的电池企业相对较少，目前已经实现全球配套的电池企业有宁德时代、LG化学、松下、三星SDI、SKI、亿纬锂能、比亚迪等企业。锂电池的原理即锂离子使用正极、负极和电解质作为导体。正极是金属氧化物，负极由多孔石墨构成。放电时，锂离子通过电解质和隔膜从负极移动到正极；充电时，锂离子沿着相反的方向从正极流向负极。

目前磷酸铁锂和三元锂是电动车行业的两大主流电池技术路线，也是装车数量最多的两类动力电池。磷酸铁锂和三元锂材料的元素属性决定了各自的优劣。从结构本质上讲，磷酸铁锂的优势在于结构稳定、充放电循环寿命较长，但同时也存在能量密度低、充放电效率低、低温表现不佳的问题。相反，三元锂的能量密度高、充放电效率高，但同时也不耐高温、安全性不佳。因此，在新能源汽车动力电池领域，两种电池都有各自合适的定位和市场，暂时不会出现一方替代另一方的现象，磷酸铁锂或将主导未来平价代步车、运营车、商用车市场。

2017年之前，国内新能源汽车处于高补贴时代，长尾电池企业也有生存空间，但随着补贴逐步退坡，到2021年补贴基本结束，行业转向市场驱动，国内动力电池企业数量迅速减少，行业仅剩宁德时代、比亚迪、亿纬锂能、欣旺达、中创新航具有明显竞争优势。锂电池的成本结构中，正极、负极、隔膜、电解液的占比分别约为40%、15%、20%、15%。在当前的技术条件下，整体电池的能量密度提升主要取决于正极材料，因此，正极材料是锂离子电池研究和开发的重中之重。在设计和选取锂离子电池正极材料时，要综合考虑能量密度、循环性能、安全性以及成本等因素。当前正极的主要发展方向为提高镍含量从而提高能量密度，同时材料稳定性、界面稳定性和高压下传统电解液改性或者向固态电解液过渡等也是正极材料未来的发展趋势。负极是储锂的主体，其中碳材料（人造石墨、天然石墨）是负极商业化应用中的首选与主流，金属锂是最理想的负极材料，是高比能电池不可缺少的部分。但在有机电解液体系中，金属锂负极循环过程中的明显缺陷会严重影响电池的稳定性和安全性，甚至引起燃烧爆炸，因此商业化应用进展缓慢。电解液是锂离子迁移和电荷传递的介质，其指标直接决定了锂离子电池的能量密度、倍率性能、循环寿命、安全性等，目前电解液行业技术路线较为成熟。锂电池中隔膜的作用是隔离正负极、防止短路、吸收电解液、导通锂离子，并阻隔电子，其以湿法隔膜作为最主要的隔膜路线，但固态电池技术成熟后会不可避免地冲击隔膜产业。在全固态电池中，正极材料、负极材料、隔膜、电解液这四大原材料，将变成正极材料、负极材料、固态电解质三大原材料。固态电解质将全面替代电解液与隔膜，有望缩短正负极之间的距离，大大降低电池厚度。而全固态电解质也将避免高电压充能时发生的电解液氧化现象，更易提升电池的能量密度，简化封装，最终全面改变动力电池行业的格局。

上游的另一重要领域为电控系统，其中 IGBT[①] 占整个电控系统

① 即绝缘栅双极晶体管，是一种在新能源汽车上应用极为广泛的半导体，俗称电力电子装置的“CPU”，是能源变换与传输的核心器件。

成本的40%。IGBT应用于新能源的电压转换，例如汽车动力系统、光伏逆变器等，IGBT功率模块均是逆变器的核心功率器件。海外企业凭借多年积累，在lGBT产品市场占据了一定的先发优势与市场份额。国内新能源汽车IGBT模块市场中，海外企业占据垄断地位，其中英飞凌市占率达到六成。国内企业近年来通过积极投入研发，紧抓国产替代机遇，成功在国内新能源汽车IGBT模块市场占据了一定份额，实现0到1的突破。随着国产替代的加速推进，比亚迪半导体、时代电气、士兰微电子、斯达半导体、宏微科技、华润微电子等国内厂商将迎来放量的黄金期。

第二节 自动驾驶定义未来汽车产业

自动驾驶概念和发展趋势

当前全球新一轮科技产业变革正在蓬勃发展，作为科技创新的重要载体，智能网联汽车（以下称“智能汽车”）正推动着汽车产业形态、交通出行模式、能源消费结构和社会运行方式的深刻变化。车联网和单车智能作为并行的两条技术路线将随着智能汽车的布局节奏加速深度耦合，通过协同感知、决策、控制实现完全自动驾驶，从而为全球汽车产业带来新的发展机遇。汽车的智能化主要包括驾驶域和座舱域两个维度。

智能汽车主要由三层组成，即环境感知层、智能决策层以及控制和执行层。第一，环境感知层是通过车载环境感知技术、卫星定位技术、4G/5G 及 V2X[①] 无线通信技术等，实现对车辆自身属性和车辆外在属性（如道路、车辆和行人等）静态和动态信息的提取和收集，并向智能决策层输送信息。环境感知层使用的众多传感器可以监测车轮转速、行驶的加速度、转向盘转角、周围路障距离等，

① Vehicle to everything，即车对外界的信息交换。车联网通过整合全球定位系统（GPS）导航技术、车对车交流技术、无线通信及远程感应技术奠定了新的汽车技术发展方向，实现了手动驾驶和自动驾驶的兼容。

通过这些信息来获悉车辆的行驶速度、行驶方向、运动姿态、道路交通情况等信息。第二，智能决策层是接收环境感知层发送的信息并进行融合，对道路、车辆、行人、交通标志和交通信号等信息进行识别，并做决策分析，最终判断车辆的驾驶模式以及要执行的操作，然后向控制和执行层发送执行指令。第三，控制和执行层是按照智能决策层的指令，对车辆进行操作和协同控制，并为汽车提供道路交通信息、安全信息、娱乐信息、救援信息以及商务办公、网上消费等，保障汽车安全行驶。

根据工业和信息化部制定的《汽车驾驶自动化分级》国家标准，自动驾驶水平由低阶到高阶可分成六个等级。

L0 级，人工驾驶阶段：没有任何智能化技术，驾驶员拥有车辆的全部控制权。在任何时刻，驾驶员都单独控制车辆的行驶，包括制动、转向、加速和减速等。

L1 级，辅助驾驶阶段：车辆具备一些辅助驾驶的功能，比如自适应巡航、自动泊车等。在辅助驾驶阶段，驾驶员同样拥有车辆的全部控制权，但在遇到紧急情况时，辅助驾驶系统将提示驾驶员相关信息或警告驾驶员可能面临的危险，帮助驾驶员降低驾驶风险。相较于其他发展阶段，辅助驾驶技术已相对成熟，几乎成为中高端汽车的标准配置。通俗地理解为能够让驾驶员处于“脱脚”的状态。

L2 级，部分自动驾驶阶段：驾驶员和车辆共享车辆的控制权，但驾驶员仍然处于主导地位。该阶段正是当前快速普及的阶段，预计很快就有更多的 ADAS 功能应用在量产车上。L2 级相比 L1 级的主要区别在于 L2 级在特定场景下可以接管驾驶员对汽车的控制，而 L1 级在任何情况下驾驶员都不能失去对汽车的控制。通俗地理解为能够让驾驶员处于“脱手”的状态。

L3 级，有条件自动驾驶阶段：在特定场景下，比如高速公路、城郊或市区，驾驶员可交出车辆控制权，让车辆自动行驶，而且可以自动检测环境的变化以判断是否返回人工驾驶模式。当前 L3 级已具备高度智能的堵车辅助系统、高速公路自动驾驶系统和自动泊车系统等。L3 级相比 L2 级的主要区别在于 L3 级在自动驾驶场景下，驾驶员不必时常监视道路，而是以自动驾驶为主，人工驾驶为辅。而 L2 级即使在特定场景下，驾驶员也必须监视道路，而且以人工驾驶为主，自动驾驶为辅。通俗地理解为能够让驾驶员处于“脱眼”的状态。

L4 级，高度自动驾驶阶段：在特定场景下已实现不需要驾驶员监控的完全自动驾驶。L3 级不满足自动驾驶条件时，会提示驾驶员接管控制权，而 L4 级则会将车辆靠边停下。简而言之，只要达到 L4 级自动驾驶，车辆控制权就可以完全交给车辆本身。虽然车辆还保留方向盘等操控部件，但驾驶员可以选择完全放手。通俗地理解为能够让驾驶员处于“脱脑”的状态。

L5 级，完全自动驾驶阶段：在任何场景下，车辆均完全自动驾驶，驾驶员这个角色将不复存在。用户只需输入目的地信息启动导航，整个驾驶过程无须人工参与。车辆能在全工况、全天候环境下完全掌控所有与安全有关的驾驶功能，并监视道路环境。完全自动驾驶的实现意味着驾驶员将从根本上得到解放，车辆上的所有乘客可以在车上从事其他活动，如上网、办公、娱乐和休息等，车辆将成为除家和办公室以外的第三空间。此外，L3 级别以上的高阶自动驾驶依然受到政策、法规等相关条件的制约，离真正量产尚有距离。

目前，自动驾驶已初步形成主流的技术架构和集成方案，可以在特定场景解放驾驶员，达到 L3 级别的初级阶段，但成熟度和可靠性尚未达到车规级的安全要求。在商业化方面，L2 级辅助驾驶是当前的主流。随着技术的持续迭代和法律法规的不断健全，自动驾驶能力必将持续提高并加速商业化落地。当前正处于从 L2 向 L3 以上级别自动驾驶迈进的道路上，各项政策和措施在全球各国陆续展开。2020 年 6 月联合国通过了“UN–R157 法规”，成为全球首部面向 L3 级别自动驾驶的国际法规。2021 年 12 月德国联邦机动车运输管理局落地该法规，奔驰成为全球首家被允许量产 L3 级别自动驾驶的车企，其旗下 S 级、EQS 两款车型将率先搭载 L3 级别自动驾驶上市。政策意义上 L3 级别车型的上路，意味着自动驾驶级别在应用侧迎来了实质性的升级。

感知层是智能汽车之“眼”

车载传感器作为智能汽车之“眼”，是智能汽车时代最重要的增量汽车零部件之一，车载传感器细分品类众多，根据获取信息的方式和波长的长短可分为车载摄像头、毫米波雷达、超声波雷达和激光雷达四类主流产品。下文将主要介绍车载摄像头和激光雷达。

车载摄像头

车载摄像头作为智能汽车领域内应用最为广泛的传感器，不但可以协助实现视觉方案下的自动驾驶技术，同时亦广泛应用于疲劳监控、面部视觉等多个座舱功能之中。可以看到，目前造车“新势力”及传统车企智能汽车品牌所推出的车型中，平均摄像头配置数量已经超过 8 个。当下特斯拉的自动驾驶技术路线便是基于车载摄像头方案研发出来的。

在车载摄像头之中，最核心的芯片包括 CMOS[①] 图像传感器（CMOS Image Sensor，CIS）和图像信号处理器（ISP[②]），其整体工作原理可总结为：当镜头采集到光影后，经 CIS 通过光电效应将光信号转换成每个像素的数字信号，随之进入 ISP 进行图像处理，包括镜头阴影校正、黑电平校正、自动白平衡等，最终输出 YUV[③]/

① CMOS（Complementary Metal-Oxide-Semiconductor），互补金属氧化物半导体，利用硅和锗这两种元素所做成的半导体，使其在 CMOS 上共存着带 N（带负电）和 P（带正电）级的半导体，这两个互补效应所产生的电流即可被处理芯片记录和解读成影像。

② ISP（Image Signal Processing），即图像信号处理。主要是用来对前端图像传感器输出信号进行处理的单元，以匹配不同厂商的图像传感器。

③ YUV 是编译 true-color 颜色空间（color space）的种类，“Y”表示明亮度（Luminance 或 Luma），即灰阶值，“U”和“V”表示的则是色度（Chrominance 或 Chroma），作用是描述影像色彩及饱和度，用于指定像素的颜色。

RGB[①] 格式的图像，再通过 I/O 接口[②] 传输到中央计算平台处理。

CIS 芯片主要功能是将光信号转换成电信号，兼具模拟电路与数字电路，是车载摄像头价值量最高的部分，约占车载摄像头物料成本的一半。未来五年汽车将成为 CIS 芯片增长最快的应用领域。车规级 CIS 芯片要求与消费级 CIS 芯片不尽相同，国产厂商有望借此弯道超车。此前 CIS 芯片的主要应用领域为手机等消费电子市场，并且基本由外资企业垄断，索尼和三星两家市场份额超过六成。然而，相较于手机等消费级 CIS 芯片，车规级 CIS 芯片对于各项参数要求更高。以手机为核心的智能终端时代，CIS 芯片竞争格局已趋于稳定，而车载 CIS 芯片市场才刚刚起步，头部厂商在各项技术指标上领先优势并不大。随着智能汽车的兴起，国内以豪威科技、格科微电子、比亚迪半导体为代表的国产厂商有望在车规级 CIS 芯片领域实现国产替代。

ISP 芯片负责将 CIS 输出的原始数据进行处理，使之成为符合人眼真实生理感受的信号并加以输出。ISP 芯片根据摄像头传感器进行融合计算方式的不同，其放置位置可分为两种：（1）前融合计算方式。ISP 芯片位于摄像头模组端，即通过 ISP 芯片在前端将处理后的信号传输至主控芯片。优势在于对于距离主控芯片位置较远

① RGB 色彩模式是工业界的一种颜色标准，是通过对红（R）、绿（G）、蓝（B）三个颜色通道的变化以及它们相互之间的叠加来得到各种各样的颜色。

② I/O 接口全称为 Input/Output Interface，指输入 / 输出设备接口 ，主机与外界的信息交换是通过输入 / 输出设备进行的。

的摄像头（如倒车后视摄像头）可降低对传输线束的要求；主控芯片直接接收 ISP 芯片传输过来的经过降噪处理的信号，抗干扰能力强。缺点是摄像头体积会变大，且对散热要求较高。（2）后融合计算方式。ISP 芯片外挂至主控芯片端，图像处理在内置 ISP 芯片的主控芯片端进行，可以有效解决散热与辐射问题。就演进趋势而言，前融合计算将是趋势，一方面可降低系统延迟、提升感知信息的实时性；另一方面，前融合计算可结合其他传感器，充分利用各类路侧信息更好地完成 SLAM①。

激光雷达

激光雷达（Light Detection and Ranging，LiDAR）是利用激光以实现精确测距的传感器。激光雷达将激光技术与传统的雷达技术结合，是工作在光频波段的雷达。其利用对人眼安全的激光束，经过发射、扫描、探测、信号处理等环节，创建被测环境的 3D 图谱，并获得距离、方位、高度、速度、姿态、形状等信息。

激光雷达每秒可发射数万组激光脉冲，辅之以较高的扫描频率与分辨率，其每秒可产生数以百万计的点云数据，形成针对周围环境的完整三维点云图像。相较于摄像头、毫米波雷达等环境监测传感器，激光雷达在 3D 建模、物体探测、速度探测、抗强光、抗暗

---

① 同步定位与建图（Simultaneous Localization and Mapping），机器人 / 车辆在未知环境中从一个未知位置开始移动，在移动过程中根据位置和地图进行自身定位，同时在自身定位的基础上建造增量式地图，实现机器人 / 车辆的自主定位和导航。

光等方面性能优越。激光雷达的发展大致可以分为以下三个阶段。

阶段一，科研领域小试牛刀（20 世纪 60 年代）：人类历史上第一台激光器由美国科学家西奥多·哈罗德·梅曼（Theodore Harold Maiman）于 1960 年制成，并率先应用到自然科学领域。此时的激光雷达不具备扫描功能，仅能承担简单的探测及测距任务。

阶段二，军事领域大放异彩（20 世纪 70 年代）：20 世纪 70 年代起，美国等多个国家便着手研制军用激光雷达。激光雷达在军事领域可应用在精确制导、火力控制、直升机避障、战场侦察等多类场景。

阶段三，消费及工业领域广泛应用（21 世纪以来）：进入 21 世纪，智能化浪潮的兴起使激光雷达在民用领域有了用武之地。2007 年，车载激光雷达先行者 Velodyne 推出首款量产产品 HDL-64E，随后被各大厂商采用至各自旗下的自动驾驶试验车中。近几年，消费级激光雷达产品驶入发展快车道，在自动驾驶、无人配送、智能手机等场景中均已实现落地。展望未来，随着技术的不断创新以及下游消费升级，消费级激光雷达产品将向轻量化、低成本、集成化方向发展，其应用场景及市场规模空间可期。

L3+ 高等级自动驾驶标配激光雷达成为业内共识，激光的频率可达 100000GHz 以上，比毫米波高出 3~4 个数量级，其波长为微米乃至纳米级别，这意味着激光雷达在距离、角度、速度等测量上可以实现较高的分辨率，借此可实现对周围物理环境的三维立体成像，精度优势显著。

激光雷达由发射模块、接收模块、扫描模块以及处理模块构成，依赖精密制造和高端元器件，前期研发投入较大、生产制造成本高昂。公开数据显示当前可量产激光雷达的出厂价已下探至1000美元。随着各路厂商入局，行业竞争促使厂商通过技术进步探寻更低成本的方案，同时叠加高级别自动驾驶渗透率提升、规模量产条件逐渐成熟，将推动激光雷达价格不断下探。2020年8月，时任华为智能汽车事业部总裁王军表示，未来计划将激光雷达成本降至200美元，甚至100美元。

当前激光雷达应用广泛，不只是车载。基于3D感测原理，激光雷达在众多需要获取3D环境信息及精准实时测距的场景应用广泛，例如高级驾驶辅助系统（ADAS）、自动驾驶、无人配送、测绘、无人机、安防、工业、农业、智慧城市等。当前市场应用以测绘为主，占比超六成，未来自动驾驶领域将迎来快速上量期，预计2025年车载激光雷达在整体市场中的占比有望提升至四成左右，并有望在2030年超五成。除自动驾驶外，工业及智慧交通亦是激光雷达市场的重要组成部分，预计市场占比将维持在三四成。

根据内部有无运动器件，激光雷达可分为机械式、半固态（转镜、MEMS[①] 为代表）以及纯固态（OPA[②]、Flash LiDAR[③] 为代表）三大类别。每种方案均有各自优劣，车企在当前阶段需综合考虑进行取舍。但“固态化”确实是车载激光雷达发展的未来。虽然激光雷达在性能方面能够完美弥补摄像头和毫米波雷达各自存在的缺陷，但长期以来，行业内较成熟的机械式技术路径一直难以达到车规级的要求，高昂的价格、庞大的体积以及较低的工作稳定性成为制约激光雷达量产的关键因素。正是因为激光雷达的固态化可以较好地解决前述痛点，才使该路线成为行业共识。固态激光雷达在内部采用芯片集成设计，去掉了大部分甚至全部的机械部件，使产品趋于轻量、可靠、高效、易量产。总而言之，未来激光雷达的技术路线发展趋势将会是转镜先行，MEMS 蓄势待发，纯固态仍需时日，但将是终局。

决策层是智能汽车之“脑”

在传统分布式架构下，由于汽车电控单元（ECU[④]）之间协调性

---

① MEMS（Micro-Electroi-Mechanical System），微机电系统，是将微电子电路技术与微机械系统融合到一起的一种工业技术，它的操作范围在微米尺度内。

② OPA（Optical Phased Array），即光学相控阵。光学相控阵是一种使用光学原理来实现指向可调的光束发射和探测的技术。与传统的机械旋转式激光雷达不同，光学相控阵通过调整光波的相位，可以实现非机械化的光束定向和扫描。

③ Flash LiDAR 是一种快速扫描 3D 传感技术，它使用非机械化的方式几乎同时发射多束激光脉冲，以测量目标物体的位置和距离。

④ ECU（Electronic Control Unit），电子控制单元，又称“行车电脑”“车载电脑”等。和普通的单片机一样，由微处理器、存储器、输入/输出接口、模数转换器等大规模集成电路组成。

较差，功能的增加需要依靠ECU与相关线束“叠罗汉式”堆叠而实现，汽车重量将难以避免地上升。要解决该问题，整车架构需要向集中化方向演进，例如，博世就为此提出了动力域（安全）、底盘域（车辆运动）、座舱域/智能信息域（娱乐信息）、自动驾驶域（辅助驾驶）和车身域（车身电子）五大域。特斯拉为此提出了中央计算模块、左车身控制模块、右车身控制模块和前车身控制模块等四大域。

为了更高效地控制各个域，集成度更高的系统芯片（System on Chip，SoC）与基于SoC芯片所构建的域控制器成为这一阶段的新增需求。市场期待高阶自动驾驶功能快速迭代升级，而汽车的生命周期长达十年之久，相比智能手机三年左右的生命周期要长很多，如果在汽车的生命周期内不具备升级自动驾驶能力的可能性，这将会极大影响消费者的购买决策。车企为了解决功能快速升级和换车周期长的矛盾，均采用“硬件预埋、软件预研”的方式。在芯片的选择方面，车企往往会提前搭载具备更高算力的SoC芯片，以承接未来功能升级对算力的更高要求。该SoC芯片也就是市场通常所说的自动驾驶芯片，它将是未来汽车的“大脑”。

以“蔚小理”为代表的造车“新势力”基本都有互联网的背景，深谙前期“免费”策略打市场的互联网思维，对预埋硬件的接受程度更高，它们都是预埋硬件积极的实践者与先行者。根据中金公司2022年发布的研究报告以及自动驾驶芯片厂商地平线的预测，L2级别自动驾驶2TOPS算力便可满足要求，L3~L5级别自动驾驶对算力要求分别达到20TOPS、400TOPS、4000TOPS。当前虽处于L2向L3升级的过渡阶段，但已经存在能满足L4级别算力需求的自动驾驶芯片。随着汽车智能化水平的逐步推进，自动驾驶芯片在产业链上下游的位置也被重塑，从以前散落在Tier 2的位置升级为处于Tier 1核心位置的车载计算平台。

展望自动驾驶的未来发展，第一个阶段为2020—2025年，自动驾驶等级主要为L1、L2，该阶段ADAS渗透率不断提升；第二阶段为2026—2030年，自动驾驶等级发展到L3及以上，该阶段ADAS渗透率将逐渐下降，而驾驶员检测系统（DMS）将快速上升。目前L1、L2单车只需1个ADAS芯片，L3单车需要2个ADAS芯片、2个DMS芯片，而且单车芯片价格也会随着自动驾驶等级的提升而提升。

当前市场自动驾驶芯片厂商大致可以分为三个类别：第一类能够提供高算力的开放性平台，主要是英伟达、高通，构建了车、桌、云端GPU统一硬件架构且先发优势明显。英伟达在自动驾驶芯片方面具备显著的先发优势和性能优势，高通已然成为座舱域霸主，且通过其惯用的高性价比方法逐渐在英伟达一家独大的自动驾驶芯片领域分得一杯羹，华为作为后来居上的国内厂商，凭借多年积累的软硬件实力以及与赛力斯等国内主机厂的合作，在中低端乘用车的自动驾驶和智能座舱领域撕开一道口子。第二类是传统汽车半导体巨头，包括瑞萨、英飞凌、恩智浦、德州仪器、意法半导体等。第三类是拥有自研人工智能芯片能力的厂商，国外主要是特斯拉、Mobileye；国内则有地平线、黑芝麻、寒武纪、海光、芯驰等。

除了自动驾驶芯片厂商之外，亦存在一帮主打软件实力的自动驾驶解决方案提供商。美国有 Waymo、特斯拉以及硅谷的自动驾驶初创公司如 Aurora 和 Zoox。欧洲亦有 Mobileye 和 Bosch。同时，中国市场崛起迅猛，互联网大厂如百度、阿里等，造车“新势力”如蔚来、小鹏等，传统主机厂孵化企业如毫末智行、知性科技等，创业公司如 Momenta、PonyAI 等。当前大家均在争夺下游的应用场景，以此来积累数据不断完善技术路线。

完全的自动驾驶还有多远

有智能之“眼”和智能之“脑”，自动驾驶正在按照人们定义的等级逐步实现。然而其间的过程并不是一帆风顺，反而是充满波折。2021 年 3 月 18 日，美国公路交通安全管理局披露，已展开对 27 起特斯拉汽车事故的调查，结论是特斯拉的自动驾驶系统不能实现完全自动驾驶，仍需要驾驶员注意力高度集中并时刻关注周围环境的变化。虽然此前特斯拉创始人马斯克曾公开表示特斯拉的自动驾驶已接近 L5 级，但真实的情况是，特斯拉曾向美国监管机构承认，彼时特斯拉的自动驾驶系统只能达到 L2 级。

对于 L4 级别的实现速度，车企和官方政策的计划差异较大，在 2020 年 11 月发布的《智能网联汽车技术路线图 2.0》中，中国智能网联汽车创新中心认为，自动驾驶量产车型将于 2025 年实现 L3 级别的规模化应用，2030 年实现 L4 级别的规模化应用。而多家传统车企披露的自动驾驶时间表都比前述时间表要激进。其实从实际情况来看，官方版本更为合理。

自动驾驶从开始到现在已发展超过十年，主要解决核心技术的突破、功能的验证、商业模式的探索等问题，而在未来的第二个十年，自动驾驶主要目标是实现商业落地。想要实现 L4 及以上级别的自动驾驶，技术上的门槛可能可以较快达到，但是法律法规、制造成本、商业化速度、保险公司等可能跟不上，需要产业链上的每一环都齐头并进，整个行业的商业模式才能实现闭环，届时行业才能迎来真正的发展。而当下对于自动驾驶商业化最佳的解决办法是在某些特定场景落地，比如港口、矿山、园区等具备低速、封闭、无人等特点的场景，让用户切实感受到 L4 的魅力，让市场来检验其价值，然后政策法规快速跟上。就像中国改革一贯的思路，在试验区先行先试，效果得到验证后在全国推广。那么，高阶的自动驾驶会为社会带来什么？我们认为至少应该会有以下三点。

第一，减少失误，提高交通安全性。车辆环境是人类的身体反应和精神判断力最集中体现的地方，需要复杂的环境分析和行为分析经验。自动驾驶配备的摄像头、雷达等各种传感器，与瞬间处理大量数据的信息处理技术、机器学习技术，以及 5G 或超越 5G 的更快速的通信技术等相结合，将弥补那些可能引发人为失误的事情。在实现完全自动驾驶后，以往交通事故中最常见的“酒驾”“醉驾”“疲劳驾驶”等人为因素将会消失，单从这个角度就可以大大提升驾驶安全水平，人们会获得更加安全的出行和运输环境。

第二，节约资源，提高经济效益。完全自动驾驶之后，人们不需要再购买私家车，出行服务将变成“水和电”一样的基础设施，如同人们无须在家里储备水和电，需要时直接取用就好。未来的出行服务将如影随形，人们需要时直接通过网约车平台预约即可，因为已经不需要司机，而且车联网将实现更加高效的交通网络。未来的乘用车保有量将下降，且无须再耗费时间驾驶汽车，甚至以后人工驾驶汽车需要在特定场景，擅自驾驶将是违规行为。这些场景的到来，将直接带来油费的减少，税金或保险费等各种费用也会相应地减少。除了费用以外，很多资源也会因自动驾驶而得到节约。未来人们选择共享交通服务后，私家车辆会越来越少，很多占据城市中心位置的停车场等会转变成文化设施、休闲空间或绿化林等更有价值的空间，得到更有效的利用。以上这些空间资源、资金资源和人力资源等，都会获得有效的再利用，使我们的生活更加美好。

第三，解放双手，提高时间效率。中国北上广深居民平均单日通勤时间超过 40 分钟，在互联网流量和各类 App 单日使用时长纷纷见顶的今天，用户每日这 40 分钟的通勤时间中蕴含着巨大的消费潜力，商机无限。在一项关于自动驾驶的调研中，当被问到坐在自动驾驶汽车上最想做的事情是什么的时候，“睡觉”“欣赏多媒体”等答案占比很大。如果不需要自己驾驶，在车上我们就可以解放双手双脚，可以边喝咖啡边看书，听着音乐欣赏外面的风景，又或者用手机处理工作事务。也有可能会出现自动驾驶专享的多媒体频道，带给乘车人快餐式的多媒体节目，也有可能会出现很多自动驾驶“免下车”咖啡厅。从更高的维度来讲，将通勤时间节省出来，相当于延长了同等时间的生命。

当然，自动驾驶技术也面临着道德层面的考验——在面临一些人性考验的时候科学家和工程师将如何设计算法程序。比如，由于路边行人的失误，导致自动驾驶车辆不可避免地会发生车祸，此时决策算法就面临如何抉择的问题：选择往右拐会撞伤十个人，而往左拐会撞伤两个人，如何抉择？简单地考虑，似乎应该让算法选择往左拐，这样人员伤亡会更少。如果左边的两人是国宝级的科学家，此时又该如何抉择？有人觉得生命面前人人平等，也有人觉得国家培养一位科学家不容易，不应该让他们受到伤害。在人工驾驶的时候，就不会有这个困扰，因为司机不会掌握这么全面的信息，而且那么短的时间，司机也没有时间思考，基本就是跟着惯性走了，这样反而问题简单了。在完全自动驾驶阶段，算法可以掌握更加全面的信息，并且思考速度非常快，此时如何抉择反倒成为一个摆在大家面前的问题。

第三节　智能座舱打造独立第三空间

智能座舱，车企个性化的重要载体

智能座舱主要指汽车座舱域控制器，包括芯片及软件，软件又包括操作系统、中间件以及应用程序，涉及仪表显示、中控屏显示、车载娱乐信息系统、后视镜、抬头显示、视觉及语音交互系统等。

智能座舱是车企个性化体现的重要载体，向用户提供信息娱乐、车机互联、仪表显示、语音交互等功能，与用户的驾驶体验直接挂钩。随着自动驾驶、车联网技术不断发展，智能座舱呈现多屏融合、多功能集成的发展趋势，通过多屏、多功能共享硬件资源实现多屏信息共享和互动，为用户提供人机交互、智能推送、身份认证、预约预订等服务。

最能凸显产品实力和技术实力的部分便在于智能座舱的软件。智能座舱软件涉及操作系统及中间件、应用算法两个层面，其中操作系统包含车控操作系统和车载操作系统，车控操作系统是实现车辆行驶功能、动力性的基础；车载操作系统则是为车载娱乐信息服务和车内人机交互提供控制平台，是智能座舱的运行环境。

中间件方面，视觉模块是重中之重，数据量和算法质量、工程落地能力、和海外主流 Tier 1 的合作情况等是核心竞争要素。广义而言，中间件的功能主要是配合操作系统对底层硬件资源合理调配，以保证各项智能化功能高效执行。

应用算法是基于操作系统之上独立开发的软件程序，亦是各汽车品牌差异化竞争的焦点之一，算法模型的不断迭代是 OTA 升级、功能优化和盈利模式创新的核心，目前特斯拉、蔚来、小鹏、理想等造车"新势力"已经率先实现了后端软件服务的订阅制收费，预计后续其他车企也会快速效仿，未来应用服务收费将会成为车企重要的收入来源之一。

车载操作系统以 QNX 为主，Linux（包含 Android）、WinCE 分别列第二、第三位。三大操作系统各有特点，QNX 背靠黑莓公司，基于微内核，凭借安全、稳定的优势占据近一半的市场份额，合作的车企最多。Linux 作为开源操作系统，内核不属于任何商业公司，其他众多操作系统都基于它开发，免费、灵活性高的特点使它具有很强的竞争力。Android 背靠谷歌，为 Linux 代表性系统，凭借开源和广泛的应用生态也具有强大的竞争力。随着智能座舱上层软件生态的完善和人机交互增多，拥有更完善开发生态的 Linux/Android 操作系统有望获得更高市场份额。WinCE 是微软 1996 年发布的嵌入式操作系统，开发者和使用者相对较少，未来前景相对黯淡。

国内也在车载操作系统方面发力自研或对成熟操作系统进行改进。阿里云研发了可用于车载终端的 YUNOS Auto 操作系统，并且和上汽联合发布了两款互联网汽车荣威 RX5 和 i6。华为面向手机、平板等发布 Harmony OS 2 也有望在汽车行业有所突破。此外，百度和小鹏也发布了定制版的车载 OS。

除软件以外，智能座舱产业链中价值含量最高的就是芯片。智能座舱芯片是一种将 CPU、GPU、ISP、DSP、BBU、ROM/RAM、NPU 等功能集成为一体的 SoC 主控芯片，可有效提升电子信息系统的运转效率，缩减开发成本。目前，手机等消费电子领域已普遍采用 SoC 芯片，智能座舱作为手机的延伸近年来亦逐步采用通过车规级认证的 SoC 芯片以满足座舱内大屏化、多屏化的交互需求。

智能座舱芯片生产商主要包括两大阵营：消费级芯片厂商和传统汽车芯片厂商。2015 年以前，汽车芯片由瑞萨、恩智浦、德州仪器等主导，前三家占据市场六成份额。2015 年以后，消费级芯片厂商开始强势进入汽车芯片领域，将瑞萨、恩智浦、德州仪器等传统汽车芯片厂商挤向中低端市场；高通、英特尔等消费级芯片厂商后来居上占据高端市场份额。

虽然国产智能座舱芯片与国际大厂产品存在较大差距，但布局力度在持续加大，代表性厂商有华为、寒武纪和地平线等。华为用人工智能芯片昇腾以及高性能 CPU 鲲鹏构建起 MDC 自动驾驶平台，用巴龙支撑座舱 5G 通信，麒麟则应用于以手机为代表的终端，拿下代表性客户长安、北汽蓝谷和奇瑞等。总体来看，国产芯片仍以缓慢渗透自主车企为主，市场份额短期突破有一定难度。

智能汽车产业下一个“苹果”

前文已多次将智能汽车产业与智能手机产业做对比，有必要回顾一下智能手机产业的发展历史。智能手机变革初期主要包括三大派系：（1）传统功能机派，以诺基亚、爱立信、摩托罗拉和三星为代表，它们是功能机时代的王者，期望通过变革在智能手机时代延续辉煌；（2）新势力创业派，以苹果、华为、小米、OPPO 和 vivo 为代表，它们都是手机行业的新兵，没有历史负担，在创新方面最为激进，尤其苹果定义了智能手机行业；（3）互联网搅局派，以谷歌、微软、360 和阿里（魅族）为代表，期望通过巨大的品牌影响力和流量优势在智能手机市场占据一席之地。

经过多年的竞争演化，目前智能手机产业的市场格局基本稳定。三星已连续多年保持销量世界第一；苹果连续多年保持销量世界第二；小米、OPPO、vivo 和华为多年保持销量世界前列。从结果来看，除三星以外，新势力创业派完胜。三星能在智能手机时代坐稳霸主地位，与其在半导体领域的统治地位密不可分。

苹果创始人乔布斯对于智能手机的定义和打磨，造就了苹果公司不可撼动的地位，虽然半导体部件大多来自三星，但是苹果建立了从 iOS 到 MacOS，从操作系统到编译环境、应用商店、音乐视频娱乐等全链条软件内容生态，这是苹果最强的护城河，也是其可以做到全局极致体验的根本。

中国在智能手机领域占有举足轻重的地位，华为、小米、OPPO、vivo 和传音五大厂商在全球市场将苹果、三星以外的厂商均斩于马下，横扫全球中低端手机市场，并在高端手机市场亦有一席之地，这在其他新兴产业不太多见。其背后主要的原因是成本优势、渠道能力和消费者感知力。

互联网搅局派的鼻祖是谷歌，其坐拥智能手机操作系统 Android，理应有能力复制苹果 iPhone 的成功，但是为何最终谷歌的 NEXUS 系列，高开低走，最后退出整个市场呢？究其原因，是谷歌没有硬件设计能力，硬件门槛之外的软件与硬件的融合又是更高的门槛，天生的互联网基因让谷歌无法与软硬件都做得顶尖的苹果公司抗衡。

传统功能机派的鼻祖是诺基亚，它的失败与谷歌相反，诺基亚有当时最强的硬件设计能力，但是其过度重视硬件，忽视软件体验，最后败走整个时代。诺基亚尤其没有把握住智能手机的属性已从传统功能机时代的耐用品变成了消费品，这与智能手机时代快速的软硬件升级特点是分不开的，诺基亚以往把手机做成耐用品的策略已经不能适应新的时代。

软件设计能力最强的是微软，其早期的 Windows Phone 和后期的 Lumia 失败的原因，归根结底是传统软件与互联网软件的区别，传统软件由于其体系庞大，迭代速度根本赶不上以互联网速度迭代的小米，造成了其软件用户体验的溃败。总结功能机到智能机的关键节点，我们发现单纯的软件能力和单纯的硬件能力都无法满足智能手机时代的需求，面向未来的产品必须是软硬件协同的快速迭代。

本节回顾智能手机产业的发展历史，目的是借鉴研判智能汽车产业的发展，寻找智能汽车产业的下一个“苹果”。目前智能汽车产业的格局与智能手机产业非常类似，参与各方也可分成三大派系。从战略大方向上判断，造车“新势力”具有巨大的基因优势。同时，具有改革创新的决心以及过硬的造车能力的传统车企亦有机会延续辉煌。从发展路径上可分三个阶段：（1）早期以快速融资或自有资金建立产能优势、超前定义产品形态、早日推向市场为核心竞争优势；（2）中期以快速高效整合 Tier 1（智能座舱、自动驾驶等）的软硬件协同能力为核心竞争力；（3）后期以谁能理解消费者需求、建立强大的品牌和渠道壁垒，并能在 AIoT 领域建立闭环生态为最核心的竞争力。

同时，在未来数十年智能汽车产业大发展的浪潮之下，车企也存在三种可能走向成功的转型或升级之路：（1）成为 Tier 1 厂商，比如三星的显示屏、存储器、SoC 芯片均是世界顶尖水平，完全可以成为汽车硬件的 Tier 1 厂商；（2）成为操作系统供应商，比如谷歌虽然没有成为一流的智能手机品牌，但其为整个智能手机产业提供了底座，安卓俨然成为产业无法逾越的生态；（3）成为消费品公司，比如小米、OPPO 和 vivo，依托品牌、渠道、效率、产品定义、生态融合、软硬件协同把自身做到极致。

最后，人们依然好奇智能汽车产业的“苹果”将会花落谁家。从全球来看，毋庸置疑，特斯拉在这一波汽车电动化、智能化和网联化的浪潮中有着不可磨灭的贡献，如同苹果之于智能手机产业。但在中国市场，依然格局未定，沿着前文在战略方向上的研判，目前传统车企比亚迪气势如虹，满仓押注新能源汽车，也已取得傲人的成绩，似乎有机会获取类似智能手机产业中三星的地位。而造车“新势力”方面，“蔚小理”已具备一定优势，但依然根基未稳，第二梯队还在虎视眈眈，随时有反超的可能，当然它们都有很大的机会跑进决赛。

智能座舱背后的电子电气架构革命

我们相信，在汽车软硬件架构方面，智能汽车将和智能手机一样，软硬件解耦是大势所趋，并将加速行业的重构。背后的核心逻辑在于车企自身有降低供应商切换成本的内生动力，软件独立于硬件开发可以大幅提升车企对供应商的议价权。此外，消费升级加速和市场竞争对新功能升级效率的要求，倒逼车企必须提升研发速度，加快产品更新迭代，这也需要软硬件架构解耦才能实现。传统“黑盒模式”下，相关产品一旦导入，几乎无法再做调整、更新，只能等待在下一代产品中改进，整个周期耗时长。通过软硬件解耦，车企能够基于现实应用场景去开发功能和应用软件并实时做出调整，开发周期大幅缩短。同时，通过硬件预埋，即便是在量产之后，软件也可以不断迭代更新，去解锁硬件的新功能，这就是所谓的车载系统在线升级技术（Over The Air technology，简称 OTA）。

软硬件加速解耦对产业链参与各方亦会产生深远的影响。首先是车企上游的零部件供应商的游戏规则将会改变。软硬件解耦将会使传统的瀑布型研发模式向敏捷开发模式转变，即车企出于提高市场反应速度和减少开支的目的，要求上游零部件供应商使用敏捷开发来配合车企新的产品推出模型。传统模式下，一旦零部件供应商的产品上车后出现瑕疵，就必须等待下一代产品推出时才能解决。在新的敏捷开发模式下，零部件供应商必须实现产品的快速迭代，小步快跑，及时解决发现的产品瑕疵。

其次，从产业链价值分配的角度来看，原有的“金字塔”式供给格局将向“众星捧月”式供给格局转变，原来上游 Tier 1 厂商的强势地位将被打破，比如博世、大陆等，新格局下车企将成为产业链的中心。车企作为新供给格局下的组局者，通过产品定义掌握用户话语权，其对供应商的议价权也将进一步提升，有效降低了采购成本和供应商切换成本，同时还可缩短研发周期，加快产品更新迭代速度。以处于 Tier 2 的芯片公司为例，传统供应模式下芯片公司先向博世或大陆等 Tier 1 提供产品。在智能化加速和软硬件解耦的趋势下，汽车所需要的芯片数量大幅增加，同时对芯片计算能力和性能的要求日益提升，车企出于对迭代速度和功能方面的高需求，正在与芯片公司建立直接联系。以地平线为例，已有包括理想汽车在内的多家车企选择与地平线等芯片公司单独签订采买协议。

为了逐鹿汽车智能化浪潮，车企采取的研发模式主要有三种：（1）车企全栈自研，自主开发核心的硬件芯片和软件算法，堪称智能汽车界的苹果，典型代表就是特斯拉。（2）车企外采系统供应商的“全家桶”模式，典型代表如北汽极狐采用华为 ADAS 方案，以及被市场广泛使用的 Mobileye 全栈式自动驾驶解决方案。（3）车企外采硬件、自研软件。这也是现阶段比较常见的合作模式，典型代表如小鹏汽车采用英伟达的高算力平台，软件算法则依靠自身团队进行研发和迭代。

随着车企对产业链话语权要求越来越高，前述第二种“全家桶”模式将会面临越来越大的挑战，这对于传统习惯于该模式的 Tier 1 厂商将是不小的冲击。以往的 Tier 1 厂商依靠自己的集成能力可以给车企提供从系统到软硬件的全栈解决方案，在产业链中的议价权较大。随着车企对降低采购成本和确保供应链安全越来越重视，车企持续加大软件自研能力的建设，逐步具备了打开“黑盒”的能力，开始寻求软件自研或全栈自研。

在当前国际地缘政治矛盾重重，中美断链脱钩风险越来越大的背景下，各行各业对供应链安全的关注已提升到空前的高度，尤其在以芯片为代表的高科技领域，必须积极主动寻找备选的国产化方案。在汽车领域，这种危机感更加明显，传统汽车产业链的上游基本由国外厂商把持，供应链风险非常突出。所以，随着国产供应商产品逐渐成熟以及国内汽车品牌的崛起，其对国产替代零部件厂商的帮助和扶持力度必然会越来越大。整体来看，国产供应商的市场份额将随着技术和产品的突破而提升。同时，在车企对产品研发介入越来越多的背景下，对于国产供应商而言蕴含着巨大机遇，国产供应商凭借极快的需求响应速度有望实现份额上的进一步突破。

第十章

数字健康：高效的健康管家

第一节　数字医疗的概念与监管政策

数字医疗服务是一种数字化的医疗方式，主要为医疗参与者提供线上预约、数字诊疗、电子处方、公共医保结算、配药及疾病管理服务。未来数字医疗服务的普及将缩短病患看病时间、提高医生效率、缓解医患关系，未来医药电商的发展、医疗健康服务支付体系的完善都将促进数字医疗服务的发展。数字医疗服务主要分为医药电商平台、挂号问诊平台、健康管理平台、医疗知识平台和医生助手平台，其中医药电商平台和挂号问诊平台是目前商业化程度较高、居民使用频次较高的平台类型。

中国老龄化趋势加深以及慢性病人口增加推动医疗健康需求提升。根据国家统计局数据，2022 年末 65 岁以上人口超过 2 亿人，约占全国人口的 14.9%，并且每年还在增加，而人口的老龄化也导致我国慢性病患者的数量持续上涨。同时，政府在卫生方面支出增长和科技进步也在推动医疗行业的发展。在此大背景下，居民可支配收入增加、居民保健意识的提升，推动了数字医疗行业的成长。例如，物联网的快速发展加快了智能穿戴设备的研发速度，使慢性病患者及老年人的健康医疗数据得到了更好的收集和监测，可以帮助医生及时发现病变并给予治疗方案。大数据则有助于广泛收集患者数据并储存，云计算可以高速分析和共享数据及信息。

医疗是典型的政策导向型行业，数字医疗主要受行业政策影响，可以说，是政策推动医院、医保、远程医疗等各个环节的信息化进程，明确了行业发展方向。2018 年至今，相关部门颁布了许多重要的数字医疗行业相关政策。针对在线诊疗服务，卫健委在 2018 年 7 月颁布了《互联网诊疗管理办法（试行）》，要求在线诊疗活动应由取得《医疗机构执业许可证》的医疗机构开展，对医疗机构展开在线问诊过程的技术要求、人员要求、诊疗要求、电子病历、在线处方、信息安全和患者隐私保护等内容进行规范。针对远程医疗领域，卫健委于同一时间发布了《远程医疗服务管理规范（试行）》，明确了远程医疗服务范围。2020 年 2 月，卫健委发布了《关于加强信息化支撑新型冠状病毒感染的肺炎疫情防控工作的通知》，旨在积极开展远程医疗活动，充分发挥各省份远程医疗平台作用，鼓励包括省级定点救治医院在内的各大医院提供远程会诊、防治指导等服务，并针对新冠肺炎展开网上义务咨询、居家医学观察指导等服务，引导患者线上有序就医，缓解线下门诊压力。在医疗信息化方面，2019 年 4 月卫健委颁布了《关于印发全国基层医疗卫生机构信息化建设标准与规范（试行）的通知》，其核心内容为着眼未来 5~10 年全国基层医疗卫生机构信息化建设、应用和发展要求，满足全国社区卫生服务中心（站）、乡镇卫生院（村卫生室）的服务业务、管理业务等需求。这进一步加快了医疗信息化进程。2020 年 6 月，国家医疗保障局办公室针对医保政策也做出了调整，在《关于印发医疗保障疾病诊断相关分组（CHS-DRG）细分组方案（1.0 版）通知》中提到，各试点医疗机构的医保管理部门要协调病案、信息、财务等部门，做好相关数据来源的质量控制，确保医疗保障基金结算清单各项指标真实、准确、可追溯；确保同一患者信息的完整性。各试点城市医保部门要加强信息系统改造，完善医疗保障基金结算清单和医疗服务明细信息的填报、审核、反馈等机制。2020 年 9 月，卫健委针对院前医疗急救系统也做出了行业规范，发布了《关于印发进一步完善院前医疗急救服务指导意见的通知》，其中主要提到了进一步健全院前医疗急救体系标准化、规范化建设，提高院前医疗急救服务能力，提高院前医疗急救信息化水平，推动院前医疗急救网络与医院信息系统连接贯通。

第二节　数字医疗的产业生态和趋势

数字医疗产业生态可分为患者端、医药端、医院端、医生端四个板块。本书重点从患者端和医药端的角度介绍，其实它们也都牵涉背后的医院端和医生端。以患者在线问诊为例，既需要有患者端应用软件，也需要医院和医生安装医院端和医生端的应用软件，在线问诊才能实现服务闭环。

患者端：在线问诊市场潜力巨大

患者端的服务包括患者看病流程中的在线挂号、在线问诊、在线支付、诊后服务，个人健康管理方面的体检、疾病管理、医保服务以及提供医疗知识的科普用户社区。我们将患者端的服务机构分为服务类与信息类两大类。（1）服务类平台包括提供在线问诊的平台，如好大夫在线、寻医问药网、丁香园、家庭医生在线等，以及服务工具类平台，如提供预约挂号服务的微医，该类平台以用户增值收入为主。（2）信息类平台为提供资讯与咨询类的平台，如丁香园等。该类平台以广告收入为主。除此之外，还有提供患者管理服务的平台企业，如圆心科技、乐心医疗和智云健康等。

在线问诊平台是依托互联网和移动互联网技术建设起来的用于

医生和患者之间在线沟通的服务平台，方便医生和患者在互联网平台上进行远程问诊。在线问诊平台主要涵盖医疗咨询、处方开具、复诊、医院预约及慢病管理等。目前，在线问诊平台包括多种形式，如医院自建的问诊平台、医疗知识平台、挂号问诊平台、健康管理平台和服务于医生的医生助手平台。在疫情的影响下，居民不仅提高了健康保健意识，更对在线问诊服务的接受度迅速提升。在线问诊平台可以缓解医疗资源紧张的情况，使得部分疾病通过网络即可得到治疗方案，大幅提高医疗服务效率。患者在进行网络咨询的同时，也有助于健康教育、疾病常识等相关知识的普及。此外，通过在线问诊平台，患者可以居家“就医”，便可得到专业的医疗服务。并且在线问诊平台可以实时动态掌握医疗资源，解决了诸如挂号排队、排队缴费等问题，患者和医生都可以全身心地投入针对疾病的诊疗环节中。医生能够随时做出动态分析并做出正确指导。在线问诊平台可以最大限度地保护患者个人隐私，同时为医生提供灵活的出诊环境，减轻医生的职业倦怠感。在线问诊也有其短板，如有些需要现场观察的病患无法得到准确的判定和治疗，而且需要现场检查的环节也无法在线远程完成。

回顾在线问诊平台的发展历史，可以分为三个阶段：萌芽期、成长期和爆发期。

第一阶段：萌芽期（2005—2015 年）。当时正处于桌面互联网时代，在线问诊已经隐约有了苗头。百度知道、天涯社区、百度贴吧等都或多或少涉及疾病的咨询和讨论。虽然很多医学信息可信度低，但这就是最简单的在线问诊的雏形。

第二阶段：成长期（2015—2020年）。2015年左右，在线问诊进入2.0时代，以支付宝、微信支付为代表的移动支付出现，让支付变得极为便捷，这彻底解决了知识领域的价值变现问题。罗振宇提出了一个概念：知识付费，后来出现了一个当时的现象级互联网产品：分答。这个产品虽然并不是主打在线医疗咨询，但当年入驻了很多医生大V。医疗咨询成为知识付费最为刚性的需求。之后分答逐渐衰落，但很多在线医疗产品在此基础上进行了产品迭代。早期有好大夫、平安好医生、春雨医生，后来有丁香医生、爱问医生。这个阶段的在线问诊最为核心的一个改变是：把医生提供的正确的医疗咨询打包成一个产品，并可以为医生带来收益，与此同时，让社会接受这个理念。

第三阶段：爆发期（2020年至今）。真正对医疗格局产生明显影响的是疫情的暴发，推动在线问诊进入3.0时代。在疫情之前，许多公立医院的互联网医疗尚不完善，疫情促使公立医院意识到互联网医疗的重要性，并开始加大在这方面的投入。多方面因素促成了当前的局面，具体概括为5个方面：（1）疫情防控，门禁系统的大量安置，让患者和医生的见面变得困难，而线上渠道是一个简单便捷的沟通方式；（2）政策扶持，从国务院到卫健委，都明文支持互联网医疗的建设；（3）医保管控，迫使医院不断去寻找新的出路；（4）基础良好，绝大部分医院前期都有挂号、缴费、报告查询的移动端互联网的建设基础，只需要进行迭代和升级即可；（5）人口的更迭，中青年人口已经习惯了手机的操作，有问题先线上咨询，迫使医院改变。虽然很多医院的互联网医疗都在摸索和磨合阶段，但是，由于公立医院的批量入场，已经给在线问诊2.0时代的第三方平台带来了巨大的压力。

根据预测，中国在线问诊市场预计在2019—2024年达到77.4%的年复合增长率，由2019年的90亿元大幅增至2024年的1550亿元，并于2030年达到4070亿元，成为医疗咨询的主要方式，占中国医疗咨询总量的68.5%。目前，中国在线问诊量占总问诊量不到20%，仍有较大的提升空间。

医药端：平台经济展现优势

医药端的医药电商平台是指医疗机构、医药公司、银行、医药生产商、医药信息服务提供商、第三方机构等以营利为目的的市场经济主体。它们凭借互联网技术，进行医药产品交换，提供相关服务。医药电商包括B2B、B2C和O2O三种运营模式，盈利模式以交易佣金收入为主。相较于其他在线医疗细分市场，线上药房准入门槛较低，也因此成为互联网巨头进入“互联网+医疗”的最佳突破口。互联网巨头诸如京东健康、阿里健康等凭借完善的物流基础设施、海量线上用户资源等优势，正成为网上药房子行业中的头部力量。

B2B模式服务于医药流通产业链上的各个B端之间，涉及原料加工、医药生产批发等多个环节。相较于医药产品在传统分销链条上的冗杂流程，B2B 大幅缩减了分销成本，同时通过技术手段，对药品流向进行信息化跟踪。目前 B2B 模式的代表企业包括九州通、药京采、药师帮等。

B2C 模式主要为病患提供在线购药渠道，提供种类更多、价格更便宜的药品。随着政策的开放与实施，包括非处方药网售放开、处方药网售放开、线上医保支付全面打通等，B2C 医药电商经历了三次飞跃。医药电商 B2C 可分为自营模式和第三方平台模式，京东大药房、壹药网、阿里健康大药房等均采用自营模式，第三方平台模式代表企业包括京东健康、天猫医药馆等。自疫情暴发以来，家庭健康消费需求显著上升。根据阿里巴巴健康研究院的一份报告，2022 年，医疗器械和健康电商平台用户占比达到了 65.1%，线上消费规模增长超过了 30%。此外，与“家居”和“智能”相关的产品搜索量大幅增加，分别增长了 113% 和 70%。

O2O 模式通过互联网将用户从线上导向线下药店，在保证药品质量的同时，满足即时配送的需求。目前 O2O 模式代表企业包括京东药急送、叮当快药、京东到家、美团等。

截至 2022 年，中国医药电商市场交易规模已超 2000 亿元，其中医药电商 B2B 模式市场占比超八成，B2C 模式市场占比不到一成，而 O2O 模式近年来逐渐兴起，通过“引流—转化—消费—反馈”实现盈利，但目前整体体量依然偏小。另外，DTP（Direct to Patient）模式正在兴起，在该模式下，患者在医院开取处方后，药房根据处方直接送药上门，并提供用药咨询、追踪患者用药进展。

药品不同于一般消费品，属于刚性需求，付款方（病患）与决策方（医生）不是同一人，且大多属于发病后购药，仅持续用药患者会提前购买和储备。当前持续用药群体（主要是慢病患者）是电商发展的主力军。中国药品电商的潜在空间也将由慢性病群体大小决定，中国庞大的慢病患者和慢病用药基数决定了医药电商发展的必要性。

回顾医药电商行业的历史脉络，1998 年上海第一医药开通了自己的网上商店，这是国内第一家“医药电商”。2000 年以前，药品的零售主要集中在医院的药房，85% 的份额都在医院，零售药店的份额只占 15%，且大多数归属于各级医药公司，独立药店非常少。2001 年国家药品监督管理局开始强制推行 GSP 认证——在药品流通过程中，针对采购、验收、储存、销售及售后服务等环节制定，保证药品符合质量标准。与此同时连锁药店开始依靠大规模采购压低采购价格，并收取门店广告费及促销管理费等各种营业外收入。

2005—2009 年，医药电商行业进入了初创期，其中以金象网和药房网为代表的首批医药电商亮相。2009—2015 年，医药电商进入了探索期，各大传统电商相继发力，天猫医药馆重启，111 集团等医药流通企业利用互联网技术搭建平台，京东、天猫医药馆、1 号店、八百方、普天药械交易网等获得医药电商 A 证，2014 年阿里联手云锋基金投资港股中信 21 世纪，阿里健康开启了发展之路。

2015—2020年，伴随着“互联网+”上升到国家战略地位，医药电商进入快速发展期。2018年8月31日，《中华人民共和国电子商务法》通过，为医药电商带来发展指导意见。2020年至今，医药电商已发展成熟进入了洗牌期，参与医药电商的企业除了开拓流通领域市场外，还开始尝试延伸到服务环节。在此过程中，实力强劲的平台型医药电商在供应链整合能力、用户体验、场景渗透等方面逐渐体现出优势。同时，医药领域作为监管最严苛的部分，线上的处方开具、药物发放仍然受到法则法规的约束，线上电商的价格优势也成了监管部门的重点关注方向。

疫情的暴发和常态化加速了医药电商的增长，也带来了一系列独特的挑战和问题，包括市场环境的变化、电子处方的流通、医保支付的线上化、政策法规的调整，以及消费者行为的多样性等。

第十一章

数字教育：教育公平的良方

第一节　风靡全球的STEAM教育缘起

STEAM由科学（Science）、技术（Technology）、工程（Engineering）、艺术（Arts）和数学（Mathematics）五个学科的英文首字母构成，STEAM教育即集科学、技术、工程、艺术、数学于一体的跨学科综合教育。传统教育注重各学科书本知识的单独教学，而STEAM教育更加强调综合运用各学科的能力以及创造力，倡导将不同领域的学科知识融会贯通形成一个整体，让学生在实践中应用多个学科知识解决实际问题。STEAM教育是素质教育的重要组成部分，也是充分利用数字科技的典型领域。

1986年，STEAM教育最早起源于美国，美国国家科学委员会在《本科的科学、数学和工程教育》中首次提出STEM教育理念，旨在培养学生在科学、技术、工程和数学领域的综合素质。此后，美国政府又将“艺术”纳入全国教育战略，STEM 教育升级为 STEAM 教育。美国政府极为重视 STEAM 教育的发展，先后颁布“竞争卓越”“新科技教育十年计划”等多项有利政策，拨款专项资金推动美国 STEAM 教育改革。同时，美国社会公众大力支持 STEAM 教育的发展，比尔·盖茨、扎克伯格等美国著名企业家多次参与美国“编程一小时”活动，号召全社会重视编程技能，为 STEAM 教育提供了良好的发展环境。

与世界发达国家相比，中国 STEAM 教育行业起步较晚，但后发优势明显。2013 年，STEAM 教育理念开始在中国兴起，少数校外培训机构开始探索中国 STEAM 教育业务的应用模式，在借鉴发达国家成熟教学模式的基础上开发具有中国特色的课程体系及教学工具。在中国政府大力推进素质教育改革的背景之下，STEAM 教育行业即将迎来快速发展的机遇期。而且，随着人工智能、物联网等科技的飞速发展，人类社会逐步从信息化时代迈向智能化时代，智能化时代更加需要具备综合学科运用能力的复合型人才。具体而言，不同阶段学生的习惯和需求各不相同，STEAM 的教育重点也不一样，具体如下。

幼儿园：针对学前儿童开展 STEAM 教育课程的重点在于激发幼儿的认知兴趣和探索欲望，比如乐高玩具、初级编程等。

小学生：作为 STEAM 教育市场的主要群体，STEAM 教育的重点在于培养孩子的全面发展、逻辑思维和动手能力。以校园 STEAM 教育案例《我与植物》为例，此案例要求教师引导学生从最初观察植物种子的形状、颜色、大小入手，分析不同植物种子结构之间的区别，然后启发学生自主探究种子萌芽所需条件、观察记录种子生长变化及探寻植物根、茎、叶的作用等。在完成植物培育之后，教师将带领学生形成小组，团队合作完成种子的绘画创作。通过这个过程，实现生物学、美学等学科知识的交叉教学。

中学生：与其他学生群体相比，STEAM 教育给中学生带来的技能提升更加重要，因为中国政府已将 STEAM 教育纳入正式教学课程大纲，部分省份甚至将相关课程纳入高考选考科目，并且中国多所高校的自主招生环节将机器人竞赛奖项作为加分项，因此一些初高中学校开始招收科技特长生。

大学生：大学生群体的主观意识较强，更偏向于实用性强、体验性高的课程教学。随着互联网信息时代的来临，就业市场对具备出色的编程能力的综合人才需求旺盛，STEAM 编程教育逐渐引起大学生群体的重视。

目前中国 STEAM 教育行业的主要商业模式可以分为 to B 模式、to C 模式和 to B to C 模式三种。（1）to C 模式是较为成熟稳定的商业模式，其特点是教育培训机构通过直接面向终端消费者开展线上或线下教学的方式输出培训服务，线下可通过直营、加盟等方式开设门店。（2）to B 模式面向学校及机构，主要有公立学校、国际学校、民办学校及培训机构，其中公立学校和民办学校受国家政策驱动，在政府有利政策的助推下逐步开展校园 STEAM 教育，但受限于资金及应试压力等因素，校园 STEAM 教育目前还未大范围推广，因此 to B 模式的扩张速度容易受到限制。此外，B 端市场客户的采购通常以集中招投标的方式进行，而且将教学内容和教学工具打包在一起整体发标，对企业的教研能力、产品开发能力等综合能力要求较高。（3）to B to C 模式融合了 to B 模式和 to C 模式，是 STEAM 教育行业的重要商业模式，当前中国 STEAM 教育行业 to B to C 模式尚未成熟。to B to C 模式同时面向 B 端客户和 C 端客户，有助于企业以低成本实现品牌价值的变现。

第二节　STEAM教育的政策与市场格局

政策驱动STEAM教育落地中国

2015 年 9 月，教育部在《关于“十三五”期间全面深入推进教育信息化工作的指导意见（征求意见稿）》中首次提及 STEAM 教育，明确要求有效利用信息技术推进众创空间建设，探索 STEAM 教育、创客教育等新教育模式，使学生具有较强的信息意识与创新意识。

自 2016 年以来，中国政府多次印发素质教育改革相关文件并强调加强学生创新意识的培养。2016 年 2 月，国务院印发《全民科学素质行动计划纲要实施方案（2016—2020 年）》，重点要求落实青少年科学素质行动，提升青少年科学兴趣、创新意识以及学习实践能力，同时鼓励高中教育积极探索开展科学创新与技术实践的跨学科学习活动。2016 年 3 月，教育部发布《教育部教育装备研究与发展中心 2016 年工作要点》，明确要求为创客教育、STEAM 课程提供教育设备支持，加强创新创造教育研究。2016 年 6 月，教育部在《教育信息化“十三五”规划》文件中再次要求有条件的地区需积极探索信息技术在“众创空间”、跨学科学习、创客教育等新型教育模式中的应用，着力提升学生的信息素养、创新意识及创新能力，促进学生全面发展。此后，中国政府相继颁发的《国家教育事业发展“十三五”规划》《新一代人工智能发展规划》等政策，从加强培养学生创新意识、鼓励中小学阶段设置人工智能课程等方面助推中国 STEAM 教育行业快速发展。

2017 年，中国教育部以教材的形式发布《中小学综合实践活动课程指导纲要》，要求各地方部门充分认识综合实践活动课程的重要意义，确保综合实践活动课程全面开设到位，并要组织教师认真学习纲要，切实加强对综合实践活动课程的精心组织、整体设计和综合实施，不断提升课程实施水平。该教材的发布意味着教育部将校内 STEAM 教育定义为综合实践活动课程，未来校园全面开展综合实践活动课程将是中国教育的重要发展趋势。

2018 年，教育部办公厅等四部门联合印发《关于切实减轻中小学生课外负担开展校外培训机构专项治理行动的通知》，坚决纠正校外培训机构开展学科类培训出现的“超纲”“提前教学”“强化应试”等不良行为，以减轻学生负担为主要目标，严禁校外培训机构组织中小学生等级考试及竞赛，坚决查处将校外培训机构培训结果与中小学校招生入学挂钩的行为。该政策的实施在极大程度上限制了应试教育培训机构的发展，从侧面反映了中国政府对应试教育转轨素质教育的决心，为 STEAM 教育行业提供了良好的发展环境。在国家政府宏观政策的指导之下，各地方政府也相应落实素质教育政策，尤其以江苏省、上海市、北京市等教育发达地区为主，采取各类措施推动素质教育改革并逐步落实中小学校园教育开展

STEAM 教育课程。2021 年 11 月，粤港澳三地即表示将加快研究制定《粤港澳大湾区科技创新教育指导意见》，就加强 STEAM 教育作出部署，规范和支撑各地科技创新教育与 STEAM 教育的开展，从产业发展、人才需求、人才培养等方面统筹考虑，整合全社会的资源推动 STEAM 教育的发展，提高人力资源开发水平。

中国STEAM教育市场格局

在国家一系列产业扶持政策的鼓励下，中国 STEAM 教育市场迎来了健康有序发展的良机。在市场格局方面，中国 STEAM 教育市场主要分为少儿编程教育、机器人教育和创客教育三大市场，市场规模数百亿元，下面分别进行介绍。

少儿编程教育行业主要有两类企业：一类是专注线下模式的企业，该类企业多由传统 IT 教育龙头企业成立或投资，在师资建设、校区资源及渠道推广上具有明显优势；另一类是专注线上模式的企业，该类企业通常为互联网初创教育企业，教学模式灵活并且教学成本低。少儿编程教育行业集中度较低，参与企业仍处于打磨教学产品、提升用户体验的阶段。少儿编程教育行业长期发展的驱动因素有三点：（1）政策或进一步强调编程在升学考试中的重要性，有望提升少儿编程培训的刚需性；（2）学生家长对素质教育、编程教育的理念和认知有望持续加深；（3）技术升级有望为参培学员带来更好的学习体验，强化用户黏性。

机器人教育市场竞争异常激烈，参与企业7000多家，涉及品牌超过400个，且行业集中度非常低。美国乐高集团凭借品牌优势和全面的产品系列占据行业的龙头地位，中国本土企业多数集中于中低端市场，整体市场占有率较低。未来在中国政府相关政策的鼓励下，本土企业依靠售后服务网络完善、渠道推广全面和本地化的优势有望成为行业的头部企业。市面上少有对机器人教育市场规模的统计，主要聚焦于教育机器人市场规模的探讨，整体还处于市场的培育期。

创客教育的推广与尝试仍处于早期阶段，师资力量和教材质量等方面还有明显欠缺。从整体而言，行业集中度较低，企业竞争尚未进入抢夺客户阶段，未来更注重课程及产品教学研发质量的企业将取得核心优势。

第三节　教育信息化的过去与未来

教育信息化是指在教育管理、教育教学和教育科研等教育领域全面深入地运用信息化技术来促进教育改革与发展的过程，旨在以教育信息化促进教育现代化，用信息技术改变传统教学模式，解决教育资源地区分布不平衡、不均匀的问题。

20 世纪 90 年代，教育信息化的概念伴随着信息高速公路而兴起。1989 年，中国正式颁布了《国家教育管理信息系统总体规划纲要》，并于 1993 年开始着手建立中国教育和科研网络，2000 年开始普及信息技术教育和全面实施“校校通”工程。经过二十多年的高速发展，全国中小学已全面接入互联网，多媒体教室也已基本实现全面覆盖，至此教育信息化 1.0 基本完成，即已建成宽带网络校校通、优质资源班班通、网络学习空间人人通、教育资源公共服务平台以及教育管理公共服务平台。但教育信息化 1.0 过程中信息化与教育教学“两张皮”现象仍然存在，通俗解释就是三点：第一，软硬件布局不均衡，教育信息化 1.0 主要普及了多媒体设备的安装，但缺少教学软件和服务的配套；第二，信息技术和教学的融合程度不够，各应用及平台的数据相对孤立，尚未与教学需求形成反馈；第三，老师和学生运用信息技术不够熟练，对于技术的利用率仍有待提高。

2018年教育部发布《教育信息化2.0行动计划》，吹响了我国教育信息化从1.0阶段迈入2.0阶段的号角。教育信息化2.0提出教学覆盖全体教师、学习覆盖全体适龄学生以及数字校园建设覆盖全校三大要求，而且信息应用水平和师生信息化素养有明显提高，并建成“互联网+教育”的大平台。教育信息化2.0相较于1.0，呈现三大特点：（1）执行力度更大、项目落地方向更加明晰；（2）以数据为核心、强调软件的应用和学习效率的实际提升；（3）加强App收费和数据保护的规范化。

之所以教育信息化在核心教学场景中的推进较慢，主要是因为传统教学工作仍依赖于线下或者人工操作，老师或者管理者对于教育信息化平台和工具的使用需要一定的接受时间。而疫情背景下，教育场景被迫“线上化”，迅速提升了教职工对于教育科技的使用能力。在各地区教育信息化采购订单中，自2020年下半年开始教育信息化项目中上亿的大订单数量增长明显，说明校方对于教育信息化的采购意愿更积极。

“双减”政策强调“中小学课后服务全覆盖，与下班时间衔接”，要求学校丰富课后服务内容，这对教学效果和管理效率提出了更高的要求。展望未来，教育信息化仍然具备较好的应用前景：（1）通过教育信息化软件完善校内教学管理的各环节和链条，提高学校的管理效率；（2）通过人工智能等技术的赋能，提供智能化学习的机会，减轻教师的教学负担。2021年7月22日，教育部等六部门印发《关于推进教育新型基础设施建设构建高质量教育支撑体系的指导意见》，明确要求开发基于人工智能的智能助教、智能学伴等教学应用，实现“人机共教、人机共育”。

教育信息化未来发展的内核在于，强调大数据和人工智能技术的落地，帮助教育真正从以老师为中心向以学生为中心转变，学习模式从传统的“统一化”教学向“个性化”教学转变，学习资源从“孤岛式”向“共享式”转变。

第三部分

商业数字化：让工作更高效

第十二章

人力管理：HCM实现人力资源数字化

第一节　基本概念和历史脉络

HCM的丰富内涵

根据《国民经济行业分类》的划分，人力资源服务主要包括人力资源招聘、职业指导、人力资源和社会保障事务代理、人力资源外包、人力资源管理咨询及人力资源信息软件服务等。总体而言，可以归结成三个板块：人力资源匹配平台、人力资源软件系统和人力资源传统服务。

人力资源匹配平台是人力资源服务行业的前端市场，该类公司主要帮助招聘者进行人才搜寻，帮助求职者进行求职活动，并进行求职者、招聘者的连接和智能匹配。典型公司如综合招聘平台BOSS 直聘、前程无忧等，灵活用工平台 58 同城、趣活等。

人力资源软件系统是人力资源服务行业的后端市场之一，主要为企业提供人力资源管理软件服务。该板块主要厂商包括两个大类：（1）专业云 HR（Human Resources，人力资源）供应商，其在发展初期即以 SaaS 模式提供人力资源服务，其中又分为综合型一体化厂商，如北森、肯耐珂萨等，以及垂类厂商，如社宝科技、云学堂等；（2）软件供应商，该类供应商以本地部署形式出现，部分供应商进行了云计算产品的拓展，其中又分为 ERP（Enterprise Resource Planning，企业资源计划系统）厂商，如 SAP、Oracle、用友、金蝶、浪潮等，以及专业 HR 软件厂商，如易路、宏景等。

人力资源传统服务是人力资源服务行业的另一块后端市场，提供的服务主要包括：（1）人事代理，如中智、FESCO 等；（2）中高端人才寻访与灵活用工，如科锐国际、万宝盛华等；（3）人力资源管理咨询，如美世、怡安等。

而人力资本管理（Human Capital Management，HCM）这一概念的出现首先是作为一种业务策略，即认为人力资源不仅是经营成本，更是重要的核心资产，而且像其他资产一样，可以通过投资和管理提升价值。HCM 概念的内涵不断拓展，逐渐囊括了实施该策略的 IT 应用程序和技术，从而为企业提供数字化的人力资本管理服务。基于上文对人力资源服务市场的划分，当前 HCM 主要可以分为两大类：（1）布局企业人力资源管理各环节的软件系统，如为企业提供数字化招聘、培训、人事流程服务；（2）技术赋能人力资源传统服务，如以技术替代人工为企业提供人事代理服务（如中高端人才寻访、灵活用工、人事代理、劳务派遣等）。

企业人力资源管理系统是 HCM 的重要构成。人力资源管理职能通常被划分为六大板块：人力资源规划、招聘与配置、培训与开发、绩效管理、薪酬福利、劳动关系管理。人力资源管理系统主要帮助企业实现单一板块或全功能的人力资源管理自动化与流程管理，并在此基础上致力于激发企业人才潜能，如聘用并留住合适的人才、组织培养人才、营造包容与多样化的工作氛围等。

HCM 也在渗透人力资源传统服务，以替代其中部分人工。传统人力资源服务公司相比于招聘平台、软件系统公司具有较多人工参与，利润率水平较低。近年软件系统凭借其成本优势，逐渐渗透进入传统人力服务板块，如企业过往多使用中智、FESCO 等传统企业的人事代理业务，当前人力资源软件供应商也开始为企业提供收费更低的自动化算薪、社保代缴等人事代理服务；同时，人力资源传统服务类公司也在进行技术升级，行业呈现出技术赋能，甚至部分替代人工服务的趋势。

HCM的发展历程

为了更好地理解 HCM 的价值和未来，有必要回顾 HCM 整个历史脉络并预测未来趋势。HCM 在海外的发展历史要早于中国，下面首先介绍 HCM 在海外的发展历程，大致可以分成四个时期。

人事信息记录系统时期：20 世纪 60 年代和 70 年代，大型企业对于记录、集中管理人事数据的意识萌芽，开始使用计算机记录员工名册、薪酬信息。彼时没有独立的软件公司，软件通常是主机厂商为客户定制化开发，与大型主机捆绑销售。70 年代后期，独立的软件公司开始出现，但大部分仍只能基于大型主机开发。

人力资源管理软件时期：20 世纪 80 年代，伴随着技术层面上用户终端由大型主机转向个人电脑，C/S（Client/Server，即客户端/服务器）双层架构软件市场兴起，客户端负责与用户的交互，服务器负责数据的处理和存储。管理层面上“人力资源管理”概念出现，同时人力资源管理软件与服务产品也开始出现，主要涉及两类软件。第一类为人力资源管理软件，大卫·杜菲尔德（Dave Duffield）瞄准了 IBM 主机市场向 C/S 架构软件市场转型的机会，于 1987 年创立 PeopleSoft，推出基于 C/S 架构的人力资源管理软件，并大获成功；第二类为 ERP 的人力资源模块，1992 年，企业软件供应商 SAP 推出使用 C/S 架构的系统 SAP-R3，覆盖人力资源管理模块，致力于实现人力资源领域的自动化管理。

人才管理软件时期：20 世纪 90 年代至 21 世纪初，企业“人才管理”（Talent Management）需求出现。为了满足企业组织在招聘、培训、管理、发薪等人才管理细分领域的需求，求职者跟踪系统（ATS）、学习管理系统（LMS）、绩效管理系统（PMS）等单一功能人才管理软件快速发展。其后，随着 SAP、Oracle 等公司开始整合不同的人才管理功能模块、构建人才管理集成套件，从而为用户提供功能更加完善的人力资源管理系统，收购潮开始出现，典型收购包括 SAP 收购 SuccessFactors、Oracle 收购 Taleo、ADP 收购 Vorkscape 等。单一功能的人才管理软件逐渐消失，市场上人才管理软件功能日渐丰富、集成化。

员工参与的云服务时期：21 世纪初至今，随着互联网的普及，软件架构模式由 C/S 架构向 B/S（Browser/Server，即浏览器 / 服务器）架构转型，用户通过浏览器即可访问服务。随着软件架构模式的变化，人力资源管理软件交付方式也逐渐革新，Workday 提出“生于云端”的 HCM 系统，改变了人力资源管理软件市场，大量 HCM SaaS 公司涌现。人力资源管理软件开始呈现出两方面的发展趋势：（1）社交媒体化。随着移动互联网、社交媒体技术的发展，企业通过收购来丰富自身“人才管理套件”的想法成为过去，转而更加注重界面用户友好、整合社交功能，人力资源软件迈向“员工参与系统”阶段。（2）解决方案化。软件服务供应商将软件与服务结合起来，提供全面的人力资源管理解决方案。

国内 HCM 的发展历程与海外相似，目前在经济时差上存在 5~10 年的差距，大致也可以分成四个发展时期。

人事管理信息化时期：20 世纪 80 年代前的计划经济时期，中国企业主要实施“统包统配”的人力资源计划和调配体制。进入 80 年代，我国劳动力资源配置方式发生变化，逐渐走向企业开放式用工，人力资源概念通过三资企业进入中国，这一阶段我国人力资源管理理念开始萌芽，但尚未得到大规模应用。90 年代，本土人事信息管理系统出现，海外 ERP 在中国进行本土化落地。经典案例有：金益康与人事信息中心联合开发“通用人事信息管理系统 GPMS”，于 1994 年通过国家鉴定，并在全国范围推广；国际软件供应商 SAP 推出中国本土化的 SAP-R3 系统，并于 1998 年开发适合中国本地特色的人力资源模块，但初期大部分企业在 SAP 的人力资源模块只使用了薪资管理等事务性模块。90 年代后期，人力资源管理概念从引入走向应用，加之开发工具和数据库技术的快速发展，国内软件行业逐渐成形，专业级的人力资源管理软件开始出现。

人力资源管理软件时期：21 世纪初，中国本土 ERP 厂商开始发展人力资源管理模块，同时本土人力资源管理软件公司开始出现。2002 年用友收购深圳硕旺，开展电子人力资源管理业务；东软、用友、金蝶等厂商也凭借其管理软件渠道，布局人力资源管理软件市场。

人才管理软件时期：经过几十年的追赶，中国在这一时期的发展历程与海外历程接近，发展初期由于需求复杂、模块众多，为满足不同的细分需求，中国市场也出现了大量单一功能人才管理软件，如招聘、培训软件等。2008 年，《劳动合同法》实施，加速我国人力资源市场发展，同时在金融危机影响下，企业控制成本、进行精细管理的意识上升，对人力资源管理软件的需求也开始上升。人力资源管理软件功能也由单一化向集成化发展，例如，用友人力资源管理模块初期主要为人事管理基础模块，其后逐渐增加绩效、培训、预算等人力资源管理模块。

人力资源软件的云服务时期：本地化 HCM 软件虽然能够基本满足企业信息线上化、办公自动化、管理数字化的需求，但具有成本高、系统培训复杂、后期维护难度大等问题。随着企业“云”化管理意识觉醒、SaaS 降本增效作用显现，以及 SaaS 赛道受资本助推，SaaS 模式在中国人力资源行业得到广泛应用，其最先覆盖的板块为招聘模块，随后扩展至基础人事管理、薪酬及社保核算等。目前，中国 HCM SaaS 已经基本覆盖招聘管理、培训、薪酬福利、绩效管理、人力资源规划、劳动关系管理等人力资源管理的核心功能。专注人力资源管理细分板块的垂类厂商与横跨不同细分板块的一体化厂商并存。

按交付模式划分，数字化 HCM 解决方案可分为两类：本地部署 HCM 软件和云端 HCM SaaS 解决方案。长期以来，本地部署 HCM 软件一直是中国 HCM 市场的主流交付模式，也符合中国企业使用软件的习惯，其市场份额超过七成。相比之下，云端 SaaS 模式已经成为美国的市场规范，占美国的市场份额接近七成。

随着云计算的普及以及企业对灵活、易于使用和高性价比的 HCM 服务需求的日益增长，云端 HCM SaaS 解决方案也有望在长期成为中国市场的主流。通过利用大数据、人工智能和云计算等领先技术，云端 HCM SaaS 解决方案在提高企业效率、节约成本和生产率方面，较本地部署 HCM 软件具有显著优势。与传统的本地部署 HCM 软件相比，云端 HCM SaaS 解决方案具备丰富的功能及易于使用的界面，员工通过移动端和个人电脑即可轻松访问，从而提供更友好及直观的用户体验。此外，云端 HCM SaaS 解决方案在成本方面所需的前期投资远低于本地部署 HCM 软件。长期而言，越来越多的中国企业将寻求更换其传统人力资源管理系统，采用云端 HCM SaaS 解决方案，以提高运营效率，更好地为员工服务。

第二节　市场格局和七大驱动力

大市场与缓慢的发展

在全球近 3000 亿美元的 HCM 市场中，中国 HCM 市场近年来稳步增长，超过全球市场的平均增速。根据灼识咨询的数据，中国 HCM 市场规模从 2016 年的 1784 亿元增长到 2022 年的 4282 亿元，年复合增长率为 15.7%。

近年来，随着宏观经济的增长以及行业不断转型升级，中国企业的数量保持稳定增长，并带来不断增长的企业开支，这也是中国 HCM 市场增长的动力引擎，并促使 HCM SaaS 成为中国第二大 SaaS 市场。即使如此，HCM SaaS 在中国市场的规模也未超过 100 亿元，这与 SaaS 在中国面临的市场环境密不可分。中国的大型企业往往有很强的定制化需求，无论是出于监管要求、数据安全还是企业文化，标准化的 SaaS 产品很难在中国的大型企业群体内推广。而中国的中小型企业虽然很愿意使用 SaaS 服务，但是付费能力和付费意愿都不强。所以，大企业不愿意用，中小企业不愿意付费，这就是中国 SaaS 产业面临的现实问题，即使作为企业刚需的 HCM 产品也不能例外。长期来看，随着政策的鼓励、数据安全机制的完善以及企业降本增效需求的增加，SaaS 在中国仍有广阔的发展前景。

从数据分析的角度，结合中智调查报告中“不同性质企业对人力资源信息化服务产品的采购预算分布”以及中国外资企业、民营企业、国有企业的数量占比，可以推算出采购人力资源信息化服务产品的企业其平均预算约 26 万元。未来人力资源管理软件市场的主要驱动力在于渗透率和客单价的提升。假设大中型企业数量不变，按照乐观、中性、保守三个层面的假设估算人力资源管理软件市场规模，预计乐观情境下 2025 年人力资源管理软件市场规模将超过 800 亿元，该部分市场偏重人力资源管理软件。如纳入软件对传统人力资源服务的技术替代，乐观情境下 2025 年 HCM 软件市场规模将达到近千亿元。

助推市场的主要力量

中国 HCM 市场成长的主要推动力在于以下七点。

第一，中国人力资源服务市场仍处于早期阶段，具有较大发展潜力。根据国家统计局的数据，中国人力资源服务市场规模占 GDP 比重相比于发达国家仍具有很大的提升空间，2020 年中国这一比例为 0.6%，而美国、日本、英国的比例分别为 0.9%、1.6% 和 1.9%。

第二，长期以来，中国 HCM 市场的数字化程度较低。尽管中国已实现与美国基本相当的互联网渗透率，但中国 HCM 市场的数字化程度仍远低于美国。公开资料显示，中国 HCM 数字化率（即数字化 HCM 解决方案市场规模占 HCM 市场规模总额的比重）在 5% 左右，大幅低于同时期美国的 37% 左右。落后的数字化普及程度与企业对 HCM 解决方案的巨大需求结合，意味着数字化 HCM 解决方案市场存在巨大发展空间。

第三，企业数字化转型加速，促使人力资源软件渗透率提升。近年，《关于推进“上云用数赋智”行动培育新经济发展实施方案》《关于加快推进国有企业数字化转型工作的通知》《中小企业数字化赋能专项行动方案》《推动企业上云实施指南（2018—2020 年）》等政策文件相继发布，企业尤其是央企等大客户数字化进程加快，促使 HCM 软件渗透率提升。随着企业对于 HCM 软件的接受度提高，已采买核心人事、招聘等单模块的 HCM 软件客户对扩展新的功能模块意愿加强，相关付费金额有望逐步提高，带动市场规模增长。

第四，对传统人力服务的技术替代需求，促使企业在软件系统方面加大投入。企业在使用招聘平台、软件系统、传统服务三类人力资源服务时，预算分布具有一定的规律：招聘平台服务一般占总预算三成左右；传统服务由于能够帮助企业节省人效，进而节省人工成本，所以企业预算分配比例相对较高，往往占比在六成左右；软件系统占总预算比重偏低，目前在个位数百分比水平。随着部分技术服务逐渐替代传统服务，预计未来软件系统投入占企业总预算比重将持续提升。

第五，“Z 世代”（指出生于 1995—2010 年的人群）员工开始进入劳动市场。这一群体成长于互联网和移动互联网时代，更容易接受标准化的SaaS解决方案。这主要得益于云端HCM SaaS解决方案具有直观、易于理解及访问的界面，功能与安全方面亦优于其他解决方案，且迭代频率更高，可创造更佳的用户体验。

第六，新冠疫情加速数字化转型升级。中国企业的数字化转型从未停止脚步，新冠疫情更显著加速了这一趋势，因新冠疫情导致更多员工远程办公，促使更多企业从线下人工HCM流程转向云端HCM解决方案，推动了HCM SaaS解决方案的普及。

第七，数字经济规模的不断扩大以及第三产业就业人员数量的不断增长，使得企业日益重视提升管理效率和关注人才价值，HCM SaaS软件作为数字化管理工具有望发挥重要价值。

第十三章

财税管理：财税数字化转型

第一节　产业概况与发展历程

企业服务 SaaS 按照垂直产品功能划分，可分为商业增长、经营管理、协同提效和安全合规四大类。财税服务 SaaS 属于经营管理范畴，致力于帮助企业进行财务数字化转型和成本控制，实现降本增效。广义的财税服务又可进一步分为财税合规和费控报销两大需求，二者从发展驱动力及市场空间来看有所区别，以下将分别从财税合规和费控报销两个维度展开分析。

财税合规市场发展历程

在 20 世纪 80 年代之前，国内企业普遍采用人工模式进行财务管理。从 80 年代开始，会计电算化成为新兴热潮。90 年代之后，

SAP、Oracle 等国际厂商将 ERP 系统带入中国，开启了企业财税服务的新篇章。2014 年以前，企业主要用传统财务软件记账、报税，但这种模式对多数中小微企业并不友好。对大部分中小微企业而言，缴税往往是件“老大难”问题：一方面，传统财税软件价格高昂；另一方面，复杂的办税流程、超长的办税时间、不经意的漏税，都让中小微企业的财务人员头疼不已。如何快速、便捷地完成记账、报税流程，成为这类企业的需求痛点。而财税 SaaS 正是为了满足此类需求而产生的。

2014 年，国家首次提出“大众创业万众创新”（简称“双创”）的概念，在“双创”思想的指导下，诸多小微初创企业先后成立。小微企业是财税服务的主要使用者。对于这类企业来说，其公司财务工作较少，向第三方公司购买财税服务是更为经济的做法。财税服务由此迎来巨大的市场蓝海，而产业的数字化转型趋势，又对财税服务提出了数字化、平台化、系统化的更高要求。2015 年，国家税务总局提出“互联网 + 税务”行动计划，伴随着这个计划的逐步落地，“营改增”和“金税三期”[①] 将互联网与税收工作深度融合。

在这场变革之前，国内互联网财税行业处于混乱的状态。众多中小微企业的出现为代理记账（简称“代账”）行业提供了充足

---

① 金税三期是国家税务总局用来管理税收的信息系统工程，它采用了比较完善的大数据评估及云计算，通过互联网把工商局、公安局、税务局、社保局、质监局、国家统计局等所有行政管理部门全部打通行政监管，一号联控，使税收征管从凭个人经验管理向依靠大数据分析转变。

的生存发展空间。但随着行业规模的快速扩大，大量非法代账机构使得众多中小微企业受到损失。此外，供需不平衡也进一步加剧了财税服务行业的割裂。而财税 SaaS 的出现在一定程度上缓解了这一问题，使得财税数据不再局限于电脑端口，可以上传至云端，实现票财税集成一体与智能记账，纳税人员能够随时随地进行财务记账、财务查询、税收管理等，便利了小微企业的财税管理流程。

从市场环境来看，随着“金税三期”的提出和逐步落地，以及“互联网＋税务”改革的推进，我国的财税服务市场迎来了飞速发展的时期。同时，国家对于发展小微初创企业的支持，也让以财税服务为主的财税 SaaS 市场规模处于长期扩大的局势当中。用户群体规模高速增长，使得财税 SaaS 保持迅速扩张的态势。

在产业“数智化”的大背景下，平台软件的综合实力成为用户重点考察的方向。在这一阶段，市场对财税 SaaS 提出了“统一、集中、整合”的要求，系统的复杂性和全面性得到提升。财税 SaaS 企业未来不仅是 SaaS 软件供应商，更是企业服务综合解决方案的提供者。

财税 SaaS 的商业模式可具体分为纯 SaaS 工具的财税服务提供商和 SaaS 工具＋服务的财税服务提供商。二者的区别在于，纯 SaaS 工具的财税服务提供商以 SaaS 工具为发展重心，通过 SaaS 工具赋能传统代账公司的形式进入市场，产品的更新换代也是围绕 SaaS 工具进行的，综合成本相对较低，研发氛围相对浓厚。而 SaaS 工具＋服务的财税服务提供商则将发展重心分为了平台工具和管理系统两部分，管理系统即所谓的“服务”，其中又分为面向代账公司的服务和面向小微企业的服务，主要通过直营店和加盟店实行。相对来说，这种模式有效触达客户的效率更高，在增值服务的拓展上更有潜力。

费控报销市场发展历程

费控 SaaS 的发展与国内税务政策密不可分。作为企业财税改革的一部分，国家税务总局从 2015 年开始分步推行增值税电子普通发票，并直接改变了企业的报销流程。

在电子发票推行前，贴票报销几乎是每个新入职员工的必修课，需要将出租车发票、火车票、酒店发票等分门别类贴在 A4 纸上，然后在统一的时间点交到财务处审核，任何一个细小的错误都可能导致被退回来重新申请。当电子发票逐渐普及后，贴票报销的烦琐流程也发生了变化。2015 年被视为费控 SaaS 的元年。相比于传统的贴票报销，费控 SaaS 软件打造了一套全新的报销流程：企业员工将电子发票、行程单、电子客票等上传到财务系统，费控 SaaS 可以帮助企业自动生成消费记录进行报销，然后帮助财务进行智能审批并生成电子票据影像，财务审核后自动接入企业的 ERP 系统进行合规存档。即便是传统的纸质发票，也可以利用光学字符识别（Optical Character Recognition，简称 OCR）技术扫描生成电子票据，在后续环节融入自动化的报销流程。

但报销仅仅是费控 SaaS 服务的一部分。电子发票的推行不过是推进企业财务档案和业务档案数字化的一个抓手，财税政策收紧，对应的合规要求越来越严格，让费控 SaaS 厂商看到了企业费用管理的蓝海。广义的费控通常涵盖事前、事中和事后全流程，包括：（1）事前对总支出和各细项支出的预算管理；（2）事中商旅、出行等各个不同场景的支付和对支出的汇总更新与实时管控；（3）事后对阶段性支出的统计分析，以供管理层了解企业整体支出情况，指导下一阶段的预算制定。

可以说发票报销的痛点在于烦琐，费用管理已然成为企业降本增效的重要方向，仅在 2013 年到 2017 年，A 股上市公司的费用支出占营收的比重始终在 10% 以上。而数字化转型被证明有利于企业提升费用管理能力，通过简化报销环节、降低运营成本等举措，2019 年该指标已经下降至 8.3%，而且近两年还在持续下降。

增值税电子发票自 2016 年开始在全国推行，同年 5 月“营改增”在各行各业全面实施，增值税成为最主要的流通税种，截至 2020 年底我国已基本实现增值税专用发票的电子化。电子发票的应用为传统的报销管理带来了新的挑战，包括发票查验、报销入账、保管存档、重复报销等痛点激发了企业的数字化管理诉求。通过费控管理系统对纸质和电子发票进行识别、汇总，可以帮助企业实现对各项费用支出进行统一、规范、高效的管理。国家陆续推出改革举措以督促财税信息化、规范化，强力打击税收违法犯罪，财税合规需求趋于刚性。

第二节　市场现状与未来展望

公开数据显示，中国财税服务市场规模达到2000亿元左右，并且每年还在保持10%以上的增速。如此庞大的市场，数字化水平相对较低，实现财税服务的方式依旧以传统人工服务为主，由大量代账公司提供代账服务，数字化工具所占的份额非常有限。

从渗透率来看，中国财税企业虽然发展多年，但相比其他发达国家的财税服务外包比例仍然较低。韩国、美国、日本企业委托财税服务机构提供财税服务的数量占企业总数量比例均在六成以上，而该比例在中国仅为四成左右。这反映出中国财税服务市场渗透率的潜在提升空间巨大。

财税SaaS的市场现状

2015年前后，在“双创”背景下涌现了一大批新型财税SaaS企业，如慧算账、大账房、云账房等。2017年后，得益于企业需求开始明确、市场环境好转，财税SaaS企业的产品也基本成熟，业内初步形成了以慧算账、大账房、云账房为第一梯队的竞争格局。除了专注财税SaaS领域的企业以外，传统管理SaaS企业如用友、金蝶等近年也加入了赛道。

对比欧美成熟市场，从企业到个人均有强大的报税工具和税务筹划的需求。从供给层面来看，由于技术驱动和人力成本较高，美国财税合规市场已经从财税外包走向自助型软件市场。报税工具走向自动化、实时化阶段，与业务体系相融合。如相关头部企业 Intuit 已经从单一的刚需型财税产品延展到其他领域，构建产品生态。

从国内市场来看，中国财税合规市场仅聚焦在企业，且集中在报税需求，税务筹划的需求相对较弱。从供给层面来看，中国财税合规依旧以人工服务为主，由大量代账公司提供代账服务。根据中国会计报数据，全国代理记账行业机构约 4 万家，从业人员超百万人，服务中小微企业超过 1500 万户，产业规模超 700 亿元。代理记账机构作为大量小微企业的服务入口，在竞争方面仍存在一些乱象。如行业之中存在竞相压价的问题，整个行业竞争多而协作少，缺乏统一的收费标准，使得市场价格混乱，各家之间相互压价竞争，阻碍了行业的发展。此外，由于内外账[①]的实际需求，很多企业对于云化的财税 SaaS 产品接受度较低，还是希望财务软件是私有化部署的状态。目前该市场更多地被用友、金蝶等传统品牌商占据，创业公司在整体市场中份额并不高。

财税 SaaS 从供给侧来看主要有两大特点：（1）传统财税软件公司无法满足大量中小企业需求。中国中小企业发展迅速，目前传

① 内账是真实的数据，外账则只抽取部分合法票据做账，是对外的套账，可能存在一定虚假成分。

统的软件公司暂时满足不了大量企业的需求，同时，国内传统财税软件巨头转型 SaaS 的努力尚未取得完全成功，也让智能财税服务市场迎来新机遇。(2)新兴代理记账公司众多，暂未跑出头部玩家。由于各省市的报税系统不统一等，代记账业务具有服务属地化、同质化、低门槛等特点，市场高度分散、竞争激烈，目前的市场玩家地域性比较明显，暂时没有跑出头部玩家。

财税 SaaS 从需求侧来看，财税服务的主要客户为中小微企业。2020 年以来，新冠疫情对全球经济造成了巨大的影响，而中小微企业则因为规模小、利润薄、抵抗风险能力较弱，所以在这场风暴中遭受的影响巨大。当中小微企业因宏观经济的波动而面临着经营困难和倒闭时，也导致财税服务的需求大量萎缩，整个行业面临着需求下滑的风险。随着经济逐步复苏，整个行业将进入复苏期。

费控SaaS的市场现状

2016 年是费控厂商的井喷之年，当年至少发生了 14 起融资事件。经过五年的发展，该赛道已经完成了一次洗牌。一边是资本向头部聚集，另一边是部分公司逐渐掉队。如果说费控 SaaS 发展第一阶段的主旋律是“活下来”，那么当前阶段的核心课题则是“如何寻找第二条增长曲线”。

费控赛道通常有两类商业模式切入点：第一类是费控赛道的“原住民”，从报销 SaaS 起家，收入来自 SaaS 订阅费。第二类是费控赛道的“跨界者”，将费控与商旅管理相结合，一开始软件本身免费，收入来自企业的商旅交易佣金。

有趣的是，以上两类玩家的发展轨迹正渐行渐近。不难理解，对第一类玩家而言，如果只做报销，将会被局限在消费行为发生之后，而对于消费行为本身却无能为力，但企业的底层需求并不是报销，而是节省成本。报销通常只占企业内部很小的一块费用，通常被归为“管理费用”，在国内可能只占到企业年销售额的10%左右，仅仅在报销层面节省成本，节流空间不大。但是，如果从报销的上游环节入手，打通企业外部的商旅平台，比如机票、打车、酒店等，同时纳入企业的对公采购支付和营销费用（营销费用视行业不同，占到收入的20%以上）、间接采购，将报销的边界拓展到费控，企业就更有动力进行费控数字化的建设。于是在2016年前后，费控SaaS厂商陆续开始与携程、滴滴、阿里飞猪等第三方商旅平台打通，成为企业聚合消费平台。因此企业便可将事后消费延伸到事前，通过“事前预算—事中控制—事后分析”全程费控的形式进行企业支出管理。

对第二类玩家而言，其商业逻辑是，企业客户在商旅平台预先设置好规则、员工预算等，员工就可以直接订机票、订酒店、打车，消费完成后无须再走事后报销的流程，商旅平台与供应商进行结算，每月一次给企业提供统一账单和发票，商旅平台从客户交易中赚取供应商的返佣收入。这种商业模式存在商旅平台的黏性不够高，企业的替换成本很低等问题。商旅公司除了要保证价格足够有竞争力之外，还要吸引客户到自己的平台消费。于是，一般商旅公司的默认规则是帮助客户垫资，这对商旅公司的流动资金提出了较大的挑战。对于创业公司来说，必须有足够的资金才能支撑业务的快速扩张，这并不是一个友好的商业模式。

对比国外的企业费控市场，美国已有众多成规模的企业，如发展企业信用卡的厂商 Divvy、Brex，以及新型差旅服务厂商 TravelBank、TripActions。具有支付功能的费控管理软件可以实现支出数据可视化，从而优化成本管理能力，于是企业支付与管理能力的整合已成为中美厂商未来发展的共识。美国管理软件市场起步较早，企业支付意愿和员工使用习惯均已成熟，信用体系也较为健全。但中国市场具有特殊性，中国是在企业尚未实现全面信息化的时候直接迈入了移动互联网时代，员工们更习惯使用移动 App 完成用车、用餐和差旅等场景下的消费，所以国内企业的需求更倾向于整合费控管理、支付和多场景下员工支出的“支付宝”型软件。

费控 SaaS 行业不仅正在横向延伸切入商旅等场景，还呈现出纵向深入做业务财务一体化的整合。相比美国市场 Expensify 公司形成了比较明显的行业领先优势，中国企业在费控报销领域百花齐放，产品差异性主要体现在集成平台数量、场景渗透程度等方面，因此竞争力更多体现在产品完善程度和与客户绑定的紧密性上。随着企业客户进入全方位精细化管理阶段，费控报销产品也纵向深入，加深对企业业务和财务的理解。中国费控 SaaS 企业都在逐渐切入财务 ERP，进行业务和财务的融合，但目前仍停留在核算、报告等财务会计层面的业财一体化。

费控 SaaS 厂商的竞争力由系统功能和覆盖场景两部分构成：（1）在系统功能方面，产品的市场匹配度是最核心的竞争壁垒。厂商需要充分理解不同场景的业务流程，从前期的预算制定到后面的审批流程，再到后期的财务处理，都能提供与企业组织架构、预算审批规则相吻合的系统功能，并可与企业现有的财务、ERP、OA 等系统无缝对接。（2）覆盖场景方面强调的是尽可能多地接入各类场景，即厂商应整合各类费用支出场景，尤其是高频场景中的头部供应商，针对不同场景提供最便捷和最实惠的供应商给客户。所以，要从费控管理赛道胜出，就要求厂商同时具备强大的系统功能和广泛覆盖场景的能力。

财税 SaaS 的应用场景较为明确，在此不再赘述。费控 SaaS 使用场景主要包括商旅、出行、团餐、采购以及福利。

第一，商旅场景。虽然中国商旅管理市场规模在持续扩大，但其占整体商旅支出的比例还不到十分之一。该场景下，企业支出需求集中在异地交通、住宿和城市打车环节，新的方式可以有效解决传统的员工垫付、事后报销、核验困难的问题。企业可以在系统中设置差旅额度、预订机票等，自动筛选符合报销标准的相关服务等。

第二，出行场景。企业商务用车需求保持持续增长，传统的企业用车方式主要包括自持方式、租赁方式和打出租车方式，尤其最后一种方式，员工需要先垫付打车费用然后再向公司报销。直到网约车的出现，改变了消费者的使用习惯，企业级的出行服务平台也正在被越来越多的企业采用，其将场景、管控、支付整合在一起，变员工垫付为企业统一结算，达到高效便捷的费用管控效果。

第三，团餐场景。企业、学校和政府等单位解决员工用餐问题主要有开办食堂或实报实销两种方式。尽管确实方便了员工用餐，但跑冒滴漏和浪费问题普遍存在，尤其开办食堂需要招标承包单位，这是权力寻租的高发地带，导致食堂承包企业集中度不高、经营范围集中在区域内、效率也不高。直到团餐外卖平台的出现，让企业可以更加市场化地选择集体送餐、线上订餐、到店就餐，并可以全面集成企业的用餐标准，很好地解决了员工垫资、企业办食堂以及事后审查用餐合规性的问题。

第四，采购场景。企业的集采需求包含生产性物料和非生产性物料两类。其中，生产性物料采购相对成熟，非生产性物料一般称为费用项采购，主要有办公用品、市场礼品、快递服务和对公付款四类。这类采购的特点是小额、高频、选择多、难管理。所以，企业希望通过统一的系统实现一条龙式的采购，并可以在系统内预置相关约束条件，实现企业对采购合规性的前置监督和审查，在采购体验上亦实现电商式采购。

第五，福利场景。由于企业员工福利的类型五花八门，不同企业在选购福利产品时关注点不同，导致相关流程差异极大，所以企业迫切需要一个支持灵活定制的弹性福利平台。相比于传统的福利管理模式，弹性福利平台可以为不同企业甚至不同员工提供品类丰富、量身定制的企业员工福利解决方案。

财税费控数字化的未来机会

展望未来，企业的业财一体化、加强增值服务、实现智能化将是财税费控 SaaS 企业的发展方向。

第一，业财一体化是指将企业经营中的业务流程、财务会计流程和管理流程有机结合，实现财务数据和业务数据融为一体。以前的业财一体化主要停留在对外披露的财务会计报表层面，强调财务信息的准确性。因此此前的业财一体化其实就是在财务部门的主导下，将 ERP 系统和财务系统打通而已。

第二，加强增值服务是指财税费控 SaaS 企业基于价值链自然延伸，加快拓展更多的配套服务。比如，前端向企业支付、消费金融等领域拓展；后端向数据服务等领域拓展，为企业改善营收结构，提高盈利能力。

第三，随着智能化时代的到来，财税费控 SaaS 服务必须实现智能化的升级，否则将会被时代所淘汰。比如通过 OCR 工具实现票据识别的智能化，通过人工智能自动生成凭证实现核算的自动化，通过 RPA（Robotic Process Automation，机器人流程自动化）工具实现自主登录查验平台、自动开具核验发票、按规则比对明细以及自动化对账等复杂功能。

第十四章

数据治理：充分挖掘企业数据价值

第一节 隐私计算实现数据“可用不可见”

产业演化历程和未来发展趋势

隐私计算（Privacy-Preserving Computation）是指在保护数据安全、不泄露隐私的前提下，挖掘数据价值的技术体系。面对各参与方或其他意图窃取数据的攻击者，隐私计算技术可以实现数据处于加密状态或不可见状态下的安全计算，以达到各参与方可以获取数据价值但不会泄露数据的目的。

狭义的隐私计算最初指的是多方安全计算技术，该技术于1982年由图灵奖获得者、中国科学院院士姚期智教授提出，目的是解决“百万富翁问题”。当下的隐私计算不再是一种单一的技术，而是一套包含人工智能、密码学、数据科学等众多领域的跨学科技术体系。隐私计算能够在保证满足数据隐私安全的基础上，实现数据“价值”和“知识”的流动与共享。

“百万富翁问题”的解法——多方安全计算的通俗解释：假设两个百万富翁所拥有的财产均为整数，所以每位百万富翁拥有的财产可能的取值就有 1 到 10 十个数字，首先让第一个百万富翁选择十个盒子，按照顺序排列，分别代表 1 到 10，并用自己的财产数字与盒子的数字进行比较，如果小于该数字，则在盒子里面放一个卡片，如果等于该数字，则在盒子里放一根铅笔，若大于则什么都不做；然后我们请第二个百万富翁来，让他选择自己财产数额对应的箱子（在第一个百万富翁不参与的情况下）；随后第二个百万富翁把剩余所有箱子销毁；最后，两个百万富翁一起打开最后剩下的那个箱子，则可以得出谁更富有。如果是卡片，则第二位富翁更有钱；如果是铅笔，则两人财富相等；如果什么都没有，则是第一位富翁更有钱。这样在没有可信第三方的情况下，二人在互不知道对方财务的情况下，就比较出了谁更有钱。

随着移动互联网、云计算、物联网、大规模存储、高性能计算和芯片等信息技术的蓬勃发展，世界进入数据爆炸的大数据时代。目前每年产生的数据总量达 40ZB，若将这些数据储存在 DVD 里，将所有 DVD 叠起来可绕地球 50 圈。与传统的资本、土地、劳动、技术等一样，数据已是现代经济重要的生产要素之一，与算力、算法结合，作为一种新型社会生产力，在人们的生产生活中发挥显著作用。越来越多的业务场景需要多方数据的流通和共享。在金融领域，银行保险机构借助内外部数据进行联合建模，实现数字营销、精准获客、差异化定价、智慧风控、智能反欺诈等。在医疗领域，医药企业、医疗机构和保险公司通过病例数据共享，形成联合人工智能模型进一步提高诊治精准度。在政务、能源、交通、环保、工业和电信等具备大量数据基础的领域，数据共享和利用已经成为规划和落地应用中必不可少的部分。

社会各界高度认同数据作为生产要素的重要意义，合理挖掘、释放和使用数据所蕴含的巨大价值，已成为商业、技术和政策的热点。为此，人们需要促进数据的共享流通，或创造不同来源数据之间的协同效应。但横亘在人们面前的，是两个亟待解决的重要问题。

第一，如何打通融合多方数据，创造整合多维数据、释放更大价值的机会呢？数据要素具有三个突出的特性：一是来源极分散。数据持续不断地从各个途径产生，缺乏数据授权、获取、存储、传输、验证及共享等交互标准。二是复制成本低。这两个特性决定了在很多情况下，各数据所有方不愿意共享数据，不仅因为一旦分享出去就失去了对数据的控制权，更是因为数据互联互通的成本较高，于是出现一个个“数据孤岛”。而且，即使数据能联通，它们的可信程度也存有疑问。三是价值聚合性，即单一数据源的价值有限，多维数据、海量数据的联合应用的价值更高。所以，一方面数据需要聚合才能有价值，但另一方面数据却分散成一个个“孤岛”。因此如果能打破现实世界中数据高度分散的现状，以适当方式集成多方数据资源，并保证数据的可靠性，就能产生可观的协同效应。

第二，如何做好隐私保护，实现合法合规的数据应用呢？蕴藏着巨大价值的数据能够以极低的成本复制及重复使用，这种特点导致数据泄露、盗用以及滥用等问题频频发生，也造成社会各界对于数据安全和隐私保护的担忧。为此，近年来，欧盟的《通用数据保护条例》（GDPR）、美国加利福尼亚州的《2018 加州消费者隐私法案》（CCPA）和中国的《数据安全法》《个人信息保护法》等代表性法律法规陆续出台，严格要求在数据使用过程中做好隐私保护工作，不允许数据离开本地，更加不允许未经授权使用个人数据。法律法规的强制要求给各方数据的融合应用设置了前提条件，所以数据应用者必须找到可靠的方法，才能合法合规地实现数据的共享流通。

回顾中国的数据使用历史，大致经历了三个阶段：数据包交换的 1.0 时代、明文数据传输的 2.0 时代和隐私计算的 3.0 时代。

数据包交换的 1.0 时代：通过数据交易平台对数据所有权进行交易。由于数据所有权相关法律法规不明晰，该模式有较高的数据安全风险，较难保护数据所有者利益，易导致涉及用户隐私的信息暴露以及数据被使用方二次利用甚至滥用等问题出现。

明文数据传输的 2.0 时代：将加工处理完的结果数据通过 API（应用程序接口）传输，并对元数据进行隔离，在用户发出数据调用请求后，再从元数据中抽取、调用数据反馈给用户。在该模式下，按照数据分类沉淀的API接口日调用量可达到上亿次，可覆盖较广的服务范围，保护用户隐私信息以及降低二次利用可能性，但在明文传输的过程中存在数据被截取的风险。

隐私计算的3.0时代：真正实现数据所有权与使用权的分离，通过协议或算法使得数据计算服务在不泄露原始数据的前提下充分挖掘数据价值。目前主流的隐私计算技术主要包括多方安全计算、联邦学习、可信硬件加密计算。隐私计算作为数据协同使用新范式，是对传统数据流通机制的又一次重大升级。且数据协同模式逐渐由一次交易向数据多次安全应用演进。

根据高德纳的预测，到2025年全球将有一半的大型企业机构在不受信任的环境和多方数据分析用例中使用隐私计算处理数据。虽然目前隐私计算的应用场景主要聚焦于金融、医疗等领域，但随着其产品化、商业化进程的加快，用户对于隐私计算概念的接受度进一步提升，加之政策层面支持，隐私计算的应用已向交通、教育、工业等领域延伸，并且将形成跨机构、跨行业、跨企业的多类型应用场景，有望在更多领域进行拓展应用。

隐私计算四大核心技术发展方向

中国信息通信研究院长期聚焦于隐私计算领域的研究，依托中国通信标准化协会下设的大数据技术标准推进委员会，2018年至2020年陆续牵头制定《基于多方安全计算的数据流通产品 技术要求与测试方法》《基于联邦学习的数据流通产品 技术要求与测试方法》《基于可信执行环境的数据计算平台 技术要求与测试方法》《区块链辅助的隐私计算技术工具 技术要求与测试方法》四项针对隐私计算基础功能的标准，并开展评测。由此可见，多方安全计算、联邦学习、可信执行环境和区块链辅助下的隐私计算工具已然成为目前隐私计算产业最重要的四个技术发展方向。

多方安全计算（Secure Multi-Party Computation，简称 MPC）

本质上，多方安全计算是利用密码学和分布式特性实现在交互过程中各方身份和行为的隐匿，或者无须透漏数据的明文与对方完成协作。多方安全计算的优势在于，各个参与方对其所拥有的数据拥有绝对的控制权，保证基本数据和信息不会泄露，从而保证各方数据的安全和私密。这是实现隐私计算的关键所在。目前，在多方安全计算领域被大家广泛应用的有以下几项主流技术：秘密共享（Secret Sharing）、同态加密（Homomorphic Encryption）、零知识证明（Zero-Knowledge Proof）、不经意传输（Oblivious Transfer）、混淆电路（Garbled Circuit）、隐私集合求交（Private Set Intersection）、隐私信息检索（Private Information Retrieval）等，通常这些技术会同时应用在同一个大型项目中，以实现最终目的。

然而，目前多方安全计算运用了复杂的密码学知识，对算力要求很高；在特定场景，还需要设计专用协议以提高性能；而且该技术的顺利落地需要良好的网络带宽以及较低的网络延时等。

联邦学习（Federated Learning，简称 FL）

2016 年，谷歌公司首次提出联邦学习技术，即在保障数据交换的安全、保护终端数据和个人数据不外泄、保证数据运用合法合规的前提下，在多参与方或多计算节点之间开展高效率的机器学习。主要解决的问题就是，在数据不脱离拥有方本地控制的前提下，共同构建数据模型。在国内，微众银行是“联邦学习”最早的发起者和倡导者之一，开发了全球首个工业级联邦学习开源框架 FATE。

联邦学习可以将分布在多个机构之间的数据在不出库的情况下进行联合学习、建模和预测，充分应用多方异构数据建立更好的机器学习模型，为用户提供优质服务。在联邦学习的整个过程中，终端数据始终存储在本地，避免了数据泄露的风险。

联邦学习涉及“联邦”和“学习”两部分，是密码学和人工智能相结合的分布式学习技术。微众银行首次将联邦学习应用于金融、推荐等场景，并将联邦学习分成横向联邦学习、纵向联邦学习和联邦迁移学习。

横向联邦学习：各方业务场景相似，数据特征维度趋同，即用户重合度低，特征重合度高。通过横向联邦学习可以增加样本的数量，以达到训练模型效果的提升。比如两个异地的银行之间就可以构建横向联邦学习模型。

纵向联邦学习：各方的数据样本 ID 相同，即用户重合度较高，特征重合度较低。通过纵向联邦学习可以丰富样本的特征维度，提升模型的效果。比如股份银行和商业公司之间可以构建纵向联邦学习模型。

联邦迁移学习：各方数据的特征重合度较低，且用户重合度也较低。这种情况下就需要进行数据的迁移。

联邦学习的优势在于原始数据不出本地，从而实现共享数据最小化来保护数据隐私。然而，由于各参与节点计算能力不一致、网络连接状态不稳定，联邦学习的通信效率极易成为联邦学习的瓶颈之一。

可信执行环境（Trusted Execution Environment，简称 TEE）

可信执行环境是指在具有硬件防护能力的隔离执行环境中计算，来实现数据安全和隐私保护功能。通常是在中央处理器中构建一个安全的区域，确保其内部加载程序和数据在机密性和完整性上得到保护。

可信执行环境技术的核心在于硬件技术，实现该方案的前提在于必须相信可信执行环境厂商是可信的。然而，目前硬件技术掌握在少数外国核心供应商手中，国内相关技术和产业尚不成熟。所以，从安全可控层面考虑，国内隐私计算产业尚无法大规模应用该项技术。而且，从国外购买指定的硬件会显著提高该技术的使用成本，不利于该技术的大规模推广。此外，硬件的可信度是中心化的，也就是说，用户必须相信硬件厂商和平台服务商的信誉，但是可信第三方的认定仍备受业内质疑。TEE 硬件设备被质疑的还有安全缺陷问题，需要不断改进升级硬件，且相比于软件升级，硬件升级更换的成本较高。

区块链（Blockchain）

区块链技术与隐私计算技术互为补充、相辅相成。区块链为互联网构建了信任机制，隐私计算为流转在区块链中的信息提供了隐私保护，让链上数据实现“可用不可见”。

区块链技术核心价值在于提供分布式的信任机制，由此可实现可信的跨管理域数据存证和防篡改可验证的数据流通。在实现数据生产要素化的过程中，上述核心价值对于确保数据的权属明确、真实可验十分关键。

对应地，隐私计算业务涉及跨管理域的多方协作，具备天然的分布式特性。一个完整的隐私计算业务除了需要保障计算过程中数据的隐私性之外，还需要提供分布式数字身份、数据审计、数据治理、分布式计算任务协调等一系列分布式配套基础设施。目前来看，区块链技术是提供这些配套基础设施的首选。

第二节　隐私计算护航数据价值与安全

隐私计算的产业生态与竞争格局

在隐私计算的产业生态当中，包含甲方、乙方和丙方三方。

甲方指的是数据使用方。目前，这些机构集中在金融、政务、医疗、零售等几个领域。金融包括银行、保险等机构，其中银行数量最多；政务主要是实现政府不同部门之间的互联互通及数据共享，从而促进政府不同部门的协同，提高政府的效率以及决策质量；医疗包括各地各级医院、药厂等机构。

乙方指的是数据源。目前金融类数据主要集中在政府、运营商、银联、互联网巨头手中。医疗数据在各地各级医院、医药公司、医保机构的系统里。政务数据主要包括工商、司法、税务、海关、教育等各政府职能部门日常运行积累的数据。部分省市有政务数据共享平台和政务数据开放平台，但大多数数据往往散落于各地政府的各职能部门，难以互联互通，只有少数部门的数据是全国性的，其他数据都较为分散，即使是已经公开的信息很多也并不完整。

丙方指的是不拥有数据的服务机构，比如隐私计算厂商、云服务厂商、大数据服务商等。它们服务于数据源或者数据使用方，数据可能存放在它们的系统里，但是数据不属于它们。

目前，国内隐私计算领域不仅有包括 BAT（指百度、阿里巴巴、腾讯）在内的互联网大厂，还有来自垂直行业的机构以及独立创业公司。各个企业的资源生态、技术路线和行业布局均有所不同，也衍生了不同的战略打法，但起决定性作用的考核标准在于能否为客户带来足够的、特有的数据源以及提供完整解决方案的能力。在底层算法原理公开甚至有现成开源框架参考的情况下，技术的壁垒将逐步变低。对于创业公司而言，一定不能仅仅凭借单点的技术优势来竞争，否则在技术快速进步和产业竞争环境的快速变化下，很可能被上下游所挤压或整合。

隐私计算产业竞争的关键要素有两点：一是完备的产品工程化能力，即做出易用、功能完善、可靠的产品。这一点几乎是所有行业都需要的核心能力。真正跟隐私计算产业关系密切的能力是第二点，即为客户提供完整解决方案的能力，而解决方案的核心就在于找到合适的数据源，因为隐私计算本质上是属于大数据领域的生意，为了解决客户的数据需求而生。对于客户而言，技术服务商能否提供合适的数据，从而解决客户的业务问题，要比提供合适的产品和技术更为重要。由此分析，市场上各类玩家的竞争优势就较为明显了。

互联网大厂体系玩家的主要优势是丰富的数据生态和应用组件。来自腾讯、阿里巴巴、百度、字节跳动等互联网公司的玩家天然就有渠道调用体系生态中丰富的数据，并具有多样化应用场景的组件，有助于为客户组装一套完整的解决方案。例如，腾讯云联邦学习团队不仅能凭借自有的数据为客户提供更强的反欺诈能力，还能将隐私计算产品与其他产品打包成一个完整的解决方案，更好地满足客户端到端的业务需求。百度“点石”大数据平台能开放自身丰富的舆情数据，在舆情分析方面积累了深厚能力，为政府、媒体、企业等客户带来价值。但是，值得注意的是，大厂玩家所固有的数据优势也并非绝对优势。随着隐私保护相关法律法规出台和广大用户对于个人数据保护的认知逐渐树立，有些数据并不能被任意使用，因此拥有数据并不必然会转化为拥有胜势。必须先满足数据的合规性，才能进一步使用数据。

产业背景公司的主要优势是垂直行业的数据积淀和应用能力。来自垂直行业的玩家相比于互联网大厂更为聚焦，具有本行业领域内的丰富数据、对客户业务的深入理解，积累了扎实的应用服务能力。它们既有行业数据，又有技术能力，还懂业务，能为客户提供从售前咨询、体系架构到产品供给和运营辅助的端到端解决方案。

隐私计算创业公司的主要优势是中立性和贴近客户的服务能力。虽然创业公司自身没有天然的数据生态优势和完善的应用组件，但具备两个特别的优势：一是中立性。来自互联网大厂的团队不可避免地会被客户打上大厂烙印，从而导致客户的不信任。例如，有一些国有企业就较为介意大厂团队为它们搭建隐私计算系统，担心大厂会拿走它们的客户数据。有些公司更不可能采用竞争对手关联方的产品。这时候创业公司凭借中立性就具有了优势。二是服务能力。现阶段为客户提供隐私计算服务，需要根据实际问题场景做较多定制化的解决方案，且伴有不少维护和驻场工作。互联网大厂的人力成本较高，不适合提供较多人力服务。创业公司在这方面的包袱较轻，能为客户提供更全面的服务。

由以上分析可见，每一类玩家都有独特的优势，重要的是根据自身的优势，制定合适的战略打法，扬长避短，就有可能在某些垂直行业、某些特定场景上实现领先。更重要的是，目前的发展阶段是做大蛋糕的时候，各方之间的合作大于竞争，需要领先玩家来教育市场，并推动标准和相关政策的制定。

“数据孤岛”与“信任鸿沟”的双重挑战

“数据孤岛”的出现是企业集团化发展和信息化进程的“必然产物”，但是越来越多的企业和组织需要与产业上下游的业务伙伴通过数据流通实现深度合作，以此来提升决策能力，获取竞争优势。物理和逻辑上的孤立性，叠加日渐趋严的合规监管和隐私保护意识的觉醒，使得数据价值释放举步维艰。而以联邦学习、多方安全计算、机密计算、差分隐私、同态加密等为代表的隐私计算从技术角度实现了原始数据不出库、数据“价值”和“知识”出库的目的，有效实现跨领域多维度数据的融合，完成了数据流通向价值流通的升级，打破既有数据壁垒，有效实现了数据隐私保护与价值挖掘之间的平衡，构建了一种数据“可用不可见”的合作新模式。

欧盟的数据市场报告显示，欧盟 27 国及英国的数据经济价值保持高速增长，对欧盟 GDP 贡献比已超过 3%。在数据隐私保护合规监管日趋严格的大背景下，欧洲数据经济相当程度的规模化和商业化发展在一定程度上达到了 GDPR 开宗明义所传承的二元立法目标：保护个人权利并促进个人数据流动。这与欧洲在隐私计算技术合规性研究方面做出的巨大努力密切相关。其中关于隐私计算技术的一个重要范例是爱沙尼亚在 2015 年的私人统计项目，1000 万条可识别纳税记录与 60 万条可识别学历信息关联在一起，通过多方安全计算技术对其进行统计分析。欧洲的 PRACTICE 项目付出巨大努力分析多方安全计算技术的合规性，报告依据 GDPR 论证了该爱沙尼亚项目的合规性，为欧洲实现隐私保护合规的高效数据流通提供了重要范例。

数字经济时代，我们一方面高度认可数据所蕴含的巨大价值，但另一方面频发的隐私泄露事件也引发了公众对数字经济发展中的隐私保护能力的信任危机。对待数字经济时代的数据价值挖掘，应该始终坚持包容审慎的态度，积极探索隐私保护和数据价值挖掘的平衡点。弥合数字经济时代的“信任鸿沟”，有效规避隐私侵害，隐私计算对于破解公众信任危机的作用是显而易见的。隐私计算技术凭借其坚实的理论基础和安全性证明，从技术角度实现数据主体权利和数据使用者义务的平衡，增强数据应用透明度，提升数据价值挖掘下的隐私保护信任，对于弥合数字经济时代的“信任鸿沟”具有重大意义。

从技术研究、产品开发、实际应用落地到最后商业化，隐私计算产业在走向成熟的过程中面临着一系列问题和影响因素，制约了大范围推广和商业化进程。这些因素既有技术和产品方面的问题，也有政策和标准方面的缺失，还有产业本身固有的商业模式本质问题。具体来说，目前隐私计算在商业化方面存在四大挑战。

第一，隐私计算的技术效率还有待进一步提升。例如，多方安全计算和联邦学习技术都受制于网络传输的带宽、通信速率和网络稳定性，计算和建模效率尚不够令人满意。

第二，由于计算效率和安全性等问题，现有系统产品还比较复杂，工程化程度还不够完善，会产生一定维护成本，但客户对复杂系统的维护费用支付意愿较弱，而单纯售卖系统的毛利较低甚至不足以覆盖成本。

第三，现有的产品和技术还不足以满足客户对一个完整解决方案的需求。客户在实际业务场景中，往往需要的是一个业务问题的整体解决方案，如客户需要覆盖拉新、促活、转化、留存全链条的完整营销技术，而不仅仅是在隐私保护前提下带来新的数据。隐私计算可以作为方案中的一个模块，但要满足客户端到端的整体需求则有一定难度，因为有些需求并不是现有隐私计算技术能满足的，需要依赖于其他合作伙伴来共同满足，这意味着复杂的协调合作问题。

第四，隐私计算的模型可解释性还有待提高，在金融风控和营销等领域，模型的可解释性、规则简单性是监管机构非常关注的问题，在人工智能业界也是一个发展重点，可能会给技术的应用带来较大障碍。

隐私计算典型应用场景与潜在商业机会

金融和医疗领域的应用场景

尽管隐私计算技术的发展方兴未艾，但已经在多个领域中发挥作用。目前基于隐私计算技术实现数据融合应用的传统产业包括但不限于金融、医疗、广告、电信、零售、物流和能源等。其中以金融和医疗的应用最为典型。

（1）金融领域：提升客户模型精准度。尽管金融数据在体量、维度、价值等方面具有一定优势，但是这部分数据更多涉及的是客户金融相关的数据，缺少客户的行为数据、场景数据等。具体到某一个金融机构时，其数据的丰富程度更大打折扣。而客户的行为数据和场景数据往往掌握在一些互联网公司和其他数据源公司手中。在信贷风险评估、供应链金融、保险业、精准营销、多头借贷等方面，金融机构都需要和这些数据源公司联合建模，提升模型的精确度。然而，金融数据的安全及风险防范一直是金融机构关注的重点，国家也相继出台金融安全相关政策，不断强化对金融数据安全的重视程度。在传统的数据合作中，通常采用数据脱敏的方式将一方数据给到另一方，并由其进行本地建模。虽然数据脱敏实现了一定程度的隐私保护，但仍然能通过收集到的相关数据，损害数据方的利益，甚至侵害客户的个人隐私。此外，经过脱敏处理的数据可用性会受到严重影响。隐私计算为金融机构间，甚至跨行业的数据合作、共享提供了可能。

（2）医疗领域：构建新型诊断模式。随着互联网以及电子病历的大量普及，各家医疗机构积累了大量的医疗数据，这些数据对于病人来说是极其敏感的。随着人工智能和医疗的紧密结合，越来越多的个人数据被用于临床诊断、医学研究、公共健康等各个方面，这就增加了数据泄露的可能性。想要使用人工智能对某一疾病进行早期发现或临床诊断，一方面需要收集不同维度的数据，包括临床数据、基因数据、化验数据等；另一方面也需要收集来自不同群体、不同地区的样本数据。单个医疗机构无法积累足够的数据来进行模型训练，通过隐私计算可以对不同的数据源进行横向和纵向的联合建模，保证各方医疗数据安全。例如，为了应对新冠疫情带来的医疗挑战，医疗机构需要在全球范围内共享新冠疫情数据。如通过人工智能识别肺部 X 光图像来诊断新冠肺炎。各医疗机构先在本地建立模型，再通过隐私计算技术联合其他医疗机构更新模型参数，在保护各方数据隐私安全的前提下，提高图像模型诊断能力。

隐私计算各方潜在的商业机会

一个典型的隐私计算业务场景会包含三类参与方：（1）使用数据的业务方，如金融机构、政府机构等要应用数据服务于自身业务，它是隐私计算服务的客户；（2）作为数据源的数据方，如各地的大数据局、征信公司、拥有用户数据的互联网公司等，原始数据不出本地，将经过处理后的秘密信息（例如加密数据、模型梯度、参数等）发到中间方服务器上进行计算；（3）隐私计算技术服务商本身，为客户搭建整个计算系统，包括在业务方、数据方以及可信第三方部署服务节点，提供计算服务。在某些情况下，技术服务商本身不直接面向客户，而是将技术模块放入一个大的集成方案里，由集成商面向客户。

通常情况下，三个角色是分离的。不过在有些场景里，一个机构可能身兼两种角色。比如企业集团在内部应用隐私计算来调用各个子公司数据，又比如金融机构自己有部分数据和业务需求，它们既是业务方，也是数据方。有些互联网公司自身既有数据，也有计算技术，希望将技术和数据价值输出给客户，它就既是技术服务商，也是数据方。还有金融机构既有技术，也有金融计算场景，但缺乏足够数据，希望联合外部数据源一起做，它就兼有技术服务商和业务方的角色。

基于目前的主流部署和合作模式，技术服务商对业务方有四种基本创收方式。

销售模式：收取一次性技术系统搭建费，这是最传统的软件系统销售模式，费用按照系统所消耗的计算存储资源、布置节点数目测量，每单收费从数十万到数百万元不等，差异较大。

服务模式：收取年度系统维护和服务费用，这不仅是因为一般软件系统都有日常维护需求，还因为隐私计算的算法本身和应用场景中的模型更新较快，可能需要重新调整算法和模型。

调用模式：收取数据使用费，这部分费用主要归属于数据方，技术服务商只是作为收费通道，代数据方向客户收取，也有时候会赚取数据使用的差价或撮合费用。收费标准根据数据种类和价值而定，按照数据调用次数收取，单次调用费从几分到几角不等。有时候，数据价值无法在使用前确定，需要经过一段时间试用，客户才能根据实际效果确定付费标准。

分润模式：根据业务运行效果，获取收益分成。在这种模式下，客户早期往往并不需要承担大笔技术系统搭建费，相当于技术服务商与客户联合运营业务。基于系统接入数据源，原有业务改善或新业务开展之后，双方根据业务实际效果分润。

实际商务场景中，上述四种模式会混合搭配。对于早期起步的创业团队，销售系统和收取服务费固然是最快和最主要的收入模式，能快速获得经营性现金流。而且，在很多项目中，隐私计算只是作为更大解决方案的一个模块，从解决方案整体销售中获取分成。但是从长远看，由于开发和部署系统需要做不少定制化工作，系统销售所收取的费用是一次性、低毛利的，技术服务商并不能从中获得稳定、较高的利润，所以希望结合分润模式，从实际运营中获得长期可持续的收入。比如为银行客户搭建基于隐私计算的新型风险控制系统，接入新数据之后改善了风控模型、降低了违约率，技术服务商就有机会分享银行增长的利润。双方联合运营隐私计算平台，通过深度运营获取分润，很有可能成为未来的主要模式。

第三节　数据中台助力企业数字化转型

数据中台基本概念和关键驱动

数据中台其实是更加广义的中台概念的一个子集，要了解数据中台概念的起源，就不得不从中台开始谈起。“中台”其实是国人自主提出并被市场广泛采用的原创概念。关于其起源，大众普遍较为认可的观点是来自阿里巴巴集团。2012 年，阿里巴巴为了处理激增的数据量、让各子公司发挥协同效应，提出了“One Company”战略。该战略的核心是在阿里集团内部建设一个“数据分享平台”，支付宝、淘宝、阿里金融等几家子公司的数据都将成为这个平台的一部分，经过挖掘、分析和运用后，分享给全社会。当年，阿里首席数据官陆兆禧在上任后便将各个子公司与数据平台相关的部门合并，成立了统一的数据平台事业部，后来一批数据中台创业公司的创始人都是该部门的元老级人物。2015 年，阿里进一步提出了“大中台、小前台”战略，随后在 2018 年的云栖大会上将中台一分为二，提出“业务中台 + 数据中台”的双中台架构。

另一个流传不那么广的故事则是，“数据中台”的名字并非源自阿里的高屋建瓴，而是由阿里的客户“随手”命名的。2015 年，阿里云西南大区负责人带来了一个客户，在建设底层管理信息系统时面临两大问题：一是如果像大多数实体零售企业那样在 SAP 上做大量定制，就会面临 IDOC 接口[①] 效率低、成本高昂的问题；二是因为传统的 IOE（指以 IBM 为代表的主机、以 Oracle 为代表的数据库，以及以 EMC 为代表的存储设备）体系已经不能承受 10TB 以上的数据量，搭建数据仓库的尝试已被证明不可行。经过七轮沟通，双方最终确定了合作关系，阿里云的数据平台部门也顺利满足了客户的需求，但客户并不满意“数据平台”的提法。客户认为，这一新的数据项目具备业务属性，但“平台”一词并不具备。既然有前台，有后台，那么新的数据项目就被命名为“数据中台”。“数据中台”一词由此问世。

结合上述“中台”概念的缘起，可以对其下一个可能不完全准确的定义：企业组织将各项能力封装，供多个部门共享、复用，这些封装能力的集合被称为中台，是一种新型 IT 架构。中台的出现，是对数字化建设过程中出现的共性需求的满足，因此中台的本质是对共性模块的封装，并在此基础之上形成标准化的产品，可以让所有类似需求场景的用户不断复用。

同时，通过行业的不断讨论和迭代，中台这个概念，已经像云计算、大数据一样，逐渐成为一个独特的市场领域，众多的中台创业公司不断涌现，国内企业都在思考并且实践如何建设中台，相关市场需求也正逐步被挖掘出来。

---

① 基于 SAP 自己的类似 xml 格式的文档数据交换的方式。

提及数据中台，有必要将其与数据库、数据仓库和数据湖三个容易混淆的概念做厘清。打一个不完全恰当的比方，数据库可类比为一个专门货架，通常存储某一固定类型的数据；数据仓库可类比为一个超市，其中有许多不同的专门货架，分门别类地存储不同类型的数据；数据湖可类比为一个“垃圾场”，无论是结构化数据、半结构化数据还是非结构化数据，都以其原始格式杂乱地堆放在一起。数据湖其实是企业级数据仓库的补充，可以被视为数据仓库的数据源，它可以捕获及存储全量数据，但只发送需要分析的数据到数据仓库。并且利用数据湖，可以在数据仓库对数据进行建模和加载之前就进行数据的预处理，大量节省了数据仓库的资源，避免资源浪费。

不同于前述三种数据产品，数据中台既不是一套软件系统，也不是一个标准化产品，而是一种强调资源整合、集中配置、沉淀能力、分步执行的运作机制，是一系列面向企业业务场景的数据组件或模块的集合。数据中台从架构层级上看，建立在数据库及数据仓库之上，类似于统一的管理调度平台，使得企业前台业务场景所需的数据能够快速得到满足与支持。

数据中台与业务中台亦是容易混淆的概念。数据中台整合了全业务、多终端及多模态的数据，经过统一处理之后，实现数据的结构化、规范化，然后存储到各类数据库、数据仓库或数据湖中。数据中台可以向上提供各类数据服务，其以业务为中心构建了统一的数据服务接口与数据查询逻辑，提供数据的分析与展示。

相比数据中台将共性的数据能力抽象为统一通用的数据服务能力，业务中台则是将共性的业务流程抽象为统一通用的业务服务能力，将企业的业务规则、业务流程和业务逻辑整合封装成微服务和组件等友好易用的可复用共享模块，提高整体业务的灵活性和响应速度。

即使数据中台和业务中台有着诸多优点，企业也不应盲目跟风，而是应该基于自身的实际情况，实事求是地规划和部署数据中台和业务中台。当企业两者兼而有之时，数据中台和业务中台应该相辅相成、相互支撑。在业务中台沉淀的业务数据应该进入数据中台，再以数据服务的形式支撑业务中台上的应用，形成正向循环的数据闭环。尽管如此，必须澄清一点：业务中台只是数据中台的数据源之一，而前台业务也并非必须经过业务中台才能调用数据中台服务。

随着中国数字经济规模的持续扩大，如何将数据价值化并与传统生产要素融合，驱动传统产业向数字化、智能化转型升级，已经成为数字经济发展的关键问题，这也正是数据中台的关键价值之一。总结而言，数据中台发展的驱动因素可概括为以下三点。

第一，多模异构的数据来源天然导致“数据孤岛”问题。业务发展初期，企业为了解决各个具体的业务问题，面向各业务线分别部署了业务系统，它们大多是独立采购或分别建设的，没有从企业整体业务的角度去规划和设计，导致企业内部各业务系统没有打通，天然形成“数据孤岛”，导致企业的全局数据价值得不到体现。

因此，需要一套数据中台系统，整合分散的各个“数据孤岛”，形成统一的数据服务能力。

第二，企业迫切需要从沉淀的大数据中挖掘出价值。多数企业已开始认识到数据是企业的新型资产，而且也已经开始广泛沉淀数据，但是很多企业还不能从已经沉淀的数据中获得显著的收益，其主要原因就在于没有形成全生命周期的数据闭环，所以价值化数据的比例低，无法作为关键生产要素为企业注入新动能。如今，数据中台正是可以解决数据服务提供效率低与业务诉求不匹配问题的方案之一。

第三，传统的企业组织架构无法适应快速变化的外部环境。职能型、项目型和矩阵型组织架构是现代企业常用的三类组织架构，这些架构有诸多的优势，同时也确实造成了一些“企业墙”的问题。比如，职能型组织架构虽然部门分工明确、专业化程度高，但是也造成了项目责任在部门之间不明确、跨部门协调困难等问题。而且这三种组织架构都无法解决数据冗杂、前后台对接困难以及业务与数据相互孤立的问题，必然会成为数字化时代企业发展的关键障碍。因此，企业需要打破传统的组织架构壁垒，创新性地构建敏捷型的组织架构，数据中台正是关键工具之一。

数据中台从“服务化”到“去ERP化”

将数据中台和业务中台与过去二十年的信息化历程关联到一

起，会发现中台的建设可以分为两个阶段，第一个阶段是“服务化”，第二个阶段是“去ERP化”，而最终对于企业来讲，追求的是用新的数字化技术去替换ERP系统的过程。

目前很多企业所实施的中台还处于第一阶段“服务化”的过程，主要的工作是将传统的后台系统，比如ERP/MES（制造执行系统）/CRM（客户关系管理系统）的公共部分进行拆解复用，形成类似于交易中心、用户中心、订单中心这样的微服务集合供前台调用，从而保证逻辑的一致性，同时更快地响应前台的变化。该阶段，中台以“通用能力服务化”为核心。业务中台将后台的通用业务能力，比如用户接口、订单接口、支付接口等统一抽象成微服务，提供给多个业务前台使用，从而保证前台业务数据化过程的标准化和统一化，提升了业务数据化的一致性和准确性，同时也加快了前台的响应速度。数据中台从后台获取全域数据，通过人工智能算法挖掘产生业务洞察，并为业务前台和业务中台提供唯一的数据查询和统计服务，从而驱动业务朝智能化方向发展。

中台实施的第二个阶段是“去ERP化”。ERP系统是以企业的人、财、物资源集约化管理为目标的系统。ERP系统的典型场景是流程的复用，定义业务流程模板，然后把一套业务流程尽可能地复制到不同的业务领域和客户需求上，从而实现资源调度的集约化，是典型的计划经济的思路，强调标准化和资源的复用节约。

中国企业经历了以“进销存”为核心，系统分散数据打不通的蛮荒阶段。当时企业对于ERP的追捧与当前对中台的推崇异曲同工。

当时要解决的问题是将企业的流程梳理清晰，做到资源的集约化管理，从本质上讲也是解决流程复用、业务能力化的问题，只是当时的技术实践方法是套装软件，通过 Oracle EBS 或 SAP ECC 这样的商业闭源软件，开箱配置后使用，用国外成熟标准化的流程来驱动企业的业务。

曾几何时，ERP 作为企业现代化管理制度的代表，象征着企业流程优化、资源集约化的成功。但是经过十几年的发展，原来的 ERP 系统已经无法满足当今企业的诉求，主要原因如下：（1）更新迭代较慢。大部分的 ERP 系统是商业软件，是按照软件许可证（License）来授权的，企业只有使用权，这就导致当企业的业务发生变化的时候，需要找到原厂进行重新配置或者重新开发，但供应商响应客户需求，更新迭代软件的速度较慢。（2）软件架构封闭。套装 ERP 软件是封闭架构，技术不开放，导致企业无法对它进行定制开发，只能像“打补丁”一样构建一些外挂，而且效果往往不佳。（3）升级维护成本高。套装 ERP 软件的升级和维护成本很高，导致企业负担过重。

过去，企业使用套装 ERP 的主要原因是需要复制和遵循 ERP 软件里内置的业务流程。从某种角度讲，过去 ERP 系统的实施其实是“买流程送软件”。但是，中国的企业已经建立了适应中国市场特色的组织结构和业务流程体系，而且互联网的快速普及，导致原来静态、标准化的业务流程已经不足以支撑企业的快速发展。这种情况下，一些领先的企业对于 ERP 这样的核心业务系统的价值诉求就从原来的固化流程到了快速响应前台市场变化的新阶段。而与此同时，ERP 这样的以流程为核心的组织形式也转向平台化的组织形式，而这也是中台的核心理念。

ERP 的实施过程中，会制定很多的流程、岗位、职责，从而让多个部门能够在统一的流程下有机协作起来。这样的好处是，在预设好的业务流程、分工职责下，不同的部门做各自的事情，比如研发部门只关注产品的先进性，采购部门只关注采购的低成本，生产部门只关注产品的高质量，只要各个部门按照制定的流程和绩效考核指标（KPI）进行协作，就可以实现企业的业务战略。但是，以上是从企业内部视角出发，而不是从客户价值视角出发，天然把企业分成了外部和内部。随着互联网的出现，外部竞争格局越来越复杂，企业需要围绕客户价值来组织经营，但 ERP 时代的流程式协作在客户价值之间构建了一堵无法逾越的墙。因为研发部门只关注技术的先进性，不关注客户是否买单；而采购部门只关注低成本，不关注技术的先进性。每一个流程节点和业务部门重点关注的是给自己设定的绩效考核指标（KPI），而不是客户价值，导致局部利益大于全局利益。

打破这堵墙并不简单，从原有的遗留系统，特别是 ERP 这样的套装软件中解耦业务流程、做服务化改造，本身就是一个很复杂的工作，并且在改造的过程中，牵一发而动全身，很多企业会发现，最终的结果就是会将原来的单体 ERP 系统拆解成为分布式的、去中心化的 ERP 微服务集合，也就是所谓的“去 ERP 化”阶段。

“去 ERP 化”不仅仅是建设一个“能力复用平台”，而是要在这一业务开放平台的基础上打破企业内外部的边界，让所有的业务部门从后端走向前端，通过中台支撑敏捷前台，创造客户价值。

在当前越来越复杂的市场环境下，企业面临的是客户越来越多样化、个性化的需求，越来越强调以客户为中心，动态地组织资源为客户提供服务。这就要求后台业务系统能够更加灵活地支撑前台不断变化、个性化的客户需求。这和 ERP 系统的核心理念及本质是相违背的。这种情况下，原来的 ERP 系统必须将以流程为独立单元的模块拆解为以客户价值为独立单元的模块。

总而言之，对于那些拥有 ERP 系统的企业来讲，中台实施的深水区必然涉及重构原有 ERP 系统，因为传统 ERP 和中台的核心理念是冲突的，但“去 ERP 化”并不意味着一定要抛弃 ERP 软件，而是要将传统的以资源计划为核心、以集约化为目的的业务系统转型为以客户为中心的业务中台。

中台的构建过程是企业转型的过程，是企业从以流程为核心走向以客户为核心，是企业从以人的经验驱动走向以数据智能驱动。中台概念的崛起和落地代表了中国部分领先企业逐渐走入企业管理体系的无人区，已经没有以前的西方先进管理经验可以照搬，需要的是快速试错和高速响应的进化能力。

第四节　数据中台市场格局和主流玩家

数据中台四大门派和五大挑战

随着中国数字化转型逐步深入，政策已经把数据提高到与土地、劳动力、资本、技术等要素并列的地位，成为一种新的生产要素。一系列鼓励政策为信息化转型及数据中台相关领域的发展提供了支持和引导。伴随着数据量的爆发式增长、数据处理技术的飞速进步，以及数据中台产品逐渐商业化落地，企业对数据中台的认知亦逐步树立。目前，数据中台行业处于从萌芽转向高速发展的过渡期，企业数字化转型需求非常迫切，推动市场规模快速增长。总体来说，当前处于“诸侯混战”阶段。数据中台行业的参与者众多，行业集中度不高，尚未形成稳定的市场竞争格局。市场不断有新玩家进入，各类型的厂商都处于基于自身的竞争优势，快速抢占市场份额，构建进入壁垒的扩张阶段。数据中台供应商主要可分为以下四类。

第一类，头部互联网企业。此类厂商首先在内部落地中台战略，自身验证后再对外输出能力。同时此类厂商拥有底层全栈技术能力，可以提供原生性、可标准化封装输出的产品和解决方案。代表厂商包括：阿里云、腾讯云等。

第二类，数字化解决方案提供商。此类厂商有 to B 服务经验和客户资源基础，在拓展新客户方面具有独特优势。同时，此类厂商积累了丰富的垂直行业服务经验，可以快速梳理客户的关键业务，精准识别客户需求。代表厂商包括：用友、金蝶等。

第三类，大数据与人工智能创业公司。此类厂商积累了一定的数据资源，可以帮助客户补齐在数据上的短板，在相关应用场景快速落地。同时，此类厂商人工智能技术及算法能力较强，在数据采集、清洗和计算等环节具备优势。代表厂商包括：星环科技、神策数据等。

第四类，自主创业的数据中台公司。此类厂商以数据中台的技术、工具作为核心优势，常作为头部公司的生态合作伙伴，深耕细分场景及垂直行业，输出数据中台解决方案能力。代表厂商包括：袋鼠云、奇点云、云徙科技等。

基于上述对数据中台行业的分析，数据中台创业公司在发展过程中将面临以下五大挑战。

第一，面临产业巨头的跨界挤压。数据中台旨在为企业构建基于多元异构数据源的统一数据服务平台，以适应快速变化的前台业务。数据中台的核心价值在于协调底层数据库或数据仓库等基础组件和前端数据分析决策与具体业务应用的快速适配，除非提供增量的数据源，否则数据中台厂商的价值增量有限。在技术层面，常用的 Spark、Flink 等大数据架构算法也都是基于开源架构的算法，不同数据中台厂商之间尚未形成显著的技术壁垒。因此，当大型互联网、公有云厂商具有更加完善的产品服务体系时，其可将数据中台功能集成为其云服务中的一个功能模块对外进行输出，这对初创企业将形成巨大的压力。

第二，定制化程度高阻碍规模化放量。数据中台一般都是针对不同行业的定制化解决方案，需要覆盖不同的应用场景，很难形成一套面向全行业、全领域通用的数据中台产品。众多创业公司都意识到这一点，正致力于通过头部灯塔客户的成功案例形成示范效应，这需要与客户合作打磨产品功能，一定程度上阻碍了企业收入的快速增长。

第三，市场认知和推广有待深化。尽管数据的重要性已经获得业界的广泛共识，但真正做出实质动作的企业非常少，数据中台在推广应用上仍然任重道远。企业管理者对数据治理认识不深，如果盲目建设数据中台、追求“大而全”的概念，将会导致数据中台的落地效果不佳，不能发挥其降本增效的作用，反而让实际使用者耗费更多的时间和精力，那么数据中台在企业内部的继续推广必然遭受阻力。

第四，数据安全越来越受到重视。鉴于数据已成为关键生产要素，出于完全掌控数据的安全需要，有实力的企业自然会选择自研数据中台。即便是缺乏自研能力的企业，也不会完全依赖第三方供应商，而是在自行规划设计业务及数据架构的基础上，由供应商来负责完善和落地。对于纯粹的数据中台公司而言，存在沦为客户的软件外包公司的风险。

第五，投资回报率难以量化。首先，数据中台的成本投入具有不确定性，因为数据中台需要满足的业务需求多变，所以非常容易造成建设周期和成本投入出现极大的波动。其次，数据中台的回报难以量化。数据中台输出的是无形的数据能力，不管是使用者还是应用场景都多元而复杂，难以界定数据中台的直接收益。

数据中台落地场景和商业价值

不是所有企业都需要或适合部署数据中台，而是要根据企业所处行业、发展阶段以及自身的数据成熟度和数字化程度等因素来决定。对于初创公司或者业务较为单一的企业，现阶段并不需要搭建数据中台，强行搭建反而容易因为资金和人力投入大，影响企业的快速发展。

总结下来，适合部署数据中台的企业一般具有五大特点：（1）所处行业瞬息万变，前台业务快速迭代且高度不确定，需要业务系统具备快速试错和敏捷反应的能力；（2）企业业务线错综复杂、生态系统庞大，各条业务线之间存在千丝万缕的联系，但各自独立建设信息系统，趋同的功能模块重复建设；（3）企业内各事业部“数据孤岛”问题严重，需要打通各自的信息系统实现互联互通；（4）企业营收已具规模，数字化建设达到一定水平，但使用的技术相对老旧，需要进行整体的技术升级，以支持业务重构；（5）企业的新业务扩张持续进行，需要协调产业链上下游合作伙伴之间的资源形成合力。

在数据中台的商业化方面，金融和零售两大场景的落地比较成熟，政府和工业领域还较为初级，下面从四个方面详述。

第一，数据中台在金融行业的实践经验。金融行业是数据非常丰富且极其依赖数据的行业，在数字化方面投入巨大，属于数字经济领域的先行者。然而，随着数据量爆发式增长、数据类型趋于多模态，传统金融行业数据利用率低、数据时效性差、数据质量难以保障以及数据标准化水平低的问题面临越来越大的挑战，亟须通过新的技术手段解决前述问题。数据中台可以帮助金融机构在数字化转型升级阶段具备全渠道、全链路的敏捷业务能力，并根据数据治理的需求，落地全生命周期的标准化管理流程，帮助金融机构实现跨部门、跨业务的统一数据管理系统，以便快速应对政策、规则和需求的变化。

第二，数据中台在零售行业的实践经验。在企业数字化的过程中，零售企业构建了包括 ERP、MES（制造执行系统）和 CRM（客户关系管理系统）等在内的各类业务系统，而随着线下门店、自有商城、电商平台、直播电商等各种渠道陆续涌现，不仅产生了大量的“数据孤岛”，而且互相割裂的渠道系统导致无法通过全场景的消费者数据实现精准营销，也无法实时更新全场景的“进—销—存”以实现准确的数据分析。数据中台封装了适用于各种业务场景的智能算法，通过标准数据接口支持零售企业快速连接零售业务系统，避免对原有业务系统的大范围改造。数据中台提升了零售企业的数据挖掘能力，让企业能够基于数据分析结果更加科学地制定销售计划、选品铺货策略以及商品运转与库存计划等。

第三，数据中台在政府部门的实践经验。大力推进政务工作的数字化已成为中央和地方各级政府的共识。历史上因为政务服务具有条线繁多、流程复杂、专业性强等特点，所以政府各部门相对独立地进行数字化建设，导致各政务系统的功能重叠度高、数据分散，而且部门之间协同困难，亟须建立统一的数字中台，解决政务服务创新速度落后于社会需求变化速度的问题，推动数据和业务的融合，提升政府的服务能力。政府部门利用数据中台可实现各部门数据的统一集中管理，展开更深度的数据挖掘，提升政府的办公及服务能力，为政府带来治理模式和服务模式的全面升级。

第四，数据中台在工业制造领域的实践经验。数字经济时代，传统工业企业迎来数字化转型升级的历史性机遇。在信息化建设时期，工业企业陆续上线了 ERP、MES、SCM（供应链管理）和 SRM（供应商关系管理）等工业软件系统，但这些软件系统的质量良莠不齐，缺乏总体规划，各系统之间相对独立且交互性差，导致大量高价值数据只能在单个系统内循环，无法在更多的维度上发挥价值。因此，如何高效集成各类工业软件系统，构建统一的数据架构和数据服务体系，以支撑传统工业企业大规模、多样化、全链路的运营生产，成为迫切需要解决的问题。数据中台无疑是解决前述问题的较佳方案，但由于工业企业生产制造流程复杂且专业性强，而目前的数据库建设薄弱，数据中台要在工业领域普及还需要较长的时间。

梳理完数据中台主要的商业落地场景之后，总结数据中台的核心商业价值，主要体现在以下三个方面。

第一，优化数据使用成本，提高数据治理效率。通过建设企业数据中台系统，可以有效解决“数据孤岛”问题，并形成统一的数据服务标准。而且随着数据中台的建立，数据冗余和二义性问题将逐渐消除，还可以降低数据计算与数据存储成本，减少因数据体系重复建设造成的人力成本浪费。

建立数据中台可以让企业快速响应业务量增加或业务流程发生变化的情况，有效支撑新业务的拓展和发展。因为数据中台整合了前台业务与后台技术两大条线，所以前台业务产生的数据不再需要跨部门流转，而基于后台技术产生的数据分析结果亦可帮助业务的优化迭代。总而言之，数据实时共享，赋能企业经营，全方位提升了企业数据治理的效率，同时避免了业务与技术因信息不对称而导致的决策误判。

第二，挖掘数据商业价值，支撑企业经营与决策。数据中台与以往的数据工具相比，其最大的优势在于有能力对企业全量的数据进行整合、开发、应用及管理。通过将数据规范化、标准化和系统化，将企业各种类型的数据全部纳入数据中台系统，可以方便企业日常经营时进行搜索、过滤、管理，挖掘数据的商业价值。

第三，重塑企业业务流程，升级企业组织架构。传统的企业内部合作方式往往呈现“流水线”的特点，业务人员基于行业经验进行系统设计，并由技术人员负责开发落地，而数据仅仅是技术人员通过系统记录业务进展和统计业务规律的副产品，但是最终的决策完全由业务人员独立做出，因此决策的主观性较强，没有客观数据的支撑，整个业务流程的迭代改进速度极慢，很难适应当前快速变化的商业环境。然而，随着数据中台在整个业务链条中的部署和应用，数据智能进入决策环节，企业的业务流程也逐渐扁平化，由原先依赖业务人员经验的流程驱动逐步转向数据分析驱动。同时，传统企业存在“数据孤岛”、业务割裂、资源不均等问题的根源往往在于组织架构的不合理，尤其涉及跨部门合作时，部门之间存在着一堵无形的墙，甚至出现冲突和制衡，完全谈不上合作。因此数据中台的部署既是在技术层面打通数据壁垒，更是在业务层面打通部门壁垒，使企业组织架构更加科学有效。

第十五章

流程管理：RPA助力企业流程自动化

第一节　RPA的核心价值与应用场景

RPA的核心价值

机器人流程自动化（Robotic Process Automation，RPA）是一种利用软件来执行业务流程的技术。通常RPA是结合自动化和人工智能等相关技术，按照人类的规则和操作过程去执行同样的流程，以减少重复工作中的人力投入，降低产生人为操作失误的风险，同时也能够将人力集中到更为高阶的工作环境中。其基本的功能包括：文档及表单操作（文档、表格、PDF内容提取、核对、录入、迁移）、文件及应用操作（文件移动、应用打开及登录、系统API连接）、网页操作（网站信息抓取、网站账号登录、电子邮箱登录及内容下载）、数据操作（系统间数据搬运、数据库读写、简单数据清洗及处理）、过程备份（业务流程归档备案、流程数字化记录）。总结 RPA 的核心价值在于以下三点。

第一，解放人力，提升效率。RPA 能够将组织人员从低附加值的重复性工作中解放出来，集中力量投入更高阶的工作环境中，实现组织整体的降本增效。同时对于固定流程的重复性工作来说，7×24 小时运行的 RPA 也可以实现数倍于人力的执行效率。

第二，减少失误，降低风险。RPA 能够有效避免固定流程处理中的人为失误，同时在执行的过程中也能够实现流程数据的留存，更好地满足合规控制需求。另外，采用非人工处理的方式也可以防止出现信息泄露的问题。

第三，跨越系统，互联互通。RPA 是一种非侵入式的软件，可以配置在现有的系统和应用程序之外，无须通过各个系统之间的 API 接口即可实现跨系统的数据信息的自动采集和流动。可以说 RPA 天生就具有跨系统、跨部门的属性，能够作为企业数字化的"连通器"。

RPA的应用场景

根据 IDG 等机构的调研数据，全球受调公司中大部分已将 RPA 的应用落实到了企业战略层面。而对于中国来说，随着中国经济从过去的粗放式发展进入精细化运营阶段，企业用工成本持续上升，RPA 的应用也在国内逐步普及。长期来看，用更高效的方式取代低效的劳动，将是不可逆的趋势。当前，全球各国企业普遍面临人力成本不断上涨的难题。越来越贵的人工，迫使企业寻找性价比更高的有效解决方案。

目前市场上大多数的 RPA 产品都是由机器人、设计器、管理平台三部分组成，其中设计器负责可视化界面的流程编辑工作，完成 RPA 流程的规划；机器人则是在设计器完成流程设置后负责执行操作，根据应用场景不同可以分为有人值守（Attended Robot）和无人值守（Unattended Robot）两种，区别在于是需要使用者手动启动，或在过程中干预，还是可以在后台自动运行。管理平台则负责对 RPA 机器人的控制和管理，保证分工合理和风险监控。同时 AI 能力也正在成为新一代 RPA 产品的标配，在人机交互、智能感知与认知等方面赋能 RPA。

在应用场景方面，RPA 常见的使用场景主要有三类：（1）财务。财务是典型的占用大量重复性劳动力的场景，RPA 能够在交易型财务处理及内部风险管控上有效地协助财务人员，包括销售至收款、采购至应付、员工费用报销、资产核算、总账与报告、资金结算等在内的流程均适合采用 RPA 处理。（2）人力。招聘场景中的招聘信息录入、简历筛选、面试预约；入职场景中的各类账号注册、权限开通；薪酬场景中的考勤管理、绩效核算、薪酬校验等重复性流程均可借助于 RPA 来实现。（3）IT 服务。RPA 同时也能够实现自动的服务，包括巡检，各种系统账号的管理，相关权限的开通、变更和关闭，密码重置等。这能够将人员从冗杂的工作中解放出来，同时确保这些公式化 IT 服务的准确性。

当企业部署 RPA 机器人达到一定的量级（通常在 50 个左右）后，企业还会单独建立卓越中心（Center of Excellent，简称 CoE），专门负责支持企业已部署 RPA 的运行以及未来新部署 RPA 的实施。此时 RPA 就已实质上成为衔接企业各个 IT 子系统、支撑整个企业数字化的中心平台。从下游行业来看，金融（银行、保险、证券、基金）、政府（政务、司法、警务）、电商、运营商等领域均是 RPA 应用的热点下游应用领域。简而言之，重复性信息化劳作居多的场景及行业对于 RPA 的应用具有更为强烈的诉求。

金融行业尤其是银行劳动力数量多，重复工作量大，渗透率最高预计在 5%~10%；而制造业数字化转型也相对完善，财务、共享中心、供应链等场景应用较多，渗透率仅次于金融；零售行业在结算供应链流程等环节有先天优势且多为集团化运营，希望借助数字化转型提高整体毛利率，未来发展前景较为乐观；政府则两极分化，RPA 更多用于窗口岗位，之后更多依赖于人力成本考核机制。未来，劳动力密集、标准化程度高、系统发展较为完善的行业都将成为 RPA 发展的沃土。

第二节　最强“工具人”RPA的成长史

广泛意义而言，RPA 的发展历史已横贯上下一百多年。下面从 RPA 前传、RPA 流行、RPA 在中国和 RPA 进化四个部分分别介绍。

RPA前传（1913—2000年初）

1913 年，亨利・福特成功把汽车价格降低到大众消费级别，由此汽车成为人们的主要出行工具。但大家应该想不到，福特的成功是通过生产线自动化实现的。福特把制造车间大部分制造流程打造成自动化生产线，汽车装配时每个工段的工人只需进行一次零部件安装的操作，流水线的所有工段装配完成后，正好组装出一辆整车。流水线装配的生产模式，使得福特汽车的成本大幅降低，才制造出了大众都能买得起的汽车。这是近代自动化的首次应用，也是从那时开始，人们渴望生产过程的机械化与自动化。至 20 世纪 40 年代，业务自动化已成为企业持续追求的目标。但受技术条件限制，当时所探讨的自动化仍然只是一个愿景。

1954 年，机器人技术天才乔治德・沃尔申请了第一个机器人专利，工业机器人的应用序幕由此拉开。当信息技术与制造业连接在一起之后，信息已经与由人主导的生产活动交织在一起。随着

60 年代 ERP 的启动，由数据驱动的公司业务的计算机化正式出现，并且诞生了业务自动化解决方案，人类由此真正进入信息技术可以连通一切的信息革命时代。

1961 年，通用汽车的装配线启用了首台工业机器人，主要用于自动执行一些简单的任务，比如拾取、移动和放置装配线上的物品。1984 年，日本诞生了世界第一座“无人工厂”。此时的工业机器人技术更加成熟，生产制造的自动化迈上了一个新台阶。此后大型工厂都开始选择使用机器人进行流程作业，以代替工人从事那些繁重、危险的生产工作。

在工业自动化技术越发成熟的同时，广大企业也于 70 年代的信息革命初期进入了电脑自动化时代。在管理信息系统（MIS）变革下，很多组织的业务线实现计算机化，质量管理等流程化管理模式也由此兴起。随着更多组织采用以流程为中心的方法来改善业务成果，企业开始希望更好地重新设计和管理业务流程。

到了 80 年代，企业管理普遍强调严格的管理控制。强大而臃肿的职能结构使得更多的孤立部门产生，部门级别各自监视业务和运营的结果，导致业务运营效率低下。

直至 90 年代，学术界和商业界都开始流行业务流程管理和业务流程定位的概念。自 90 年代至今，业务流程管理（BPM）一直是管理领域和 IT 界讨论最多的话题之一。BPM 把企业经营焦点转移到业务本身而不是产品或服务，将业务流程视作企业组织的运作核心。这一时期的企业业务流程管理，使用多种方法优化端到端业务流程。而 IBM、Oracle 等科技企业的加入，为企业引入了更多的自动化技术。这些技术帮助很多企业实现了自动化管理，被称作业务流程自动化（BPA）。

BPM 的流行让企业管理进入 BPA 阶段，随着 BPA 的大量应用，各种流程自动化技术亦是层出不穷，而 RPA 正是 BPA 的一个新兴领域。

RPA流行（2000—2019年）

现代 RPA 产品的三项关键技术分别是屏幕抓取、业务流程自动化管理和人工智能。事实上，这三项功能在 2000 年也不算新鲜技术。譬如屏幕抓取技术在 20 世纪 90 年代已大行其道，业务流程自动化技术则随着 IBM 等诸多企服型科技公司的推动而在各领域创新应用，人工智能则自 1956 年正式命名后已经发展数十年。

RPA 是从使用屏幕抓取等传统技术结合自动化工作流软件开始，后来逐步因企业需求而将人工智能技术加入其中。其中，屏幕抓取和工作流程自动化这两个功能，早期就被一些系统及软件集成。譬如微软 Windows 操作系统就在后来集成了抓图软件，Office97 版本就已集成“宏”（Macro）功能，从而实现用户文档中的某些任务自动化，而最早的宏功能则要追溯到 1994 年的 Excel 5.0；再如 Adobe 的 Photoshop 软件从 2000 年左右的早期版本就有动作录制功能，用于批量处理重复的图片编辑操作。

以上所列这些工具，都可以看作早期的 RPA。其实这些软件厂商如果想进入 RPA 市场，估计市场格局早就尘埃落定。当然，那时 RPA 市场太小，软件巨头们根本看不上眼。

随着一些企业对流程自动化的需求增多，2000 年初出现了几家主营 RPA 产品的公司。首先是 Blue Prism 于 2003 年发布其第一款 RPA 产品，然后 UiPath 和 Automation Anywhere 几乎同时发布了各自的自动化库。在发展初期对 RPA 起到主要推动作用的，其实是业务外包（BPO）领域。20 世纪 90 年代末开始，全球 500 强公司几乎都会在低成本国家进行投资，或者与 BPO 公司合作将其手工流程外包。随着协调成本、劳力成本以及流程错误成本的提高，基于廉价劳力的 BPO 渐渐不受待见，领先的公司逐步将目光转移到了自动化而取消人工。由此，BPO 企业开始大量引入流程自动化技术。可以说，RPA 最初是作为降低业务流程外包成本的一种方式，然后转移到共享服务、IT 外包和其他业务领域的。

此后十多年间，出现了很多 RPA 企业。RPA 行业的发展一直不温不火，虽然没有被媒体更多地报道，但因为 RPA 具有快速部署、不破坏原生系统、投资更少的特点，其逐渐成为更多企业解决 BPA 的重要数字化工具。

近些年来，RPA 一直潜移默化地影响着很多企业，已为众多 CIO（首席信息官）所接受并慢慢将 RPA 的应用提上日程。这一点，从近几年毕马威、德勤等机构发布的 RPA 相关研报可见一斑。2018 年 9 月，UiPath 对外宣布获得 2.25 亿美元 C 轮融资，市场估值达到 30 亿美元。2 个月后，Automation Anywhere 宣布完成总额为 5.5 亿美元的融资，估值亦达到 26 亿美元。这两起融资立即引爆了全球 RPA 行业，在媒体的不断曝光下，RPA 行业才为业内外所知晓。事实上，至 2019 年 5 月，UiPath 再获 5.68 亿美元的 D 轮融资，以 70 亿美元成为全球估值最高的 RPA 企业。正是因为有国外 RPA 企业融资额度与估值的对标，中国的 RPA 行业也迎来了发展高潮。

RPA在中国（2001—2019年）

RPA 在国内的发展历程没有国外那么跌宕起伏，但是如果从“按键精灵”算起的话也有长达 18 年的历史，比 Blue Prism 的起始时间还要早。

2001 年 7 月，某软件网站上出现了一款名为“按键精灵”的软件，主要是基于抓屏技术与工作流程自动化技术开发而成。不久后，该软件便深受游戏玩家的厚爱，大量玩家用这个软件升级刷怪，用各种脚本进行游戏常规的自动化操作。后来有人发现，这个软件还可以用于日常办公。就这样，“按键精灵”也成了个人办公自动化的常用软件。“按键精灵”的发布时间甚至比 Blue Prism 公司的 RPA 产品还要早两年，只不过“按键精灵”面向 C 端用户，而 Blue Prism 的产品面向 B 端。所以在国内 RPA 领域，“按键精灵”

被视作 RPA 的先驱。

2011 年，经历了十多年发展的淘宝体量已经很大，太多的客户对接业务和大量简单重复的工作让淘宝运营小二们忙到无法喘息。虽然很忙，但做事效率并不高，此时的淘宝急切需要自动化代替人力来处理大量业务。在此背景下，阿里巴巴著名的“码栈”于 2011 年在淘宝诞生。该流程自动化产品当时在内部叫作“巨无霸”，起初主要帮助阿里巴巴集团小二做运营和服务售后等自动化工作。到 2016 年“双 11”期间，“码栈”已实现让一个运营小二服务大量企业。2017 年，码栈团队从淘宝转到阿里云，开始服务电商、新零售、财税、金融等更多行业。2018 年，“码栈”正式命名为阿里云 RPA。目前，阿里云 RPA 已经覆盖了阿里巴巴大部分事业部，并开始将能力输出给企业用户。

国内企业经过十几年发展，已临近数字化转型的拐点，不标准和割裂化的信息化系统使得传统自动化系统并不适合大部分企业。RPA 将在这个过渡期发挥重大的衔接作用，这会是一个巨大的企业服务市场。市场需求催生了本土 RPA 萌芽，很多跨国企业内部的高管看好 RPA 的未来发展，开始走出去独立发展。

2015 年，国内金融机构开始接纳 RPA，也就是在 2016—2017 年，国内出现了一大批 RPA 厂商。2018 年企业对 RPA 在自动化业务技术的认知开始变化，将 RPA 技术平台纳入战略布局，应用端出现转机。2019 年的几大 RPA 厂商融资事件，更是让业内外格外关注 PRA 领域。

整体而言，美国企业整体数字化转型要早于中国，美国劳动力成本高于中国，员工对于重复类工作更为排斥，导致企业对数字员工的接受度更高，部分 RPA 应用场景已经实现规模化应用。在中国，RPA 厂商大多成立于 2015 年前后，相比美国晚了十年以上，进入时间尚且较短，应用场景中业务流程标准化程度低，厂商对应用场景的拓展还处于早期，企业对于数字员工的投入产出比还存在疑虑，市场教育力度有待提高。目前，中国厂商更多专注于对产品和技术的打磨，国内市场已经出现估值超过 20 亿元的独角兽企业，但要达到规模化应用还需要市场的验证和认可。

RPA进化（2019年以后）

虽然从全球首条自动化生产线出现到 RPA 成为 BPA 优化方案首选已历经一百多年时间，但距离首个专业级 RPA 工具出现也就不到 20 年光景，这期间可以分成四个阶段。

RPA 1.0 阶段：辅助性 RPA

在 RPA 1.0 阶段，RPA 部署在员工的个人电脑上，已经具备桌面自动化软件的全部功能，但还无法实现全流程的自动化，可以提高工作效率但无法替代人。该阶段的 RPA 属于辅助性工具，相当于“个人助理”的水平，帮助员工处理个人琐碎事务。

RPA 2.0 阶段：非辅助性 RPA

在 RPA 2.0 阶段，RPA 工具的主要目标就是实现全流程的自动化，并在一定程度上实现自我管理。所谓的自我管理，就是RPA工具可以设置RPA机器人的工作内容，实行集中化的管理并对其表现进行评估。此时的局限主要是RPA机器人的根源仍然依赖人工的控制和管理。从效果上看，此时RPA已经属于非辅助性机器人，可以替代很多的人机交互工作，相当于“办公室主任”的水平，可以帮助管理众多的“个人助理”有条不紊地工作。

RPA 3.0 阶段：自主性 RPA

在RPA 3.0阶段，RPA的主要目标是实现全流程的自动化，并具有一定的自主决策能力，可以相对自主地完成自动分级、动态负载均衡和数据分析等工作，但依然难以处理非结构化的数据。该阶段的RPA相当于“总监”的水平，在一定范围内可以自主决策。

RPA 4.0 阶段：认知性 RPA

在RPA 4.0阶段，RPA已经开始运用人工智能技术实现对非结构化数据的处理，并已经具备一定的认知性能力，可以代替人来决策，从而将所有漫长而复杂的任务自动化。该阶段RPA相当于“事业部总经理”的水平，具有高度自治的决策能力。

目前，大多数RPA产品还处在2.0阶段至3.0阶段之间，但发展已相当成熟，产品化程度也很高。同时，一些行业巨头已经开始探索RPA 4.0产品，预计人工智能技术的发展将有助于RPA行业迈入4.0阶段，而近期兴起的人工智能大模型，将从以下几方面对RPA行业产生影响：（1）智能自动化：大模型使RPA更具智能化，使机器能够理解和处理更多的非结构化数据，例如自然语言文本。这意味着 RPA 能够执行更广泛的任务，包括处理客户查询、识别情感分析和生成自然语言响应。（2）复杂任务处理：大模型扩展了 RPA 的能力，使其能够处理更加复杂和多样化的任务。它们可以分析大规模数据集，提供更智能的数据分析和报告。（3）客户服务改进：在客户服务领域，RPA 结合大型语言模型可以提供更快速和个性化的响应，帮助提高客户满意度。（4）智能决策支持：大模型的智能化使 RPA 能够提供更多的决策支持，例如根据大数据分析提供智能建议。但是我们也应该看到，随着通用大模型和行业大模型的成熟，RPA 作为工具类的应用有可能成为过渡性产品，能否基于过往 RPA 积累的场景经验并结合大模型能力迭代出新时代下的新产品，是所有 RPA 企业面临的挑战和机遇。

第十六章

营销管理：后流量时代的营销革命

第一节　MarTech基本概念和发展历程

2008 年，北美知名博主斯科特·布林克尔（Scott Brinker）创造性地将营销（Marketing）、技术（Technology）与管理（Management）三个概念联系在一起，并创造了一个新术语“MarTech”。

布林克尔将 MarTech 生态系统分为五大部分：广告和推广、内容和体验、互动和关系、商业和交易、数据和管理。作为一个专用术语，MarTech 并非单纯利用技术手段实现营销目标，而是基于大数据来运用技术手段以实现营销目标，并且将营销目标的关注重点由获取新用户转移到运营存量用户。传统意义上，广告主进行营销更加侧重于品牌传播或直接的销售转化，其背后是 KPI 驱动的结果导向思维。但是因为巨头掌握着越来越集中的流量，用户的转化成本越来越高，获取新用户的难度越来越大，迫使企业重新审视自己的获客策略，必须利用技术手段打通数据，实现高效获客，并更加重视存量用户的运营和数据的深度挖掘及运用，提升存量用户的留存率。

虽然 MarTech 这一概念提出至今仅十余年，但企业开始使用技术手段提升营销效率的历史已超过 40 年。MarTech 相关技术的发展可以大致分为四个阶段，其迭代的根本取决于社会供需关系的变迁和消费者心智的转变。梳理 MarTech 的发展历程有助于更深入理解不同营销工具背后的理念差异和商业价值。

第一阶段：以 ERP 为代表的供应链管理时期（1980—2000 年）

这一阶段始于中国的改革开放之初，随着大量农村人口涌入城市，企业有限的产能无法满足海量的商品需求。在供不应求的市场大背景下，谁能够更有效缩减产品从原材料到加工到出货的时间，谁就能够快速将有明确市场需求的产品销售出去。ERP（Enterprise Resource Planning，企业资源计划）作为传统生产企业的核心管理工具，能够对企业商品的进货、销售、存货数据进行管理和分析。而通过 ERP 掌握了更加高效运营供应链的企业，将在大规模生产时更好地控制成本，利用低价刺激消费者购买，带来更好的现金流，实现业务的正向循环。

第二阶段：以 CRM 为代表的渠道管理时期（2000—2010 年）

20 世纪末，以联合利华和宝洁为代表的外资公司纷纷进入中国，这些企业以低廉的价格和丰富的产品种类迅速占领市场。大量本土企业主发现批量生产出来的产品卖不动了，社会生产也跨过供求平衡点、走向了供过于求的阶段。进销存管理的重要性开始下降，如何解决库存积压成为最大问题。为了快速占领市场，外资企业开始在主流媒体大量投放广告，并开始广铺渠道。CRM（Customer Relationship Management，客户关系管理系统）对于当时大部分直接面向消费者的品牌来说，是为了管理分销商的销量完成情况。而在消费品供过于求的市场，ERP 与 CRM 协同使用，能够让企业更好地对每一个地区的销售情况进行分析和预测，有效解决库存积压的问题。

随着互联网技术的飞速发展及企业数字化的不断深入，一方面企业抓取的用户数据类型越来越丰富，不仅包括用户的基础数据，还增加了用户在各种数字媒体或平台上留下的痕迹，即各种动态行为数据。另一方面，用户这个概念本身也开始变得模糊。虽然发生购买行为的顾客的含义并没有变化，但潜在顾客的含义却大大拓展了。对于传统的 CRM 而言，潜在客户主要是明确表现出购买意向的顾客，而现在的潜在客户，则是在数字世界中跟企业发生了各种互动的人，这些人不会出现在 CRM 中，但他们都表现出了与产品或者品牌相关的兴趣或需求。于是，CRM 的概念开始被加入了更多的内涵，并衍生出了 DMP 和 CDP 这两个新生概念。

第三阶段：以 DMP 为代表的精准营销时期（2010—2020 年）

在这一阶段，随着越来越多的互联网媒体兴起以及互联网广告的普及，广告主意识到 DMP（Data Management Platform，数据管理平台）存储的大量 Cookie（由电脑的访问 IP 生成的浏览记录）信息，能够高效地实现用户重定向（将对自己品牌有兴趣的人用其他素材、文案、媒体进行广告再触达，提高投放效率）或者用户画像分析（通过媒体返回的数据将对自己广告感兴趣的人群打标签，比如性别、购物偏好、地理位置等），从而提高广告投放精准度，并降低广告投放成本。

第四阶段：以 CDP 为代表的用户关系建立时期（2020 年至今）

进入移动互联网时代，品牌商触达终端消费者的渠道进一步丰富，在激烈的流量和商业竞争环境下，精细化营销的需求逐渐加强。为了将不同渠道，如微信、微博、抖音、Facebook、Twitter 等渠道的客户聚集到一个中心平台上，并由品牌商集中进行管理，对不同爱好、不同生命阶段的消费者建立不同的运营手段，CDP（Customer Data Platform，消费者数据平台）应运而生。

CDP 将企业内外部涵盖线上线下多场景的用户信息进行融合打通，形成统一的用户身份识别和精准的用户画像。同时，CDP 还拥有灵活且系统化的标签分类能力，能够深入理解用户特征，从而助力企业更好地进行营销决策。归纳起来 CDP 的核心价值体现在两方面：一是通过建立与消费者的连接，减少广告投放费用；二是通过构建营销运营的策略，增加消费者对品牌的认知。

从数据来源（公域数据、私域数据）与产品功能（营销获客、用户运营）两个维度分析，可以看到，DMP 侧重于使用公域数据进行营销获客，最终实现程序化广告的精准投放。CRM 与 CDP 偏向使用私域数据进行用户运营，其中 CRM 侧重商务关系的管理，企业通过与消费者直接接触、沟通与互动实现用户关系的维护及销售跟单；而 CDP 侧重对细分类型客群设计个性化的营销策略，采用营销自动化运营手段（Marketing Automation，简称 MA）扩大再销售规模。关于 CDP 与 DMP 的差异，DMP 是基于 Cookie，大部分信息是匿名的，并不存储永久的消费者信息，而且 DMP 的用途仅限于投放广告，往往用在获客阶段。而 CDP 可以全面地洞察每位用户的个体行为习惯和兴趣偏好，建立多维度的用户画像，侧重于企业营销与用户价值的深度发掘。

最初的 DMP 数据基本上都是由 Ad Exchange（互联网广告交易平台）提供的。因为国内主要的 Ad Exchange 基本上都是由互联网巨头所建立，它们需要提供数据给广告主才能让程序化广告正常投放，所以，DMP 最初有且只有一个任务——服务于程序化广告的投放，与 CRM 之间并无太多关联。

自 2017 年 CDP 出现后，情况开始发生改变。CDP 出现的大背景，源自互联网时代流量红利日益减少后企业开始意识到精细运营流量的重要性。企业首先将希望寄于 DMP，但是 DMP 的数据用途以广告投放为主，而企业想要做精细化的流量运营，更多并不是在引流阶段，而是在引流完成之后跟这些流量在企业自有媒体或平台上进一步做深入互动，数据量小但深度更深，且多数需要企业自己抓取。而当时的 DMP 拥有海量的用户数据，且主要来自企业之外。

另外，数据的输出也不是用在广告投放上，而是给运营部门，如打电话、发短信、发微信等，与 DMP 最初的设计目的并不适配。

为了解决以上问题，有人选择建立新的专用营销工具 CDP，有人选择对原有的 DMP 甚至 CRM 系统进行改良，使其能够实现与网站分析工具、App 用户行为分析工具或是小程序用户行为监测工具相同的功能，在各个企业自有平台上抓取数据并将这些数据附着在个体之上，同时提供自定义人群的标签[①]。于是 CRM、DMP 和 CDP 之间的界限开始变得模糊，背后原因其实是人们为了顺应企业需求，而不断在既有的系统上进行改良。

① 以微信和微博（尤其是微信）为主要阵地的用户 / 客户运营场景，又被中国人称为 Social CRM 或 SCRM。

第二节　中美市场对比和供给需求分析

从中美两国典型上市 MarTech 企业的营收规模和市销率数据来看，美国 MarTech 企业的平均体量更大，发展相对成熟，市销率多在 10 倍左右。而中国 MarTech 企业则大体处于发展初期，由于资本市场对其成长性的预期更高，其市销率多集中在 10~20 倍。但相比于美国的类似规模企业，如市销率比较高的 The Trade Desk 和 HubSpot，中国 MarTech 企业的估值倍数或资本市场对其未来成长的预期仍存在较大提升空间。

从盈利能力来看，美国 MarTech 企业的产品壁垒较高，毛利率可保持在 75%~85%，盈利能力很强。反观中国 MarTech 企业的毛利率一般在 50%~60%，盈利能力相比美国 MarTech 企业差距较大。美国 MarTech 企业大多已经实现盈利，且收入已成规模，能够较好地控制费用。而中国 MarTech 企业规模整体偏小，还处于投入期，相关费用没有摊薄，因此企业还在亏损阶段。

美国 MarTech 企业已经历较长时间的发展，积累了丰富的技术应用及服务经验。同时，美国互联网行业起步早、成熟快，但移动互联网的发展却相对缓慢，给 MarTech 企业留下了充足的时间向移动互联网转型。而中国 MarTech 企业的发展时间较短，技术应用与服务经验不够成熟。并且中国的移动互联网蓬勃发展，企业的营销活动也在加速向移动互联网迁移，留给中国 MarTech 企业转战移动互联网的时间非常短，自然难度也更高。

再来看 MarTech 行业供给和需求的情况。从全球市场集中度看，CRM 行业属于巨头垄断的市场。Salesforce 继续遥遥领先，占据 CRM 行业近 20% 的全球市场份额，几乎相当于 Oracle、SAP、微软、Adobe 等 4 家公司的份额之和。但从整个市场看，CRM 行业前四大企业的市场占有率不超过 40%。从地理区域看，北美和西欧是全球最大的两个 CRM 市场，合计占全球市场四分之三的份额，而新兴市场及亚太地区虽然基数小，但增速相对更快。

从需求方角度而言，随着各场景下 MarTech 企业的不断涌现，未来同质化竞争现象将会加剧，在各行业迈入数字营销的背景下，客户在选择 MarTech 企业时不仅关注产品功能，更加关注 MarTech 企业对所处行业的理解以及满足定制化需求的服务能力。这要求 MarTech 企业打造通用的底层技术平台，从而可以支持不同行业的定制化需求。

整体而言，不同行业的营销需求差异较大，未来在垂直行业场景中纵向深耕，并形成较强服务能力的 MarTech 企业将有机会脱颖而出。

第十七章

网络安全：互联网时代的“守护神”

第一节　网络安全的春秋战国史

本地杀毒软件的伊甸园时代

随着以单机版 PC 为代表的终端普及，病毒通过光盘、软盘和 U 盘等媒介传播，例如恶意代码、蠕虫病毒等，当时有名的攻击事件就是 1988 年的莫里斯蠕虫事件，该病毒由康奈尔大学学生莫里斯编写。这个程序只有 99 行代码，却成功利用了 Unix 系统中的漏洞破解用户密码，并通过邮件系统复制和传播。彼时，莫里斯从麻省理工学院发布到互联网上，很多计算机要么崩坏，要么处在高危状态。当莫里斯意识到事情的严重性时，他选择在哈佛大学网站上发帖，在帖子中给出升级计算机系统防止感染病毒的方法。但由于网络不畅，这封帖子直到很晚才发送出去。蠕虫病毒在短短 12 个小时内就造成了高达6000万美元的经济损失，众多的数据和资料在一夜之间被毁。警方侦破这一案件并认定莫里斯是始作俑者后，法院却迟迟难以对他定罪。尽管1986年美国国会已通过《计算机欺诈与滥用法》，但之前还没有利用该法案对制造计算机病毒事件进行定罪的先例。莫里斯事件震惊了美国社会乃至整个世界，计算机病毒从此步入民众和立法者的视野。后来，莫里斯改邪归正，在曾经“兴风作浪”的麻省理工学院，担任计算机电子工程学院教授。

20世纪末也是中国网络安全产业的上古时代，即从20世纪90年代开始的单机及局域网时代。当时互联网还未普及，安全需求的主流是防范和查杀病毒，产品形态的主流是杀毒软件，商业模式的主流是按License付费。B端和C端的需求尚未明显分化，在个人计算机和企业内网上流行的都是瑞星、江民、卡巴斯基。在这个阶段，安全厂商可能是整个中国软件行业过得最滋润的。虽然杀毒软件也有盗版，但是很多个人用户还是愿意花钱保平安，企业、政府也有大笔的信息安全采购预算。安全行业就像是程序员的伊甸园，在这里可以依靠写软件、卖软件而实现财务自由，网络安全是中国软件行业的核心和收入担当，制造了一大批财富神话。直到一个圈外人突然闯入，简单粗暴地将一切打碎在地。

免费降维打击，网络安全进入了互联网时代

2008年7月，360推出的免费杀毒软件正式发布。360究竟是不是中国第一个“免费网络安全软件”，这一点一直存在争议。不

过，360彻底改变了网络安全市场的格局，这一点是毫无争议的。360开了安全软件免费模式的先河，把C端信息安全从卖License的“软件生意”变成了卖流量的“互联网生意”。这不亚于对传统“软件思维”的降维打击。从此开始，瑞星、江民、金山毒霸等传统C端安全厂商的市场份额急剧萎缩，360很快取得绝对的霸主地位。此时，腾讯、百度也纷纷推出安全套件，以免费模式大举蚕食C端网络安全市场。这个软件行业曾经的“伊甸园”，在互联网行业野蛮人的入侵之下，甚至来不及做出像样的抵抗。

这是一个时代更替的象征，更是商业模式彻底转变的象征——网络安全进入了互联网时代，用户需求主要是应对来自互联网的各种安全隐患，这个时代也被称为“边界安全时代”，即随着互联网的普及，病毒通过网络传播，安全防护手段以防范外网的攻击为核心。当时正值我国启动上网工程与信息化建设，网络安全正在经历从0到1的发展，但最开始主要还是由政策驱动。例如1994年国务院发布了“147号令”，首次提出了国家信息安全工作信息系统是分等级实施保护的；2004—2005年，《关于加强信息安全保障工作中保密管理的若干意见》《涉及国家秘密的信息系统分级保护管理办法》相继发布；2007—2008年，《信息安全等级保护管理办法》和《信息系统安全等级保护基本要求》相继出台，明确了等级保护所有相关的工作以及各种参与决策的职责分工等，中国正式开始实施等级保护1.0，网络安全行业的发展也由政策驱动转变为合规需求驱动。

网络安全直指国家安全

2014 年 2 月，中央网络安全与信息化领导小组成立，在半导体、电力、电信和互联网等行业均出台了关于网络安全管理的办法。此时伴随的是桌面互联网的成熟和移动互联网的兴起，基于 IP 地址的 DNS 攻击、DDoS 攻击、银行系统恶意软件以及伴随着区块链兴起的挖矿木马是这个时代盛行的威胁形式。该时期的攻击事件最轰动的就是推迟伊朗核计划的震网病毒，美国依靠震网病毒悄无声息地令伊朗核武器工厂设备瘫痪，从而推迟伊朗核计划。

2013 年斯诺登曝光美国的“棱镜门事件 [①]”令全世界舆论随之哗然，“棱镜门事件”成为美国有史以来最大的监控丑闻。另一轰动美国甚至国际的攻击事件是美国大选的“邮件门事件”，继希拉里·克林顿在 2009—2013 年担任美国国务卿期间“私邮公用”涉嫌泄密的事件之后，2016 年美国大选年的“邮件门事件”两度升级，包括第一次事件升级揭露希拉里“操控媒体、导演游行、卖官鬻爵”和第二次事件升级揭露“党内斗争、权钱交易、色情间谍”等内容。大选年“邮件门事件”的升级直接导致美国联邦调查局（FBI）重启对该事件的调查，对大选选情产生了重大影响，甚至还关系到美俄两国在安全领域的博弈。

进入互联网时代，威胁不再只是单机的瘫痪，而是重要数据被

① “棱镜门事件”是一项由美国国家安全局从 2007 年小布什时期开始实施的绝密电子监听计划，直接进入美国网际网路公司中心服务器挖掘数据情报，包括微软、雅虎、谷歌、苹果等在内的 9 家国际网络巨头皆参与其中。

泄露甚至国家安全受影响。对于信息安全的重视度也开始在C端和B端出现分化，虽然免费安全软件席卷了C端，但是在B端又是另一番景象。企业及政府客户对信息安全的需求已经与个人用户有显著差异，互联网时代层出不穷的攻击手段又进一步抬高了B端信息安全的门槛。启明星辰、绿盟科技、深信服等企业安全软件商，恰恰在这一时期取得了快速发展。简而言之，在这个时期，网络安全行业在C端和B端出现了显著分化，前者变成了一桩基于流量的互联网生意，后者则仍然是典型的软件生意，两者的交集不是很大。C端安全逐渐演变为“赢家通吃”的游戏，几个互联网公司占据了大部分市场；B端安全则处于“群雄割据”的状态，营业收入达到十几亿或几十亿元就已经堪称一方诸侯了。

政策收严与新场景需求推动网络安全行业进入黄金时代

2015年以来，随着数据成为商业社会的生产资料之一，安全防护范畴进一步延伸，防护的手段也逐渐从被动拦截变成主动防御，云计算等新技术催生了IT架构变革，从产业侧加快了安全需求释放，行业驱动因素由单一合规要求向合规+产业内生需求过渡，逐步在技术和商业模式上迎来新变革。技术层面，以数据驱动的态势感知、EDR（Endpoint Detection and Response，终端检测与响应）等逐渐成为主流；商业模式角度，企业上云、IT架构复杂化带动了安全即服务（SECaaS）的发展。2016年网信办出台《国家网络空间安全战略》，推进全球互联网治理体系变革、构建网络空间命运共同体；《网络安全法》明确政府部门职责权限，建立等级保护体系，这是第一部有关网络安全空间的综合性法律法规，一方面表明网络安全已上升至国家战略层面，另一方面对公安、交通、能源、民航、银行等各行各业定期开展“护网行动”提出了要求。

2019 年以来，国家政策多维度加码新一代信息技术产业，其中工信部颁布的《关于促进网络安全产业发展的指导意见（征求意见稿）》计划到 2025 年培育形成一批年营收超过 20 亿元的网络安全企业，网络安全产业规模超过 2000 亿元。以网络安全等级保护 2.0 为例，定级备案的对象从信息系统增加到关键信息基础设施这一网络空间的层面，新纳入云计算平台、工控系统、大数据中心、大型互联网企业、移动互联网和物联网系统，可见网络安全的边界已从移动互联网拓展到万物互联。2020 年的《数据安全法（草案）》《个人信息保护法（草案）》也推动信息保护步入新阶段，实现了企业数据、个人信息等关键信息保密有法可依。

根据梳理，近 5 年来就数据安全问题，国家、地方及各行业监管部门已颁布 50 余部相关法规，在政策驱动与新场景需求带动下，我国网络安全行业处在黄金时期。在此期间，影响较大的攻击事件即 2017 年的 WannaCry 勒索病毒，至少造成 150 个国家和地区、30 万名用户，共计约 80 亿美元的损失，涉及金融、能源和医疗等众多行业，是一次严重的公共危机事件。中国部分用户也遭受攻击，尤以校园网的学生用户受害严重，电脑里大量的实验室数据和毕业设计被病毒锁定加密。

第二节　“灌木型”市场与产品形态

网安市场竞争格局

中国网络安全市场稳步增长，2021 年 7 月 12 日，工信部披露《网络安全产业高质量发展三年行动计划（2021—2023 年）（征求意见稿）》，提到 2023 年中国网络安全产业规模将达到 2500 亿元，年复合增长率超过 15%。全球安全行业产业规模总体来说属于稳中有升，但增速不及中国。网络安全市场虽然很大，但每一条赛道还有多条细分赛道，最小的赛道十多亿元，可见“灌木型”的市场也是安全行业的重要特点。

从竞争格局来看，中国网络安全厂商主要包括综合型安全厂商、云计算厂商、专业型安全厂商。综合型安全厂商整体实力较强，不仅能够实现各类产品协同作用，打造一体化平台，更能积累深厚的行业、场景经验，提供更优质的解决方案和服务；云计算厂商在公有云市场优势较大；专业型安全厂商专精于某一技术领域，在细分赛道具有优势。

中国网安市场集中度较低，较美国市场格局更为分散。美国龙头网络安全公司 Palo Alto Networks 占据美国市场份额超过 10%，中国龙头网络安全公司的市场份额刚超过5%。产品的多元化、各细分赛道均有龙头是中国网络安全市场格局分散的原因之一。所以，未来头部安全厂商的战略重点必将是通过拓宽销售渠道和横向并购相结合的方式发展客户与完善自身产品线，打造平台型网络安全解决方案服务商。

网安市场发展历程

网络安全主要防止网络环境中的软硬件及数据遭受破坏、更改或泄露，存在短板效应与持续更新性，系统的安全性由安全级别最低的部分决定，网络威胁形式不断进化，防御思路也在不断升级。纵观网络安全厂商发展路线，基本从单一优势产品出发，通过技术复用，布局多产品线，不断加强产品间关联度与联动性，逐渐形成贯通事前预警、事中防御与事后溯源分析的防御生态。根据网络安全技术及应用场景，可将网络安全产业划分为：边界安全、终端安全、身份安全、管理安全、数据安全、应用安全、服务安全七大产品形态。

对应到安全产业的发展历程，1992—1996年主要为边界安全、终端安全，聚焦于用户的使用终端（即个人计算机和手机等），主要功能为防入侵、反病毒，核心技术涉及网络层协议分析、网络流量分析、文件解析、漏洞检测、终端管控等，主要产品有防火墙、上网行为管理、入侵检测防御系统、抗 DDoS[①]、杀毒软件、终端设备管控、端点保护平台、终端检测与响应（EDR），该领域在新时代的新场景主要在于万物互联下的工业互联网、车联网、智能硬件作为新终端提出了边界和终端的安全需求。这个时期的安全产品主要为工具类的产品。

1997 年以来，随着互联网和移动互联网的普及，身份安全、数据安全、应用安全受到重视，可以理解为用户在使用终端入网时需要先进行身份认证，反之用户终端也将成为互联网大网的一个节点、面临其他方的交互，因此需要就 web 层面进行防护，无论是用户上网还是通过网络访问用户本地，都面临数据方面的安全问题。其中，身份安全主要功能即管理用户的访问，核心技术涉及文件加密、身份认证、权限管理、目录访问技术等，主要产品为统一管理平台、访问控制、堡垒机[②]、密码 / 令牌 / 生物识别、零信任架构[③]等，身份管理在新时代的新场景为云和移动互联网安全。应用管理主要功能为防 web 攻击，包括 web 漏洞扫描、流量清理、反向代理等，主要产品有 web 防火墙、web 扫描器、网页防篡改、代码卫士

---

① 抗 DDoS 是指抵御“分布式拒绝服务攻击”（Distributed Denial of Service，DDoS）的行为。DDoS 攻击是一种网络攻击，攻击者使用多台计算机或设备（通常是僵尸计算机）协同攻击目标服务器或网络，通过向目标发送大量恶意流量，致使目标服务器不堪重负，无法提供正常的服务，从而导致服务器不可用。

② 堡垒机，包括监控和记录运维人员对网络内的服务器、网络设备、安全设备等的操作，以确保网络的安全和合规性。

③ 零信任架构是一种网络安全策略和方法论，它强调不信任内部和外部网络，并要求在网络内部采用最小权限原则，将访问控制和身份验证应用于所有用户、设备和资源。

等，在新时代的新场景为云、智能硬件、车等终端上的应用安全。数据安全主要功能为数据防泄露，涉及文件透明加解密、文件沙箱[①]、数据访问隔离等核心技术，主要产品体现为数据帧安全、数据治理和文档加密等，随着数据量的不断扩大，数据安全将会是未来持续不断的主题。这个时代的安全产品主要为解决方案，中国安全行业上市公司中有较大部分是在1997—2007年之间成立的，如启明星辰、绿盟科技、深信服、卫士通等。

2007年以来，随着终端安全、身份安全、应用安全、数据安全等工具、解决方案的不断成熟、安全产品SKU不断丰富，对于安全管理和安全服务的呼声越发加大。安全管理主要功能为安全态势分析，核心技术涉及可视化、关联分析、数据挖掘和行为分析，主要产品为安全管理平台、态势感知、威胁情报、漏洞管理等，安全管理可视为对企业安全产品的管控、监督、关联、分析和价值的再造。安全服务主要功能为完善安全体系，核心技术涉及业务布局及支撑、自动化响应能力等，主要产品为安全托管服务、安全咨询、安全实施与集成、安全教育与培训、安全运营等，安全服务并不是一个新词，早年即有一批咨询类团队为企业提供安全方面的培训，当下安全服务已经形成一项相较之前更专业、更系统的业务，主要为安全公司产品矩阵的一部分、较少以独立的形式出现。

① 文件沙箱通常是一种用于检测和分析潜在威胁的虚拟环境或隔离容器，其中可以运行未知、可疑或潜在恶意的文件，旨在模拟和监视这些文件的行为，以识别任何恶意活动。

综合来看，边界安全市场存量规模最大。边界安全产品包含防火墙、入侵检测与防御、VPN[①] 等，也是各大网安厂商最早布局的产品，市场较为成熟，边界安全是大型机构安全系统的刚需，未来数据驱动的安全也需要边界侧产品进行流量采集和挖掘。

① VPN（Virtual Private Network）用于提供加密的、私密的网络连接，旨在保护用户的在线通信和数据免受威胁。

| 第四部分 |

工业数字化：让工厂更智能

第十八章

工业软件：被遗忘的工业“大脑”

第一节　工业软件的历史脉络与核心壁垒

工业软件的基本概念和发展历史

工业软件是制造业的基石，属于支点产业，隐藏在最底层，虽然产值不高，但很重要。以国内当前最受关注的芯片行业为例，全球半导体市场规模近5000亿美元，离不开一个100多亿美元的EDA软件细分市场。没有EDA软件，芯片的生产也就无从谈起。再如CAE（计算机辅助工程）软件，在每一个细分领域都会出现CAE软件，如挖掘机挖斗里滚动的泥块或制药颗粒的成型，都在使用散料仿真的模拟软件，但中国每年的CAE软件市场可能只有几十亿元的规模，一家企业能有几千万元的收入就是优等生了。

工业软件，其实是一个很令人迷惑的产品，既不像工业品有清晰的形态、巨大的产值和热闹的一二级投资市场；也不像常规的软件，熟悉计算机语言和业务逻辑就可以编程开发。号称千亿级规模的工业软件市场，实际上范畴很宽泛，需要对工业软件进行细分和聚焦，才能找到当下最需要攻坚的薄弱点。工业软件可分为工业物理学软件（此处的物理学并非指狭义的“物理学科的科学”，而是指“物理实体的科学规律”，因此也包括化学、生物学等）和工业管理学软件，其中管理学软件为 ERP、SCM 等，物理学软件以研发工具如 CAD、CAE、EDA 等为主。

回顾人类工业的历史发展轨迹，有一条主线串联其中，即在工具升级驱动之下的工业知识、技术和经验的不断积淀。18 世纪，蒸汽机的隆隆轰鸣昭示着工业 1.0 时代的到来（机械化）；19 世纪，电力及内燃机的闪耀火花点亮了工业 2.0 时代的舞台（电气化）；20 世纪，信息技术的发展则为工业 3.0 时代的繁荣奠定了基础（信息化）；在工业 4.0 时代即将到来之际，智能化、自动化将成为行业升级转型的主题。工业软件不仅是工业生产环节中所使用的“工具”，更是抽象化的工业知识、技术和经验的具象化载体，对于重塑工业生产模式、引领工业智能化升级具有至关重要的作用。工业软件体系的发展与完善，将是中国从制造业大国走向制造业强国的必由之路。

如果说生产设备及相关硬件是工业的“四肢”，那么工业软件就如同工业的“大脑”（基于机器视觉等人工智能技术提供的工业智能化整体解决方案，从广义上也属于一种“工业大脑”），缺少自主可用的工业软件的国内制造业无法实现产品的全生命周期管理；过度依赖国外工业软件，则存在丧失产业发展主动权和影响产业信息安全的风险。从市场规模来看，工业软件全球市场约4000亿美元，而国内仅约2000亿元，占比不足十分之一，与中国在全球经济体量中的比重并不匹配，行业发展方兴未艾。在这一历史机遇的大背景下，国产工业软件厂商迎来了突围机会。

回顾中国工业软件的发展之路，20世纪80年代初，中国几乎完全不知道工业软件的存在，伴随着价格不菲的IBM大型机等计算机设备的引入，上面自带的一些软件让中国第一次接触到工业软件。此前有实力引进这些高端计算机设备的机构都是著名的研究所和高等院校，中国也正是从此开启了工业软件的发展之路。后来“七五”到“十五”期间，通过国家机械部的“CAD攻关项目”、国家科委的“863/CIMS、制造业信息化工程”等对国产工业软件大力扶持，随后出现了高华CAD、开目CAD、浙大大天CAD等一批工业软件产品。

除CAD领域之外，CAE领域也迎来了一个百花齐放的春天。20世纪80年代后期，以清华大学和北京航空航天大学为代表的一批高校和科研人员进入CAE领域，成为国内第一代从事CAE软件开发的先行者。随着CAD/CAE软件在制造业的推广普及，清华大学、北京航空航天大学、浙江大学、华中科技大学、大连理工大学等一批高校院所先后开展CAD/CAE软件的自主研发，中国工业软件行业迎来一拨发展的高峰期。

从“十五”和“十一五”开始，科技部对研发设计软件的重点支持从此前的二维CAD转向三维CAD。而在“十二五”以后，在工信部的主导之下，中国开始走工业化和信息化相融合的道路，科技部不再分管信息化工作。权力的重新划分是一个重要的分水岭，由于工信部并不负责基础科研，导致国家对三维CAD研发的资金投入大幅缩水。工信部从管理权限而言，不能直接补贴企业研发，只能通过两化融合的名义支持企业投入信息化，重点支持的对象是制造业企业，很难支持国产工业软件研发公司。当然，推动制造业信息化的普及培养了一批人才，事实上也导致了工信部大量的补贴资金都被制造业企业用于购买国外工业软件。从此，中国开局不错的CAD/CAE软件陷入了“失去的三十年”。而“十三五”时期是中国工业软件相关政策密集出台的时期，其中提到需重点突破高端工业和大型管理软件。到“十四五”时期，根据“十四五”规划和2035年远景目标纲要，积极稳妥发展工业互联网、加快补齐基础软件等瓶颈短板成为“十四五”时期的主要任务之一。

目前，中国正处于后工业化转型时期，由产业链低端向中高端转移，自粗放型向信息化、精细化企业管理技术改革，工业软件的广泛运用将助力后工业化进程。

中国是全球唯一具备完整工业体系的国家。从全球范围看，主要的工业制造强国为德国、法国、俄罗斯、美国、日本和韩国等，这些国家的工业占据了全球制造业的制高点。然而，从工业体系的完整性看，中国是全球唯一具备完整工业体系的国家，从上游能源到中游制造再到下游轻工，从高端设计到低端制造均有所布局。纵观全球，工业软件巨头均诞生于工业强国，中国作为全球唯一具备完整工业体系的国家，具备诞生全球工业软件巨头的基础。

工业软件的市场格局和核心壁垒

从底层架构角度可将工业软件分为两大类：嵌入式工业软件和非嵌入式工业软件，前者主要指嵌入于设备控制器中用于数据采集、逻辑判断、控制运行等功能的软件；后者是指能够在通用计算机或工业计算机操作系统上运行的应用软件。按照具体应用的环节可分为研发设计类、生产控制类和经营管理类。由于我国过去的工业数字化路径偏向于“重硬轻软”，而嵌入式软件大多与硬件集成销售，因此从销售额来看嵌入式工业软件目前的市场规模最大，接近千亿元；生产控制类及经营管理类的工业软件受益于工业自动化、企业数字化升级，近年来实现了较快的发展；而研发设计类软件由于技术壁垒较高，亦受到国内软件行业历史遗留的盗版问题影响，目前市场规模相对较小。

从整体来看，随着我国制造业转型升级进程不断深入，工业软件面临较大需求敞口，国内工业软件市场增速有望高于全球。从细分赛道来看，对于研发设计类软件，通用型软件目前仍由海外巨头垄断，国产化率较低，国产厂商主要通过在垂直领域逐步积累优势，或结合国家政策的支持逐步切入高端市场，以求弯道超车；对于生产制造类软件，中国的通用型软件开发商较为稀缺，多数是专注于特定领域开发行业垂直型软件，在具有垄断性、生产技艺较为成熟的行业已初步完成国产化替代；对于经营管理类软件，由于此类软件开发门槛相对较低，且下游企业应用需求广阔，以用友、金蝶为代表的本土软件厂商竞争力较强，行业逐步进入稳定发展期，中低端市场基本实现国产替代；对于嵌入式软件，在产业数字化转型中已得到大规模应用，呈现国产软件与国外巨头同台竞技的局面。

工业软件的发展为什么这么难

根据联合国分类，工业包括 41 个大类，涉及门类非常广。工业知识不断“软”化为工业软件的同时，工业软件也不断“硬”化为如芯片、控制器、设备、生产线等，涉及层级很多；工业软件与各行业的工业环节如研发、制造、管理、服务等紧密相关，涉及环节齐全。数学、物理、计算机和工程，四大基石构成了工业软件的完整技术图谱，同时也形成了深不可测的技术鸿沟。

首先，工业软件需要扎实的数学基础，例如 CAD 的发展就是源于数学中曲面几何造型理论和算法的发展，后续的迭代和优化，无不需要使用大量的数学知识。如不能熟练运用各种数学工具，那对物理场的建模也就无从谈起。

其次，需要物理机理的初炼。工业技术的源头是对材料及其物理特性的开发和利用。因此，对多物理场及相互耦合的描述与建模是各种工业设计软件的核心，例如结构、流体、热、电、光、声、材料、分子动力等物理场问题的解决能力，每种物理场都包含着丰富的分支学科。

再次，正如当年围绕机床兴起的“数控技术”，很快演变为“计算机数控技术”，工业软件的诞生和早期发展受到计算机及多媒体硬件进步的推动，之后又随软件技术、互联网、计算模式的浪潮起伏。除了软件界面之外，工业软件还需要将良好的软件架构和过程管理、统一的数据标准和接口标准、方便的几何建模内核等资源集成，还需要加速软件的更新迭代、自动化验证、工程经验的积累、软件的跨平台部署、二次开发脚本支持等，乃至后续大规模仿真数据的挖掘、分析甚至是机器自学习、人工智能等也需要加速。

最后，工业软件只有经过工业知识的淬火，才能与工业应用场景紧密地结合。工业领域的建模，与消费、交易、电商、社交等场景的建模是完全不同的。互联网公司的用户画像建模，是用大数据抽取年龄、收入、地域等数据然后关联到购物偏好行为。工业界谈到的用户画像建模，是一个计算机完全描述的对象模型，需要在多态使用场景下进行精确表征，如果用在设计阶段，就是人机工程分析、使用行为分析等；如果用在生产现场，就是虚拟操作员，需要有资质、劳动能力等级等描述；如果是一个终端用户，则包含身高、驾驶习惯等。制造现场涉及大量的工艺过程，这种 know-how（经验）的转移是非常复杂的知识迁移过程。各种工艺如铸造、焊接、锻造、切削、热处理等，各有各的现场诀窍，许多知识只可意会不可言传，师傅带徒弟往往是最有效的方法。而工业软件正在向这种知识转化的方式宣战，势要把大量的制造经验转换成算法、编码，固化入软件。当然，这需要一个相当漫长的过程，工业软件的价值也因此壁垒高筑。实际上，工程知识的汇聚，会让用户养成使用习惯，一旦用户形成深度依赖，软件后来者的替代将非常艰难。

第二节　三类工业软件介绍与国产化机会

研发设计类软件由海外巨头主导

研发设计类软件主要有 CAD、CAE、CAM、EDA、PDM 和 PLM 等。CAD、CAE 和 CAM 三者之间相互协作共同完成产品的开发、模拟与制造工序。

CAD（Computer-Aided Design），即计算机辅助设计，可简单理解为人机交互制图软件，负责产品最初的结构设计以及制图环节。按照产品功能可分为 2D CAD、3D CAD，2D CAD 属于通用型产品，可用于工业、建筑等多个领域的平面图、剖面图绘制；3D CAD 技术难度更高，主要应用于工业、建筑、动画等领域的三维建模，实现对象的实体造型、曲面造型。

CAD 是最基础的研发设计类软件，是通过数字建模来将设计对象虚拟化的第一步，后续的 CAE 和 CAM 软件都需要读取 CAD 的制图及建模数据以进行下一步的操作。

CAD 发展至今已有超过 60 年的历史。在 20 世纪 50 年代，美国麻省理工学院的几位学者就已提出 CAD 这一概念，开始技术的探索。1957 年，“CAD 之父”帕特里克·汉拉蒂（Patrick Hanratty）编写出世界上第一款商用数控程序 Pronto，也是 CAD 最早的前身；70 年代，CAD 进入技术商业化阶段，帕特里克·汉拉蒂成立 MCS 公司发布 ADAM 人机交互制图软件（时至今日大部分的 CAD 软件仍在使用其源代码），达索等企业也开发出基于大型机、小型机，软硬件集成的 CAD 软件（1981 年达索发布 CATIA）；Autodesk 于 1982 年发布可安装于个人计算机的 AutoCAD，开启 CAD 的普及时代。之后的几十年，CAD 业界百花齐放，目前业内领先的企业有达索、西门子、Autodesk 以及 PTC 等企业。

2D CAD 的优势在于通用性和易用性，能够快速便捷地完成 2D 制图，可应用于平面设计、装修设计等日常非工业场景，以及简单模组剖面图设计等轻度工业场景。而在涉及实体或曲面建模的更复杂的场景，自然需要 3D CAD。实际上普适的通用设计市场也是不可忽视的，Autodesk 凭借 AutoCAD 这款以 2D 设计为主的通用 CAD 稳居业界三强之一；而达索、西门子更具工业企业的基因，自然是从 3D 入手，对通用性的 2D 领域则几乎没有布局。因此 2D CAD 对于国产企业来说也是进入门槛较低，且国外竞争对手较为单一的领域。

3D CAD 区别于 2D CAD 的核心难点是几何建模内核。2D CAD 在内核上的门槛相对较低，除自主开发之外，也有部分公司对

IntelliCAD[①] 进行“包装”并推出 2D CAD 产品。其实 3D CAD 发展之初并没有内核这一独立概念，内核是作为 CAD 软件的底层与其紧密耦合。但 3D 对象的实体建模、曲面建模本质上是数学问题，算法要求较高，中小厂商很难进行独立开发。因此达索等厂商也看到了单独销售 3D 内核的商机，于是陆续将自身的内核独立出来作为单独的生意，目前世界上共有三款主流的商用 3D 内核：Parasolid、ACIS、CGM。3D 几何内核决定了 3D CAD 的核心性能。实体造型和曲面建模是 3D 建模的两个方向，也是衡量内核建模能力的两个维度。Parasolid 擅长实体造型；CGM 擅长曲面建模而多应用于高端市场；ACIS 优势为资源和算力的节约，同时 API 完备，市场应用广泛。

CAM（Computer-Aided Manufacturing），即计算机辅助制造，负责产品的加工与制造环节。CAM 的主要功能为根据产品的设计建模、几何造型对加工制造流程进行自动编程，通过输入数控机床进行产品加工。

CAM 与 CAD 的高度集成是大趋势，CAD 诞生之初的目的就是对产品进行造型设计，再输入机床进行加工，可以说 CAD 是将设计师的产品构思数字化，而 CAM 是进一步将数字化后的产品建模转化为机床能够读取的数控代码，以执行下一步的加工制造。最初的 CAD 生产的设计信息需要转录到 CAM 系统中，严重影响效率，

① IntelliCAD 引擎由国际非营利组织 IntelliCAD Technology Consortium（ITC）开发，该组织成立于 1999 年，其成员通过支付年费来支持共享开发 IntelliCAD 引擎。

因此从 20 世纪 80 年代开始，CAD 和 CAM 技术就朝着一体化、集成化的方向发展。

CAE（Computer-Aided Engineering），即计算机辅助工程，主要用于在研发过程中对产品的强度、刚度、热传导等物理性能进行仿真分析及数值求解，基于分析结果对产品的设计方案以及工艺流程进行调整和优化。CAE 相较于 CAD 具有更高的技术门槛，主体包括前处理模块（实体及参数化建模、布尔运算、网格剖分）、有限元分析模块（结构、流体、热力、电磁等多领域求解器）、后处理模块（数据处理、物理量展示），其中有限元分析模块是 CAE 软件的核心。

多物理场的耦合仿真是 CAE 的核心技术难题。CAE 具有众多的仿真分析和求解方向，包括结构分析、流体分析、热分析、电磁分析等。目前单一学科的仿真已较为成熟，而多学科仿真、多物理场耦合则是下一步更高的要求。西门子、达索等巨头多是采用外延收购的方式，来补充在多个仿真方向上的能力，同时集中自身的研发力量在多学科仿真、多物理场耦合上。

主流 CAD 和 CAM 软件多会集成 CAE 模块，满足轻度仿真分析需求。但这些集成的 CAE 模块在模拟仿真的能力上与专业 CAE 软件仍有较大的差距，一般仅用于结构分析等简单的单学科仿真，在专业的仿真分析及求解场景中仍主要应用专业的 CAE 软件。各个仿真方向的 CAE 软件，如结构及强度仿真分析领域的 Simulayt 被达索收购，Nastran 被西门子收购；流体仿真分析领域的 Fluent

和 CFX 被 Ansys 收购（Ansys 本身是靠结构及强度仿真分析 CAE 起家），Star-CD 被西门子收购；多体动力学仿真分析领域的 ADAMS 被 MSC 收购，Simpack 被达索收购，LMS Virtual Lab 被西门子收购；热力学仿真分析领域的 Flotherm 被西门子收购；电磁仿真分析领域的 HFSS 被 Ansys 收购，CST 被达索收购。

CAD、CAE 和 CAM 三者之间的关系从技术层面来说，CAD 与 CAE 是两大技术方向，CAD 的核心是基于几何模型的造型建模，CAE 是基于物理模型的数值模拟和求解，而 CAM 是将 CAD 的建模转化为数控加工程序的一种功能。从应用层面来看，三者环环相扣，一般是由 CAE 软件读取 CAD 的初步建模，进行仿真分析，将结果反馈给 CAD 优化产品设计，再由 CAM 进行自动化数控编程。最后结合 ERP 等信息管理软件生产的作业计划，下发给生产控制系统进行具体的加工制造。

EDA（Electronic Design Automation），即电子设计自动化软件，用于完成超大规模集成电路芯片的功能设计、物理设计、综合验证等。从功能上看属于广义的 CAD、CAE 和 CAM 软件在芯片设计领域的分支。Synopsys、Cadence、Mentor 三家企业已占据全球 EDA 市场接近九成的份额，这三家企业在国内 EDA 市场更是接近绝对的垄断地位。中国本土的十几家 EDA 工具公司技术上仍以 16 纳米和 28 纳米为主，全球市场份额不到 1%。国内厂商虽然在点工具上取得了一些成绩，但在产品线齐全度和集成度上，目前和海外巨头仍不具备可比性。EDA 已在第一章详细介绍，此处不再赘述。

PLM（Product Lifecycle Management），即产品生命周期管理软件，它将CAD、CAE、CAM、PDM连接在一起，使企业能够对产品从构思、设计、生产到最终报废等全生命周期的设计数据及信息进行高效和经济的应用及管理。PLM的理念是PDM（Product Data Management，产品数据管理）的延伸，PDM软件的主要作用是对产品研发过程中的数据进行存储及管理，而PLM是将对产品数据管理的范围从研发端进一步延伸至后续的生产、营销、服务、维修层面，对产品从创建到使用，再到最终报废等全生命周期的产品数据信息进行管理。

进入90年代，由于并行工程等一些先进的制造思想的提出以及MRP（Material Requirements Planning，物资需求计划）理论朝着共享方向发展，厂商们开始着手开发文档与信息管理功能之外的能满足工作流程管理的相关PDM新功能，如增加了审核和变更流程模块。90年代初期，可大致将各个厂商提供的PDM产品分为两类，分别是与自家的CAD产品紧密集成的PDM和独立开发的PDM。其中较为典型的是SDRC旗下的CAD产品IDEAS和PDM产品Metaphase的集成，这个组合后来成为福特、奔驰等诸多汽车制造业企业的解决方案供应商。

进入21世纪，互联网的发展使企业间协同合作的需求增加，PDM的局限性逐步显现，原有的数据管理和流程管理功能无法满足协同要求。因此，厂商开始提出适应自家产品的新概念，并试图以此确立自己在该产品中的领先地位。其中美国咨询公司Aberdeen

和PTC提出的CPC（Collaborative Product Commerce，协同产品商务）概念明确指出了利用互联网进行协同，相较于PDM增加了可视化等工具模块，这一概念体现的协作思想也被PLM概念所沿用。

由于企业资源计划系统ERP和PLM之间存在管理目标一致、过程连续和业务存在因果关系等联系，ERP厂商也开始积极布局PLM业务。

PLM和PDM的产品形态类似于研发端的集成平台或集成框架。PDM系统对产品结构和配置数据、零件定义及设计数据、CAD绘图文件、CAE工程分析及验证数据、制造计划及规范、NC编程文件等数据进行存储及管理，需要对接或集成CAD、CAE、CAM、EDA等软件，可以理解为研发侧的ERP管理软件（因此像SAP等管理软件厂商也有相关产品）。而从PDM升级为PLM，是从产品上着重强化了与ERP对接的集成接口，以实现对后续生产、营销、服务等环节产品数据的管理。

PDM是狭义的PLM，而广义的PLM涵盖CAD、CAM和CAE，甚至涉及ERP。在产品层面，目前市面上大部分的PLM的核心仍为PDM软件，侧重在研发端的数据管理；但在解决方案层面，就是以PDM为核心，并对研发端的CAD、CAE和CAM软件，以及管理侧的ERP软件进行双向的集成对接的整体解决方案，涵盖了整个研发设计侧的工业软件，并涉及信息管理端，所以本书主要讨论的是狭义的PLM和PDM软件。

目前市场上主流 PLM 解决方案供应商可分为两类。第一类是以 CAD 为主体的 PLM 供应商，代表厂商如西门子 、达索、PTC 等。这类厂商通过对 CAD 数据管理的积累，逐步研发出 PDM 产品，并扩展至产品生命周期管理解决方案。第二类是以 ERP 解决方案供应商为主的 PLM 厂商，代表厂商如 Oracle 和 SAP。这类厂商借助 PLM 和 ERP 一体化的大趋势，通过收购 PDM 供应商进军 PLM 领域，并依靠 ERP 覆盖的企业广且其与自身 ERP 系统集成的便利，保持着竞争力。

PLM 和 PDM 这类研发设计类工业软件国产化率不足一成，是工业软件产品门类中国产化率最低的一类。而研发设计类工业软件是工业软件皇冠上的明珠，是高端制造、IC 芯片等工业产业的上游，属于“卡脖子技术”，是未来急需重点突破的领域。从市场份额的角度看，外资厂商占据主导地位，前 10 名研发设计软件厂商中外资厂商占了 8 家，国内厂商仅航天神软和金航数据入围。

生产控制类软件国产替代正当时

生产制造类软件主要分为两大层级，第一层级为生产控制类，主要有 DCS（分布式控制系统）、SCADA（数据采集与监视控制系统）、PLC（可编程逻辑控制器）等，侧重向下连接生产设备、传感器组件等，负责采集数据、控制并监控系统运用；第二层级为制造执行软件，主要有 MES（制造执行系统），侧重向上连接企业经营管理软件，为制造人员和制造管理人员进行生产决策提供数据依据，提高生产效率和管理效率，在公司中起承上启下的重要作用。

公开数据显示，2022 年中国生产制造类软件规模已达 500 亿元左右，其中国产化比率已超一半，在部分领域已经具备相当实力，但高端市场仍由国外厂商占据。五大类软件市场占比均在 15%~30%，分布相对均匀。其中 MES 占比最高接近三成，其他依次是 DCS 占比超两成，SCADA 和 EMS（能源管理系统）占比接近两成。

作为生产执行侧的管理软件，MES 负责车间级的生产过程执行管理，主要功能包括生产数据管理、生产计划排期、生产计划调度、工作中心及设备管理、项目看板管理、数据集成分析等。MES 处于信息管理层与生产控制层中间，通过建立起物料、设备、人员、工具、半成品、成品之间的关联关系，保证信息的继承性与可追溯性。通过双向的直接通信在企业内部和整个产品供应链中提供有关产品行为的关键任务信息，对从订单下达到产品完成的整个生产过程进行优化管理。

MES 的主要作用是填补计划层与控制层之间的信息断层。MES 向上对接 ERP/MRP 生成的生产计划与物料计划，向下对接生产控制层的 DCS/SCADA 系统，既自动承接 ERP 业务订单、排产并下达生产指令给操作人员或下层设备，又负责在车间发生实时事件时，根据实时数据作出反应、报告，并向上传递至企业管理决策层，在企业的智能制造整体架构中具有承上启下的作用。

MES是一条重实施服务的赛道。相较于ERP，MES的实施牵涉业务管理部门、IT部门以及生产执行部门，且由于MES处于管理软件和工控软件的中间集成层，项目的范围很难界定，实施难度较大。同时MES实施的效果又较易于量化，可以通过客户实施后的订单响应时间、供货时间、库存水平直接体现出效果，因此实施能力对MES厂商来说尤为重要。MES又具有很强的行业性，不仅流程制造MES和离散制造MES截然不同，汽车、机械、电子等细分离散制造领域对于MES系统的要求也有一定差异。因此相较于ERP，MES具有更强的行业性特质。

MES兼备管理软件及控制软件的属性，目前国内市场的主流参与者按企业属性可以分为四类：（1）西门子、罗克韦尔、霍尼韦尔等工业自动化领域的海外龙头；（2）施耐德电气、Wonderware、中控技术等工控软件厂商；（3）以宝信软件、石化盈科为代表的从大型国企自动化部分独立出来的企业；（4）艾普工华、易往信息、奥利普奇智等专注于MES领域的国产厂商。

全球MES软件市场规模增长速度曲线从2017年开始放缓，稳定保持每年百分之十几的增长。国内的增长曲线和全球市场的大致相同，在制造业的渗透率只有个位数，其中流程制造业渗透率略高，但是大多仅为标准模块，存在升级改造和国产化的需求，而离散化制造业仍存在大规模部署MES的需求。从应用行业的分布来看，最多的是钢铁及冶金，其他依次是机械、汽车及零部件、轻工、化工、电子、烟草和石油。

作为生产执行侧的自动化软件，DCS、SCADA 和 PLC 属于工业自动化的范畴。工业自动化系统涉及底层的硬件以及上层的软件，厂商所提供的不仅是软件而是软硬件集成的解决方案，其商业模式和纯粹的软件公司具有较大的差异。中国过去数年大力推进工业 4.0 建设，工业自动化实现了较快的发展，市场规模已超百亿元。但由于该赛道工业属性和硬件属性较高，近年来已经进入了较为平稳的发展阶段。

DCS（Distributed Control System），即分布式控制系统，是以微处理器为基础，以通信网络为纽带的多级计算机系统，主要应用于化工、石油、冶金等流程制造业，实现对生产过程的监视、控制和管理。DCS 系统从架构上可分为管理级（负责数据监控及指令下达的管理计算机）、监控级（负责人机操作的操作员站、负责系统参数配置的工程师站）、控制级（现场控制站、数据采集站）、现场级（传感器、执行器）。其基本的操作流程为上层计算机对现场检测仪表传输过来的信号发出指令，现场执行设备接收到指令并做出相应的动作。

全球 DCS 市场规模接近 200 亿美元，预计到 2026 年有望增长到 230 亿美元左右，市场驱动因素可归因于全球正在进行的工业化升级。1975 年，美国霍尼韦尔公司发明了第一套 DCS 系统 TDC-2000，开行业先河，经历了四十余年的发展（主要受益于网络技术的发展和 DCS 对网络的连接能力提升）。亚太地区将成为全球最大的 DCS 市场，因为对单个组件的监控和报告需求正日益增长。

中国 DCS 市场规模在 100 亿元左右，其中化工行业市场占比最高，超过三成；其次是电力行业，占比两成左右；之后依次是石化行业、市政及基础设施和造纸行业等。纵观国内市场格局，其中份额最大的为浙江中控，占比接近三成；艾默生与和利时的市场份额在 15% 左右；霍尼韦尔、西门子和 ABB 市场份额均不到一成；再往后是日本横河电机和国产厂商国电智深的市场份额接近 5%。可以看出国产厂商还是拥有较高的市场地位的。反观全球市场，ABB、西门子、艾默生和霍尼韦尔占据较多市场份额。

SCADA（Supervisory Control And Data Acquisition），即数据采集与监视控制系统，是用于收集现场信息、控制分散工业资产的组态监控软件。SCADA 与 DCS 在功能上的相似度较高，但其更偏向于数据监控、数据显示和数据处理。相较于 DCS，SCADA 可以快速地收集广域的子系统信息并且发出控制命令，因此其主要应用领域除了与 DCS 的重合行业之外，更侧重于电力自动化监控、大型基础设施监控（油田监控、输油管监控）以及离散制造业。

全球 SCADA 市场规模超过 300 亿美元，预计 2026 年有望增长到 500 亿美元。施耐德电气、艾默生电气、罗克韦尔、ABB、西门子、霍尼韦尔和三菱电机等是主要参与者。

中国 SCADA 市场规模在 150 亿元左右，其中电力行业市场占比最高，超过三成；其次是市政及基础设施，市场占比超过两成；之后依次是石油天然气、轨道交通、冶金和造纸等。国内的 SCADA 市场中本土品牌市占率达六成，主要有力控科技、亚控科技、资金桥软件等，在市政、石油、基础设施等应用领域形成了相对稳定成熟的市场。外资品牌主要有艾默生、ABB、霍尼韦尔等，外资品牌市占率达四成，在电子半导体、轨道交通、烟草、食品饮料、水处理等行业应用较广泛。

PLC（Programmable Logic Controller），即可编程逻辑控制器，是一种以微处理器为基础，集合了计算机技术、自动控制技术和通信技术，用于自动化控制的数字运算控制器，适用于工业现场的测量控制。PLC 更贴近于现场设备，不提供人机界面而单纯地实现逻辑控制功能。PLC 可以作为底层控制元件与 SCADA 系统结合使用，SCADA 负责上位监控，而 PLC 实现单机控制。

PLC 的发展历史可追溯至 20 世纪 60 年代。1968 年，美国通用汽车为了实现小批量、多品种生产，以满足汽车型号快速更新，生产工艺快速变化的需要，开始向全世界招标，并于 1969 年采购了美国数字设备公司研制的世界上第一台可编程控制器，可以减少重复设计，降低生产成本，缩短生产周期。70 至 80 年代的 PLC 只能进行逻辑控制，80 至 90 年代，随着计算机的发展，又增加了数据处理功能、通信功能等，因此又被称为可编程控制器。

全球 PLC 市场规模超过 60 亿美元，预计 2026 年将突破百亿美元。全球 PLC 软件市场份额前 8 名占据了九成，其中份额最大的为西门子，超过三成；其次为罗克韦尔，超过两成。PLC 行业上游主要为电子元器件、电力电子器件、钣金结构件等零部件供应商，市场准入门槛较低，产品同质化程度较高，行业内竞争激烈，由于上游的零部件市场为PLC行业提供近似无差异的产品，在产业链中的议价能力弱，PLC行业通常情况下不会有原材料紧缺的局面。PLC行业下游客户广泛分布于各个工业行业，包括流程制造工业、离散制造工业在内的钢铁、石油、电力、建材、汽车、机械制造、交通运输等领域中都应用了PLC产品，整个行业的增长更多取决于下游需求的扩张程度，PLC厂商与客户之间的价格博弈更多地取决于客户规模的大小和PLC厂商提供的产品或解决方案的优劣。

中国PLC市场规模在150亿元左右，市场格局为西门子占据约三成，欧姆龙、三菱、信捷电气占据均超一成。从细分市场来看，国内大中型PLC主要应用于项目型市场，产品的安全性、可靠性、稳定性和网络通信能力要求比较高，如汽车、冶金、电力、化工、建材等；而小型PLC主要应用于OEM市场，如纺织机械、包装机械、起重机械、食品机械等器械设备。

经营管理类软件处于国产化深水区

经营管理类软件为智能制造的顶层系统，既是工业软件的组成部分，同时也是企业数字化的核心与底座，主要包含ERP（企业资源管理系统）、CRM（客户关系管理系统）、SRM（供应链管理系统）、HCM（人力资本管理系统）等。

ERP负责企业内部财流、物流、人流、信息流的管理。从产品结构上看，ERP 一般是由核心的财务管理（FRM）、生产资源管理（MRP）、进销存 / 供应链管理（SCM），以及其他模块（HCM、CRM）打包而成的管理软件套件。ERP 套件的功能基本涵盖了企业管理的方方面面，目前大部分主流的 ERP 系统还会集成 MES 生产控制管理的功能。随着行业的发展，近年来 ERP 套件逐渐成为市场的主流。本节主要就 ERP 进行分析，CRM（详细分析见本书第十六章）及 HCM（详细分析见本书第十二章）已在前文详细介绍。

20 世纪 70 年代，随着计算机系统的逐步普及，MRP 理论得到了长足发展，为解决采购、库存、生产、销售的管理问题，进一步发展了生产能力需求计划、车间作业计划以及采购作业计划理论，具体的工作流程为：首先由主生产计划导出相关物料的需求量和需求时间，再形成物料清单，在集成现有的库存信息后，最终生成采购供应计划和生产作业计划。

20 世纪 80 年代，随着计算机网络技术的发展，企业内部信息得到充分共享，MRP 的各子系统也开始整合，形成了一个集采购、库存、生产、销售、财务和工程技术等为一体的全局系统，在企业内部实现了物流、资金流、信息流的统一。

进入 90 年代，随着市场竞争的进一步加剧，80 年代主要面向企业内部资源全面计划管理的思想逐步发展成为 90 年代怎样有效利用和管理整体资源的管理思想，随后 ERP 应运而生。ERP 是由美国高德纳公司在 90 年代初期率先提出的，其认为各类制造业企业在信息时代的管理信息系统将发生深远变革。横向上从供应链上游的供应商管理到下游的客户关系管理；纵向上从底层的跨业务、跨部门数据互通到高层管理决策支持；行业上从制造业为主到适用全行业，但财务管理与业务管理仍是 ERP 的核心。发展至 21 世纪的 ERP 又继续搭载了 CRM、HCM 等适应新时期企业商务需要的模块。ERP 涵盖的管理软件范围进一步泛化，几乎能够搭载任何企业需要的管理软件模块，而平台化也是 ERP 发展的重要趋势。

MRP 最初仅用于大型的传统制造业企业，实现对物料信息的管理集成，离生产侧更近而离管理侧稍远。而财务信息贯穿企业全生命周期的生产经营活动，会计核算、财务管理对于任何企业来说都是刚性需求，因此 ERP 或 MRP 也是在集成了财务管理功能后，才成为通用性的企业管理软件。比如 SAP 等头部管理软件厂商也均是从财务软件起家，切入这一领域。时至今日，财务模块仍是 ERP 系统最为核心的组件。同时，ERP 作为套件型产品，内部的各个模块之间天生相互对接，且大部分系统都内置了集成平台。因此企业在进行后续的数字化升级时，新增的模块大多会接入 ERP 系统。所以对于企业来说，ERP 不仅仅是一个功能性的系统，同时更解决了企业内部数据的互联互通问题。

从市场规模和竞争格局来看，全球 ERP 市场规模超过 600 亿美元，但市场增速很慢，并趋于饱和。中国 ERP 市场规模接近 400 亿元，占全球市场份额的比例不高，但因为渗透率不高，每年保持平稳增长。市场未来三年的机会主要在于大型、巨型企业 ERP 软件的国产替代，长期的增长驱动来自企业数智化的进一步升级。

中国ERP市场格局趋于稳定，国产厂商占据市场份额的七成，代表厂商有用友、浪潮和金蝶等，但国产ERP厂商的产品主要占据中小企业市场，大型企业的高端ERP软件市场仍被SAP、Oracle等国外厂商占据主要份额，二者合计占据国内高端市场份额的六成以上。国产ERP厂商起步相对较晚，ERP软件的技术水平、产品能力和产业规模均与中国制造大国的地位不相匹配，当前跨国企业、集团型央企和大型企业半数以上仍使用国外成熟的ERP产品。即使在国产化需求较高的军工领域，国产厂商浪潮和用友也均有相应的ERP解决方案与应用案例，但当前大部分军工厂商核心业务模块，如供应链和生产管理部分，仍使用SAP的产品。

ERP的国产替代对于国产厂商来说是历史性的机遇。目前，中国近百家央企和旗下3000多家下属企业大部分还在使用SAP、Oracle等国外厂商的ERP产品，用友等国产厂商产品的覆盖率不足一成。SAP等国外厂商大多是在21世纪初进入中国的，彼时用友、金蝶等国产厂商仍十分弱小，产品不足以支撑大型企业的数字化转型，导致这部分市场被国外巨头所占据。同时由于ERP系统替换的成本及风险较高，所以即使现在国产ERP在核心财务等功能上和国外企业相比已较为接近，且具有本地化服务的优势，但国产厂商仍然很难去向上夺回这块市场。

从目前的进展来看，大型央企、国企的ERP替代是渐进式的，而不是一次性进行系统的整体替代。第一种方式是增量建设，是在现有的国外厂商的系统上接入国产厂商的模块，比如财务共享中心等新增模块；第二种方式是从底层平台切入，以国产厂商提供的集成平台去对接现有的国外厂商的各个管理软件模块；第三种方式是从各地区的分公司入手，先完成分支机构的 ERP 替代，再考虑向总部入手。总而言之，央企、国企的 ERP 替代并不是一蹴而就的。保守估计央企集团总部的 ERP 替代在未来三年能够提供超过 100 亿元的增量市场，结合大型、中型、小型企业后整体的市场空间在 700 亿元左右。

第十九章

工业设备：国产替代之东风再起

第一节 “工业母机”乃国之重器

机床定义

机床被称为“工业母机”，是制造业的根基，是用于生产工业零部件的机械平台，是现代化生产设备的“基础设施”，可以完成工业生产的“基本动作”，比如切削、成型、铸造、研磨等。根据功能的不同，可将机床分成四大类，即金属切削机床、金属成型机床、金属铸造机床和木工机床。

金属切削机床就是将金属通过锋利的刀具或者现代激光设备进行切割的机械平台；金属成型机床则是通过挤压、弯曲等物理手段将金属加工成理想形状的机械平台；金属铸造机床涉及金属的高温熔融和冷却再成型；木工机床则是对木材进行切削、成型等加工的机械平台。其中金属切削和成型机床无论是数量还是销售额计算，都占据了整个机床市场80%以上的份额，在技术和壁垒上也领先于金属铸造和木工机床，是机床市场的主体。

机床的上游产业链主要包括结构件、刀具和三大系统，其中三大系统是现代数控机床的核心壁垒所在，在机床BOM中占比近60%。

结构件包括组成机床机身的各种零部件，主要的机械平台有床身、立柱、工作台等。刀具行业主要是用于金属切削和成型的高强度刀具，这部分市场近年来由激光器这一更加先进的技术替代，市场有所萎缩。

三大系统包括控制系统、传动系统和驱动系统。控制系统包括软硬件两部分，用于控制、监测机床各个部分的功能，包含计算机、输入输出设备和软件，其中计算机又分为伺服电机控制模块、CNC作业控制模块，计算机的算力比起数据中心级别的服务器实际性能要求低。控制系统的核心壁垒在于工业软件部分，需要根据伺服电机、机器视觉系统的输入精确计算、判断、反馈控制伺服电机及作业系统的位置、速度等，因为对精度、速度要求高，所以壁垒高；驱动系统主要包括高速转轴和伺服电机，分别负责转动和平面运动作业，要实现高速、高精度和高稳定性在设计和工艺方面的高要求，壁垒同样深厚；传动系统主要包括导轨、滚珠等，由于负责非加工的运动，这一块和结构件一样，都依赖于原材料、材料加工工艺。原材料多为钢铁，属于钢铁制造、加工的高端部分。

全球发展史

最早的机床可以追溯到中国的明朝。《天工开物》一书记载，在距今400多年前，我国就发明了用来切割、研磨玉石的磨床，当时的动力来自人力踩踏，从而使铁盘旋转研磨玉石。世界公认的机床发明人则是英国的约翰·威尔金森，他在1774年发明了炮筒镗床，用于扩大金属表面预制孔，次年他改进了自己发明的镗床，加上了蒸汽机动力系统，从此机床进入了非人力驱动的蒸汽时代。

机床最初发源并繁荣于英国，主要是因为英国是第一次工业革命的发源地。伴随着机器替代人力的革命，作为机器"基础设施"的机床最先迎来爆发式增长，从纺织业到更加精密、重型的交通设备、军事设备生产的历程，机床都是在英国演化的。随着工业革命蔓延到整个欧洲，机床生产技术也在传播，当时的欧洲大陆两大经济体法国和德国在机床产业发展上选择了截然不同的两条路线，跟国民品质有关，也影响了两个国家后续200年的产业结构发展，这也是为什么机床又被称为"工业母机"，除了它是其他生产设备的"基础设施"外，生产机床的核心技术也是其他工业设备生产技术的"基础"。具体来说，法国政府秉持了直接采购的策略，而德国政府则依靠自己民族对数据、工艺和质量管控的严格要求，不仅引进、吸收机床技术，而且把它发展到了新的高度，在19世纪末，全球的机床生产中心从英国转移到了德国。

进入 20 世纪前半叶，机床技术主要沿重型化、精密化和自动化三个方向发展。随着第二次工业革命的到来，动力系统也配套从液压控制向电磁控制改进，电磁控制通过极短时间的脉冲可以实现极短距离的步进，从而提升精度。这一时期，由于德国的多次政治与军事动荡，美国接过旗帜成为世界机床产业的龙头，从学校科研到产业化，从政府政策支持到军事经费支持全面开花，在消费端和生产端都占据了全球绝对龙头位置。

但进入 20 世纪后半叶，机床行业迎来 200 多年历史中最动荡的时期。首先，在技术层面，现代数控机床出现。1950 年，来自美国的“数控机床之父”约翰·帕森斯联合麻省理工学院发明了世界第一台数控机床，当时是为了解决多品类小批量机械器件的生产问题。数控机床指可编程的自动化机床，与传统的机床不同，数控机床不仅可以预设软件程序实现自动化，而且预设程序可以实现自由的编程，从而实现生产各种机械的不同流程。在计算机还没有大规模普及的 20 世纪 50 年代，帕森斯的这台数控机床采用的是 HNC（Hard Numerical Control）技术，即通过电子管的连通改变来控制机床实现不同生产流程。随着计算机技术的成熟与普及，数控机床的控制系统经历了电子管、晶体管、小规模集成电路几次变革，最终进入了计算机时代，通过计算机实现了高度的可编程性和可控性，进入了柔性生产时代。

伴随这场技术大变革的是一场全球产业大迁移，曾经占据世界机床生产和消费市场 30% 份额的美国，到了 21 世纪其国内的机床产业几乎销声匿迹，背后的原因有很多，导火索是 20 世纪 70 年代美国经济的滞胀困境。机床行业的进步依靠基础科研、供应链、工艺和应用产业这四大环节的综合发展，但是由于市场规模有限、应用分散、周期性强，导致市场格局分散，没有任何企业甚至企业联盟能承担起这四大环节的引领角色，所以机床行业十分依赖政府引导。但是美国政府放弃了自己近百年的引导者角色，一方面是因为财政困难，另一方面是产业政策上的错判，认为随着第三次工业革命和全球化趋势，美国经济更好的方向是服务业主导，制造业将迁移至成本更低的其他国家，美国只要把握最尖端的生产技术和生产能力即可。美国这场经济结构的变革历史经历数十年且塑造了当今世界的政治经济格局，“高举高打”的工业政策在规模足够大的行业收获了显著的效果，比如半导体，虽然生产工厂迁到了日本、韩国、中国，但是美国依然主宰着半导体市场。而对于市场体量只有数百亿美元，而且过去 10 年都在经历萎缩的机床市场，美国却丧失了主导权。

时至今日，即便在美国“振兴工业”的政策导向下，机床产业也积重难返。一方面，基础科研资源匮乏，在美国学术界，机床被视为“夕阳行业”，研究耗时耗力，但研究成果没有显示度，相关领军人物缺乏影响力，科研人员群体持续缩减。另一方面，由于美国机床产业的萎缩，就业机会减少，能够坚持选择机床相关专业的学生数量也持续减少，经过 40 年，现在寻找“振兴机床”的工程师人才犹如大海捞针。

同一时间，除了老对手德国在经历二战后，稳定恢复、重振实力，另一强大的新对手日本也快速崛起。如半导体产业一样，日本工业在美国支持、政府主导、民营为体的自上而下战略下，成功建立起高端机床产业链。和中国突破高端技术所面临的重重阻碍不同，美国对日本在高端技术上持开放共享的态度，几乎将日本视如己出，不仅开放技术，而且给予大量订单。在朝鲜战争时期，由于日本地理上对美国的重大战略价值，美国在日本扶持了一系列军工产业，其中就包括机床产业。

当然，日本政府的产业政策发挥了同样重要的作用，和同时期中国的计划经济体制不同，日本人的机床产业政策一开始就思路清晰，1956 年颁布的《机振法》就抓住了机床产业链的关键环节，不仅做系统集成，更是瞄准上游结构件，集中学术界和产业界力量，进行重点突破。在花费了 20 年建立起传统机床产业的坚实产业链基础之后，就开始进军前沿发展方向，20 世纪 70 年代相继发布《机电法》和《机信法》，瞄准数控机床的三大核心系统——驱动系统、控制系统与传动系统——集中力量攻关技术。又用了 20 年，到了 20 世纪末，日本的传统机床和数控机床技术已经冠绝全球，相比德国毫不逊色，年机床销量是美国的 7 倍。

日本机床产业崛起的政策、科研和产业经验值得中国学习，但又有其特殊性。首先，外部环境不同，日本被美国视如己出，而中国却面临美国高端机床技术的封锁；其次，历史机遇不同，日本机床崛起初期，使用了颇具“保护主义”色彩的政策，进口机床需要政府审批，而采购本国机床却可以享受税率优惠、贷款优惠甚至财政补贴，当时一心发展服务业、外迁制造业的美国却对此睁一只眼闭一只眼，但今天美国回过神来要“振兴制造业”，对中国不断发起贸易摩擦，中国政府的产业政策支持时常会被扣上“倾销”等各种帽子；最后，产业发展阶段不同，日本机床产业的崛起正逢全球机床产业，特别是数控机床产业的成长期，大好的发展前景给了企业研发投入很大的信心，而今天机床行业处于持续10年的下行周期，2011年至今中国机床产业产值累计下降了30%以上，无论是机床企业自身还是资本市场都很难集中大量资金支持高端机床技术的国产化突破，也正因为此，过去10年中国在高端机床技术上进步缓慢。

中国机床的“突围之战”

中国由于错过第一次和第二次工业革命，所以机床发展起点落后于西方近200年。新中国成立后至今，中国抓住三个发展的“黄金期”，在中低端机床上基本实现自给自足，高端产品有待突破。

第一个黄金期是新中国成立初期，政府给予了机床产业足够的重视，在中国工业基础一穷二白的“一五”期间，苏联的技术支持提供了很大帮助，国家发挥了计划经济“集中力量办大事”的体制优势，快速集中资源建立了以北京金属切削机床研究院（即北京机床研究所的前身）为首的“七所一院”，开始重点培养机床人才，为中国机床产业后续60年的发展奠定了基础；同时国家投入大量资源建立了十八家国有机床厂，俗称“十八罗汉”，是改革开放前我国机床生产的中坚力量。

当时国家的经济基础虽然薄弱，却给这些机床厂以最好的政策支持。工厂是最新的，天然气、暖气设备齐全，员工的房子分配、子女上学、过节福利一应俱全，但其实隐患也在此时埋下，国家控制供给，给予“铁饭碗”，导致生产力和管理水平低下。20 世纪 60 年代，中苏关系恶化，苏联专家撤走，苏联控制对中国的机床结构件出口，而中国机床上游的结构件和系统短时间未能形成有效供给，新中国成立以来积累的薄弱技术和产业化资产在“大跃进”和“文化大革命”中被毁坏得支离破碎，技术研发停滞、工厂业绩惨淡、员工生产力大幅下降，陷入了十几年的停滞。

改革开放后到 20 世纪 90 年代初，这十几年的时光是第二个发展黄金期，当时世界机床产业正在经历新一拨产业转移，即将中低端机床从日本、德国转移到韩国和中国。改革开放后的中国为了抓住这拨机会，采取了短期容易起量的“集成商”商业模式，核心的结构件和系统大规模从海外采购，导致产品同质化严重。虽然当时随着中国工业的快速发展，机床需求端爆发，所以竞争并不激烈，不断涌现出的新工厂在机床厂门口排队抢购机床，但是更大的隐患随之而来，机床厂大规模扩建，产品同质化问题日益严重，竞争核心要素本应是质量和技术却成了销售，很多工程师甚至纷纷当起销售来获得可观的回报。

雪上加霜的是，为了加入世贸组织，中国自 1994 年开始降低进口机床的关税，海外百年技术、经验与工艺积累的机床巨头涌入中国市场。面对现代化管理运营的企业，国有“十八罗汉”显得稚嫩无比，中高端市场原本就无力介入，中低端的客户又转向了质量、稳定性、效率更高的中高端设备，最终导致“十八罗汉”订单流失、亏损扩大，相继破产重组。中国通用技术集团重组收购沈阳机床集团后，“十八罗汉”仅剩下济南二机一家还在独立运营，其余在历史车轮下“或死或伤”。

进入 21 世纪后，随着上游结构件和系统进口的全面开放，民营企业开始走上中国机床市场的舞台，中低端机床的集成门槛低，且机床行业虽然微观上原有企业举步维艰，但宏观上中国机床的需求和生产却随着中国汽车、消费电子（分别为机床第一和第二大使用场景）等产业的快速发展而迅速成长为世界第一。对民营企业来说，这仍然是一个颇具吸引力的市场，所以涌入市场的民营企业巅峰时期超过千家，它们凭借更高效的管理和运营模式占领了中低端市场，按营业收入计，当前民营企业市场份额超过 90%。

但是，中高端产品却一直是中国机床产业的痛点，时至今日国产化率仍不及 10%，主要是上游高端结构件和系统，中国一直没有取得突破。而高端技术进口又被以美国为首的西方国家严格限制，实际上在机床产业高端化的路上，中国付出过很大努力，受过很大的教训。

21 世纪初，中低端机床市场过度竞争叠加产能过剩，中国企业回过神来，明白一味靠资本投入扩充低端产能，然后打“价格战”

的路线已经行不通了，曾经叱咤风云的“十八罗汉”的净利润长期在盈亏平衡点挣扎，需要向毛利更高的中高端市场进军，但是在技术上却力有未逮，彼时政府也在忙于发展服务业而无暇顾及，学习日本培养基础产业链、重视基础科研的路线在当时看起来没有可行性，所以企业就押上自己多年积攒的家底开始在美、日、德寻找并购标的，意图通过并购实现弯道超车，但是这条路线成了当时压死中国机床产业的最后一根稻草。

1996 年，美国拉拢 33 个国家在奥地利签署了多边协议《瓦森纳协定》，控制武器及相关技术在协定签署国内部流通，而限制技术和核心零部件、设备向诸如中国等国家出口，五轴以上的高端数控机床就在限制列表内。当中国企业花费大量资金终于收购了某家西方三线机床企业之后，却发现西方政府立马进行干预，核心技术完全进口不了。最为耳熟能详的例子就是 2004 年 10 月中国机床行业的龙头——沈阳机床厂收购德国希思机床的故事，为了收购这家昔日德国高端机床的领军企业，沈阳机床不惜大幅举债，但是收购完之后德国政府限制核心技术开放给中国，而这家德国企业自身也深陷经营问题，入不敷出，最后 2015 年德国希思机床宣告破产，2019 年沈阳机床也宣告破产。

事实证明在高端机床产业通过并购方式实现突破的路线是走不通的，反观蛰伏近百年终成当今全球机床龙头的山崎马扎克就坚定奉行自研不并购的战略，而对中国机床企业来说更是如此。国际政治格局决定了中国企业海外并购核心技术必定会遭受层层阻挠，核心技术是买不来的，必须通过自主研发。

2008 年金融危机后，全球的“再工业化”和经济刺激政策成就了中国机床行业的最后一次荣光。当时中国政府实施了“四万亿的经济刺激计划”，包括家电下乡、汽车下乡、新能源车发展政策等，促成了机床产业的爆发。而在 2009 年，“高档数控机床与基础制造装备”科技重大专项为机床领域带来了政策利好。中央和地方各级机构实打实地拿出真金白银研发基础技术的专项计划，但是由于当时的重大专项要攻克的技术多达 16 项，而且每项都需要重金投入，最终“僧多粥少”，分到高端机床的所剩无几，但中低端机床迎来了一段时间的春天。2006 年中国机床产值不过 50 亿美元，2011 年达到了巅峰的 280 亿美元，年化增长率高达 40%。由于这个阶段生产端的放量仍主要是中低端产品，核心竞争要素是运营效率，所以国有“十八罗汉”没落，民营企业崛起，占据市场 90% 的份额。但是也因为壁垒低，市场集中度一直难以提升，巅峰时期市场企业超千家。

高端机床自主可控要求基础科研、完整产业链和丰富应用场景的支持，比如金属成型机床，就依赖于数学。举个例子，齿轮如何啮合，伺服电机如何根据反馈更改动线，曲面加工如何走位，这些都依赖数学。美国机床龙头格里森公司的创始团队就有数学家。当然，中外差距最大的是工艺，当今高端机床的发展方向是精度和自动化，日本捷泰太科特生产的机床设备加工精度已经达到了 30 纳米。高端机械工艺需要大量经验积累，是国产突破最难的点，70 年前日本就是最先集中力量突破这些上游结构件和系统工艺与技术。

时过境迁，当年蓬勃发展的机床产业如今已是壮士暮年，2011—2020年中国机床产值不升反降，市场规模累计缩减了30%以上。2021年，中国政府学习德国模式，出台“专精特新”一系列相关政策，在财政补贴、税率、上市等方面给予一定优惠，机床市场的领先企业纷纷入选，有望在全产业链上获得政府更多实质性支持。

机床国产替代迫在眉睫

根据高德纳的数据，在千亿美元规模的全球机床市场中，中国占最大的市场份额，规模超过千亿人民币，但受中美贸易摩擦的影响，工业企业控制了资本开支，中国机床市场明显下滑。2020年因为疫情影响，全球和中国机床市场规模都大幅下降，2021年因为中国疫情率先得到控制，工业订单大幅涌入，因此机床产业率先复苏，但是由于2022年各地疫情频发，而国外又相继采取“群体免疫”政策，反而中国机床市场景气度弱于海外。虽然疫情三年整体机床市场波动较大，但仍然延续过去10年增长停滞的态势。

展望未来，机床行业有望扭转下降颓势，因为机床寿命一般在10年左右，自2011年的周期性高点以来，已经十年有余，有望迎来新一轮上升周期。当前机床的下游应用场景中，汽车占据最大的市场份额。叠加近年来中国新能源汽车行业景气度持续提升，有望驱动机床行业重新进入增长趋势。

金属切削机床和金属成型机床分别占整个机床市场 60% 和 30% 的市场份额，相比木工机床和铸造机床，它们对精度、强度及自动化程度的要求都比较高，技术壁垒也更高，因此高端产业链国产化仍存在一级市场的投资机会，木工机床和铸造机床整体市场空间小、技术壁垒低，投资机会少。

中国机床的发展机会是高端机床产业链的国产替代。中国机床出口单价约 1 万元，进口机床单价约 100 万元，可见高低端市场差距之大。具体而言，首先中国机床的数控率不足 40%，发达国家接近 90%，数控机床的渗透潜力就是中国市场增长的前景；其次，中国高端机床需求数量占比虽然仅为 10%，但价值占比达 30%，其中高、中、低端机床国产化率依次为不到 10%、约 70%、约 90%，由此可见高端机床市场国产化空间巨大。

全球的机床最大需求国是中国，需求占比达 25% 以上，但供给国还是被德国和日本两国牢牢占据，中国位列供给国第三，出货量大概只有德国和日本的一半，但中国的机床产业还是集中在 10 万元 / 台以下的中低端市场，在中高端机床市场与德国和日本的差距更大。

全球机床市场，包括中国在内，都呈现相对分散的市场格局，全球 CR5 占比约 25%，CR10 占比约 35%，主要是因为传统机床定制化程度高、品类多，而中低端机床进入壁垒低，所以企业众多。但随着可灵活编程的高端数控机床的占比逐渐提升，市场的集中度有望相应提高，因为可编程性可以提升机床产品的平台属性，灵活应对定制化需求，从而优胜劣汰增强马太效应。

全球排名前十的机床公司中，日本、德国和美国分别占 4 席、4 席和 2 席，德日的优势显而易见，美国与德国、日本的差距比这个数量对比还要大。因为美国除了马格公司和哈斯公司之外，能上得了台面的机床公司就寥寥无几了，这是美国 20 世纪自发地转移机床工业到海外，但保留高端技术研发战略的后果，硕果仅存的两家公司都是在美国军工产业的支持下，在美国日益衰退的工业需求面前生存下来的。德国和日本则不同，均建立了完整且领先的产业链。

中国供给端由于中低端机床的占比更高，因此市场更加分散。如果将视野聚焦在有发展前景的高端数控机床和上游产业链企业，本土企业龙头无疑是济南二机，其在高端的金属切削和金属成型机床上都实现了量产出货，其中金属成型机床中细分的金属冲压机床是公司的拳头产品线，全球市占率超过一半，已经广泛应用于汽车生产。

真正在高端产品有所突破的还是更年轻的企业，比如 2021 年刚上市的科德数控，实现了高端五轴数控机床的量产出货。科德数控的数控系统基本实现自研，但是驱动系统、传动系统的自研依赖于国内整条产业链的进步，单独依赖一家企业实在强人所难。

实际上本土高端机床企业的产品推出后要打入下游客户产业链难度不小，下游应用客户中汽车占据最大份额，但汽车厂商十分保守，除非经过严格且长期的验证，否则很难打入汽车厂商供应链。对于数控机床来说，除了上游零部件、系统的技术和工艺难题之外，工业软件部分是需要和企业长期共同打磨的，这就成了“鸡生蛋还是蛋生鸡”的问题。在强调供应链安全的时代背景之下，占市场需求超过 20% 的航空航天和军工客户给予了本土企业很好的优先验证、采购政策，并投入耐心和精力与企业共同进步。

五轴机床相比传统的三轴机床能够实现更高的加工自由度，但也因此要求更复杂的软件编程和更精密的机械设计。作为中国五轴机床领军企业之一的意特利从上游的结构件设计切入，实现了五轴机床在中国中车、中国兵器、中国航天等体制内客户的出货。

在中国由于技术封锁，要造高端机床需要大量的高端人才。但整体高端机床的人才还是供不应求，其以体制内的科研院所培养为主，海外头部企业的人才引进较少，在海外机床市场整体增长放缓的趋势下挖掘海外创业团队也是一条可行的路径。

第二节　激光设备走出"中国之光"

基本概念与发展历史

激光、激光器与激光设备

激光英文名称是 Light Amplification by Stimulated Emission of Radiation，简称 Laser，是一种单色性、方向性良好的高能量密度光子束。为了实现这些特征，激光一般使用受激辐射原理，即原本就处于激发态的电子受到另一特定能量的光子作用后，跃迁到基态并释放出一个与入射光子具有相同频率、偏振态和方向等特征的光子。

激光器则是产生激光的设备，一般由增益介质、泵浦源和谐振腔三个主要部分组成。

增益介质又名工作介质，即不断实现电子在激发态和基态反转的工作物质。因为不同物质的电子从激发态跃迁到基态释放的光子能量不同，所以频率、波长不同，最终生成的激光具有不同的性质。根据增益介质的不同，可以将激光器分为光纤激光器、二氧化碳激光器、宝石激光器和半导体激光器。其中光纤激光器凭借其在功率、能量转换效率、稳定性、寿命、成本、应用便捷性等方面的显著优势，在激光器市场的产值占比超过60%，相反其他激光器的增长乏善可陈，因此光纤激光器是最具发展前景的激光器细分市场。

泵浦源，顾名思义，就是像水泵一样不断提供激励光子给增益介质的器件，采用爱因斯坦光电效应的半导体激光芯片是其中最核心的部件，通过不断地将电转化为特定频率的光子，入射进增益介质从而不断地将电子激励到激发态，使其具备跃迁到基态产生激光光子的能力。时至今日，工业激光器最重要的发展方向无疑是高功率，为了放大激光的功率，提高能量密度源头的泵浦源功率至关重要而且具备最高的技术壁垒，也是当前激光设备国产化率最低的环节之一。

谐振腔主要由玻璃制成，作用是将增益介质受激辐射出的大量光子进行频率过滤和方向调整。因为增益介质中的杂质、泵浦源光子逸散、不完全跃迁等导致进入谐振腔的光子并不具有良好的单色性，但是通过将谐振腔设计成一定长度，可以将特定频率的光波不断地进行相干增强反射并从单一方向射出，而其他频率的光波则在一次次反射中相干减弱直至几乎消失，因此通过谐振腔之后的光子束具有良好的单色性和方向性。

作为光纤激光器所特有的零部件还有合束器，简单理解就是光纤介质，分别用于泵浦源出口和激光器出口，功能是将多个激光芯片或激光器发出的光束进行线性耦合，从而线性增加功率，但是因为耦合过程中的能量损失，远做不到简单线性的合束。

激光设备则是围绕激光器，针对下游工业加工需求集成的一个加工平台，可以完成切割、打标、焊接、打孔、熔覆、清洗等作业。激光设备实际上是高端的数控机床，只不过将加工刀具换成了激光器，因此也具有机床所特有的结构件及三大系统。不同的是刀具在传统数控机床 BOM 中占比不到 10%，而激光器在激光设备 BOM 中的占比在 30%~50%，功率越大的激光设备激光器的价值占比越高。相反，当前三大系统的精度要求和自动化，激光设备不如数控机床，因此三大系统在激光设备 BOM 中占比较低。

发展历史

激光的起源可以追溯到爱因斯坦 1905 年提出的光电效应及 1917 年提出的受激辐射理论。但是从受激辐射到激光设备的实际制造，需要解决粒子数持续反转进而放大光子束的难题，因此之后的半个世纪，一帮科学家前赴后继使用各种方法放大光子束，不断提升其能量密度，终于在 1959 年哥伦比亚大学的戈登·古尔德发明谐振腔之后，激光能量密度到了一个可以商业化的阈值。

1960 年，世界第一台激光器由美国物理学家西奥多·梅曼发明，这是一台红宝石激光器，这标志着激光器的诞生。随后三年，世界第一台氦氖激光器、第一台半导体激光器和第一台二氧化碳激光器相继被发明出来。这一时期，科学家在解决激光放大理论问题后，致力于寻找性能优良的增益介质，最终在 1964 年，由苏联物理学家巴索夫找到了人类梦寐以求的增益介质——光纤。

虽然今天回头看，半导体激光器拥有显著的优势，但是过去50年，半导体激光器、宝石激光器、二氧化碳激光器都曾处于领跑地位，其中宝石激光器的光束发散角很小，光束能量密度高；二氧化碳激光器则是绝对功率高而且原材料便宜，一度后来居上超越宝石激光器占据最大份额；半导体激光器则因为光电转化效率高达50%以上，远高于其他增益介质的20%~30%，所以虽然散射角很大，但是广泛用于通信市场。

相反，1964年发明光纤激光设备的时候，光纤技术本身就不成熟，实际上现代光纤发明于1960年，当时的光纤质量远比不上今天，在受激辐射率、光聚焦能力、全反射特性上都有缺陷。真正将光纤激光器带上繁荣之路的是俄罗斯裔美国人瓦伦丁·加蓬赛夫（其创办了IPG Photonics）。当时二氧化碳激光器和宝石激光器分别占据了高功率和低功率工业加工市场，前者绝对功率已经达到数千万瓦级别，但也遇到了功率继续提升以及光束质量的技术瓶颈，瓦伦丁敏锐地认识到光纤激光器凭借其巨大性能潜力、强耦合能力将成为明日之星，IPG自成立至今30余年都集中在光纤激光器的研发当中，很快就发明出了多包层的掺镱光纤，大幅提升了光纤激光器的性能，30年间几乎从无到有地将光纤激光器发展成当今超过30亿美元的市场。

光纤激光器的发展天花板远高于其他增益介质激光器，发展至今由于其与光学谐振器材料方面的一致性，甚至在光束品质、散射角上都媲美了宝石激光器；绝对功率和能量密度更是其撒手锏，其他任何介质的激光器都很难突破 6000 瓦的绝对功率，而当前光纤激光器单模输出最高功率可达 10 万瓦，多模输出最高功率甚至突破 50 万瓦，在工业加工领域无坚不摧，后来居上，占据 60% 以上的市场份额。

光纤激光器设备的增长很大程度上要归功于中国工业市场的包容度。由于激光器是新中国成立后出现的新技术，所以中国政府实际上做了充足的技术研发投入，1952 年中国科学院长春光学精密机械与物理研究所在吉林省长春市二道区成立，不久即在邓锡铭的带领下，以及在激光技术领先于世界的苏联专家的帮助下，发明中国红宝石激光器、氦氖激光器和二氧化碳激光器，发明时间与世界相差不到两年！原本有望乘上激光器发展之东风与国际巨头一决雌雄，但是随之而来的长达十数年的“文化大革命”让中国失去了黄金发展期。

“文革”结束后，一穷二白的中国又被迫选择了“造不如买”的国家战略。所以时至今日，中国激光设备面临的困境与其他高端工业设备如出一辙，都显现出大而不强的特征。中国激光设备应用市场占据全球约 60% 的份额，但是上游的核心泵浦源、光纤光栅却都大幅度依赖进口。

20 世纪末，光纤激光器技术逐渐成熟，但是在大规模打入下游客户的时候却面临困难。当时光纤激光设备产量有限，生产成本无法摊薄，而主要竞争对手二氧化碳激光器却以成本优势受到下游客户的青睐，这限制了当时光纤激光器龙头 IPG 的扩展步伐。

1996 年，中国企业家高云峰创立了大族激光。作为一家集成商企业，大族激光跟 IPG 建立战略合作关系，从 IPG 处购买激光器组装成激光设备，保证了激光器的质量。当时的大功率激光器的供应商主要为海外企业，而光纤激光器是一个相对人力密集的产业，因为光纤的耦合、加工是没有标准化机械设备的，都得依靠手工作业，这时候中国劳动力成本的优势就显现出来，大族激光以远低于进口企业的售价快速获取订单。与此同时，当时中国工业设备存量少，下游客户没有历史包袱，可以选择综合性能更好、性价比更高的光纤激光器，于是大族激光和 IPG 度过了十余年的蜜月期。

直到 2007 年，从美国光纤巨头 Nufern 回国的闫大鹏博士创立了锐科激光，开启了中国光纤激光器的国产替代浪潮。闫大鹏博士极具眼光，在创立之初就采用“产学研一体化”路线，联合华中科技大学、华工科技共同推进光纤激光器国产化工作，上有技术下有客户，再加上闫大鹏博士实打实的技术能力，吸引了同为行业翘楚的李成和卢昆忠，凑齐了锐科激光过去十余年的“三驾马车”。华工科技也给予了很大的支持，不仅提供资金，而且买下了锐科激光最初技术不成熟时候的激光器，并开放自己的应用场景帮锐科激光不断优化改进产品。进入 21 世纪 10 年代，千瓦光纤激光器技术逐渐成熟的锐科激光一口气将核心激光器产品售价打到了 IPG、Coherent 等海外巨头的十分之一，让这些海外企业如鲠在喉，直接放弃了中低端市场。到了 2020 年一度占据中国市场近 100% 份额的 IPG、Coherent、通快等公司的市场份额首次被挤压到了 50% 以下。

激光设备更是实现了完全的自主可控，中国的激光设备市场占全球市场份额近 70%，但市场极度分散，“夫妻店”众多，企业达数千家。激光器中低端基本实现自主可控，但是 3 万瓦以上的高端产品以及汽车工业相关的激光焊接领域仍高度依赖进口。

锐科激光等激光器公司基本能实现除泵浦源中的高功率半导体激光芯片和高端光纤光栅之外其他核心零部件的自研自产，以长光华芯为首的本土企业开始攻坚最后的半导体激光芯片和高端光纤光栅环节，并已经取得显著成果。当前半导体政策和资本市场力度空前绝后，有望攻克高端激光设备的最后壁垒，实现高端激光设备产业链的完全自主可控。

国家政策与产业生态

中国激光产业的发展速度快，虽然当前中国激光设备的产值已经占全球 60% 以上的份额，但是首部国家层面的激光产业支持政策是 2006 年才发布的，当年国务院下发《国家中长期科学和技术发展规划纲要（2006—2020 年）》，首次将激光列为重点发展的高新技术和关键支撑技术，并一开始就前瞻性地瞄准了光纤激光器这一技术路线。当时在 IPG 和大族激光等一帮企业的努力下，光纤激光器对二氧化碳和宝石激光器的替代趋势已经初露锋芒，国务院明确将光纤激光器的技术与应用列为国家重点支持项目，给予研发经费支持。

2009 年则是国家层面支持激光器技术的开端，当年科技部“火炬计划”首次加入激光器和光纤，该计划由专门的部门统领，并最终在全国各地落地了多个产业化项目，其中就有激光器相关产业。

之后的 7 年，中国的政策展示出一贯的“发展技术先发展应用”战略，政策主要集中在对激光应用的鼓励上，也得益于政策引导，中国的激光产业应用大幅领先于全球，但是上游的供应链薄弱，国家政策也适时地在 2016 年开始强调上游产业链的建设。

2016—2017 年，科技部连发两文，分别是《高新领域重点专项 2017 年度项目申报指南》《“十三五”先进制造技术领域科技创新专项规划》，详细拆解了激光器上游产业链，包含合束器、大功率泵浦源、增益介质晶体、半导体激光芯片以及超快激光技术等，目标从做大市场转移到了做强市场，强调关键技术的自主可控。截至 2020 年，中国头部激光企业已经基本实现除高端激光芯片、光纤光栅之外的核心器件的自主可控。近两年随着工业激光产业链发展取得显著成果，国家对激光产业的支持政策逐渐转移到工业之外的通信、医疗领域。

中国的激光产业集群主要分布在广东、武汉等地，武汉以武汉光谷为中心建立起了中国顶级的激光集群，武汉光谷中有中国激光技术的顶级殿堂——华中科技大学，也有中国激光产业的领头羊——华工科技。在过去20年围绕这两家中国激光产业的中心，吸引了诸如锐科激光、仟目激光、聚芯微等激光产业链上游高精尖企业，聚集了一批顶尖的激光技术海归人才，是中国激光前沿技术的中心。2021年，湖北省政府发布《光谷科技创新大走廊发展战略规划（2021—2035年）》，目标直指15年后成为全球级别的创新中心。

广东则是因为其突出的进出口区位优势、产业配套设施、经济规模和政策灵活度优势，吸引了中国最早的一批激光设备的创业企业。实际上当前激光设备领军企业大多集中在广东区域，包括大族激光、海目星、创鑫激光等。但是因为设备集成商的技术含量在如今的产业升级中已稍显暗淡，所以广东省也相继出台支持上游高端芯片和零部件的产业政策，比如2020年广州市政府就发布《广州市加快打造数字经济创新引领型城市的若干措施》，将显示用的高端二极管技术作为重点攻关方向，其中就包括Micro LED，广东省整体想在高端激光产业领域做到和上海、武汉分庭抗礼，因为在进出口岸资源、下游客户积累上都有优势，所以发展前景值得期待。

当前国产化的难点除了高端光纤之外就是泵浦源里的bar（巴条），即由多个半导体激光芯片组成的激光放射芯片。目前30瓦以下的中低端产品本土企业基本能实现量产出货，但是30~100瓦的产品还是被海外的IPG、Coherent、通快等垄断，其中前两家均为美国企业，第三家为德国企业，但市场份额不如前两家，所以一旦中美竞争格局趋紧，国内激光器产业链将受到冲击。2021年7月，中国本土激光器龙头锐科激光就被美国商务部列入实体清单，限制其高端巴条的进口，巴条国产化刻不容缓。

整个激光巴条市场，中国的国产化率不足10%，包含中低端市场，本土企业发展空间巨大。巴条的核心是半导体激光芯片，涉及非标准的砷化镓加工工艺，无论是高品质外延制造还是外延加工，国内都处于起步阶段，高端供给主要集中在英国和中国台湾。而要将功率做大，比起芯片设计能力，外延质量和加工工艺更为重要，所以激光巴条的自主可控很难依靠单独几位专家回国创业就能完成，需要外延生产、外延加工、芯片设计、器件封装等完整产业链的协同发展。

时至今日，中国激光巴条产业链的生产已经小有所成，以IDM模式为主的三安光电和长光华芯领投的一帮本土企业持续取得突破，正在向30瓦以上的中高端巴条突破。

产业格局

全球工业激光设备市场达千亿美元规模，中国市场占比接近70%，约100亿美元的市场体量。如上文所述，因为历史原因，中国在激光设备的渗透率上领先于全球，现阶段国内激光设备厂商营收增长本来应该很大一部分来源于海外，比如东南亚地区，但是因为疫情原因导致2020—2021年海外市场增长缓慢。中国本土的激光设备渗透率较高，因此未来增速将放缓，增量将主要来自设备升级。

激光器是激光设备最主要的上游器件，占激光设备成本的30%~50%，其中光纤激光器占比超过50%，而且占比还在不断提升。光纤激光器主要替换的还是二氧化碳激光器这些高功率市场，10年前二氧化碳激光器凭借其绝对功率和成本优势占据了近60%的份额，现在被绝对功率更高、稳定性更好的光纤激光器快速取代，份额剩下不到15%，未来这部分份额还会继续被光纤激光器吞噬。宝石激光器因为其光束散射角小、质量高、粒子反转速度快等优点，还在固守着打标、精加工等低功率市场，但是随着光纤激光器在超快激光技术上的突破，光纤超快激光器也将凭借功率密度、成本等优势侵蚀宝石激光器剩余的15%市场份额。剩余的接近20%的市场份额来自半导体激光器，其不仅是大部分激光器的泵浦源核心器件，也直接用于低功率的激光焊接、熔覆场景，因为光电转化效率高、高精度控制能力强，所以有一定的应用场景。

应用场景

半导体激光器最大的应用市场在通信，包括5G电信和数据中心市场，前者主要为长距离的DFB（分布式反馈激光器）或EML（光电调制激光器），后者则为多距离的VCSEL（垂直腔面发射激光器）。此外，近年来在消费领域，3D视觉方案也快速应用起来，用于手机的前置摄像头人脸识别与后置摄像头拍摄增强以及汽车的各种激光雷达里面，未来最大的市场就是AR和汽车，成长起来之后不亚于现在分别占激光器市场40%和30%份额的工业和通信场景。

工业应用领域还细分成切割、焊接、打标、熔覆、打孔、清洗等应用，其中最大的应用市场是切割，能占到35%~40%的份额。切割市场最主要的发展方向就是大功率，大部分使用连续激光，目前最高端的设备也集中在这个市场，比如锐科的3万瓦激光器和IPG的10万瓦激光器。激光切割比起传统的刀片切割，切割速度快、切割表面光滑且切割过程中对被加工物的损坏和污染小，快速地替代传统刀具切割。当前的大功率激光对超厚钢板的切割也略显无奈，所以功率的发展还有空间，远未达到天花板，相应的激光设备和激光器厂商也仍有发展潜力。

焊接是激光工业的第二大市场，占比15%~20%，近年来主要受锂电池和新能源汽车加工行业的驱动，增长速度较快，在工业激光细分市场中最具发展前景。焊接市场同样要求高功率的连续激光器，用于将焊接物快速熔化和加工，但是其对光斑质量要求很高，需要整形成完美的圆形光斑，而且对稳定性要求很高，虽然功率要求不及切割市场，但是光斑整形技术要求更高。焊接分为厚板焊接和薄板焊接两个市场，后者的技术壁垒低，近来便利性高的手持焊接设备增长迅速，因为价格便宜、工人使用门槛低；前者不仅要求环形光斑整形技术，而且还要求高精度的检测设备和作业系统，需要设备厂商和整车厂的共同长期优化。但是中国工业软件、三大系统、传感器本身基础薄弱，汽车整车厂及供应商又向来以保守谨慎出名，打入供应链的难度高，所以当前中国的汽车相关焊接激光设备国产率低、市场大、国产空间大。

第三大应用市场是打标，占比 10%~15%，主要是用激光在产品上打上各种图案或者改变局部颜色。这个市场正在经历技术变革，打标市场需要使用脉冲激光，以防止破坏产品表面，传统使用的是调 Q 技术，其中的 Q 指的是系统 Q 值，衡量的是系统“收放”能量的能力，就像一个大坝一样，先堵住激光束储能，到一定阈值之后再开闸放水，是传统脉冲激光的关键技术，但是结构复杂、功率可调范围小。MOPA 技术全称 Main Oscillator and Power Amplifier，即主振荡器加功率放大器，就是改用结构简单的振荡器实现脉冲激光，然后再加一个功率放大器提升功率范围，这种技术权衡了结构和功率范围，打标的效果、效率更高，价格是调 Q 设备的近 10 倍，技术门槛高，受到下游客户的广泛青睐。

剩余的约 30% 的应用场景相对分散，除了传统的打孔、半导体激光器主导的熔覆市场，还有新兴的清洗市场、用于精密加工的超快激光市场等，前者竞争激烈，后者市场规模小。

中国机会

中国凭借劳动力、上游供应链等优势，向来就具备快速降低成本的能力，而激光设备难以回避的问题就是价格下降和竞争激烈，特别是中低端激光设备，过去十年的价格降幅在 80% 以上，主要因为作为集成商技术壁垒低，竞争激烈，无论是激光设备集成还是激光器集成，都遭遇了相同的情况。只有 1 万瓦以上的高端激光器的价格依然坚挺，价格是否下降主要取决于锐科、创鑫这些企业的研发进度，一旦量产突破，就会挑起激烈的“价格战”，快速挤压IPG、Coherent、通快等海外企业。特别是2017年后，国内企业自身也开始打起了“价格战”，如创鑫等企业将自身毛利率从40%降到30%以下。因此，即便是投资高端激光器，如果不能持续地有代际上的研发优势，很容易陷入红海竞争。

激光设备经过过去20多年的发展，如今竞争格局成熟，呈现“两超多强千长尾”的格局。“两超”指的是营收超过百亿元的大族激光和华工激光，两者占据全球近30%的市场份额，中间有比较大的断层，到排名第三的中光学集团只有40亿元的营收，再往下就是营收25亿元的大恒科技。

大族激光主营切割设备，是中国激光设备的绝对龙头，而且毛利率接近40%，傲视群雄。这得益于大族激光在上游产业链多年来自研投入的成果。2013年，当华工激光支持锐科激光大展拳脚，开始抢夺IPG等国外龙头激光器市场份额的时候，大族激光产生了强烈的危机意识，于是不怕得罪其战略合作伙伴IPG，开始自研激光器，后来华工激光和锐科激光分家，大族激光成了在激光器领域造诣最深的设备集成商，甚至压过华工激光一头，毛利率大幅领先华工激光。

这两年华工激光开始以极其开放的姿态引入更重激光器甚至激光芯片的创业企业，率先验证它们的产品，比如仟目激光、华芯半导体这些初创公司，意欲以共建生态的模式实现弯道超车。

中光学则是中国兵器集团下属企业，其瞄准的是军工市场，虽然技术壁垒高，但是采购价受到母公司的控制，毛利率甚至被压到了 15%，以基本实现盈亏平衡为目标。

再往下营收在 1 亿元以上的企业还有几十家，营收在 1 亿元以下的企业则多如牛毛，一些地域性的企业可以自行组装简易、低功率激光器用于打标、钻孔。作为龙头的大族激光、华工激光等，本身毛利率已经不高，所以也没有动力去争夺中低端的设备市场，市场集中度的提升反而是依靠激光设备的升级来实现的。

激光器市场的竞争格局稍好于激光设备，因为国产化起步年份晚了 10 年，但是竞争格局也在快速恶化。在传统的切割、打标、钻孔等市场，高中低端均竞争激烈，龙头锐科激光的毛利率也不过 30%，反而不如大族激光，这是因为后者具有产业链一体化通吃毛利的优势，而激光器厂商不仅要挤出国外厂商，而且要与国内厂商为争夺头部客户而大打“价格战”，比起激光设备厂商 20%~25% 的毛利率也好不了多少。

但是在竞争相对不激烈的新能源电池和汽车焊接领域，毛利率通常能在 50% 以上，在光伏焊接领域的毛利率也能接近 50%，在设备和激光器环节竞争跟纵向产业链无关，主要还是横向应用场景决定竞争烈度。所以当前焊接是激光设备和激光器最有发展前景的市场，其基数大、增长潜力大、壁垒高。

纵向整合策略做得比较好的，当数半导体激光设备企业长光华芯，其仅从事30瓦以下中低端激光芯片，IDM商业模式造就50%以上的高毛利率，如果能在中高端实现突破，毛利率将更加喜人。

长光华芯的创始人闵大勇是中国工业激光领域的“教父级”人物，亲手操盘了三家公司——华工科技、锐科激光、长光华芯，贯穿了中国工业技工设备、激光器、激光芯片的完整产业链，可以说凭一己之力完成了中国工业激光基本产业链的建设。随着2022年长光华芯的上市，闵大勇成了华工科技、锐科激光、长光华芯这一近千亿元市值组合的工业激光巨无霸的幕后操盘手。

展望未来，一级市场已经涌现了不少工业激光芯片的创业企业，仟目激光就是其中一家，其激光芯片覆盖消费、通信、工业等应用领域。这些企业将伴随着中国工业领域的转型升级和国产化东风茁壮成长为国之柱石。

第二十章

机器觉醒：未来人类的“忠仆”

第一节　从机械传动到人工智能的演化

远古的畅想与今朝的繁华

早在古希腊时代，古希腊哲学家亚里士多德就曾想象过机器人的功用：“如果每一件工具被安排好甚或是自然而然地做那些适合于它们的工作……那么就没必要再有师徒或主奴了。”那时候还处于文明萌发时期，人们更多地在讨论哲学问题、人生意义，但科学的种子已经种在人类的心里了。

同时期在东方的华夏地区，三国鼎立，木牛流马为诸葛亮在北伐时所使用，其载重量为“一岁粮”，大约四百斤以上，每日行程为“特行者数十里，群行三十里”，为蜀汉十万大军运输粮食。

后来西方经过漫长的罗马时期、中世纪黑暗的战乱时代，人民处在水深火热中，温饱健康问题占据了他们思想的中心，科学的萌芽被抑制住了。

直到文艺复兴时期，闻名世界的莱昂纳多·达·芬奇设计了一种发条骑士，试图让它能够坐直身子、挥动手臂以及移动头部和下巴。达·芬奇在手稿中绘制了西方文明世界的第一款人形机器人，用齿轮驱动机器人的各关节部位。后来，一群意大利工程师根据达·芬奇留下的机器人草图苦思冥想，花费十五年时间终于造出了被称作“机器武士”的机器人。

第一次工业革命，人类智慧的大爆炸时代，瓦特发明的蒸汽机极大地提高了人们的生产能力。人类从烦琐的手工活中解放出来，于是有了更多的时间来思考。那时候机器人的当代雏形才映入眼帘，工程师便绞尽脑汁想发明出代替人工作的机器人。第二次工业革命，尼古拉·特斯拉发明了发电机，电气时代到来，机器人的驱动方式已经具备了，全世界都在宣传机器人。

捷克剧作家卡尔·恰佩克在名为《罗素姆万能机器人》的戏剧作品中创造了“robot”（机器人）这个词，其源于捷克语的“robota”，意思是“苦力”。在该剧的结尾，机器人接管了地球，并毁灭了它们的创造者。而美国科幻作家艾萨克·阿西莫夫发表了一篇名为《环舞》的短篇小说，其中提出了著名的“机器人三定律”：第一，机器人不得伤害人类或坐视人类受到伤害而不管；第二，除非违背第一定律，否则机器人必须服从人类的命令；第三，在不违背第一定律和第二定律的前提下，机器人必须保护好自己。这三条定律给机器人社会赋予了新的伦理性，使机器人概念通俗化，更易于被人类社会所接受。随后的一系列影视作品，如《终结者》《变形金刚》《星球大战》等，不断重现机器人与人类的“爱恨情仇”。“人工智能”概念的兴起，意味着机器人不一定只通过接受人类的即时命令来运行，而是可以基于一套提前指定的规则，自行执行任务或解决问题。人类因此开发具备一定主动性的机器人，为机器赋予“智能”。一定的智力是高级生命的标志之一，AlphaGo战胜棋圣李世石、波士顿公司推出活力十足的类人型机器人亦是如此。如果机器人拥有了“智力”，它是不是还可能拥有高级生命的另一项特征——“情感”呢？这又把人类带入另一伦理命题。

人工智能技术和机器人制造技术是推动机器人产业发生颠覆性革命的两大核心驱动力。人工智能技术是机器人在下一发展阶段有能力替代人工最关键的因素。目前，机器人已在深度学习、感知识别、语义识别等方面取得显著进展。此外，机器人制造技术是机器人实现快速落地的基础。材料技术、控制器及传感器技术的快速发展，大幅提升机器人的灵敏度和在复杂环境作业的能力。随着产业链各环节国产化比例的提升，国产机器人已在某些领域实现国产替代，甚至作为中国名片踏上出海征途。

注重“效率”的工业机器人

工业机器人泛指在工业生产过程中使用的机器人，其通过编程或示教方式实现自动运行，具有多关节或多自由度，并且还具备视觉、力觉和位移检测等感知功能，从而实现代替人工完成各类繁重、重复或恶劣环境下进行的体力劳动。

自 18 世纪中叶第一次工业革命以来，机器作业就已经开始逐步取代手工作坊。而机器人的研究则从 20 世纪中期开始，美国为了解决核污染的机械操作问题，首先研制出远程操控的机械手臂；紧接着第二年又开发出一台电气驱动的主从式机械手臂。

20 世纪 50 年代中期，美国一位高产的发明家乔治·德沃尔研制出世界上第一台装有可编程控制器的极坐标式机械手臂，并申请了专利。1959 年，德沃尔与美国发明家约瑟夫·英格伯格联手制造出第一台工业机器人样机 Unimate，并定型生产，由此成立了世界上第一家工业机器人公司 Unimation。随后于 1962 年，美国通用汽车公司采买了 Unimation 公司的第一台 Unimate 工业机器人，开启了机器人制造汽车的全新生产模式。

此后 60 年代后期到 70 年代，工业机器人成熟度越来越高，继而在以汽车制造业为代表的规模化生产中快速推广使用，比如搬运、喷漆、弧焊等适合机器人作业的环节。工业机器人的大范围使用，极大地解决了第二次世界大战之后全球各地劳动力严重短缺的问题。尤其对于那些简单重复而且体力消耗较大的工作，使用工业机器人不仅可以提高生产效率，而且还不会存在工人疲劳和闹情绪的情况。

值得一提的是，自从60年代末日本从美国引进工业机器人技术之后，机器人产业迅速在日本生根发芽，高速成长。虽然日本的机器人产业起步比美国晚，但由于日本人口老龄化严重、国内劳动力极其匮乏，机器人成为日本政府解决这一尖锐社会问题的不二选择。所以，日本政府对机器人产业采取非常积极的扶持政策，例如对产业进行财政补贴、聘请专家推广使用机器人、为机器人产业提供低息贷款等。截至20世纪80年代中期，日本已拥有规模庞大且完整的工业机器人产业链生态，成为名副其实的全球“机器人王国”。

随着终端需求越来越个性化，支持小批量、定制化和低成本的柔性生产技术成为工业机器人技术的发展方向。美国麻省理工学院率先在全球研究感知机器人技术，并于1965年研制出可以识别方块、自动堆积方块的第二代机器人，并且很快就找到了应用场景。80年代初，美国通用汽车公司为生产线上的工业机器人装配了视觉系统，使其具有基本的感知能力，大大提高了生产效率和产品一致性，而且能够完成简单重复工作以外更加复杂的作业任务。

进入21世纪以来，随着互联网和移动互联网、自动控制理论以及人工智能技术等的迅猛发展，机器人开始具备模仿人类进行逻辑推理并做出决断的能力，应用场景从传统的工业制造领域迅速向医疗服务、家庭服务、教育娱乐、勘探勘测、生物工程、救灾救援、深空和深海探测等领域扩展。

回顾工业机器人的发展历史，不得不提“四大家族”。所谓“四大家族”，即日本发那科、日本安川电机、瑞士的ABB以及德国的库卡。“四大家族”的机器人业务大多起步于20世纪70年代，并且除库卡外，其他三家都是从研究运动控制开始，然后再进入机器人业务。

单从体量来看，ABB是“四大家族”中最大的一个。1988年，ABB由瑞典的阿西亚公司和瑞士的布朗勃法瑞公司合并而成。电网和电力电气自动化曾是ABB公司的主要收入来源，那时的工业机器人只是ABB所有业务中的一小部分而已。不过，近些年来，ABB表现出了对自动化更多的重视。2018年，收购GE工业系统后，其在电力电气自动化领域的优势更加突出。随后于2018年底，由于电网业务盈利有限并且业务下滑，ABB将其电网业务部的全部业务转让给了日本日立集团，致力于自动化领域。ABB的竞争优势在于运动控制和自动化的整合，运动控制是ABB的核心技术，当属业界一流水平。通过对运动控制技术的使用，公司生产的工业机器人在系统集成整体性方面表现突出，容易跟周边设施和现有生产线集成在一起，这也形成了ABB在系统集成领域长期的领先优势。

发那科起源于1956年，并于1971年成为世界最大的数控系统制造商，市场份额高达70%。随后于1974年开始进行工业机器人的研发。现如今，发那科形成了工业自动化、机床和机器人三大业务协同发展的业务模式。除减速器以外，发那科的核心零部件都能自给自足，盈利能力极强。如果说ABB体量大是“虚”大，毕竟工业机器人在公司业务中的占比还是有限的，那么，发那科庞大的市场占有量，便是高得“实实在在”。2014 年发那科工业机器人销量超过 36 万台，跃居世界第一位；2017 年销量突破 50 万台，成为绝对的全球龙头。发那科机器人继承了其数控系统稳定易用、性价比高、覆盖面广的特点。其产品型号共有 240 多种，负重范围从 0.5 千克至 2.3 吨，可以满足目前机器人所有的主流行业和环节应用。此外由于发那科三大业务的协同发展，使得其机器人在上游有自家一流的伺服系统和运动控制系统构成机器人控制器、一流的机床和机器人负责机械的加工及生产；下游有海量的 CNC 集成应用支持，从而形成了其他厂商难以超越的技术和成本优势。总体来看，发那科产品具有高精度、重量轻和小型化等特点。然而，鱼和熊掌不可兼得，精度和过载能力难以很好地共存，所以发那科的机器人基本负载达到 80% 就会报警。近年来，发那科尤其重视中国市场，通过较为开放的销售体系成功巩固了其在中国市场的地位。

安川电机创立于 1915 年，以伺服电机起家，同时是一个典型的综合型机器人企业，各业务部门配合紧密，且伺服机、控制器等关键部件均自给自足，性价比高，其机器人的总体技术方案与发那科非常相似，机械设计、伺服系统和控制器都由自家公司完成。安川电机下设四个事业部：驱动控制、运动控制、系统控制与机器人，其 AC 伺服和变频器市场份额位居全球第一，以伺服电机为代表的工控产品是其核心优势。1996 年，安川电机便进入中国市场，也是“四大家族”中第一个进入中国市场的企业。安川机器人稳定性好，负载大，满负载运行也不会报警。但在精度方面与发那科相比有所欠缺。并且在“四大家族”中，安川机器人的综合售价是最低的。

从成立时间看，库卡是“四大家族”中成立最早的公司，但是能力上并非最为出众。库卡 1898 年在德国成立，得益于德国汽车工业的发展，库卡靠焊接设备起家，因此缺乏运动控制的积累。目前，库卡有三大业务板块：机器人、系统集成和瑞仕格（主要涉及医疗和仓储领域自动化的集成）。从各项业务来看，系统集成业务占比一直较高。2017 年，美的集团以 292 亿元完成了对库卡的收购，从此库卡落入了中国人的口袋。2022 年 11 月，美的集团完成对库卡 100% 股权收购。

关注“合作”的协作机器人

虽然工业机器人蓬勃发展，但绝大多数情况下机器人与工人依旧无法并肩工作。为了避免机器人在工作过程中误伤工人，在实际应用过程中，机器人通常被固定在工位上，并且被防护栏隔离开，一直未能实现人机协作的方式。同时，中小企业逐步成为工业生产的重要阵营，它们的产品一般以小批量、定制化、短周期为特征，没有太多的资金对生产线进行大规模改造，并且对产品的投入产出比更为敏感。这要求机器人具有较低的综合成本、快速部署和重新部署的能力以及简单上手的使用方法，而这些是传统工业机器人很难满足的。

协作机器人的研究起源于欧盟在2005年资助的一个由ABB、库卡等工业机器人巨头参与的SME（Small and Medium-sized Enterprises，中小型企业）项目。其主要的论点是，如果制造一台中小企业可以负担得起的、小而灵巧的机器，就可以避免劳动力外包的情况，实现将工作机会留在国内的愿望。不过，当时的协作机器人都是由传统工业机器人改造而成，对工业机器人市场并没有产生太大的影响，直到2005年一个从产品设计伊始就以协作机器人的要求进行开发的机器人UR5（Universal Robot 5）的诞生，一切才开始改变。

严格意义上说，协作机器人属于六轴机器人范畴。协作机器人在硬性参数如自重、负载重量、功耗等方面均低于传统六轴机器人，但在运动节拍、精度、关节自由度等方面与传统六轴机器人类似甚至更优。在中等负载（20千克左右）情况下，协作机器人售价约为传统六轴机器人的50%~70%。相比于传统六轴机器人，协作机器人有如下特点：更适用于个性化、中小批量、任务切换频繁的小型生产线或人机混线的半自动场合，偏定制化；编程简单直观、可拖动示教；人可徒手安装并可以任意角度安装机器人，更灵活；节省空间、无须安全围栏；无论是本体部署、末端工具集成，还是调试，所耗时间均为传统六轴机器人的10%~20%。一言以蔽之，协作机器人更安全、更易上手、更适应柔性化生产。

协作机器人对于中国企业意义重大。中国主要上市的机器人企业如拓斯达、新松、绿地谐波、汇川等在21世纪初成立，落后“四大家族”50多年。“四大家族”已形成技术、产品、品牌、客户渠道等综合优势，较难在短时间内被国产替代。“四大家族”等海外厂商在中国市场的占有率高达 70%，国产厂商在传统工业机器人领域想要实现弯道超车，具备一定难度。且传统工业机器人主要应用于汽车领域，而汽车制造的主要环节已经具备相当的渗透率，未来上升空间有限。因此从行业基本面和竞争格局来看，中国传统工业机器人企业均面临不小挑战。此外，长期以来，工业关节机器人的核心零部件（减速器、控制器和伺服系统）占机器人成本比重高达 60%~85%，且国产份额较低，对机器人的成本控制带来较大挑战。协作机器人对精度、速度、载重的要求没有传统工业关节机器人那么苛刻，而是对控制的开源性、定制性要求更高，一定程度上为国内企业创造了机会，较容易实现供应商的国产化，从而实现降本的目的。长远来看，这些都有利于中国协作机器人产业链实现自主可控。此外，协作机器人在末端夹具、力矩传感器、机器视觉、底座移动等领域均具备集成空间，能够实现机器人在脑、眼、手、脚方面的升级，适配更多场景，在汽车及零配件制造（如车灯拧紧）、3C 电子（如电子模组装配）、家电家具（如组件装配）、医疗（如 CRO[①]）、IDC（数据中心）和电网（如电网巡检）、新消费（如奶茶、冰激凌制备）等领域将有百亿级机会。因此，协作机器人成为中国机器人企业另辟蹊径、“曲线救国”的新方向，不少企业在下游场景不断精耕细作，已有如艾利特、遨博、节卡等一批协作机器人崭露头角。

① 医药研发合同外包服务机构。

追求“体验”的服务机器人

除了工业机器人之外，服务机器人在特殊的宏观背景下迎来产业爆发阶段。中国第三产业占 GDP 比重逐年升高，其中餐饮、酒店和医疗等服务行业的快速发展将拉动服务机器人的需求量，促进服务机器人产品质量的成熟和产品品类的扩张。此外，随着工业自动化程度的加深，工业制造物流和工业销售物流的多个环节亦需要移动机器人的加入，工业移动机器人如 AGV（Automated Guided Vehicle，自动导引运输车）、AMR（Autonomous Mobile Robot，自主移动机器人）在生产场景中拥有脉动生产线运输、批量运输、快递车运输、货架到人运输、多滚筒对接、多机种协作运输等模式。加之疫情改变了人与人之间的交互方式，无接触经济将成为后疫情时代重要的发展趋势。

2016 年以前，移动机器人的核心硬件如激光雷达、深度相机等主要依赖进口，SLAM 等关键技术发展水平有限，下游应用市场较窄，客户端市场教育不足。2016 年以来，激光雷达、深度相机等核心零部件国产厂商自研能力不断提升，成本开始逐步下降，国产企业开始抢占部分国际市场，为机器人整机成本控制提供了良机。以海底捞、小南国为代表的头部餐饮企业开始规模化使用餐饮配送机器人；汽车、3C 电子、光伏、半导体、锂电等行业龙头企业开始规模化使用移动机器人。

医疗机器人是服务机器人的重要分支，按照对患者就医路径的影响程度可以分为：（1）手术机器人，即辅助医生进行临床手术诊疗的三类医疗器械；（2）康复机器人，即辅助医生进行行动障碍与康复治疗的二类医疗器械；（3）医疗服务机器人，即辅助医生、医护或其他工作人员在医疗场景中的样本采集、检验、诊断、消毒杀菌、耗材管理运输等领域工作，涵盖医疗器械类与非医疗器械类机器人。

手术机器人可实现手术规划与精准定位，推动手术实现微创化；康复机器人可替代医生进行重复性与高劳累度的移动工作，提升康复效果和康复效率；医疗服务机器人可替代人力长时间在重污染区进行消杀工作，对品种繁多的医用高价值耗材管控与运输进行全程追踪溯源，优化管理系统等。

时至今日，手术机器人已经发展成为机器人领域的一个前沿性学术分支，受到国内外学术界的广泛重视和深入探讨，世界知名大学和研究机构已经开发出了多种手术机器人样机，特别是达·芬奇机器人系统在临床应用和商业化运作方面取得巨大成功，大大促进了外科手术的微创化和智能化。而手术机器人发展至今，面临的最大困扰和问题是：如何将工程研究成果有效应用于外科临床，进行产业化发展？这迫切需要工程界与医学界的紧密沟通与合作，医工结合，协同进行手术机器人的技术开发与临床研究。

反观国内，中国医疗机器人相较欧美国家起步晚，历经了尝试期（1997 年第一台手术机器人研发成功，并利用其完成了立体定向颅咽管癌放射治疗术）、探索期（2006 年，引入第一台达·芬奇手术机器人）、发展期（2013年微创腹腔外科手术机器人系统通过了国家863计划专家组的验收；2016—2018年，若干国内企业的医疗机器人获得国家药品监督管理局批准注册）三个阶段，逐步开启自主创新之路。比如，2019年中国手术导航系统首次实现出口；2021年国产天智航手术机器人被纳入北京医保范围。

第二节　机器人的市场格局与未来趋势

四大类机器人构成全球市场

一般而言，机器人由工业机器人、服务机器人、协作机器人和特种机器人四大类组成。其中工业机器人是发展最为成熟、市场规模最大的一类，全球市场规模占比49%左右，全球服务机器人和特种机器人分别占32%和14%左右。中国的工业机器人占比更高，达到60%~70%，服务机器人约为25%。协作机器人作为近期工业机器人的"新宠"，占比虽低，但处于行业快速发展期。

工业机器人

工业机器人按照机器形态、应用场景和性能特点，可分为传统关节工业机器人、DELTA机器人（三角式机器人，属于并联式机器人的一种）、SCARA机器人（Selective Compliance Articulated Robot Arm，它通常具有两个旋转关节和一个伸缩关节，使其能够在平面内进行运动）和直角坐标机器人。传统关节工业机器人以六轴最为常见，载重常在几十千克甚至几百千克，主要应用于汽车、3C等高附加值行业和工艺，如焊接、精密装配等，自由度高、载荷灵活、可承担重型任务，定价为10万~100万元。DELTA

机器人以其能够实现机器人多关节同时操作而又被称为并联机器人，主要应用于电子、食饮、药品等行业，擅长快节奏码垛上下料，其速度快、重复定位精度高、实时控制性好，但载荷低，定价10万~30万元。SCARA机器人拥有四轴关节，主要操作空间是圆柱体，体积小、精度高、速度快，主要应用于电子零部件、药品等行业的装配、搬运，定价为3万~10万元。直角坐标机器人拥有X、Y、Z三个运动方向，结构简单、成本低、精度高、稳定性好、载荷低，主要应用于各制造业搬运、上下料等，定价为2万~5万元。

就出货量而言，全球工业机器人于21世纪初迎来高速增长，并于2017年突破40万台出货量。由于市场保有量逐步饱和，2017年以后出货年均增速均位于20%以下，进入存量更新、增速趋缓的时代。有机构预测，2021—2024年全球工业机器人复合增长率仅为6%。随着供应链成熟和市场竞争加剧，工业机器人单台售价稳中有降，导致全球市场规模由2017年的150多亿美元逐步下降。

就中国而言，工业机器人仍属于快速发展的行业，2017年以来的年均增速大部分年份保持在20%以上。中国工业机器人存量已超越美国、日本、韩国、德国等国家跃居全球工业机器人存量第一位，再次验证中国作为工业大国对于机器人的强劲需求。出货量十几万台、市场规模高达数十亿美元的中国市场，其中60%~70%为传统关节工业机器人、20%左右为SCARA机器人。DELTA机器人由于应用空间有限、部署要求高，实际出货占比较低。直角坐标机器人则逐步进入存量时代，增量较少。

中国虽然已是全球最大的机器人存量市场，但中国的工业机器人密度（工业机器人保有量 / 工人基数）仍远低于发达国家，仅处于全球平均水平附近，因此中国的工业机器人市场仍有较大增长潜力。

服务机器人

服务机器人按照应用场景可分为商用服务机器人和家用服务机器人，其中商用服务机器人可分为移动机器人、环卫机器人、检修机器人、专业清洁机器人、医用机器人；家用服务机器人可分为娱乐型机器人和任务型机器人。

就出货量而言，全球商用服务机器人出货量超过 20 万台，市场规模超过百亿美元；家用服务机器人出货量近 4000 万台，市场规模近百亿美元。随着全球用工成本的逐年攀升，全球服务机器人依然处于快速发展阶段，预计未来四年依然保持年化 20% 的增长率。中国市场约占全球服务机器人市场出货量和销售额的 20%~25%。

商用服务机器人中，移动机器人占据半壁江山，其余细分场景机器人仅有几万出货量。在家用服务机器人中，扫地和洗地机器人等任务型机器人出货量约占八成，平衡车、滑板车、桌面编程机器人等娱乐类机器人出货约占两成。

受新冠疫情影响，无接触式经济在中国增长迅速，以餐饮场景作为主要阵地的餐饮配送机器人异军突起，此外酒店、消杀等场景亦在高速增长。不难预测，消费场景下的移动配送机器人将成为移动机器人中占比最大的新增细分赛道。

医用机器人中，手术机器人是最主要的类别，占医疗机器人市场的四成左右。中国医疗机器人市场规模仅有数十亿元，占全球医疗机器人市场的比例不高，但增长潜力很大，预计未来每年中国医疗机器人将保持30%以上的增速，远高于全球医疗机器人市场15%左右的增速。

协作机器人

协作机器人作为近几年兴起的细分赛道，全球协作机器人的年度出货量仅有数万台，但每年的增长速度接近40%。随着协作机器人产品质量和应用场景越来越成熟，将会迎来增长的爆发期。尤其对于中国市场而言，协作机器人将是中国机器人公司系统构建供应链体系、打磨高质量产品、弯道超车的绝佳机会。

特种机器人

特种机器人在机器人赛道中出货量最小，定制化程度很大，细分场景涉及军事防务、施工和拆卸等。因整体市场规模较小，与行业认知结合紧密，这个领域非常适合具有行业资源的“专精特新”企业深耕。

中国品牌挑战“四大家族”地位

近年来，中国通过不断出台国家及地方性政策，驱动工业机器人行业发展。2015 年国务院印发《中国制造 2025》，可以视为机器人行业发展的行动纲领。2016 年工业和信息化部、国家发展改革委、财政部等三部委联合印发《机器人产业发展规划（2016—2020 年）》，为“十三五”期间我国机器人产业发展描绘了清晰的蓝图。2021 年 3 月发布的《中华人民共和国国民经济和社会发展第十四个五年规划和 2035 年远景目标纲要》更是提出深入实施智能制造和绿色制造工程，发展服务型制造新模式，推动制造业高端化、智能化和绿色化发展。

从工业机器人内外资品牌的分布来看，国产品牌工业机器人的市占率不到三分之一，但在持续增长。机器人“四大家族”在中国市场的地位依然举足轻重。国内品牌中市占率最高的是埃斯顿，位列前十名。随着国产化工业机器人水平的提升和疫情影响，国产工业机器人发展前景广阔，其中埃斯顿、汇川技术作为两家国产企业已进入中国工业机器人的前十大品牌。长期来看，国产工业机器人企业还有巨大的发展潜力。

协作机器人的大规模应用近几年才开始，因此国内外的研发生产进度几乎处于同一起跑线，而中国在供应链完整度、上游材料成本、科技人才供给等方面不亚于其他国家，甚至略显优势，因此协作机器人近几年来的国产占比由 2018 年的 50% 上升至 2022 年的 80%。国内市场，除海外巨头 UR 占比较高以外，其余均为国内初创企业，比如艾利特、遨博、达明、节卡等。

工业物流是移动机器人的重要应用场景。鉴于工业产线对于服务商的定制化能力和响应速度要求较高，国产品牌因更好的本地化服务能力而拥有较大市占率。前十大供应商中，中国品牌占绝大多数，市场占比合计超八成，位居前列的品牌有海康机器人、斯坦德、伽智等。

餐饮配送机器人作为中国特色，因其下游客户对于性价比要求较为极致、对于售后服务要求苛刻，国内供应商具备天然优势。国内市场大部分均为国产品牌，前两大品牌几乎占据国内餐饮配送场景的八成份额，其余为长尾的国内供应商。同时，头部厂商已经开始走出国门，渗透发达国家的消费服务场景。

扫地机器人作为家用服务机器人中最主要的出货场景，国内扫地机器人行业竞争激烈。2015 年以来，国产品牌不断增加，逐步蚕食外资品牌份额。科沃斯、小米、石头科技、云鲸等品牌陆续崭露头角，其中科沃斯稳坐头把交椅，市场份额超过四成。云鲸、石头科技和小米的市场占比在一至两成。

中国的手术机器人仍处于起步阶段，目前临床上的智能手术设备以手术导航产品为主，且几乎全部被外国知名品牌垄断，如博医来、史塞克和美敦力等。其中，关节置换手术机器人处于进口企业垄断阶段，但国产品牌也已陆续进入临床试验、国家药监局注册申请阶段，预计不久将加入国内关节置换手术机器人的供应商行列；腔镜手术机器人竞争格局与关节置换手术机器人类似，达·芬奇机器人系统自 2011 年以来相继获得两个型号的国家药监局批准并实现上市，国内供应商正在经历临床试验或国家药监局注册申请阶段。

产业格局与竞争态势

工业机器人上游以原材料供应和零部件供应为主，原材料供应即铸铁、铝合金、不锈钢等金属材料以及碳纤维、尼龙、树脂等复合材料，国内供应充足，尚不存在“卡脖子”的问题，价格较为稳定。零部件供应最主要的为控制器、伺服系统和减速器，亦是工业机器人最核心、占比最高的三大零部件。

减速器的原理是利用能量守恒定律，通过齿轮或波轮的形式降低转速，提高输出扭力，占机器人成本比重的30%~40%。一般来说，工业机器人的每个关节都要配备一台减速器，一台六轴机器人需要搭配六台减速器。减速器根据减速的原理又可细分为谐波减速器和RV减速器，目前RV减速器与谐波减速器在工业机器人领域的消费比例约为1∶1。谐波减速器结构简单紧凑、质量小、体积小，但材料容易疲劳损坏，损耗功率大，难以长时间保持精度，常用于20千克以下的工业机器人；RV减速器刚性好、抗冲击能力强、传动平稳、结构复杂，但装配过程过于复杂，维护成本较高，制作工艺复杂，常用于20千克以上的工业机器人。

哈默纳科是谐波减速器领域的绝对龙头，纳博特斯克是RV减速器领域的龙头，两者一起占据了整个减速器领域75%以上的市场份额。中国工业机器人所使用的谐波减速器有近五成出自哈默纳科，其次是国产的绿的谐波、台湾新宝、来福谐波等。受益于中国协作机器人的增长，国产品牌在性价比方面优于海外，更容易进入国内企业采纳体系，市场份额占比处于上升空间。国内工业机器人所使用的RV减速器超五成出自纳博特斯克，海外的住友、Spinea合计占比约一成，国产品牌如南通振康、中大力德、秦川电机等合计占比不到两成。高精度RV减速器的研发投入较大，海外品牌起步早，具备绝对领先优势，进口率依然高达九成。国内的RV减速器虽然在中低端市场具备一定市占率，但在高端市场还有待突破。

伺服系统通常由伺服电机和伺服驱动器组成，负责将接收到的控制信息分解为单个自由度系统能够执行的命令，再传递给执行机构，以实现对每一个关节的角度、角速度和关节转矩的控制。伺服系统占工业机器人成本比重20%~30%，工业机器人的每个关节都会搭配一个伺服驱动和一个伺服电机，即一台六轴工业机器人搭配六套伺服系统。伺服电机分为交流伺服和直流伺服电机两大类，因交流伺服系统易于维护、动态响应好、输出功率大，传统的工业机器人使用较多的是交流伺服电机。而协作机器人使用较多的是直流电机，因其响应快速、容易直接控制输出力矩、结构简单且无须变频设备。

伺服系统供应商仍以外资企业为主，国产品牌份额较低，其中日系品牌约占五成，主要有松下、安川和三菱三家公司；欧美系占两成，品牌较为分散，包括西门子、罗克韦尔和施耐德等；以台达和东元为代表的中国台湾品牌约占据一成市场份额，国产品牌总共约占一成的市场份额。通过多年的研发投入，中国自主开发的伺服系统产品已完全覆盖中低端应用场景，在高端伺服产品市场已接近日、德系企业的水平，但在工业机器人的焊接、喷涂、重型搬运等应用领域，国产伺服系统的动态响应能力、自适应能力和过载能力仍需要提升。同时，相较于国外产品，国产品牌拥有价格优势，产品价格低15%~30%。目前本土企业的市占率正逐年稳步提高。本土企业积极与行业下游企业合作开发一站式的解决方案，如在医疗、食品包装等细分市场，从提供产品向提供行业解决方案转变，向附加值更高的领域纵深发展。目前国内已有三十多家较大规模的伺服厂家，主要代表是汇川、埃斯顿、英威腾、信捷电气、广州数控、迈信等。

机器人控制器是根据指令和传感信号控制机器人完成特定动作或作业任务的设备。控制器是机器人的心脏，很大程度上决定了机器人性能的优劣，占机器人成本的一至两成。机器人控制器按照控制方式分为集中式控制系统、主从式控制系统和分散式控制系统。（1）集中式控制系统通过一台计算机实现全部控制功能，其结构简单，成本较低，但实时性差，不易扩展。机器人发展初期常采用这种结构。同时，集中式控制系统采集和分析信息比较方便，整体性与协调性较好，易于实现系统的最优控制。（2）主从式控制系统采用主、从两级处理器实现系统的全部控制功能。其中，主处理器实现管理、坐标变换、轨迹生成和系统自诊断等功能；从处理器实现所有机器人关节的运动控制。主从式控制系统的实时性较好，适用于高精度和高速度场景，但系统扩展性较差。（3）分散式控制系统将系统控制分成几个模块，每一个模块各有不同的控制任务和控制策略，各模块之间可以是主从关系，也可以是平等关系。这种方式不仅实时性好，易于实现高速、高精度控制，而且还易于扩展，可实现智能控制，是目前主流的方式。

目前市场的品牌机器人都有自己的控制系统与之匹配。因此，控制器的市场份额基本和本体一致，即目前国产控制器的市场份额在三成左右。随着国内本体厂商的不断崛起，控制器的市场份额将会上涨。大部分中国控制器企业只生产通用控制器，专注于在工业机器人控制器领域的企业数量较少，如众为兴、埃斯顿、台达等。由于进入该领域的时间较晚，且控制器功能开发遵循从简单到复杂的步骤，中国控制器品牌正处于不断加强软件开发能力的阶段。同时，国内的上市公司如埃斯顿、埃夫特等通过收购等模式布局了一批优秀的海外控制器企业。

发展趋势与中国机会

协作机器人的主要零部件与传统工业机器人类似，但在伺服系统和控制器上，由于国内协作机器人的创业公司具备较好的机器人控制和伺服系统的研发基础，能够实现较好的联合研发，因此能够实现较大比例的供应链国产化。在谐波减速器方面，根据下游客户的需求区分中高端场景，高端仍以哈默纳科为主，而中低端场景已经能够由绿的谐波、来福谐波等国内供应商来满足。

工业机器人的中游系统集成主要根据下游客户需求，进行产线设计、产品采购和产线维护，基本上可以认为是本体市场的三至四倍。由于系统集成领域主要面向终端客户，为客户提供具体的应用解决方案，因此中国本土工程师的个性化定制服务更占优势，相对其他环节而言国产化程度自然较高。国内集成商至少有上千家，本土集成商占比达九成以上，尤其在低端工艺中的本土集成商占比近乎打满，高端工艺中的本土集成商不到两成，仍有提升空间。

在工业机器人渗透率最高的汽车制造领域，当前基本由外资品牌主导，国产品牌正从焊装开始突破。汽车整车制造包含四大工艺：冲压、焊装、涂装和总装。“四大家族”初期就有涉足汽车制造领域的机器人本体和集成，在该领域扎根很深，在全球都具有绝对优势。但国内集成商基于本土化服务优势，从焊装环节突破，正逐步进行国产替代，已出现一批规模较大的国产集成商。后来兴起的消费电子行业对机器人的需求非常多样化，而且主要需求是技术壁垒相对较低的小型机器人，对机器人成本和售后服务非常敏感。外资品牌在小型机器人产品上的优势不大，而且性价比和售后服务无法与国产厂商匹敌，在消费电子行业正慢慢失去绝对优势。目前国产品牌的市场份额逐渐超越外资品牌，出现了一批规模较大的本土集成商。在食品饮料、医疗、物流等长尾市场的机器人需求与消费电子行业类似，国产品牌和外资品牌的竞争正在重复着和消费电子行业类似的故事。

家用服务机器人常见的销售模式为 to C，不存在集成商的概念。在商用服务机器人中，集成商角色往往与本体制造商角色联系紧密甚至重合，例如餐饮配送机器人领域，本体制造商往往会参与下游客户的产品部署和售后服务环节。以AGV和AMR为代表的移动机器人领域，本体制造商在前期部署、后期维护等环节均会介入，一方面是提高服务质量、增加客户黏性；另一方面是AGV和AMR天然具备联系工业各环节的功能，有可能借此切入工业互联网这个更大的市场。

受制于行业特殊性，医疗机器人本体制造企业需要取得医疗器械二类或者三类证书，该证书的申请流程应经过一系列的前期论证、临床试验等，一旦取证则具备较高的资质壁垒。医疗机器人企业基于业务模式不同，其盈利模式也存在差异。医疗服务机器人企业以主体设备销售为主。手术机器人与康复机器人企业除了主体设备之外，还有耗材与系统的销售，其中规模较大的一些企业也开始涉足医疗机器人项目孵化。康复机器人企业中，较为成熟的参与者还会提供硬件以外的康复服务。医疗机器人企业主要面向B端客户，其中手术机器人仅面向有资质的医疗机构，主要通过直销、分销以及代理三大渠道，通过销售、免费投放、租赁三种服务模式进行产品销售。

全球工业机器人下游场景中，以存量计，汽车是占比最高的领域，其次为电子、金属机械、化工和食品，并且该格局保持相对稳定。随着电子产品迭代速度加快，柔性化要求提升等，如将协作机器人出货纳入工业机器人体系，未来电子领域的存量占比有望迎来较高增速。金属机械、化工和食品等领域，由于缺乏新一轮技术革新，或许可以保持正常或偏低的工业机器人存量增长；汽车领域正在经历新能源革命，将迎来一批主机厂的新建或升级，带动工业机器人在汽车领域出货量的上升。

移动机器人的下游场景大致可分为生产制造领域（如汽车、3C电子、光伏、半导体、锂电池、家电、食品饮料、烟草等）、仓储物流（如港口码头、电商仓库、停车AGV）、餐饮和酒店服务领域、巡检领域（如电力、特种作业等）。按照每年出货量计算，生产制造领域占比高达六成，其中尤以汽车工业和家电制造为最主要的出货场景。

第二十一章

工业互联网：工业强国之路

第一节　工业互联网助力“制造”变“智造”

核心目标是推动工业制造服务体系的智能化升级

根据中国工业互联网产业联盟的定义，工业互联网是利用互联网及新一代信息技术与工业系统全方位深度融合所形成的新兴产业和应用生态，是工业智能化发展的关键综合信息基础设施，其本质是以机器、原材料、控制系统、信息系统、产品以及人之间的网络互联为基础，通过对工业数据的全面深度感知、实时传输交换、快速计算处理和高级建模分析，实现智能控制、运营优化和生产组织方式变革。简而言之，工业互联网即通过平台将设备、生产线、工厂、供应商、产品和客户等工业生产要素连接融合，通过数据间的共享，实现跨设备、跨系统、跨地区的互联互通，从而提高生产效率，推动工业制造服务体系的智能化升级。

广义的工业互联网包括工业软件、工业通信、工业云平台、工业互联网基础设施、工业安全等；狭义的工业互联网仅指工业云平台，主要包括数据采集层、基础服务层、平台服务层和软件服务层。

数据采集层是源头，它通过传感器精准、实时、高效地收集工业设备的数据。考虑到数据的安全性，需要构建一个基于安全协议和边缘计算的数据采集体系，把数据采集上来之后，一部分在边缘侧进行处理并直接反馈给工业设备，一部分传输到云端进行综合分析。

基础服务层是底座，工业互联网的基础服务层其实就是云计算的IaaS层，它对底层基础的计算、存储和网络等资源进行池化，透明地提供给客户使用。具体介绍可参照本书第二章有关云计算的章节。

平台服务层是梁柱，与基础服务层相同，工业互联网的平台服务层就是云计算的PaaS层，它将应用软件之下包括操作系统在内的所有系统级软件预装好，帮助用户聚焦业务、提高效率。

软件服务层是核心，它是真正包含工业互联网业务逻辑的系统。工业互联网企业应该聚焦这一层的开发建设，产品种类包括工业设计、工业生产、设备管理、能耗优化等。

全球工业互联网的发展历程与各国的产业基础

工业互联网被许多人称为下一次工业革命，工业将最大限度地从这次技术革命中获益。随着技术以前所未有的速度不断发展，工业互联网已经成为可预见的未来，然而工业互联网并非一蹴而就的，其实也是在漫长的演进中成形的。追根溯源，得从 1968 年说起，“可编程逻辑控制器之父”迪克·莫利注意到，工厂里的每个机床项目大致相同，均是小型微型计算机，每个项目之间都有一定的相似性，于是他开始思考：有没有一种方法可以创造适用于所有项目的控制器？莫利对他想要的这个可编程控制器有非常清晰的概念：没有过程中断、直接映射到存储器、无须软件处理重复的事件等，后来便诞生了世界上首个可编程逻辑控制器 Modicon 084。1969 年，通用汽车大批采购 Modicon 084，用来解决其工厂中机器的可靠性和文档记录问题。后来，随着 1983 年第一个以太网标准通过并正式发布，十兆、百兆、千兆的不断迭代使得可编程逻辑控制器能够连接至 PC 端，并在 1989 年互联网的发明以及 1992 年以太网实现与因特网连接的大背景下，进一步实现机器从工厂厂内连接转向与局域网、互联网的连接。

1994 年，由世界上所有主要的自动化控制系统、仪器仪表及过程控制系统的公司构成的 OPC 基金会推出用于确保工业自动化中数据交换安全的相关协议，奠定了工业互联网的安全基础。1995 年，微软 Windows 在工厂成为主流操作系统。1997 年，无线 M2M（人机或机器与机器）技术在工业中变得普遍。1999 年，美国麻省理工学院建立了自动识别中心 Auto-ID，并提出万物皆可通过网络互联，阐明了物联网的基本含义。早期的物联网是依托射频识别技术（RFID）的物流网络，随着技术和应用的发展，物联网的内涵已经发生了较大变化。

2002 年，云计算基础设施的推出为工厂之间实现互联互通、数据共享提供了技术基础。2010 年以来，各类传感器价格的下降趋势以及员工自带设备成为主流，均使得人与机器的互联互通变得紧密，IT 标准（如 MQTT、HTTP 等）进入工业自动化。

2012 年美国通用电气公司发布《工业互联网：打破智慧与机器的边界》，首次提出了工业互联网的概念，并于 2014 年在美国发起成立了工业互联网联盟，在全球掀起了工业互联网的热潮。为响应美国政府"再工业化战略"，除了美国通用电气发起成立的工业互联网联盟之外，美国国防部主导的美国数字制造与设计创新机构先后成立，两者吸收了一批工业企业、高等院校、研究所和商业组织加入，包括波音、洛克希德·马丁、通用电气、罗尔斯·罗伊斯、微软、通用、思科等。

美国引领潮流，德国不甘落后。2013 年德国提出工业 4.0 战略，旨在基于物理信息系统（Cyber Physical System，简称 CPS）帮助德国企业增强产品竞争力，实现从集中式控制向分散式增强型控制的转变，从传统制造向智能制造转型。在工业 4.0 战略的指引下，德国工业巨头西门子于 2016 年推出 MindSphere 物联网操作系统，旨在帮助企业实现产品、工厂、设备和系统的全连接，采集并分析核心性能和应用数据。紧接着 2018 年，西门子 Digital Twin 模型升级，全面融入企业级软件，使用户在获得实时信息的基础上优化流程，提高系统性能。2020 年，西门子 MindSphere 宣布落地阿里云，继续吹响全球化布局的号角。这背后是德国乃至欧盟在智能制造产业的长期战略。

另一个值得研究的国家是日本。2017 年，日本提出“互联工业”战略，引导三菱电机、发那科、DMG 森精机和日立等日本企业建立数据互换机制，谋求与德国工业 4.0 以及美国的工业互联网三分天下。相比美国和德国的战略，日本不仅强调互联互通，还提出了“工业价值链”策略，紧紧抓住全球工厂自动化刚需，大力完善工业供应链体系。日本的成功有其国情的原因，面临人口老龄化日益严重以及资源极度匮乏的局面，日本必须在机器人、新材料、资源再利用和能源存储等集约型领域取得突破性成就，这是日本在全球新工业化浪潮中立足的重要战略。

总结来说，美国重点关注工业互联网以及 ICT 技术在制造业的应用。日本强调各产业的互相连接，利用数字化技术使网络空间与物理空间高度融合，包含社会生产及运行的方方面面。德国则重视利用 CPS 将生产中的供应、制造和销售信息数据化、结构化，并为生产与管理提供决策优化的参考，智能生产与智能工厂是主要推进方向，最终目的是实现制造业升级。

概括全球工业互联网的发展历程，大致可以分为萌芽期、探索期和推广期：（1）2012—2015 年属于全球工业互联网的萌芽期，工业互联网概念诞生，并在少数行业巨头中得到应用。通用电气提出工业互联网的概念，该项融合性技术源于通用电气航空发动机预测性维护模式，并在美国政府与企业的推动下，向航空、医疗、生物制药、半导体芯片、材料等行业形成各种典范案例。2014 年，通用电气联合 AT & T、思科、IBM、英特尔等五家企业成立工业互联网联盟，初步形成行业生态。（2）2016—2018 年属于全球工业互联网的探索期，头部工业制造服务商加强了工业互联网产业生态的互动，一方面收购技术型企业，另一方面与行业头部企业展开针对特定行业、特定功能的工业互联网应用项目。这期间产生了一系列具有代表性的行业标杆案例，工业互联网产业链上下游联系更加紧密，工业互联网行业标准逐步建立，但商业模式还在探索。（3）2019 年至今属于全球工业互联网的推广期，布局较早的工业互联网企业具备先发优势，通过沉淀自身经验打造标准化解决方案，对外输出赋能。此外，工业互联网落地行业逐渐增加，市场接受程度进一步提升，初步形成具备代表性的工业互联网平台。

火爆的市场与中国的机会

2020 年的工业互联网有多火爆？思爱普（SAP）首席数字官彭俊松曾表示，全球 600 家工业互联网平台，中国就有 500 家。但行业的很多核心问题依然没有答案：如何让低成本的不生产数据的工业设备产生数据？如何高效地开放工业设备生产数据块的加密模组？如何将市面上 5000 多种驱动协议统一起来？如何在不影响工业生产进度的前提下进行数据采集？如何协同软硬件配置？如何通过数据挖掘最大化利用数据？等等。数字化和工业互联网赋能不是包治百病的万能药。2018 年，通用电气出售了自己一手创立的工业互联网平台 Predix，这个在行业内打造英国石油、澳洲航空、仁济医院、东方航空等多个标杆案例的工业互联网平台鼻祖最终成为通用电气数字化的弃子，黯然离场。

虽然道阻且长，但工业互联网是中国不容置疑的国家战略，背后是工业结构迫切需要转型升级。（1）制造业增速明显回落，产能过剩、供需失衡、新旧动能转换缓慢等一系列矛盾突出，原有以数量、规模、速度为主的增长模式已难以适应、把握、引领经济发展新常态的要求。（2）中国制造业“大而不强”，制造业的附加值率仅为 20% 左右，远低于工业发达国家 35% 的平均水平。工业互联网可以促进制造业的转型升级，帮助制造业整体附加值率的提升。（3）现阶段中国劳动力人口不断下降，而劳动力成本却不断上升，部分地区的用工成本和工业机器人的成本持平，制造业人口红利已经枯竭。为防止中国制造业外流，必须完成制造业转型升级，并大力发展工业机器人产业。

2015 年以后，中国企业积极开展工业互联网布局，中国工业互联网行业进入了快速发展期，呈现出企业背景多元化、服务类型多样化、与制造业的融合更为紧密等特点。以三一重工、航天云网、卡奥斯等为代表的大型制造业企业凭借自身的规模优势，推出了工业互联网平台服务。以浪潮云和用友为代表的科技公司，也从自身的技术优势出发，开始拓展工业互联网业务。

第二节　工业互联网重塑中国制造新格局

本节我们将按照工业互联网的细分领域进行分析。生产制造的方式主要分为离散制造与流程制造，其中离散制造的生产模式主要有按订单生产、排序生产、按需求生产；流程制造的生产模式有按订单生产、批量生产与连续生产。生产模式、生产力要素与业务趋势的差异性，导致不同制造业企业在选择工业互联网解决方案时具有侧重性和差异性，需要选择合适的方案。

装备制造业

受下游基础建设和采矿等行业的需求拉动以及国家政策的扶持，2016 年以来工程机械行业市场规模持续高速增长。国家环保政策加速淘汰落后产能，设备更新需求驱动市场增长，2016 年以来工程机械设备销量回升，但保有量增速较低，工程机械市场由增量市场逐步进入存量更新市场。工程机械行业品种多，生产批量小，工艺复杂，包括磨、切、钻、铣、焊接、喷砂、油漆、装配等多道工艺处理，且各环节相互独立，无法有效衔接，同时生产周期长，大型设备单台（套）生产周期长达半年甚至一年。大多数企业普遍存在由于计划、管理不善导致的产品库存积压、生产效率降低等问题。工业互联网可以助力行业实现数字化研发、智能化生产与设备管理，提高核心零部件自给率，优化生产环节，提高生产效率。例如：（1）建立工程机械设备仿真模型，进行虚拟测试。降低产品研发成本，缩短研发周期，提高核心零部件的自给率。（2）依托虚拟仿真得到的大量数据促进研发设计环节迭代更新，优化产品设计。（3）利用工业互联网平台集成产品数据，实现跨部门、跨区域、跨企业的协同设计，提高研发效率。（4）基于工业互联网平台，实现工人对机器设备进行远程监测、指挥、维护，实现人机协同作业。（5）通过工业互联网实现各零部件加工生产过程的互联互通，有效衔接生产工艺及生产环节，减少各环节库存的积压。（6）通过生产线的互联改造、智能控制、大数据分析，充分利用能源与设备，提升生产效率。（7）实时监测设备状态，采集温度、电压、电流等数据，避免机械设备突发故障。（8）设备建模仿真，通过输入参数、工况等数据，进行模拟仿真，优化维护方案。（9）通过对设备工作日志、历史故障、运行轨迹、实时位置等海量数据进行挖掘分析，判断可能出现故障的时间和部位，制订维修计划。

代表性案例：卡特彼勒通过设备的数字化升级实现生产过程的智能优化，减少异常设备的故障和生产过程的异常；徐工集团实现工业互联网平台与设备管理平台协同发展，提升自身效率的同时赋能行业。

汽车制造业

汽车制造业供应链高度分散，研发设计周期长，生产工艺复杂。工业互联网通过对汽车研发设计、生产制造、销售管理、延伸服务等全产业链环节的智能化管理，可以推动汽车制造全流程成本的节约和效率的提高。例如：（1）工业互联网可保障各部门基于唯一虚拟模型进行设计开发，实现跨部门、跨企业的数据交互，提高研发协同化水平。（2）汽车企业可通过工业互联网平台进行工艺设计仿真模拟，降低研发成本，提高研发效率，缩短产品上市周期。（3）通过对设备数据的实时采集与分析，实现智能化安排调度，并进行异常预警，保障生产计划顺利实施。（4）企业可通过工业互联网平台全方位获取消费者需求数据，结合生产能力动态调整生产计划，实现规模化定制生产。（5）建立贯穿全产业链的信息渠道，实时监测上下游供需情况，实现进、销、存动态精准管理。（6）拓展数据接口至下游客户大数据体系，建立有效业务模型，通过分析客户数据提高营销水平。（7）工业互联网平台可结合车联网，实现与客户的互联互通，通过分析客户数据提供个性化服务方案，丰富业务场景，拓宽车企盈利渠道。（8）实时监测汽车产品，动态匹配客户用车需求，为客户提供完整的出行解决方案，打造出行服务生态体系。

代表性案例：上汽大通借助工业互联网支持 C2B 生产，实现用户驱动大规模定制；北汽福田通过“一云、四互联、五智能”战略实现由制造型企业向制造服务型企业转型升级。

电子信息制造业

电子信息制造业生产流程长、工序复杂且衔接效率低，同时生产过程依赖于大量的设备，对精度要求高，设备管理复杂。基于工业互联网可以实现设备的智能监控、诊断和预测性维护，助力企业动态优化生产流程，提高生产效率。例如：（1）可基于工业互联网采集设备温度、电压、电流等数据，实时监测生产状态，实现设备全面状态感知。（2）对设备工作日志和历史数据进行挖掘分析，建立故障诊断模型，预判设备损坏时间，主动进行维护。（3）实时采集设备、物料、人力等数据，实现人机数据交互，以人机协作方式提高生产线的灵活性与效率。（4）实时跟踪现场物料消耗，实现生产、库存的动态调整优化，有效降低库存成本。

同时，电子信息制造业产业链复杂，产品众多，上下游之间物料标示及信息共享困难。通过工业互联网平台，企业可实现上下游之间的信息交互与共享，优化供应链资源配置，实现供应链协同，提高供应链整体效率。例如：（1）以工业互联网为枢纽，企业可以实时采集上下游企业生产、库存、物流等数据，优化供应链资源配置，实现动态、精准协同。（2）打通上下游的信息交互窗口，解决信息流通堵点和供需错配问题，打造企业内和企业间的供应链协同解决方案。

代表性案例：富士康依托工业互联网向科技驱动的生产型服务企业转型；华为以工业互联网为基础实现数字化、网络化，提升电子制造的良品率。

石油化工行业

化工行业产业链条复杂冗长，上下游关联行业众多，容易出现信息不对称、协同性低等问题。化工行业还涉及众多生产材料和设备，管理难度较大，且对连续稳定作业要求较高。同时，化工行业生产流程复杂，反应过程涉及高温、高压等工艺，操作不当易造成安全事故，安全生产需求迫切。安全生产与稳定运行是行业关注的主要问题。此外，化工行业能源消耗高、漏损大，还面临污染严重的问题。

工业互联网可助力化工企业通过数字化升级实现智能生产和安全管控，达到节能降耗的效果，同时推动产业链整体的协同。例如：（1）工业互联网可以提供生产、仓储、物流等全流程的动态监控和关键指标优化。（2）工业互联网可以实时了解设备的运行状态，预测诊断可能的故障，实现设备的精密管理和预测性维护，保证生产过程的高效、安全、稳定运行。（3）工业互联网可以实时采集安全数据，结合安全生产监控模型提供异常预警和实时警报。（4）工业互联网平台可帮助企业管理工厂能耗分布，实时监控关键参数，计算各环节的能耗指标，实现最优能源配置。（5）利用工业互联网技术可以实时采集并调控气体和废水排放数据，实现环保与产能指标的均衡，达到节能降耗的效果。（6）以工业互联网平台为枢纽，可以打通上游原材料、中游生产、下游销售各环节，促进信息交互，优化资源配置，实现基于系统性优化的产供销一体化管理，提升产业链协同效率。

近年来，中国工业互联网总体规模呈现稳定上升趋势，2022年市场规模超过万亿元，吸引各大产业巨头纷纷入场。

从软件企业来看，工业互联网主要代表企业有用友、金蝶、东方国信、索为等，以 SaaS 服务转型为战略目标，其优势是可将原有成熟软件解决方案向工业领域延伸；劣势是云计算技术薄弱。在制造业企业中，以三一重工、中航重工、船舶工业、海尔等企业为代表，其优势是熟悉生产制造流程，但云计算技术较为薄弱，其战略目标是孵化专业工业互联网平台公司。在互联网企业中，以 BAT 为代表，虽然云计算技术领先，但是缺乏专业和全面的工业知识，其战略目标是向产业互联网转型。在系统解决方案服务商方面，华为、浪潮、宝信等带领行业为制造企业提供基础设施、平台、应用服务等整体信息化服务，但云计算技术稍弱，其战略目标是向平台解决方案服务商转型。此外，初创企业以昆仑数据、黑湖制造等为代表，其领域专注度高，创始团队通常来自头部信息科技或工业制造企业，但资金实力较弱，其战略目标是为特定工业领域提供解决方案。

由于工业互联网行业具有很强的规模效应，我国工业互联网行业企业较少，行业竞争较温和。工业互联网下游应用为制造业，相关企业规模较大，实力雄厚，对服务和产品有较高的要求，具有较强的议价能力。工业互联网产品和服务对下游企业的生产运营产生的影响较大，行业内产品进入市场有较高的壁垒，也在一定程度上阻碍了新进入者，行业存在较少的新进入者威胁。从替代品威胁来看，行业处于起步阶段，且其下游需求应用具有特殊性，多数产品为定制化产品，行业外基本不存在替代产品。

在政策推动、经济企稳及企业数字转型需求增加等多重因素作用下，中国工业互联网市场稳中有升。同时，双跨平台和试点示范工作正在从供需两端推动工业互联网落地，结合人工智能、5G、VR/AR 等技术，中国制造新格局正在被重塑和革新。

参考文献

[1] 蔡曙山 . 大科学时代的基础研究：核心技术和综合创新 [J]. 学术前沿，2023（9）：16–35.

[2] 倪光南 . 直面打压放弃幻想加快推进国产自主可控可替代计划 [J]. 信息安全研究，2019，5（6）：4.

[3] 王耀南，廖蕾 . “中国芯”破局之路如何走 [J]. 人民论坛，2022（17）：60–63.

[4] 冯昭奎 . 中日高科技发展的比较与思考：以半导体芯片制造技术为案例 [J]. 日本研究，2022（3）：1–15.

[5] 姚前 . 新冠肺炎疫情与数字基础设施建设 [J]. 清华金融评论，2020（6）.

[6] 李月白，江晓原 . 钱学森与 20 世纪 80 年代的人工智能热 [J]. 西安交通大学学报：社会科学版，2019，39（6）：6.

[7] 朱松纯 . 智能学科的源起、演进与趋势——北京大学智能学科的探索与实践 [J]. 大学与学科，2022（4）：17–26.

[8] 朱荣生，陈琪 . 美国对华人工智能政策：权力博弈还是安全驱动 [J]. 和平与发展，2022（6）：47–70.

[9] 郝宪印，张念明 . 新时代我国区域发展战略的演化脉络与推进路径 [J]. 管理世界，2023（39）.

[10] 梁正 . 推动高质量数据建设，助力人工智能健康发展 [J]. 上海企业，2022（7）：2.

[11] 阳银银，贾淑品 . 科技创新赋能我国生态治理现代化的缘起：条件和路径 [J]. 党政研究，2023（1）：67–75.

[12] 翟尤 . 商业航天要成功，到底靠什么 [J]. 张江科技评论，2022（3）：28–31.

[13] 王小军 . 中国商业航天的发展与未来 [J]. 导弹与航天运载技术，2020（1）：6.

[14] 荆林波 . 元宇宙：溯源与展望 [J]. 财经智库，2023（12）.

[15] 李勇坚，张海汝 . 推动元宇宙与文化产业融合发展 [J]. 学习与探索，2022（9）：148–156.

[16] 张健 . 移动互联网与卫星通信 [J]. 卫星与网络，2016（3）：6.

[17] 肖征荣，张丽云 . 智能穿戴设备技术及其发展趋势 [J]. 移动通信，2015（5）：9–12.

[18] 唐葆君，刘江鹏 . 中国新能源汽车产业发展展望 [J]. 北京理工大学学报：社会科学版，2015（2）：6.

[19] 毛宗强 . 谁是下一个能源主角 [N]. 中国石化报，2020–7–27.

[20] 徐磊，魏思远 . 金融业隐私计算的内涵：应用和发展趋势 [J]. 中国银行业，2021（11）.

[21] 闫树，吕艾临 . 隐私计算发展综述 [J]. 信息通信技术与政

策，2021（6）：11.

［22］蔡自兴．中国机器人学40年［J］．科技导报，2015，33（21）：9.

［23］陶永，王田苗，刘辉，江山．智能机器人研究现状及发展趋势的思考与建议［J］．高技术通讯，2019，29（2）：15.

后　记

感恩过去，致敬未来

感谢这个不平凡的时代！百年未有之大变局，我们时刻处于人类命运的十字路口。对于未来产业的深入思考，是我们选择前进方向的金钥匙！

在完成这本书的过程中，我得到了很多人的无私帮助。过去种种，依然历历在目。

我是在忙碌的工作之余挤出时间完成本书的创作的。在飞机上的时间和晚上下班后的时间是我最享受的创作时光，只有那时才是完全属于我自己的，但这也使得我的作息时间变得极不规律，不可避免地影响家人。因此，我要特别感谢包容我的家人，他们没有计较我陪伴他们的时间变少了，也没有计较我深夜回来写作影响他们休息。

感谢张帆、王林、高兆泉、蔡总熙、李梦宸、宗嘉韵和管嘉旌利用业余时间所做的扎实的资料搜集工作和行业梳理工作，并在行文过程中参与了大量的讨论，为本书贡献了一些精彩的观点。张帆、王林、高兆泉、赵文静和李小虎协助修订了最终文稿，感谢他们为全书定稿所做出的贡献。

同时，我还要感谢中国经济出版社的所有工作人员，尤其是毛增余社长和燕丽丽博士给我提供了很多专业意见。要感谢的人还有很多，难以一一列举。

需要特别指出的是，虽然我尽最大努力阅读大量的文献资料，力求还原产业发展的历史真相，探究产业发展的未来方向，并寻找中国的机会，但受限于本人的时间和能力以及新技术的日新月异，本书一定会存在诸多不完善的地方，在此恳请各位读者见谅。数字经济是一条长坡厚雪的赛道，还有很长的发展时间，我将继续关注行业的发展，不断完善本书的内容。

最后，希望在今天这个数字经济蓬勃发展的历史性时刻，这本书能够为读者提供更加全面、深入地了解数字经济的相关知识和思路，也希望读者能够在本书的启发下，更好地应对数字经济时代的挑战，抓住机遇，为数字经济在我国的健康快速发展贡献力量。